新课标高中历史教学设计丛书

总主编　何成刚

新课标高中历史教学设计
中国近现代史

主　编　徐永琴　沈克学　沈为慧
副主编　庞　玲　霍建山　张克州　刘芳芳

复旦大学出版社

内容提要

　　本书是"新课标高中历史教学设计丛书"中的一册。"新课标高中历史教学设计丛书"（共7册）是依据《普通高中历史课程标准》（2017年版），基于教育部统编历史教材而编写的高中历史教学设计参考用书。

　　本丛书以培养学生的历史学科核心素养为目标，遵循从"单元教学设计"到"课时教学设计"的基本思路，兼顾各单元间的逻辑联系；大多采用同课异构的方式，编写了适应合格性考试和选择性考试要求的两套教学设计；以史学阅读为前提，注重将史学研究成果转化为教师"教"与学生"学"的有效资源。

　　本丛书可与"历史课标解析与史料研习丛书"（共7册）配套使用，初中或中职的历史教学均可参考。

总序

编写高中历史新教材,不容易;用好高中历史新教材,更不容易。

用好高中历史新教材,导向在于培养学生历史学科核心素养,关键在于历史教师要以深度史学阅读为前提。当然,历史教学不等于历史研究。但不可否认的事实是,历史学科核心素养的提出,进一步推动历史教学越来越依赖历史研究,这已成为越来越多的历史教师的"基本共识"。可以说,如果没有深度的史学阅读,深入理解高中历史新教材,创造性地使用高中历史新教材,培养学生历史学科核心素养很有可能就流于形式,陷入空谈。可喜的是,重视史学阅读,重视将史学成果和史料资源转化为有价值的教学资源,使之更好地服务于教师讲述、情境创设和问题设计,已成为越来越多的历史教师进行教学设计和教学实践的"基本常识"。"无阅读,不教学""无史料,不教学"的教学理念越来越深入人心。实践证明,在开展史学阅读和史料教学方面进行积极探索的历史教师,专业发展往往会更显著一些。

考虑到高中历史教师日常工作繁忙、无暇进行深度史学阅读的实际情况,我们在复旦大学出版社的支持下,编写出版了"历史课标解析与史料研习丛书"(7册),分别是:《历史课标解析与史料研习·中国古代史》《历史课标解析与史料研习·中国近现代史》《历史课标解析与史料研习·世界古代近代史》《历史课标解析与史料研习·世界现代史》《历史课标解析与史料研习·国家制度与社会治理》《历史课标解析与史料研习·经济与社会生活》《历史课标解析与史料研习·文化交流与传播》。编写这套丛书的目的就在于为广大高中历史教师深入理解课程标准,深入理解高中历史新教材,创造性地使用高中历史新教材,培养学生历史学科核心素养,提供史学支撑。

为进一步提高高中历史教师创造性地使用高中历史新教材的能力,我们基于《普通高中历史课程标准》(2017年版),依托史学阅读,遵循史料研习理念,坚持培养学生历史学科核心素养的初心,又编写了"新课标高中历史教学设计丛书"(7册),分别是:《新课标高中历史教学设计·中国古代史》《新课标高中历史教学设计·中国近现代史》《新课标高中历史教学设计·世界古代近代史》《新课标高中历史教学设计·世界现代史》《新课标高中历史教学设计·国家制度与社会治理》《新课标高中历史教学设计·经济与社会生活》《新课标高中历史教学设计·文化交流与传播》。在进行教学设计的过程中,我们遵循从"单元教学设计"到"课时教学设计"的基本思路,同时兼顾各单元内容之间的逻辑联系。考虑到历史学业水平的不同要求,我们针对高中历史新教材中的每一课,基于同课异构设计思路,分别编写了适应合格性考试和选择性考试要求的教学设计,希望能为高中历史教师进行教学设计和教学实践提供参考和借鉴,以节约备课时间,提高备课质量,达成教学效果。

大家普遍反映,既要在一个课时内完成高中历史新教材一课的教学任务,又要培养学生的历史学科核心素养,对很多高中历史教师而言,是一个难以解决的矛盾。我们编写的每一个教学设计,出发点和落脚点都在于培养学生的历史学科核心素养。但实事求是地说,对一些高中历史教师而言,并不是所有的教学设计都能在一个课时内有效实施。在此,我们想强调的是,编写本套教学设计丛书,希望在教材分析、教学目标制定、教学过程设计,特别是在教师讲述、史料选取和问题设计等方面,给高中历史教师提供备课和教学的有益参考和借鉴,不希望高中历史教师不考虑学情地运用"拿来主义",反对"全盘照搬"和"复制粘贴",因为我们都知道,并不存在可以"放之四海而皆准"的教学设计。

本教学设计丛书亦可供初中历史教师借鉴和参考。

何成刚

教育部课程教材研究所研究员

目　录

第八单元　中华民族的抗日战争和人民解放战争

第九单元　中华人民共和国成立和社会主义革命与建设

第十单元　改革开放与社会主义现代化建设新时期

活动课

第五单元

晚清时期的内忧外患
与救亡图存

第 16 课

两次鸦片战争

教学设计 1

江苏省昆山中学　徐永琴/首都师范大学附属中学　刘芳芳

一、教材分析

本课是第五单元《晚清时期的内忧外患与救亡图存》中的第 1 课,教材设置了 19 世纪中期的世界与中国、两次鸦片战争、"师夷长技以制夷"三个子目,主要讲述两次鸦片战争的背景、过程、结果与影响。19 世纪中期,世界形势出现新格局。随着工业革命的开展,英国等资本主义国家把侵略矛头指向中国,但清政府对世界形势的变化却浑然不知。两次鸦片战争失败后,清政府被迫签订了一系列不平等条约,中国沦为半殖民地半封建社会。林则徐、魏源、徐继畬等近代中国最早"睁眼看世界"的一批知识分子,初步提出了向西方学习的主张。鸦片战争标志着中国历史的转折,它提出了中国必须近代化的历史使命,对当时乃至后世影响深远。

二、学情分析

本课的授课对象为高一年级学生,他们在初中阶段已初步学习了相关内容,比较详细地了解了林则徐虎门销烟、中英《南京条约》、火烧圆明园、俄国侵占我国大片领土等史实,具有一定的知识储备。在此基础上,本设计将着重分析在鸦片战争的冲击下,中国政府及其官员的因应,即他们能否迅速承担起近代化的历史使命。

三、教学目标

1. 结合工业革命时代的大背景,理解鸦片战争爆发的历史必然性,以及鸦片战争后中国必须近代化的历史使命。

2. 从林则徐对英国挑起"边衅"的误判、道光帝与琦善对巴麦尊《致中国宰相书》的理解等,分析"天朝"氛围下君臣的思维逻辑和行事风格,并认识由此而产生的危害。

3. 以虎门之战为例,探讨中国在鸦片战争中失败的原因。

4. 以鸦片战争后清政府"争所不当争""弃所不当弃",反入城斗争,抵制公使驻京等细节,还原历史过程,引导学生深入历史情境,理性思考并得出自己的历史结论。

四、教学重难点

重点:两次鸦片战争中,面对列强侵华中国政府及其官员的反应。

难点:两次鸦片战争中,面对列强侵华中国政府及其官员如此反应的原因及影响。

五、教学过程

【导入新课】

教师讲述:1793年,英国马戛尔尼使团访华,幻想以平等的身份同中国商谈通商事务,并向"天朝"委派常驻使团。9月14日清晨,在承德避暑山庄,马戛尔尼和他的副手乔治·斯当东,翻译以及12岁的见习侍童、乔治的儿子托马斯·斯当东,看着许多人——朝臣、亲王和藩国的使臣——都在向乾隆皇帝行三跪九叩之礼。英国人认为这是有损国家形象的事,他们只将一条腿屈膝跪地。因此,乾隆心里很不高兴,拒绝了他们的要求。乾隆只是对会讲中国话的小斯当东很感兴趣,他解下挂在腰间的黄色丝织荷包,破例将它赐给一个外国孩子。在乾隆眼里,这孩子才是真正的"贡品",他讲的是中国话,他就已经中国化,是一个小熟番;他来觐见皇帝,把自己变成一个文明人,也就是中国人。

23年后的1816年,英国又派出阿美士德使团访华。皇帝已不再是乾隆,而是他的儿子嘉庆。托马斯·斯当东成了使团第二号人物。8月28日,刚到北京的阿美士德和托马斯等人,便被带入圆明园的一个院子,要求向嘉庆皇帝行三跪九叩之礼。他们拒绝了,于是马上被赶出京城。

又过了24年,1840年4月7日,英国议会下院正在进行激烈的辩论。一位议员——托马斯·斯当东起身发言:"当然在开始流血之前,我们可以建议中国进行谈判。但我很了解这民族的性格,很了解对这民族进行专制统治的阶级的性格,我肯定:如果我们想获得某种结果,谈判的同时还要使用武力炫耀。"[①]全场肃静,倾听他的这番讲话:所有人都知道,没有一位议员,甚至没有一个英国人比他更了解中国。经过三天的辩论,下院以271票对262票的微弱多数,通过了内阁提出的对中国发动战争的议案。

【学习新课】

教师讲述:林则徐的禁烟行动,严重打击了英国的在华利益,这是托马斯·斯当东所不能接受的。但他并非认识不到,毒品走私不能等同于一般商品的走私,三年后,他公开承认:

---

① 见[法]佩雷菲特:《停滞的帝国:两个世界的撞击》,王国卿等译,北京:生活·读书·新知三联书店,2007年,第455—456页。

材料一 在 1840 年那时候,我当然维护抽象的正义以及实际的权宜,我们当时就要与中国开战。我认为,在中国沿岸的船只或个人可能犯有走私行为,但这不能使中国当局对在该口岸的整个英国社团施行强暴成为正当,甚至不能减轻其罪行,所以,为了维护我们在中国的荣誉和利益,以适当的武力作为支持,要求充分的赔偿,是绝对有必要的。但我从没有否认事实,即,如果没有鸦片走私,就不会有战争。

——G. T. Staunton, Corrected Report of Speech of Sir George Staunton, on Lord Ashley's Motion, on the Opium Trade, in the House of Commons, April 4, 1843, London, 1843, pp. 23 - 24.

教师设问:(1)托马斯·斯当东怎样看待鸦片走私与战争爆发之间的关系?(参考答案:鸦片走私引起中国的"强暴"应对,从而导致战争)

(2)导致战争的根本原因是什么?(参考答案:英国要打开中国市场)

教师讲述:英国人以林则徐禁烟为借口,挑起对中国的战争,使用的是殖民主义的标准和强权政治的原则。但是林则徐并不清楚这些,1839 年 5 月 1 日,当林则徐在虎门收缴鸦片时,对形势的发展做出了这样的判断:

材料二 到省后察看夷情,外似桀骜,内实惟怯。向来恐开边衅,遂致养痈之患日积日深。岂知彼从六万里外远涉经商,主客之形,众寡之势,固不待智者而决。即其船坚炮利,亦只能取胜于外洋,而不能施技于内港。粤省重重门户,天险可凭,且其贸易多年,实为利市三倍。即除却鸦片一项,专做正经买卖,彼亦断不肯舍此马头。

——《致莲友(道光十九年三月十八日于虎门)》,杨国桢编:《林则徐书简》增订本,福州:福建人民出版社,1985 年,第 49 页

教师设问:林则徐认为英国不可能挑起"边衅",根据材料指出他做出此判断的依据。(参考答案:路途遥远,运输困难;船舰先进,但难入内河;多重要塞,广州易于防守;正当贸易,英国获利丰厚)

教师讲述:林则徐认为,持"边衅"论者,除京师及各地一班反对禁烟的人士外,还有英国驻华商务总监督义律等人。他将来自外国人的英军侵华的消息,皆归之于义律的谣言恫吓。1840 年 6 月中旬,英军抵达广东沿海的战舰已达四艘,而林则徐在奏折上却说,"伏查英夷近日来船,所配兵械较多,实仍载运鸦片"[1],竟将一次即将到来的战争,判断为一次大规模的鸦片武装走私。而这份报平安的奏折离开广州后不到 10 天,6 月 21 日,英国远征军第一批部队到达虎门口外;这份报平安的奏折到达北京的那天,即 7 月 17 日,英军已占领舟山 12 天了。战争到来了,前方主帅却没有发出战争警报。

教师设问:林则徐到广东后,雇佣了至少四名翻译,终日为他翻译英文书报,他本人也将这些情报采撷成册,以供参考。既然林则徐已经占有很多英方情报,成为清王朝最了解英国的官员,那么,为什么他没有看到战争不可避免呢?

教师分析:从现存的林则徐翻译的资料来看,他对英国人士反对鸦片贸易的言论,尤其是英国国王要求商人尊重中国法律的规定特别看重。在《洋事杂录》中,他收录了《英吉利国王发给该国商船禁约八条》:

---

[1] 中山大学历史系编:《林则徐集·奏稿》中册,北京:中华书局,1965 年,第 825 页。

材料三 往别国,遵该国禁例,不可违犯,如违犯亦有罪。

往广东,〔应〕遵法,违禁货物不可带去……亦不可带回,如违者有罚。

——摘自陈胜粦:《林则徐"开眼看世界"的珍贵记录——林氏〈洋事杂录〉评介》,载《中山大学学报》,1986 年第 3 期

教师设问: 这些材料可能会对林则徐的判断产生什么影响?(参考答案:林则徐可能会认为,鸦片走私是远离本土的英国商人的行为,义律等人的抗拒行为是得不到国王支持的)

教师讲述: 为此他还给英国女王写了一封信:

材料四 洪惟我大皇帝抚绥中外,一视同仁……贵国王……历次进贡表文云:"凡本国人到中国贸易,均蒙大皇帝一体公平恩待"等语。窃喜贵国王深明大义,感激天恩,是以天朝柔远绥怀,倍加优礼,贸易之利垂二百年,该国所由以富庶称者,赖有此也。……

……

我天朝君临万国,尽有不测神威,然不忍不教而诛……

接到此文之后,即将杜绝鸦片缘由,速行移覆,切勿诿延……

——林则徐、邓廷桢、怡良会奏:《拟谕英吉利国王檄》,萧致治、杨卫东编撰:《西风拂夕阳:鸦片战争前中西关系》,武汉:湖北人民出版社,2005 年,第 475—477 页

教师设问: 材料反映了林则徐怎样的思想?请从材料中找出相应内容加以说明。(参考答案:"天朝上国"思想。"大皇帝抚绥中外""贵国王……历次进贡表文""感激天恩""该国所由以富庶称者,赖有此也""君临万国""切勿诿延"等)

教师讲述: 林则徐始终以"天朝"的思维来分析他翻译的资料,当他了解到从事鸦片贸易的英国商人毫无官方背景时,就认为他们不可能有左右英国政府的能量。至于广东海面最初开来的几艘军舰,林则徐认为是在鸦片贸易中"抽分"的英属印度地方官的私自行为。他无法理解,英国政府一面直接跟从事对华鸦片走私的商人和船主们合伙,分享利润,另一面却假装同鸦片走私贸易毫无关系,甚至还订出禁止这种贸易的条约。

教师讲述: 1839 年 9 月 1 日,林则徐在分析"边衅"不会启的夹片中称:

材料五 夷兵除枪炮之外,击刺步伐俱非所娴,而腿足裹缠,结束严密,屈伸皆所不便,若至岸上更无能力,是其强非不可制也。

——中山大学历史系编:《林则徐集·奏稿》中册,北京:中华书局,1965 年,第 676 页

教师设问: 外国人到中国不愿意行跪拜礼,民间误传其关节有问题,难以跪拜。而林则徐亲眼见过外国人,他还在澳门检阅过葡萄牙兵,为什么还会有此看法?(参考答案:可能是当时士兵穿着紧身裤和绑腿,给他留下"腿足裹缠"的印象,又因为葡萄牙兵操练"正步"时采用抬腿式行进方式,让他感觉士兵腿关节"屈伸不便",甚至倒在地上便很难爬起来)

教师讲述: 所以他认为,尽管英军船坚炮利,但毫无陆战能力,绝不会舍舟登岸,从陆上发动进攻;即便进攻,也不是清军的对手。

(设计意图) 分析"边衅不可能开"这一判断的出台原因,理清"开眼看世界",但仍处于"天朝"氛围中的林则徐的思维逻辑。林则徐的判断预示着清朝近代化道路的曲折。主要指向史料实证素养水平 2:尝试运用史料作为论据论证自己的观点。

教师讲述: 1840 年 6 月下旬,一支拥有战舰 16 艘、载炮 540 门,和武装轮船 4 艘、运兵舰 1 艘、运输舰 27 艘,以及各兵种陆军 4 000 人、海军 3 000 人的侵华远征军驶入中国近海。

根据英国政府的作战计划,英军抵达中国海域后,首先封锁珠江,扣留商船,然后立即北上,切断台湾与厦门之间的运输,占领舟山群岛中适于做司令站以便长期占领的岛屿,封锁舟山群岛至杭州湾的江口、扬子江口和黄河口,然后前往渤海湾,直接与清政府接触。"如果中国政府拒绝谈判,或者何时谈判决裂,那么,海军司令就应该根据他所指挥的兵力,并按照他认为用这些兵力困扰中国政府以何种方式为最有效的办法去进行更加活跃的敌对行动。"①

教师讲述:7 月,英军攻陷舟山岛南端的定海。8 月,英军闯入渤海湾,进泊大沽口外。对于英国的入侵,守成的道光皇帝头脑中只有两套方案——"剿夷"和"抚夷"。战争开始后的一个多月,出于"天朝"对"逆夷"的本能反应,道光帝无疑是主"剿"的。但随着"边衅"事态的扩大,道光帝的强硬态度也发生了变化。他谕令直隶总督琦善,马上进呈英国人投递的禀帖。

8 月 19 日,道光帝收到了由琦善进呈的《巴麦尊致中国宰相书》的中文版,这份中文版文件是由义律找人翻译的,其中写道:

材料六　兹因官宪扰害本国住在中国之民人,及该官宪衰渎大英国家威仪,是以大英国主,调派水陆军师,前往中国海境,求讨皇帝昭雪伸冤。

——文庆等修:《筹办夷务始末(道光朝)》第 1 册,北京:中华书局,1964 年,第 382 页

教师设问:

(1)"求讨皇帝昭雪伸冤"一语,在英文原版中为"To demand from the Emperor satisfaction and redress",如果直译为汉语,应该如何表达?(参考答案:要求皇帝妥善处理并赔偿)

(2)巴麦尊在给义律的训令中明确指出,"信的译文,你应尽可能使它正确。不要不必要地脱离英文语法,也不要采用任何足以妨害信实简明而又切合实际地表达原文的中国语文形式"②。义律的翻译明显违背了巴麦尊的指示,请分析原因。(参考答案:义律长期居住在中国,他知道根据清朝的体制,不符合清朝官方用语习惯的文书会被拒收)

教师讲述:从巴麦尊照会来看,前面约有五分之三的篇幅,是对林则徐广东禁烟活动的指控,后面提出五项要求:一是赔偿被焚鸦片;二是中英官员平等交往;三是割让沿海岛屿;四是赔偿商欠;五是赔偿军费。按照道光帝和琦善的理解,前面对林则徐的指控,属于"伸冤",后面的各项要求,属于"乞恩"。

基于英夷"情词恭顺",8 月 20 日,道光帝让琦善向英方宣谕:

材料七　大皇帝统驭寰瀛,薄海内外,无不一视同仁,凡外藩之来中国贸易者,稍有冤抑,立即查明惩办。上年林则徐等查禁烟土,未能仰体大公至正之意,以致受人欺朦,措置失当。兹所求昭雪之冤,大皇帝早有所闻,必当逐细查明,重治其罪。现已派钦差大臣驰至广东,秉公查办,定能代申冤抑。该统帅懿律③等,著即返棹南还,听候办理可也。

——文庆等修:《筹办夷务始末(道光朝)》第 1 册,北京:中华书局,1964 年,第 392 页

教师设问:从这道谕旨中,你能看出哪些信息?(参考答案:道光帝以"天下共主"自居;

---

① 《巴麦尊致义律》,载《近代史资料》,1958 年第 4 期。
② 〔美〕马士:《中华帝国对外关系史》第 1 卷,北京:生活·读书·新知三联书店,1964 年,第 709 页。
③ 1840 年 2 月,英国政府任命懿律为英国远征军舰队司令。

道光帝将派钦差大臣为英人"昭雪伸冤";林则徐当了"替罪羊")

教师讲述:9月13日,琦善再次照会英方,通报自己已被任命为赴粤钦差大臣,要求英舰南撤,到广州继续谈判。他暗示英人,如果南返,待其到广州后,必定查办林则徐,代英人"申冤",并可向英国赔偿烟价。

至此,懿律认为以武力逼迫清政府与之谈判的目的已经达到。而且,由于当时北方天气渐冷,不利于作战;英军来华后终日漂泊海上,给养缺乏;士兵水土不服,疾病流行,多有死亡。懿律权衡再三,于9月15日复函琦善,同意即日启航南返。

10月初,第二位被派往广东"查办事件"的钦差大臣琦善出京南下,11月底到达广州,历时56天,比他的前任林则徐快了五天。而半年后接替义律的璞鼎查从伦敦到澳门,途中只用了57天(扣除其在孟买停留的10天)。琦善带着道光帝"上不可以失国体,下不可以开边衅"①的谕旨,几乎与前任钦差大臣林则徐既要禁绝鸦片又不许挑起衅端的使命一样,是一个无法执行的悖论。事实上,英方的要求,《巴麦尊致中国宰相书》中只提了一部分,巴麦尊在对懿律和义律的训令中还有许多要求。用今天的话来说,英国要进入中国市场,要将中国纳入其全球贸易体系。而清方的底线仅是惩办林则徐,准许英人在广州恢复通商,部分赔偿被焚鸦片,中英官方文件来往用"照会"。这样的谈判会有什么结果呢?1841年1月6日,道光帝收到琦善关于广州谈判的第三批奏折时,大为光火,下了一道不留任何余地的严旨:

材料八　逆夷要求过甚,情形桀骜,既非情理可谕,即当大申挞伐……逆夷再或投递字帖,亦不准收受,并不准遣人再向该夷理谕……朕志已定,断无游移。

——文庆等修:《筹办夷务始末(道光朝)》第2册,北京:中华书局,1964年,第632页

教师设问:从这道谕旨看,道光帝对英态度发生了什么变化?(参考答案:由主"抚"转向主"剿")

教师讲述:1月20日,琦善收到了皇帝的上谕,却没有停止谈判。琦善完全知道抗旨的风险,但他坚持和谈。一方面是出自自信,以为自己既可以说服道光帝又可以说服义律;另一方面是出自清军不敌英军的判断,这在他的奏折中已反复陈述,而在虎门之战中得以印证。

(设计意图) 英人从"情词恭顺"到"情形桀骜",促成了道光帝由主"抚"向主"剿"的转变,以此体现"天朝"皇帝的行事风格。同时自然过渡到虎门之战。主要指向史料实证素养水平2:尝试运用史料作为论据论证自己的观点;历史解释素养水平2:在历史叙述中将史实描述与历史解释结合起来。

教师讲述:虎门位于珠江入海口,险要天成,是广州的重要门户。1835年,根据广东水师提督关天培的建议,虎门建成三重门户防御体系。以沙角、大角为第一重门户,因为两台相距较远,炮力不及中流,改为信炮台,敌舰一旦驶入,便施放信炮,让第二、三重各炮台做好战斗准备。横档一线为第二重门户,也是防御的重点。在东水道扩建南山炮台,更名威远炮台,安炮40位,加固威远炮台以北安炮40位的镇远炮台,加固横档岛东侧安炮40位的横档炮台。企图以威远、镇远、横档三炮台共120位火炮,控御横档东水道。在西水道,新建上横档岛西侧的永安炮台,安炮40位;新建芦湾东侧的巩固炮台,安炮20位。企图以永安、巩固两炮台共60位火炮,控御横档西水道。以大虎山岛为第三重门户,加固大虎山岛东南侧安

---

① 文庆等修:《筹办夷务始末(道光朝)》第1册,北京:中华书局,1964年,第399页。

炮 32 位的大虎炮台,并在距炮台 300 米处浅滩抛石下桩,以防敌舰乘潮绕行暗沙,躲避炮台火力。

1839 年,在镇远炮台和威远炮台之间,新建靖远炮台,安炮 60 位,这是当时清朝疆域内构筑最坚固、火力最强大的炮台;在饭箩排和上横档岛的西侧,架起两道至武山的排链,以迟滞敌舰航速,以利发挥炮台火力。至此,虎门成为清朝最强大的海防要塞。

(可依据上述文字制作"虎门之战"图示)

教师讲述:英国出动战舰 10 艘:威厘士厘号(炮 74 门)、伯兰汉号(炮 74 门)、麦尔威厘号(炮 74 门)、都鲁壹号(炮 42 门)、加略普号(炮 26 门)、萨马兰号(炮 26 门)、先锋号(炮 26 门)、鳄鱼号(炮 26 门)、摩底士底号(炮 18 门)、硫磺号(炮 8 门),另有 3 艘武装蒸汽船。[1] 结果,虎门要塞被英军轻易攻破了。

教师设问:

(1) 关天培在设计虎门防御体系时,采用了何种战术?(参考答案:分段逐次防堵敌舰内驶)

(2) 从其部署可以推测,他对未来的作战规模是如何判断的?(参考答案:来犯敌舰的规模仅为几艘)

教师讲述:这一判断说明当时的清军根本不了解英军的实力。1841 年的虎门之战,英军采用了集结大量军舰和陆战部队逐点攻击的战法,使关天培层层堵截的战术无法施行。除战术原因外,虎门之战的失败还有炮台、火炮、兵力等多方面的因素。

1835 年虎门工程完成,一位外国人观后写道:

材料九　河岸上的炮台都是裸露的,没有一个能够抵挡得住一只大炮舰的火力,或可以抵御在岸上与舰炮配合的突击队的袭击。突击队总是从它们的炮火所不及的侧面或后方找到最佳的据点来袭击它们。

——广东省文史研究馆译:《鸦片战争史料选译》,北京:中华书局,1983 年,第 70 页

教师设问:炮台存在哪些弊端?(参考答案:炮台顶上无防护,敌曲射火炮可以由上射入炮台内;大炮集中配置在炮台正面,无法应对侧后方登陆的敌军)

教师讲述:虎门之战实际上是炮战,火炮起着决定性的作用。清代火炮是在明末引进西方火炮技术的基础上发展起来的,至鸦片战争前,中英火炮在样式、机制原理上大体相同,主要的差别在于铁质和铸造工艺。工业革命使英国的冶炼技术大为改观,1783 年,英国柯特炼铁法使生铁精化,铸造工艺也因科学的发展而进步。而中国当时冶炼技术落后,炉温低,铁水杂质高;承办人员偷工减料,使铸出的火炮沙眼多,膛内不光洁,炮弹射出后弹道紊乱,命中率很低。另外,演放时经常炸裂。1835 年,虎门试放新铸火炮 59 位,结果炸裂 10 位,残损 3 位。[2] 为防止火炮炸裂,则增加炮管厚度,结果数千斤的重炮威力还不如西方的轻炮,这与弹药有关。

中西火药当时虽同处于黑色炸药时期,但西方已研究出配制黑色炸药的最佳比例,即硝酸钾、硫磺和木炭的配组比率为 74.84％、11.84％、13.32％。英国据此配置了枪用火药(硝

---

[1] 茅海建:《近代的尺度:两次鸦片战争军事与外交》增订本,北京:生活·读书·新知三联书店,2011 年,第 57 页。
[2] 关天培:《筹海初集》卷三,道光十六年刻本,第 71—75 页。

75％、硫 10％、炭 15％）和炮用火药（硝 78％、硫 8％、炭 14％）。① 而关天培在他的《筹海初集》中记载的火药配方是硝 80％、硫 10％、炭 10％，这一配方中的硝含量过高，容易吸潮吸热，不便久贮，且降低爆炸威力。另外，清朝的手工业作坊相较于英国的机器生产，生产出的火药成分纯度低，这也降低了火药的性能。

在沙角、大角战斗中，清军战死 287 人，另重伤而死 5 人，受伤 456 人，失踪 9 人，共计 757 人。英军登陆部队受伤 30 人，舰船人员受伤 8 人，均无死亡。而在横档一线战斗中，估计中方伤亡 500 人，1 300 人被俘；英军只有 5 人受轻伤，无死亡。② 双方火力之迥异一目了然。

也许有人会说，即便中国当时在武器装备上落后了，但是在兵力上总还占有优势吧。当时清朝有八旗兵约 20 万，绿营兵约 60 万，总兵力 80 万；而英国正规军约 14 万，加上担负内卫任务的国民军 6 万，总兵力近 20 万。鸦片战争初期，英国派往中国的海陆军大约 7 000人，与清军相比，大约 1：110。后来远征军兵力不断增加，至战争结束时，大约有 2 万人，与清军相比，大约 1：40。就简单的数字来看，中国占有明显优势。但是，清朝没有一支机动性强、比较集中的部队。八旗、绿营虽为国家军队，但是，除了出征作战的职能外，主要担负警察职能，各种勤务差役也十分繁重。可以说，清代的军制利于分散治民，难以集中御外。

英军倚仗着坚船利炮，在海上任意往来，他们决定了战争的时间、方向、规模，兵力集中十分容易。清军因无得力战舰，无法在海上主动交战，只得处处设防。英舰船一出动，千里海防线，几十个重要海口都必须加强防守。这样，经过努力而从各地抽调来的增援部队不可能集中抗敌，而只能分散到各个海口去。两江总督、钦差大臣裕谦的话，正说明这一点：

材料十 浙省防兵，统计虽有一万五千余名，系连各该处额设官兵之请给盐菜者一并计算。实在镇海、定海二处，除去本营额设官兵外，各止调派外营外省兵三千余名。乍浦地方，除驻防八旗官兵外，止有调防兵八百余名。其余四五千名，分防沿海各口，自一二百名至数百名不等，本形单薄。现在逆夷四处纷扰，处处吃重，据各该地方官纷纷禀请添兵策应，固属实在情形。但奴才通盘筹画，浙江及附近各省，业已无兵可调，且该逆游魂海上，朝东暮西，飘忽不定，设我闻警派调，水陆奔驰，尚未行抵该处，而该逆又顾而之它，徒然疲于奔命，适堕其术。

——文庆等修：《筹办夷务始末（道光朝）》第 3 册，北京：中华书局，1964 年，第 1210 页

教师讲述： 如果清军每战都保持与英军相等的兵力，就得将几十倍于英军的兵力分散布置在沿海数省几十个重要海口上，而决不能将这些兵力集中调往一地与英军决战。

英军的舰船不仅用于作战，同时也用作运输。它能快速地开赴一地，并把陆军也运往该地。这使得英军的机动性强，兵力集中速度快，在战争中兵力重复使用次数多。英国侵略军的一些海军舰船和陆军团队几乎参加了鸦片战争的所有战役。一艘军舰使用两次等于两艘，一名士兵参加两次战斗等于两名。此外：

材料十一 1841 年 1 月 6 日道光帝命湖南、贵州各调兵 1 000 名，四川 2 000 名往广州。

---

① 王兆春：《中国火器史》，北京：军事科学出版社，1991 年，第 291 页。

② 茅海建：《近代的尺度：两次鸦片战争军事与外交》增订本，北京：生活·读书·新知三联书店，2011 年，第 278、282页。

湖南兵51天后到达,贵州兵47天后到达,四川兵79天后到达。

1841年10月26日道光帝下令四川调兵2 000名往浙江,96天后,到达头起380名,以后各起陆续到达,110天后,末起300名尚未到达。

1841年11月16日道光帝下令陕西、甘肃各调兵1 000名往浙江。74天后,到达头起380名,89天后,末起250名尚未到达。

——茅海建:《近代的尺度:两次鸦片战争军事与外交》增订本,北京:生活·读书·新知三联书店,2011年,第68页

教师设问:材料说明了什么问题?(参考答案:清朝在兵制、运输等方面的落后)

(设计意图)以鸦片战争中最为典型的虎门之战为例,说明清政府战败的原因,也从侧面反映清朝在科学、技术、兵制、运输等方面的落后。主要指向史料实证素养水平4:恰当地运用史料对所探究的问题进行论述;历史解释素养水平4:在尽可能占有史料的基础上,尝试验证以往的说法或提出新的解释。

教师讲述:鸦片战争中清军的调动基本上靠步行。由于道路狭窄和船只车马数量有限,一两千人的军队都不能集中行动,而要分成数起,每起二三百人,隔日行走。装备如此之差,依靠两条腿跨越数省甚至半个中国,速度之慢不难想象。虎门战败,英军开始猖獗于广州内河。道光帝发出锁拿琦善的上谕:

材料十二　(琦善)被人(指英军)恐吓,奏报粤省情形,妄称地利无要可扼,军械无利可恃,兵力不固,民情不坚。摘举数端,危言要挟,更不知是何肺腑?如此辜恩误国,实属丧失天良。

——文庆等修:《筹办夷务始末(道光朝)》第2册,北京:中华书局,1964年,第805页

教师设问:

(1) 琦善陈述的"粤省情形"是"实情"还是"虚情"?(参考答案:实情)

(2) 道光帝把琦善的如实陈词说成是"要挟"他的"危言",并予以道德的斥责,对下任官员会产生什么影响?(参考答案:官员不敢如实汇报情况)

教师讲述:此后来到广州的参赞大臣、果勇侯杨芳以及继林则徐、琦善后第三位由京赴粤的大员、靖逆将军奕山等人,只能以欺瞒、撒谎应付道光帝。

当琦善在中英交涉中的怯懦激起道光帝严重不满的同时,远在伦敦的英国外相巴麦尊,也正为义律①的低姿态外交大为光火。1841年8月12日,接替义律全权代表一职的璞鼎查,带着"不在广东进行交涉,谈判地点应在舟山或天津"②的指示,召开军事会议,决定了北上的军事行动计划。8月27日,英军攻陷福建厦门。10月1日,攻占浙江定海,10日占领镇海,13日占领宁波。清政府征调各省1.1万名官兵、招募各省乡勇2万余人、耗饷160万两银组织的反攻浙东三城行动,遭遇失败。而此时,英国政府已明确了下一步的侵略目标,向长江中下游进军,控制位于长江和运河交汇点上的南北交通枢纽镇江,从而控制中国的经济动脉,迫使清政府投降。1842年5月18日,英军攻占杭州湾北部、江浙两省海防重镇乍浦,并焚掠一空。6月13日,英舰驶入长江口,16日进攻吴淞口,占领上海。7月17日,英舰驶

---

① 1840年11月,懿律因身体原因去职,义律成为全权代表。

② 茅海建:《天朝的崩溃:鸦片战争再研究》修订版,北京:生活·读书·新知三联书店,2014年,第318页。

入镇江江面,截断大运河,切断漕运。7月21日,镇江陷落。8月4日,英舰驶抵江宁(南京)江面。8月29日,在南京江面的英舰"皋华丽"号上,签订了近代第一份不平等条约《南京条约》,以后又签订了一系列补充条约。

主战派官员、时任江苏布政使的李星沅在日记里写道:

材料十三 阅江南钞寄合同(指条约),令人气短,我朝金瓯无缺,忽有此蹉跌,至夷妇与大皇帝并书,且约中如赎城、给烟价、官员平行、汉奸免罪,公然大书特书,千秋万世何以善后……

　　　　　　——袁英光、童浩整理:《李星沅日记》上册,北京:中华书局,1987年,第428页

教师设问: 李星沅认为哪些内容无法向历史交待?(参考答案:夷妇与大皇帝并书;赎城、给烟价、官员平行、汉奸免罪等内容公然大书特书)

教师讲述: 当时的绝大部分"天朝"官员与李星沅一样,有他们的价值判断标准。《南京条约》签订后,耆英向璞鼎查发出照会,提出了12项交涉内容。其中包括:

材料十四 英国商民既在各处通商,难保无与内地民人交涉狱讼之事。从前英国货船在粤,每以远人为词,不能照中国律例科断,并闻欲设立审判衙门,如英国之呵压打米峩一样。……即道光元年英吉利兵船水手打死黄埔民人黄姓之案,亦经阮督部堂奏请,令英国自行惩办各在案。此后英国商民,如有与内地民人交涉案件,应即明定章程,英商归英国自理,内人由内地惩办,俾免衅端。

　　　　　　——茅海建:《天朝的崩溃:鸦片战争再研究》修订版,北京:生活·读书·新知三联书店,2014年,第482页

教师设问: 这将产生怎样的恶劣影响?(参考答案:破坏了中国的司法主权)

教师讲述: 在中国传统社会里,国家设官即为治民。时人认为,既然中国官府无法治理这些英国人,把他们交由英国官府来治理也不失为一种办法。耆英放弃对英人的审判权,在这种思路上几乎是顺理成章的。

教师讲述: 1850年6月,两名英国人来到福州,委托英国代理领事金执尔代租城内神光寺房屋,租契并交侯官县令盖印。此为英国民人首次进入福州城。刚刚回乡不久的林则徐,闻讯组织士绅,书写公启质问侯官县令,并上书福建巡抚徐继畬,要求驱逐英人。徐继畬主张从缓设法,避免酿成事端。林则徐再次上书,表明他不惜为两名英人入城而引发一场大战。他还联络闽籍言官上奏,酿成一时大案。

无独有偶,先后担任广东布政使、广东巡抚和两广总督的叶名琛也一直在进行反入城斗争。1853年,叶名琛正式出任两广总督兼管理五口通商事务的钦差大臣。1854年,英美两国相继更换公使,新任公使在受命时均接受一项重要使命——"修约"。为了"修约",英国公使、香港总督、五口通商事务监督包令,照会叶名琛,要求会晤。叶名琛敏感地看出包令的入城企图,复照以军务繁忙为由拒绝。后来的历史表明,"修约"是列强侵华的重要步骤,但叶名琛对此没有警觉,他对朝廷汇报如下:

材料十五 ……两国(英美——引者注)公使同时更易,其中必各有因。初来颇觉秘密,迨至再四查询,始知皆由于道光二十二年前在江南约定时,有十二年后,再行重订等语。本年润七月初六日即已届满,该国王等分遣各酋来粤,即专注意于此。伏查当年江南既定约以后,何又复以十二年为期?明系预留地步,使之得以饶舌。臣惟有相机开导,设法羁縻。

——《筹办夷务始末(咸丰朝)》第 1 册,北京:中华书局,1979 年,第 270—271 页

教师设问: 叶名琛对各国的"修约"要求,将采用什么对策?(参考答案:相机开导,设法羁縻,也就是用言论笔墨来挫败此议)

教师讲述: 6 月,英、美两国公使至上海交涉"修约",江苏官员奉旨劝英、美使节南下,一切只能与兼任管理五口通商事务的钦差大臣叶名琛商谈办理。8 月,英、美、法三国使节照会叶名琛,要求"修约",叶的答复是"小行变通则可,大事则无权办理"[①]。英方派翻译官到广州商谈包令与叶名琛谈判事宜,指定广州城内总督署为谈判地点,叶名琛对此非常警觉,认为其有首先入城的用意,建议谈判地点为城外海珠炮台或珠江上的英国军舰。9 月,三国公使再赴上海,江苏巡抚看出三国对"修约"一事不会善罢甘休,上奏提议钦派重臣会同两广总督妥善办理此事,结果遭到咸丰帝的痛斥。10 月,三国代表抵达天津海口,指责叶名琛,并提出"修约"要求,咸丰帝答复仍是与叶名琛商量。三国使节几度北上,频频指责叶名琛,增加了他对西方使节的敌视;咸丰帝全力支持叶的态度,增加了他与西方对抗的信心。

教师设问: 清朝君臣为何不与三国公使谈"修约"之事?(参考答案:"天朝上国"心态,使其不愿与外国人接触)

1856 年 10 月,英国借口"亚罗号"事件,派三艘军舰从香港出发,越过虎门,沿途炮击清军炮台。英方十余次照会叶名琛,要求开放广州城,叶名琛每次复照,拒绝入城。就在叶名琛再三再四向朝廷"报捷"之时,英方的增援部队正不断开进珠江。但是因为印度土兵起义牵制部分兵力,拖延了进攻时间。1857 年 8 月,英法联军封锁广州,在经济上予以施压。12 月英国专使额尔金、法国专使葛罗照会叶名琛,要求入城、赔偿损失并"修约"。这是英法的最后通牒,但叶名琛照例复照,长篇大论,一律拒绝。28 日,英法联军大举进攻广州,第二天占领广州,英人交涉十余年的入城终于在炮火中实现。就在广州被占一周后,叶名琛仍镇定自若,照常见客,并据乩语宣称五天后"便无事",他还向下属交代:"各绅讲和,他事都可许,或给以银钱都无不可,盖彼实穷窘异常,独进城一节断不可许!"[②]1858 年 1 月 5 日,叶名琛被英军捕走。

(设计意图) 叶名琛在咸丰帝的支持下,一味强硬,对英、法、美等西方各国的各种要求一律拒绝。各国使节北上其他口岸交涉时,各地官员奉旨以职权属两广总督、本地无从办理为由,劝其南下广州。中外关系几乎处于断绝状态。这从一个侧面说明第二次鸦片战争爆发无可避免。"天朝"官员昧于世界大势,使清朝一下子陷于全面战争之中。主要指向唯物史观素养水平 3、4:将唯物史观运用于历史学习中。具体来讲,理解社会存在决定社会意识,社会意识对社会存在具有能动的反作用,落后的社会意识对社会发展起阻碍作用。

教师讲述: 广州不愉快的经历,刺激了列强与清廷直接接触的愿望。1858 年 4 月,英法联军抵达大沽口外,英、法、俄、美四国照会清廷,初步开列了他们的要求。清廷同意减少关税、增加通商口岸,却坚决反对"公使驻京"。5 月,英法联军攻占大沽炮台,进抵天津。咸丰帝被迫派人前往天津与英、法等国谈判。在外国军舰的压力之下,咸丰帝批准了包括"公使驻京"在内的《天津条约》。根据条约规定,中英、中法《天津条约》的批准文本,将于一年

---

① 《包令在天津海口咨达转奏词意大略》,[日]佐佐木正哉编:《鸦片戰爭後の中英抗爭:資料篇稿》,东京:近代中国研究委员会,1964 年,第 194 页。

② 《触蕃始末》,齐思和等编:《中国近代史资料丛刊·第二次鸦片战争》第 1 册,上海:上海人民出版社,1978 年,第183—184 页。

内在北京互换;英法同时宣称,前来换约的公使将常驻北京。

《天津条约》的主要内容有:

材料十六 （一）外国公使常驻北京,可在北京租地赁屋,随时往来;

（二）增开牛庄(后改营口)、登州(后改烟台)、台湾(后定台南)、淡水、潮州(后改汕头)、琼州(今海口)、汉口、九江、南京、镇江为通商口岸;

（三）英、法等国人可往内地游历、通商、自由传教;

（四）英、法商船可在长江各口岸往来经商,英、法国兵船亦得进入各通商口岸;

（五）修改税则,减轻商船吨税;

（六）对英赔款银400万两,对法赔款银200万两;

（七）进一步确立片面最惠国待遇与利益均沾原则;

（八）进一步确立领事裁判权制度。

——摘编自王铁崖编:《中外旧约章汇编》第1册,北京:生活·读书·新知三联书店,1957年,第96—114页

教师设问:对中国利益损害最严重的是哪几条?符合国际惯例的是哪一条?(参考答案:第四、五、七、八条。第一条)

教师讲述:但是,咸丰和他的大臣并不这么认为,他们最不能容忍的是"公使驻京",其次是内地游历,再次是长江通商,又再次是赔款付清后归还广州。咸丰帝要求将此"四事"从刚刚签订的条约中取消,作为补偿,同意对英国等国关税全免!咸丰帝打算以今日看来最大的国家利益关税,来交换今日看来极为正常的"公使驻京"。幸亏两江总督何桂清等人再三再四地抗旨连奏,才保住了清朝的关税,避免了近代中国一场大灾难。英国专使额尔金在清方的一再请求下,也认为英国公使住在充满敌意的北京,并非上策,同意在《天津条约》得到严格遵守、次年到北京换约能得到适当接待的前提下,提请政府考虑公使不常驻北京,而是定期或有事随时前往北京。

1859年6月,英法使节违规带兵、擅自选定路线入京、换约,遭到了僧格林沁的武力拒绝。1860年8月,英法重组拥有144艘舰艇、陆军近3万人的联军抵达天津,打败清军,进逼北京。9月22日,咸丰帝从圆明园出逃热河(今承德),派其弟恭亲王奕䜣为钦差大臣,"办理和局"。10月,双方互换《天津条约》,并签订《北京条约》。1861年3月之后,西方各国公使陆续进驻北京,而不想接见外国公使的咸丰帝,至死都没有回到北京。

(设计意图)公使驻京,在当时的西方和当今的世界均被视为外交惯例,而清政府进行了殊死抵抗,进一步说明"天朝"观念与西方格格不入。主要指向史料实证素养水平2:将史事定位在特定的时间和空间框架下;历史解释素养水平1:能够辨别教科书与教学中的历史解释。

教师引导学生小结:从1793年马戛尔尼使华到1861年外国公使进驻北京,将近70年的时间里,正是西方资本主义快速成长并进逼东方的时期,而"天朝"的观念始终没有改变。两次鸦片战争前后20年,清朝仍没有多少进步。有史家指出:"从民族的历史看,鸦片战争的军事失败还不是民族致命伤。失败以后还不明了失败的理由力图改革,那才是民族的致命伤。"[1]

第二次鸦片战争后兴起的湘淮系集团,开始自强的洋务运动,原动力也不是来自战败的

---

[1] 蒋廷黻:《中国近代史》,武汉:武汉出版社,2012年,第17页。

刺激,其最初目标也并非为"制夷",而是为了对付那些造反的"长毛"。但是,在传统与近代的十字路口,中国终于迈出了近代化的第一步。

教学设计 2

常熟市浒浦高级中学　黄　飞

一、教材分析

本课是第五单元《晚清时期的内忧外患与救亡图存》中的第 1 课,包括 19 世纪中期的世界与中国、两次鸦片战争、"师夷长技以制夷"三个子目。主要介绍在中国落后于世界潮流的背景下,两次鸦片战争对中国社会的冲击,以及国人为应对冲击而睁眼看世界的努力。"康乾盛世"之后,清王朝进入衰落期,但统治者固步自封于传统的"天下体系",昧于世界的全新格局。以 19 世纪中期中西方社会发展层面的巨大反差为背景,先后爆发了两次鸦片战争,"天下体系"的思维定势使清政府在战争中自以为是却又失误连连。"天下体系"的瓦解、中西方文明的碰撞所产生的阵痛,促使仁人志士"开眼看世界",初步提出了向西方学习以求自强的主张。

二、学情分析

本课的授课对象为高一年级学生。对鸦片战争在宏观层面的背景分析、过程梳理、影响阐发,是初中历史教学和考查的重点。因此,本课应当基于学生的知识储备,遵循最近发展区理论,将鸦片战争置于当时的历史环境中,展开对鸦片战争的深层次思考,着力孵化学生的学科核心素养。由于初高中教材均容量有限,对两次鸦片战争的来龙去脉,只呈现了"然"而未解释"所以然",学生尚缺少相关的理性认知,所以需要以一定的时空框架为"边框底纹",并组织适当的材料搭建学习支架,引导学生进行思考。

三、教学目标

1. 基于 19 世纪中期的中西方社会对比,以及国际格局的变动,分析鸦片战争爆发的原因。

2. 通过清朝君臣在两次鸦片战争中的诸多失误,分析导致失误的文化及制度因素,并从战败的结局中汲取历史教训。

3. 结合《南京条约》《天津条约》《北京条约》的签订及内容,分析近代国际意识、外交观念与中国传统政治理念的不同,思考固守传统政治理念的危害。

4. 客观评价早期"开眼看世界"的历史人物,阐释历史人物与所处环境之间的关系。

四、教学重难点

重点：基于19世纪中期的中西方社会对比，分析鸦片战争爆发的原因。

难点：从"天下体系"的视角，理解清政府对鸦片战争及《南京条约》的认识；从"天下体系"崩溃的视角，解释第二次鸦片战争及相关不平等条约所造成的冲击。

五、教学过程

【导入新课】

教师讲述：教材第15课末尾提到，利玛窦绘制刊印的《坤舆万国全图》被一些士大夫斥为"邪说惑众"。这是因为中国传统文化存在这样一种天下理念：天下是最大的人类生活空间，中国处在天下的中心，且这个中心是多重的，既是地理的中心，又是文明的中心、实力的中心、权力的中心。

材料一 天下之空间结构

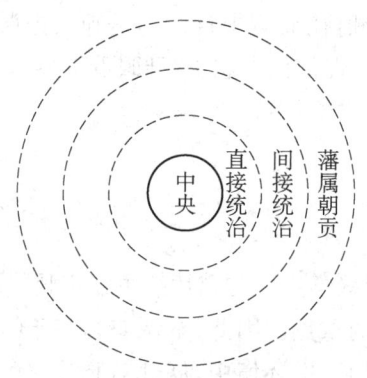

——依据朱荫贵"中国与周边关系（以清代为例）示意图"绘制。见朱荫贵：《朝贡体系与亚洲经济圈——评滨下武志教授〈近代中国的国际契机〉》，载《历史研究》，1999年第2期

教师设问：以"天下理念"审视《坤舆万国全图》，它"邪"在何处？（参考答案：中国在方位上没有居正中，在面积上与全图相比又较小，没有彰显中国的"中心"优势）

教师讲述：任何知识与思想，只要不符合"天下理念"，就会招来严厉抨击。这是因为古代中国以"天下理念"为基础，在国际关系上形成了一种"天下体系"：中国以绝对的中心优势成为"天朝上国"，并使周边的"万国"因"向化之心"主动靠拢，成为藩属国。藩属国以来华朝贡、对中国皇帝行跪拜之礼表达对"天下中心"的承认、对天子的臣服。藩属国再往外，就是文明尚未浸润的"化外蛮夷"。历代统治者都着力怀柔远人，维系"天下体系"，因为"万邦来朝"，正可渲染盛世，论证自身统治的合理合法，强化天朝子民的臣服，巩固自身统治。

教师引导学生分析：士大夫们认定《坤舆万国全图》有"惑众"危害，因为在他们看来，对"天下理念"的触逆，对中国中心优势的否定或削弱，可能使藩属国质疑原有宗藩关系的合理性、必要性，最终发展到不来朝贡或犯上作乱。而"天下体系"若受冲击，将使中国臣民质疑统治者的权威,最终危及君主统治和社会稳定。

教师讲述:出于巩固统治的需要,地理知识的进步被有意地遮蔽。康熙、乾隆都将西方传教士进呈的世界地图和地球仪藏于深宫中,秘不示人。与此同时,经过漫长的历史积淀,并受闭关锁国政策的影响,"天下体系"至此发展完备。"康乾盛世"时期,这一存在于东亚区域的,以中国为中心的国际秩序与格局,自成一个世界,而不是世界的一部分。

(设计意图)本课从"天下体系"及其崩溃的视角去认识鸦片战争的冲击和因应,试图依托较宽广的时空框架全面、准确地把握鸦片战争的"开端"意蕴。对"天下"概念的感性认知和对"天下体系"概念的内涵阐释,为理解清末统治阶层种种与近代国家利益相悖相反、看似"愚昧"的行为奠定基础。为学生的理性分析、合理解释提供了一个逻辑起点,也从宏观的文明层面,为学生领悟鸦片战争所开启的是一场堪称天崩地裂的社会变局埋下伏笔。

【学习新课】

(一)"天下体系"的闯入者

1. 乾隆年间的英国使团

教师讲述:1793年,从《坤舆万国全图》左上角"谙厄利亚"岛上,一群"蛮夷"远道而来,闯入大清苦心经营的"天下"。英国使团给乾隆皇帝的礼物,包括了标有英国殖民地和远征路线的地球仪、装备110门火炮的战舰模型、战争写生画、多款枪炮、望远镜、热气球、天体仪等。使团还向清政府提出了派驻使节、建立平等外交关系、自由贸易的要求。英国人相信,这些礼物能体现英国的强大国力,能证明英国有资格与中国建立起对等的外交和贸易关系。乾隆帝则邀请使团团长马戛尔尼参观承德避暑山庄中的收藏。

材料二　于是,吾乃大骇,以为吾所携带礼物,若与此宫中原有之物相较,必如孺子之见于猛夫,战栗而自匿其首也。然而华官复言:此处收藏之物……与圆明园中专藏欧洲物品之宫殿较,犹相差万万。

　　——[英]马戛尔尼:《乾隆英使觐见记》中卷,刘半农译,上海:中华书局,1916年,第24—25页

教师设问:从"天下体系"的角度看,乾隆此举用意何在?(参考答案:显示中国的优势地位,拒绝对等关系,把中英关系纳入"天下体系")

(设计意图)以马戛尔尼使团访华为切入点,使学生理解清朝"天下体系"中的宗藩关系与近代对等外交之间的尖锐对立。主要指向历史解释素养水平2:组织和运用相关材料并使用相关历史术语,对个别史事提出自己的解释。

教师讲述:乾隆身边曾有欧洲传教士,他通过这个途径知道法国大革命,知道俄国宫廷里的阴谋,知道西洋各国中英国最强悍。等到英国使团离去后,乾隆下旨加强海防,规定"夷船"卸炮后方可进入广州港贸易,同时稳定关税,避免摩擦。但在接见使团时,对于西方地理非常熟悉的乾隆问了几个问题。

材料三　"他问英国距离俄罗斯有多远,他们的关系是否友好?意大利和葡萄牙是否距离英格兰不远,是否向英格兰朝贡?"……如果乾隆一再提出这样幼稚的问题,那么他可能是故意为之。

　　——[美]欧立德:《乾隆帝》,青石译,北京:社会科学文献出版社,2014年,第205页

教师讲述：乾隆以幼稚的提问让使团"发现"中国皇帝对英国的无知。天子的这一无知，又恰恰说明他对这"蛮夷小邦"没有兴趣。[1]

教师设问：乾隆帝的提问与他事前的认识、事后的反应相比，显得格格不入。从"天下体系"的角度看，其原因是什么？（参考答案：若英国不愿被纳入"天下体系"，则可通过表面的漠不关心、暗中的军事防备，将其排斥在体系之外，以维护体系的稳定）

（设计意图）通过乾隆帝的"表里不一"，理解"天下体系"的封闭性与英国殖民活动的扩张性之间的矛盾，进而认识鸦片战争的爆发有其必然的历史根源。主要指向历史解释素养水平2：组织和运用相关材料，对个别史事提出自己的解释。

2. 道光年间的鸦片走私商

教师讲述：乾隆帝认为英国人"夷性犭诈"，没有达到目的，很可能寻衅滋事。其实，使团被叮嘱要谨慎行事，避免触怒乾隆。但是46年后，当林则徐于1839年在广州虎门海滩将英国人走私的一批毒品销毁时，英国不再"谨慎行事"了。它挑起的一场"边衅"冲击了"天下体系"，并成为中国近代百年屈辱史的开端。

自主学习：阅读教材第90、91页"19世纪中期的中国与世界"一目和《1840年前的中国和世界形势图》，从中西对比的角度，概述英国不再"谨慎行事"的原因。（参考答案：略）

（设计意图）通过中西对比，揭示鸦片战争爆发的时代必然性。主要指向时空观念素养水平3：能够把握相关史事的时间、空间联系，并用特定的时间和空间术语对较长时段的史事加以概括和说明。

教师讲述：如果说当时的世界正处于西方资本主义快速成长并向东方直接进逼的时期，中英贸易却呈现另一幅景象。因为英国对茶叶和生丝的需求日益增长，但除了银子外，中国对英国没有什么需求，英国在中英贸易中陷入日益严重的贸易逆差。鸦片被视为解决问题的"完美办法"[2]，毒品走私牵动着英国政府的神经。

材料四 1808年到1856年之间，鸦片贸易的繁荣使3.84亿银元反向流动，其利润绝大部分归于英国政府。英国政府在亚洲的代理人东印度公司控制着鸦片制造，但公司没有公开弄脏自己的手，而是由走私贩子把鸦片运到中国海岸。他们不满于清政府的贸易控制政策，期望有合法的渠道进入中国市场，不论是通过鸦片贸易的合法化，还是向英国货物开放更多的通商口岸——当然最好是二者都有。

——摘编自[英]蓝诗玲：《鸦片战争》，刘悦斌译，北京：新星出版社，2015年，第5—6页

教师设问：鸦片是毒品，所以心知肚明的东印度公司不愿意"公开弄脏自己的手"。但英国政府为何要以武力维护毒品走私商的利益？（参考答案：贩卖鸦片扭转了对华贸易逆差；毒品走私的利润是英国政府的重要财政收入）

（设计意图）对鸦片走私的介绍，使学生认识到它与侵华战争之间的关系，进而认识英国"自由贸易"口号下的掠夺面目。主要指向史料实证素养水平2：在对史事进行论述的过程中，能够尝试运用史料作为证据论证自己的观点；历史解释素养水平2：能够在历史叙述中将史实描述与历史解释结合起来。

---

[1] ［美］欧立德：《乾隆帝》，青石译，北京：社会科学文献出版社，2014年，第205页。
[2] ［英］蓝诗玲：《鸦片战争》，刘悦斌译，北京：新星出版社，2015年，第5页。

（二）两次鸦片战争

1. "天下体系"中的战争误判

教师讲述：纵观整个鸦片战争的过程，马戛尔尼使团收集的中国沿海航海图和内地地形图，帮助英军长驱直入、精准打击。而大清国在固有的"天下体系"思维定势下，接连误判。

（1）鸦片战争的突然降临

材料五　（清朝官员考虑是否禁烟时——引者加）就连道光帝由内阁明发的让他们"各抒己见"的谕旨，也是通过"刑部咨会"或"户部咨会"，而不是由"礼部咨会"或"兵部咨会"的方式传到他们的手中。

　　——茅海建：《天朝的崩溃：鸦片战争再研究》修订版，北京：生活・读书・新知三联书店，2014 年，第 90 页

教师设问：从"天下体系"角度分析道光帝在禁烟问题上的失误及其原因。（参考答案：单纯从国内事务的角度来考虑禁烟。"天下体系"下，"天朝上国"唯我独尊，朝贡国以外的"蛮夷"，更不需要重视）

教师讲述：广东禁烟斗争的发展，最终使英国是否会开战成为需要关注的问题。林则徐做出了自己的判断。

材料六　林则徐认为，相对较弱的英国若派军远征，势必有路途遥远、补给困难诸后虞，因而不会出此下策。另外，那些毫无官方背景的散商绝无左右政府之能量。

　　——摘编自茅海建：《天朝的崩溃：鸦片战争再研究》修订版，北京：生活・读书・新知三联书店，2014 年，第 119—120 页

教师设问：从"天下体系"的角度分析林则徐产生误判的原因。（参考答案：林则徐认为，英国是弱国，无力对抗"天朝上国"；对英国的政治体制毫不知情）

（设计意图）以战争爆发前清廷君臣的种种误判，使学生了解中国以"天下体系"为代表的传统政治体制及其思维意识，已经背离了时代潮流。主要指向史料实证素养水平 2：在对史事进行论述的过程中，尝试运用史料作为证据论证自己的观点；历史解释素养水平 2：在历史叙述中将史实描述与历史解释结合起来。

（2）"能臣"败绩与败因归咎

教师讲述：1840 年，战争突然降临，不过大清的君臣对获胜满怀信心。道光帝寄厚望于两个人：一个是两江总督伊里布，此人曾长期任职于少数民族聚居的云南，以擅于剿平"边夷""造反"著称。一个是参赞大臣杨芳，此人身经百战，在西北边疆平定叛乱时更是战功卓著。两位不愧是能臣，在赶赴前线的路上已运筹帷幄，到达前线后也积极备战。但是，战争的实际进展使他们发现，这批船坚炮利的"夷"不同于他们当年得心应手对付的"夷"。他们很快意识到，自己赢不了。

那么清廷是如何看待这场战争的呢？

材料七　……谕及噗夷，辄以用人不明，深自悔恨，至于握拳槌心。

　　——袁英光、童浩整理：《李星沅日记》上册，北京：中华书局，1987 年，第 432 页

教师设问：

① 道光帝认为战败的主要原因是什么？（参考答案：自己"用人不明"）

② 道光帝所谓"用人不明",即没想到伊里布、杨芳等人竟然不尽心办事。他们尽心办事就能赢吗?(参考答案:不能。伊里布、杨芳的事实说明清朝官员原有的经验、知识,无法应对近代西方殖民势力的入侵)

③ 试从"天下体系"的角度,分析道光帝为何只从用人方面找原因。(参考答案:相比于"蛮夷",中国在各方面都占据绝对优势。)

教师讲述:当从"天下体系"的角度只能得到这一认识时,补救措施也就只能回到中国传统的整顿吏治、整顿人心的老路上。

(设计意图)通过"能臣"的败绩和道光帝的败因归咎,说明"天下体系"的思维方式在近代语境下已经丧失其解释功能。主要指向时空观念素养水平 2:将某一史事定位在特定的时间和空间框架下;历史解释素养水平 2:能够在历史叙述中将史实描述与历史解释结合起来。

2."天下体系"下羁縻误用

(1)《南京条约》的历史苦语

自主学习:阅读教材第 92 页中《南京条约》《虎门条约》《望厦条约》《黄埔条约》的相关内容,并结合已学知识,分析《南京条约》及其附件的危害。(参考答案:割让香港岛破坏了中国领土主权;巨额赔款加重了人民负担;五口通商使东南沿海门户洞开,便利了外国资本主义的经济侵略;协定关税破坏了中国关税自主权;领事裁判权侵犯了中国司法主权;片面最惠国待遇助推列强结成侵华同盟)

教师讲述:站在今天回望历史,正是鸦片战争将中国拖入了近代百年的艰难苦恨之中。随着近代历史上第一个不平等条约的签订,中国的国门被迫打开,外患接踵而至,中国开始沦为半殖民地半封建国家。

(过渡)但签订《南京条约》的清朝重臣,是否能认识到这些呢?

(2)《南京条约》的现场"协和"

材料八 初步达成一致后,愉悦之情就蔓延开了,中国官员大笑着说话。英方请客时,两江总督牛鉴忙着享用樱桃白兰地。中方请客时,钦差大臣耆英坚持要往英国人嘴里投糖果。条约讨论完,英国代表璞鼎查说耆英"热情拥抱了我……对我很满意,认为我是个友好、正直的人"。正式签约时"众情欣喜"。

——摘编自[英]蓝诗玲:《鸦片战争》,刘悦斌译,北京:新星出版社,2015 年,第 320—324 页

教师讲述:从清朝签约官员的言谈举止中,看不到历史的沉痛。因为割香港岛,被视为皇帝"赏借"给"夷人"一个荒岛晾晒、存放货物。巨额赔款,被视为历史上常见的羁縻招数。五口通商,被视为皇帝"天恩"的体恤。与之类似,一年后的《虎门条约》,片面最惠国待遇被视为体现对各国一视同仁、公正无偏的理所当然,领事裁判权被视为减少与"夷人"的交往、避免胡搅蛮缠的有效方法。

教师引导学生分析:前人与后人对《南京条约》及其附件的认识存在巨大差异,原因是前者深受传统"天下体系"的影响,把鸦片战争理解为普通的"边衅",把来犯的英国人理解为有待以传统的羁縻政策进行控制的"桀骜夷人"。"羁縻"不是屈服或软弱,恰恰是一种以施恩为手段的家长式的控制,即所谓"以德服人""怀柔远人"。后人从现代民族国家特有的主权意识角度来认识,把鸦片战争视为西方列强的侵略,将《南京条约》及其附件视为对国家利益的巨大损

害、对国家主权的严重侵犯。

(设计意图) 将《南京条约》的历史影响与签约时的现场实况进行对照,将条约各款对国家主权、国家利益的侵害与清朝官员的实际认知进行对比,使学生形成认知冲突,并在此基础上探索存在不同解释的原因所在。主要指向历史解释素养水平1:对所学内容中的历史结论加以分析;家国情怀素养水平3、4:表现出对历史的反思,从历史中汲取经验教训,更全面、客观地认识历史问题。

(过渡) 表面上看,一切都在"天下体系"的海量容纳之中,一切都在中华天子的德政普照之下! 一切都不需要改变! 时代已经变了,却浑然不觉,无非是等着再次犯错罢了!

3. "天下体系"中的礼仪误争

(1) 第二次鸦片战争与《天津条约》

教师讲述:《南京条约》签订后,英国认为对华商品出口将增加五倍;对华贸易顺差会进一步扩大。可惜事与愿违,1848年的对华出口额还不如1843年,并重新回到逆差时代,1854年的对华贸易更是出现了800万英镑的赤字。英国人在失望之余,为探明原因,开展了各种调查研究,英国驻广州全权代办密切尔撰写的调查报告最为有名:

材料九 秋季收割结束后,不分老幼所有农家都进行梳棉、纺棉、纺织。织成能够耐用两三年之久的厚重结实的手织布,做成自己用的布料,剩余的棉布卖到城镇……在这个国家十人中有九人都穿着这种手织棉布做成的衣服。

——《密切尔报告书》(1852年),转引自[日]上田信:《海与帝国:明清时代》,高莹莹译,桂林:广西师范大学出版社,2014年,第463页

教师设问: 据材料指出英国商品在华滞销的主要原因,同时指出英国人看到了怎样的获利商机。(参考答案:中国自给自足的自然经济占统治地位。中国的城镇是潜在的市场)

(设计意图) 通过史料阅读,掌握《南京条约》签订后的中英贸易态势,以及英国对中国市场的认识,帮助学生理解两次鸦片战争的关系、第二次鸦片战争爆发的原因,以及《天津条约》增加通商口岸等条款的缘由。主要指向史料实证素养水平2:在对史事进行论述的过程中,尝试运用史料作为证据论证自己的观点;历史解释素养水平2:选择、组织和运用相关材料并使用相关历史术语,对个别史事提出自己的解释。

教师讲述: 英国等侵略者不再满足于五口通商,也未能达到鸦片贸易合法化的目的。十余年后,以开放中国内地为基本要求之一,提出"修约"。在遭到清政府拒绝后,英法两国于1856年挑起第二次鸦片战争。未吸取战败教训的中国,再次战败,并于1858年签订了《天津条约》。

材料十 第三款 大英钦差各等大员及各眷属可在京师,或长行居住,或能随时往来,总候奉本国谕旨遵行。

第八款 耶稣圣教暨天主教原系为善之道,待人知己。自后凡有传授习学者,一体保护,其安分无过,中国官毫不得刻待禁阻。

第九款 英国民人准听持照前往内地各处游历、通商,执照由领事官发给,由地方官盖印。

第十款 长江一带各口,英商船只俱可通商。

第十一款 广州、福州、厦门、宁波、上海五处,已有《江宁条约》旧准通商外,即在牛庄、登

州、台湾、潮州、琼州等府城口,嗣后准英商亦可任意与无论何人买卖,船货随时往来。

——摘自杨松、邓立群原编,荣孟源重编:《中国近代史资料选辑》,北京:生活·读书·新知三联书店,1954年,第94—103页

教师设问:上述《天津条约》的条款中,哪一款是"天下共主"咸丰帝最不能容忍的,为什么?(参考答案:第三款。允许外国公使进驻北京,直接破坏了"天下体系",动摇了天朝上国地位,动摇了天子的权威)

(设计意图)深化对"公使驻京"的认识,引导学生思考围绕"公使驻京"的斗争背后所体现的不同政治理念,强化对历史的理解,提高历史解释能力。主要指向史料实证素养水平2:在对史事进行论述的过程中,尝试运用史料作为证据论证自己的观点;历史解释素养水平2:选择、组织和运用相关材料并使用相关历史术语,对个别史事提出自己的解释。

教师讲述:当咸丰帝一心想着以全免关税换取取消外国公使进驻北京的条款时,1857年底,英法联军在广州发现了《南京条约》的原件。英国人认定,其利益得不到充分满足的重要原因,正是中国皇帝没看到《南京条约》的官方文本原件。有鉴于此,必须让中国皇帝看到《天津条约》的原件,认清自己的地位、责任和义务。英法要求进京面见皇帝,完成《天津条约》的换约。但由于无法逾越的跪拜之礼,中英之间的矛盾日益尖锐,冲突进一步加剧。

(2)火烧圆明园与《北京条约》

教师讲述:当英法联军将战火烧到北京后,干下了火烧圆明园的暴行。这并非简单的报复或掩盖劫掠罪行,它有着深刻的政治动机,而这又与圆明园特殊的政治地位有关。

材料十一 清朝从雍正、乾隆、嘉庆到道光、咸丰五代皇帝,全年大部分时间在圆明园生活居住、举行朝会、处理政务、召见群臣;并在圆明园内接见外国使臣和少数民族首领。由此可见,圆明园尽管不是完全意义上的皇宫,但就其在清朝皇帝心目中的影响和地位而言,毫不逊色于紫禁城,甚至有所超越。这一点英国人非常清楚,巴夏礼比喻说,圆明园"之于中国人,正如白金汉宫之于我们"[①]。

——吴继轩、李胜斌:《再论英法联军火烧圆明园的主要目的——兼与戴逸、章开沅等人商榷》,载《山东师范大学学报(人文社会科学版)》,2011年第2期

教师设问:从"天下体系"的角度,指出圆明园特殊的政治地位,并据此解释英法联军火烧圆明园的原因。(参考答案:圆明园是清帝日常治国理政的主要场所,是"天下体系"实际的中枢所在。火烧圆明园,具有从根本上动摇"天下体系"的象征意义,可彻底摧毁清政府的抵抗意志,迫使清政府屈服以进一步扩大在华权益)

(设计意图)学生的已有知识将火烧圆明园简单化为一项侵略罪行,补充相关史实,助推学生通过合理推断以揭示其深层原因和深刻影响。主要指向时空观念素养水平2:将某一史事定位在特定的时间和空间框架下;史料实证素养水平2:在对史事问题进行论述的过程中,尝试运用史料作为证据论证自己的观点;历史解释素养水平2:选择、组织和运用相关材料并使用相关历史术语,对个别史事提出自己的解释。

教师讲述:圆明园被毁后,清政府马上屈辱投降,第二天就承认英法等国一切要求,并于数日后与英法公使交换了《天津条约》的批准书,并签订了《北京条约》。《北京条约》承认

---

① 蒋孟引:《第二次鸦片战争》,北京:生活·读书·新知三联书店,1965年,第219页。

《天津条约》有效；增开天津为商埠；割九龙司地方一区给英国。俄国也趁火打劫，强占中国北方大片领土。

（过渡）《北京条约》签订，外国公使进驻北京，"天下体系"崩溃。咸丰帝为了避免与西方人直面相对，粉饰天子形象，至死未回北京。但在这近代变局渐次展开的开端处，一些敏锐的中国人，认识到了巨大变化的来临，成为近代中国最早"开眼看世界"的人。

（三）从"天下体系"到世界之林

1. 林则徐的"开眼"与沉默

教师讲述：林则徐原先也相信，只要禁止茶叶和大黄的出口即可使"夷人"屈服。但到广州后现实迫使林则徐开始重新认识自己的对手。于是，他派人翻译外国刊物，主持编译了《四洲志》，记录了近代中国最初通过文字而了解到的西方形象。林则徐这种观念上的变化，既体现了御侮的民族勇气，又展现了"开眼看世界"的个人远见。但这位"最先拿起西方这把尺子量出了中国的短处"[1]的人，也有令后人叹息之处。

材料十二　彼之大炮，远及十里内外，若我炮不能及彼，彼炮先已及我，是器不良也。彼之放炮，如内地之放排枪，连声不断，我放一炮后，须展转移时，再放一炮，是技不熟也……第一要大炮得用，今此一物，置之不讲，真令岳、韩束手，奈何奈何！……幸勿以示他人，切祷！切祷！

　　——林则徐：《致姚椿、王柏心》，杨国桢：《林则徐书简》增订本，福州：福建人民出版社，1985年，第193页

教师设问：此信反映了林则徐怎样的偏见？分析其原因。（参考答案：林则徐对于中英军事实力的差距有清醒的认识，但他并不想将这些认识传播出去。因为这些认识承认了英国军事上的优越性，会冲击"天朝上国"的地位，不利于"天下体系"的稳定）

（设计意图）依托史料，对林则徐给予客观的评价，理解历史人物与所处环境之间的关系。主要指向时空观念素养水平3：理解环境因素对认识历史的重要性。

2. 魏源的"师夷"与偏见

教师讲述：魏源和徐继畬在向西方学习的道路上迈出了实质性的一步。魏源在鸦片战争中亲历浙江抗英斗争，对英军船坚炮利深有感触，在《海国图志》的序言里明确提出"师夷长技以制夷"的主张。可惜这时代的最强音，并未在士人间泛起涟漪。

　　材料十三

著作	资料来源	关于中国方位	关于西方文明	学习主张
《海国图志》	除《四洲志》外，还网罗大量资料。对各国地理、历史的介绍，基本辑录有关著作的原文。	绘有地球全图和各洲各国的分图。但仍认为中国在地理上是世界的中心。	介绍西学，但贬之为异端杂学。认为文明创自中国，后"流被于欧罗巴洲"。	提出"师夷长技以制夷"，认为只要能致用，就不是"淫巧"，而是"奇技"。

---

[1]　陈旭麓：《近代中国社会的新陈代谢》，北京：中国人民大学出版社，2012年，第54页。

续表

著作	资料来源	关于中国方位	关于西方文明	学习主张
《瀛寰志略》	以"夷务"高官身份搜集各种史地著作,与西方人频繁交往。传教士、外交官提供地图、介绍情况、回答询问。还搜集船员、华侨的口述资料。	初版时,将亚洲地图置于《皇清一统舆地全图》之前。后为避谤议,才调换两者顺序。	对西方文明赞赏有加,承认其是独立发展的文明,认为鸦片战争是西方文明扩张的结果。	未明确提出向西方学习的问题,也没有提出任何仿效西方的改革建议。

——整理自章鸣九:《〈瀛寰志略〉与〈海国图志〉比较研究》,载《近代史研究》,1992 年第 1 期

教师设问:指出《海国图志》获得多方好评的原因。(参考答案:进步人士重视其中的世界历史地理知识,保守人士重视其中对中国地理、文化优势的宣扬)

(设计意图)依托材料,对《海国图志》给予客观的评价。主要指向史料实证素养水平 2:在对史事问题进行论述的过程中,尝试运用史料作为证据论证自己的观点。

3. 徐继畬的卓识与招谤

教师讲述:鸦片战争中亲历了福建抗英斗争的徐继畬,不同于魏源的布衣身份,先任福建布政使,负责福州、厦门通商事务,后任闽浙总督,任职期间著述《瀛环志略》。

教师设问:

(1)与魏源相比,徐继畬思想有何进步之处?(参考答案:对中国方位的认识更科学,对西方文明的认识更客观,部分突破了"天下体系"的思维方式)

(2)同一时代、同一社会环境之下,徐继畬比魏源更显卓识。根据材料并结合所学知识,分析其原因。(参考答案:徐继畬的通商事务官员身份能提供便利条件,使他更多地接触西方;其资料来源更多元、更直接)

(3)更为实事求是、更为言之有据的《瀛环志略》一出版,就遭受激烈的抨击,说它"夸张夷人""尤伤国体"。试从"天下体系"的视角,解释这种抨击的原由。(参考答案:许多人存在对中国文化的盲目优越感)

(设计意图)通过比较魏源与徐继畬之各项异同,提高学生对历史问题的解释能力。主要指向时空观念素养水平 3:理解环境因素对认识历史的重要性;历史解释素养水平 3:尝试从来源、性质和目的等多方面,说明导致这些不同解释的原因并加以评析。

引导学生小结:两次鸦片战争用"火"与"剑"的形式告诉中国人,传统的"天下体系"已经崩溃,中国已从"天下盟主",沦落为西方列强宰割的对象。面对这"数千年来未有之变局",摆在中国人面前的使命,就是必须突破传统思维定势,认清并顺应世界潮流。历史的经验和教训警醒我们,在自信的同时不要自大。

(设计意图)回应本课导入,从"天下体系"及其崩溃的视角审视两次鸦片战争的冲击,肯定国人"开眼看世界"的努力。主要指向家国情怀素养水平 3、4:表现出对历史的反思,从历史中汲取经验教训,更全面、客观地认识历史问题。

第 17 课

国家出路的探索与列强侵略的加剧

教学设计 1

江苏省昆山中学　徐永琴

一、教材分析

本课是第五单元《晚清时期的内忧外患与救亡图存》中的第 2 课,教材设置了太平天国运动、洋务运动、边疆危机与甲午战争、瓜分中国的狂潮四个子目。鸦片战争后,面对民族矛盾和阶级矛盾的激化,农民阶级和地主阶级中的洋务派相继而起,为寻找国家出路进行了初步探索。洪秀全领导太平天国运动,沉重打击了清王朝的统治。由于农民领导阵营内讧,中外反动势力的联合镇压,太平天国运动最终失败。致力于"求强""求富"的洋务运动是清政府的自救运动,单纯引进西方技术,没有触动落后的制度,未能达到目的。同时,列强加紧侵华,甲午战争和《马关条约》的签订,进一步把中国推到了半殖民地半封建社会的深渊,刺激了列强瓜分中国的狂潮。整体上,本课处于民族危机继续深化时期,挽救民族危亡越来越成为紧迫的时代主题。

二、学情分析

本课的授课对象为高一年级学生,他们在初中阶段已初步学习了"洋务运动""甲午中日战争""八国联军侵华""太平军抗击洋枪队"等内容,了解了洋务运动的背景、内容和评价,黄海海战与《马关条约》,八国联军侵占北京、《辛丑条约》,太平天国的历史及其抗击外国侵略的斗争等史实。在此基础上,本设计以晚清重臣李鸿章镇压太平天国运动、办洋务,以及甲午战败签订《马关条约》等经历为线索,概述并分析鸦片战争后农民阶级和地主阶级洋务派为挽救危局所作的努力及其局限性,以及日本侵华对中国社会的影响。

三、教学目标

1. 结合湘淮系官僚集团的崛起以及在镇压太平天国过程中开始洋务运动的史实,分析太平天国运动的历史作用。

2. 从李鸿章谋求自强的设想及具体行动中认识洋务运动的主要内容。

3. 分析清政府在甲午战争中失败的原因,分析洋务运动的局限性。

4. 在李鸿章签订《马关条约》过程的细节中,感受弱国无外交、人强还须国强的时代悲歌,激发为民族复兴而努力的爱国激情。

四、教学重难点

重点:太平天国运动和洋务运动在推动中国近代化方面的作用;中日甲午战争及其影响。

难点:厘清太平天国运动、洋务运动、中日甲午战争三者间的内在联系。

五、教学过程

【导入新课】

教师讲述:鸦片战争失败后,中国国内危机进一步加深,社会各阶级之间,尤其是官民之间的矛盾进一步激化。社会底层,尤其是南方各地的社会动荡开始加剧,连绵不断的反抗官府的起事,终于汇成以太平天国为中心的农民革命运动。

【学习新课】

教师讲述:1851年,洪秀全在广西金田发动起义,一路北上,于1853年攻克南京,改名天京,定为都城。定都天京之后,太平天国颁布了《天朝田亩制度》,提出"田产均耕",即土地所有权归公,按人口平分土地,否定了地主土地所有制。虽然太平军的北伐失利,但其他军事行动却胜仗连连,尤其是1856年夏,太平天国在军事上取得了一系列辉煌胜利。在天京外围,太平军先后击溃长期直接威胁天京的清军江北、江南两个大营,解了天京之围。

清朝的正规军八旗和绿营,兵力虽有八九十万之众,却早已腐败不堪,接连溃败。1853年,咸丰帝发布上谕:

材料一 念自逆匪滋扰以来,由广西而湖南,由湖南而湖北。所过城池,多被蹂躏。现复围陷武昌省城,数万生灵,惨遭荼毒。即未被贼地方,亦复闻警远避,备极流离颠沛之苦。总由地方官吏,平日既不先事预防,临时又复张皇失措,甚至望风先遁,以致居民失其所恃,不得不转徙他方,以全性命。……今广西、湖南地方,多有团勇保护乡里,贼不敢逼,且有杀贼立功者。……著各该督抚,分饬所属,各就地方情形,妥筹办理……

——《清文宗实录》卷八十一(咸丰三年正月癸丑)

教师设问:咸丰发布上谕的主要目的是什么?(参考答案:要求各地办团练,组织地方武装自保)

材料二 清朝政府对于汉人有很多防范,中央官职满汉两套,看似平等,实际上,六部堂官皆是满人掌权、掌印,汉人干事,无一例外。各地督抚,重要的位置,基本上都是满人当。

各地驻防八旗首领实际上是和督抚平起平坐的。驻防八旗首领有的是将军,有的是都统,目的就是监视汉人。

———张鸣:《重说中国近代史》,北京:中国致公出版社,2011 年,第 88 页

教师讲述:清朝历来实行满汉双轨制,突出以满驭汉,汉人尤其不能掌握军权。但是在太平天国的冲击下,仅 1853 年,咸丰帝就在 10 多个省先后任命了 40 多个督办团练大臣,不少汉族地主武装发展起来。正在湖南老家丁母忧的在籍侍郎曾国藩受命建立的湘军,在与太平天国的战争中脱颖而出,成为清王朝维系统治的重要支柱。

(设计意图)通过咸丰皇帝要求各地办团练、组织地方武装的上谕以及满清长期实行的满汉双轨制的介绍,让学生体会太平天国运动对清王朝治理体系的影响。史料实证素养水平 2:在对史事进行论述的过程中,尝试运用史料作为论据论证自己的观点。

教师讲述:但是,在 1856 年太平天国发生内乱之前,湘军的战绩是胜少败多。

材料三

① 洋人自上海以大轮船泊下关……出其枪械、火药示贼军,贼大喜,鼓吹迎其酋入城,与之联教通款,倬常接济军火……洋人大获其利。

———王之春:《清朝柔远记》,北京:中华书局,1989 年,第 259 页

② 我军分围东西两路……或逼近进攻,该逆凭高击下,枪炮如雨。隔水则地雷难掘……以故屡次攻城,总未能痛加剿洗。

———《托明阿奏》,转引自张海鹏主编,姜涛、卞修跃著:《中国近代通史(第二卷)·近代中国的开端(1840—1864)》,南京:江苏人民出版社,2013 年,第 454 页

教师设问:根据材料,指出太平军在与清军的交战中处于优势的原因。(参考答案:太平天国购买外国新式武器,在武器上占有优势)

教师讲述:1853 年前后,太平军开始更换传统兵器,购求和使用洋枪洋炮。由于太平军购买的新式武器大多为走私品,价格昂贵,太平军也雇佣外国技术人员,进行仿制。因此,太平军一度在武器装备上占据优势。太平天国后期还颁布了《资政新篇》,是先进的中国人最早提出的在中国发展资本主义的方案。

(设计意图)通过太平天国购买甚至仿制西方新式武器等史事,指出太平天国在中国近代化进程中的作用。主要指向史料实证素养水平 1:从所获得的材料中提取有关的信息;历史解释素养水平 1:辨别教科书与教学中的历史解释,发现这些历史解释与以往所知历史解释的异同。

教师讲述:1856 年的"天京内讧"使太平天国由盛转衰,但是由于第二次鸦片战争牵扯了清王朝的精力,加上各地各族人民的反清斗争方兴未艾,使它得到了重新振作的机会。太平天国提拔任用了陈玉成、李秀成等一批新人,并再度攻破江北、江南大营。清王朝由湘军出力,江南、江北大营收功的如意算盘彻底破产,只能全力依靠曾国藩的湘军支撑东南危局。1860 年,曾国藩被任命为钦差大臣、两江总督,湘军集团另有多人出任各地督抚。

教师设问:直隶和两江督抚是当时清朝不轻易授予汉人的重要岗位。清王朝任命手握重兵的曾国藩为两江总督,说明清王朝的政治和权力结构发生了怎样的变化?(参考答案:汉族士大夫崛起,中央权力下移)

教师讲述:1861 年,曾国藩指挥湘军精锐,攻克了太平天国西线的主要物资供应地安庆,天京上游门户大开。安庆失守后,洪秀全、李秀成等制定了新的作战计划,决定把主要精

力放在江浙地区。李秀成等人分兵几路进攻浙江，攻克了浙东、浙西大部分地区，直捣杭州，威逼上海。江苏的城市也大多失陷，很多绅士富商逃到上海避难。鸦片战争后，上海从一个不起眼的小县城，崛起为一座国际化商贸城市，商贾买办麇集，各国驻沪机构林立，英法美各国相继辟有租界。得知太平军进攻上海，上海官绅再也坐不住了，越过太平军重重封锁，冒着生命危险到安庆找曾国藩搬救兵，并允诺提供巨额军饷。

材料四 ① 屡诏敦促国藩，移师东指，规复苏、常、杭失陷郡县，五日之中，严谕四下。国藩既奏荐左宗棠专办浙江军务，而江苏绅士钱鼎铭等，复于十月以轮船溯江赴安庆，而谒国藩，哀乞遣援……

——梁启超：《李鸿章传》，北京：中国言实出版社，2014年，第20页

② 上海为苏杭及外国财货所聚，每月可得厘捐六十万金，实为天下膏腴。

上海一县，人民千万，财货则万万，合东南数省，不足比其富庶。

——曾国藩：《致澄、沅二弟》（咸丰十一年十一月十四日、十二月十四日）

教师设问：为什么清政府"五日四谕"，严令曾国藩收复江浙？（参考答案：江浙两省是支撑清政府财富、赋税的中坚力量）

教师讲述：上海是两江总督的辖地，上海官绅提供巨额饷银的承诺对于湘军也极有吸引力。同时进援上海，就与进援浙江的左宗棠军、进军天京的曾国荃军，对太平军形成大包围之势。正因为有这样重要的经济、军事双重意义，曾国藩对援沪的部署，特别是统兵将领的人选煞费苦心。

这就为李鸿章与淮军的崛起提供了际遇。1847年，25岁的李鸿章考中进士，进了翰林院。1853年，因"感念桑梓之祸"①，同时认为投笔从戎、建功立业的时机到了，31岁的李鸿章随侍郎吕贤基回安徽老家办团练，但是转战五年，战场失利，一事无成。1858年，走投无路的李鸿章投奔恩师曾国藩门下，成为一名幕僚。1861年，李鸿章已经39岁了，虽然人生过半，怀才不遇，但当年进京应试时"一万年来谁著史，八千里外觅封侯"②的豪情壮志仍在。就在曾国荃昧于近代中国的历史大势、执意要夺得攻克天京的头功、而拒不接受其兄要他率兵援沪的命令后，李鸿章欣然回乡募兵招勇，加紧训练，在短短两个月内组建起一支有几千人之众、以湘军为蓝本的私人军队——淮军。1862年，李鸿章带领淮军抵达上海，不久出任江苏巡抚，由此开始自立门户，独当一面，并逐渐成长为晚清第一重臣。

（设计意图）以李鸿章的崛起，逐步将授课内容过渡到洋务运动。主要指向史料实证素养水平1：从所获得的材料中提取有关的信息；历史解释素养水平2：在历史叙述中将史实描述与历史解释结合起来。

教师讲述：淮军刚到上海时，只有冷兵器和原始热兵器。李鸿章跟太平军对阵的时候，面对李秀成的部队，他觉得非常吃亏，因为对方是几千杆洋枪一起轰击，那种仗根本就没法打。于是李鸿章开始购置和推广洋枪洋炮，1862年6月，他的部将程学启组建了一支有百余支来复枪的洋枪队，到当年9月，淮军各营就有来复枪一万余支。为了让官兵尽快学会操作先进武器，他还高薪聘请一些外国军官担任教习，教演使用洋枪洋炮。除了用西方武器装备

---

① 雷颐：《李鸿章与晚清四十年》，太原：山西人民出版社，2008年，第6页。
② 梁启超：《李鸿章传》，北京：中国言实出版社，2014年，第142页。

淮军,李鸿章还聘请外国军官按"西法"操练淮军。

教师讲述:1864 年春,李鸿章给总理衙门写了一封三千字的长信,这是近代中国对西方做出"反应"的重要文献,是洋务思潮最初的表现。

材料五　鸿章窃以为天下事穷则变,变则通。中国士大夫沉浸于章句小楷之积习,武夫悍卒又多粗蠢而不加细心,以致所用非所学,所学非所用。无事则嗤外国之利器为奇技淫巧,以为不必学。有事则惊外国之利器为变怪神奇,以为不能学。……鸿章以为中国欲自强,则莫如学习外国利器;欲学习外国利器,则莫如觅制器之器,师其法而不必尽用其人。欲觅制器之器与制器之人,则或专设一科取士。士终身悬以为富贵功名之鹄,则业可成,艺可精,而才亦可集。

——李鸿章:《致总理衙门函》(同治三年春)

教师设问:面对西方的船坚炮利,李鸿章提出了哪些谋求"自强"的建议?(参考答案:学习外国利器;觅制器之器,发展机器制造业;觅制器之人,在科举取士时,增设一科录取科技人才)

材料六　……李鸿章所办洋务……不出二端:一曰军事,如购船、购械、造船、造械、筑炮台、缮船坞等是也;二曰商务,如铁路、招商局、织布局、电报局、开平煤矿、漠河金矿等是也。期间有兴学堂、派学生游学外国之事,大率皆为兵事起见,否则以供交涉翻译之用也。李鸿章所见西人之长技,如是而已。

海陆军事,是其生平全力所注也。盖彼以善战立功名,而其所以成功,实由与西军杂处,亲睹其器械之利,取而用之,故事定之后,深有见夫中国兵力,平内乱有余,御外侮不足,故兢兢焉以此为重。

——梁启超:《李鸿章传》,北京:中国言实出版社,2014 年,第 44 页

教师设问:

(1) 根据材料,概括李鸿章所办洋务的主要内容,并举例说明。(参考答案:创办近代军事工业,如江南机器制造总局;创办近代民用工业,如轮船招商局和开平煤矿;兴办学堂,如上海广方言馆;派遣留学生,如留美幼童计划)

(2) 根据材料,指出李鸿章能够在镇压太平天国运动中立功的原因。(参考答案:学习和使用先进的西式武器)

(3) 在镇压太平天国运动后,李鸿章把强军作为重中之重。除淮军外,他还重点建设了哪支军队?(参考答案:北洋海军)

(设计意图)通过李鸿章致总理衙门的信函和梁启超对李鸿章所办洋务的概述,了解李鸿章的洋务梦想与具体实践。主要指向历史解释素养水平 1:辨别教科书与教学中的历史解释。

(过渡)李鸿章倾注全部精力经营海陆两支军队。1883 年,法国人在广西肇事挑衅,朝廷商议要集结军队在京畿地区防守,李鸿章上奏,"臣练军简器,十余年于兹,徒以经费太绌,不能尽行其志,然临敌因应,尚不至以孤注贻君父忧"[1],尚能看出他对自己军队的自信。但是,中日甲午一战,让 30 年的洋务运动,终成一梦,烟消云散。

---

① 梁启超:《李鸿章传》,北京:中国言实出版社,2014 年,第 46 页。

教师讲述： 对于甲午战争的失败，李鸿章是有预见的。他去世前不久曾说："我办了一辈子的事，练兵也、海军也，都是纸糊的老虎，何尝能实在放手办理，不过勉强涂饰，虚有其表，不揭破犹可敷衍一时。"①李鸿章认为他建立的北洋舰队其实"虚有其表"，主要是因为北洋水师的主力舰均来自外购，购买当时最先进的军舰成军的北洋舰队一举成为亚洲排名第一的海上力量。但是，光有先进的军舰并不代表就是强军，因为没有完整的工业、军事体系来支撑，北洋舰队只不过是一次性使用的耗材而已。

材料七 详考各国刊行海军册籍，内载日本新旧快船，推为可用者共二十一舰，中有九艘自光绪十五年后分年购造，最快者每点钟行二十三海里，次亦二十海里上下。我船订购在先，当时西人船机之学尚未精造至此，仅每点钟行十五至十八海里已为极速，今则至二十余海里矣。近年部议停购船械，自光绪十四年后，我军未增一船……前于豫筹战备折内奏称，海上交锋，恐非胜算，即因快船不敌而言，傥与逐驰大洋，胜负实未可知。

——李鸿章：《覆奏海军统将折》（光绪二十年七月二十九日）

教师设问： 根据李鸿章在黄海海战前给朝廷的奏折，概括"海上交锋，恐非胜算""傥与逐驰大洋，胜负实未可知"的原因。（参考答案：北洋海军军舰的速度已远远落后）

教师讲述： 北洋海军是李鸿章一手创办的，建成于1888年，但建成后就再没增添一炮一舰，后来甚至连维修经费也没有了。而日本却在中国的刺激下加紧购舰，对此李鸿章十分警醒。

材料八 北洋大臣李鸿章奏，拟豫防东患添练海军。都御史张佩纶亦抗疏言之，朝廷不省，当轴昧于大局，且请以兴造海军之款，移修颐和园，因循坐误在战事前者，七载有奇。日本乃崛起图强，趁机挑衅，练兵备舰，不遗余力，以窥中国。

——池仲祐：《海军纪实·述战篇》

教师设问： 当李鸿章为防止日患，奏请添练海军时，朝廷是如何反应的？（参考答案：昧于大局，根本不了解世界形势；还挪用海军军费修建颐和园）

教师讲述： 当清政府动用800多万两，甚至挪用760多万两白银修建颐和园时，日本明治天皇率先垂范，从皇室经费中拿出30万日元，充任海防费用，并通知首相伊藤博文号召贵族、富豪、地方官员和一般民众捐款。在天皇的推动下，1887年3月至9月共募集资金203.8万元，约占1885年海军军费的27%。1892年，日本从英国购买了当时世界上航速最快的吉野号巡洋舰，这艘战舰原是李鸿章向英国订购的，但因为清廷下令停止购舰而最终卖给了日本。正是这艘军舰，在甲午海战中为日本立下了汗马功劳。

这是李鸿章的无奈。但他还有更无奈的事。当打了败仗的坏消息刚刚传到北京时，原来一心想借战争立威的光绪皇帝派自己的师傅、管理财政的户部尚书翁同龢到天津，质询李鸿章：

材料九 鸿章怒目相视，半晌无一语，徐掉头曰："师傅总理度支，平时请款辄驳诘，临事而问兵舰，兵舰果可恃乎？"同龢曰："计臣以撙节为尽职。事诚急，何不复请？"鸿章曰："政府疑我跋扈，台谏参我贪婪，我再哓哓不已，今日尚有李鸿章乎？"同龢语塞。

——胡思敬：《国闻备乘（卷1）·名流误国》

---

① 雷颐：《李鸿章与晚清四十年》，太原：山西人民出版社，2008年，第68页。

教师设问：翁李之间有私人矛盾，双方的政见也不同：李是洋务派，翁是清流，所以翁难为李很正常。再看李鸿章的第二句话，似乎不仅仅是翁同龢一个人在难为李鸿章，想一想这是为什么？（参考答案：李鸿章手里有权，有兵权，有淮军，有北洋舰队）

教师讲述：这些正是大家所忌惮的。可以说，清廷内部的权力斗争非常激烈，而正是这种权力斗争破坏了军备。

材料十　西报有论者曰："日本非与中国战，实与李鸿章一人战耳。"其言虽稍过，然亦近之。不见乎各省大吏，徒知画疆自守，视此事若专为直隶满洲之私事者然，其有筹一饷出一旅以相急难者乎？即有之，亦空言而已……以一人而战一国，合肥合肥，虽败亦豪哉！

　　　　　　　　　　——梁启超：《李鸿章传》，北京：中国言实出版社，2014 年，第 63 页

教师设问：梁启超说李鸿章"以一人而战一国"的理由是什么？（参考答案：地方大员画疆自守，既不出钱，也不出兵）

教师讲述：很多地方大员出于对李鸿章的妒忌或私怨或其他的考虑，也有同样的想法。这让人联想到，八国联军侵华后，东南 13 省自保、观望、坐视朝廷危机，看来大清王朝已病入膏肓。所以，史学家陈旭麓这样总结：

材料十一　武器装备的差距是一种现象。拨开这种现象，可以看到两国不同的社会政治的差距。

　　　　　　——陈旭麓：《近代中国社会的新陈代谢》插图本，北京：中国人民大学出版社，2012年，第 153 页

（设计意图）通过细节呈现，让学生了解甲午战争前双方海军实力的差异，从而认识李鸿章主和的原因，使学生突破"主和"等于"投降""卖国"的思维定式，理解历史的复杂性；通过课堂讨论分析，引导学生认识中日两国武器装备差距背后社会政治制度的差距，体会清政府已成为阻碍经济和社会发展的桎梏，从而增强学生改革、发展的意识。主要指向唯物史观素养水平 3、4：将唯物史观运用于历史学习中，并将其作为认识和解决现实问题的指导思想。

（过渡）黄海海战后，李鸿章被拔去三眼花翎，褫去黄马褂，革职留用。但是，当满朝文武没有一个人能够或者愿意赴日谈判时，清政府又想到了李鸿章，他被"赏还翎顶、黄马褂，开复革留处分"，"作为头等全权大臣"①，并被授予"商让土地之权"②，前往日本马关商订和约。李鸿章非常清楚，这个"商让土地之权"意味着什么。但是，李鸿章不知道，迎接他的除了谈判对手伊藤博文，还有一名年轻的刺客。

教师讲述：1895 年 3 月 24 日下午，李鸿章与伊藤博文举行第三次会谈。会谈结束后，满怀心事的李鸿章步出春帆楼，乘轿返回旅馆。快到旅馆的时候，人群中突然蹿出一名男子，左手按住轿夫的肩，趁轿夫惊讶停步之际，右手举枪向李鸿章射击。枪弹击中李鸿章左眼下，嵌入颊骨，血流不止。李鸿章手掩创口，到旅馆门前，仍神色自若，徒步登阶入内。他还不忘叮嘱随员，将换下来的黄马褂血衣保管好，不要洗掉血迹。然后一声长叹："此血所以报国也！"③

---

① 戚其章：《甲午战争国际关系史》，北京：人民出版社，1994 年，第 340 页。
② 戚其章：《甲午战争国际关系史》，北京：人民出版社，1994 年，第 344 页。
③ 梁启超：《李鸿章传》，北京：中国言实出版社，2014 年，第 67 页。

材料十二 被告丰太郎,因我帝国与中国启衅,致动干戈,皆中国现任钦差头等全权大臣李暗为主持,思非绝其生命,则我国不能得志,难保东方之和平。适闻其奉命来我帝国山口县赤间关(马关)议和,遂决议行刺。

——山口县地方法院的判决书,转引自戚其章:《李鸿章赴日本议和遭日本青年枪击》,载《北京日报》,2008-12-08

教师设问: 阅读这份判决书,明显感觉到它既回避了日本发动侵略战争的责任,又企图掩盖丰太郎行刺李鸿章的真实动机。你认为丰太郎刺杀李鸿章的真实意图是什么?说明什么问题?(参考答案:反对和谈,进一步侵略中国。说明日本国内主战派气焰比较高)

教师讲述: 事发后,日本当局还是非常紧张的,一怕西方列强乘机插手干涉;二怕李鸿章借机回国,中断谈判。为此,也做了一些让步,比如赔款金额从三亿两降为二亿两,可以说李鸿章真的"以血报国"了。谈判过程中,为了某一条款的些许让步,李鸿章都要付出最大的努力,从"据理力争"到"苦苦哀求",但收效甚微。

材料十三 陆奥宗光回忆:"起初就偿金二亿两,他要求减少五千万两,视不能达此目的,他则乞减少二千万两,最后他竟对伊藤全权哀求以此些少减额为其归途之饯别。此等举动以李之地位而言实有失其体面。"

——转引自李默:《马关议和中的李鸿章》,载《时代周报》,2010年第80期

教师讲述: 一方面,日本以战事再起,进攻北京相威胁;另一方面由于日本人破译了中方的电报密码,李鸿章每天向清廷请示的内容,朝廷回复的电文,伊藤博文都知道,因此掌握了谈判的绝对主动权。4月17日,李鸿章终于奉旨与日本全权代表签订了空前丧权辱国的《马关条约》。

(设计意图) 通过甲午战败后清政府对李鸿章的处置、马关被刺、谈判过程等史事的呈现,让学生走进历史、品评历史,感受弱国无外交、人强还须国强的时代悲歌,激发为民族复兴而努力的爱国激情。主要指向历史解释素养水平2:在历史叙述中将史实描述与历史解释结合起来;家国情怀素养水平3、4:从历史中汲取经验教训,更全面、客观地认识历史问题。

教师总结: 太平天国运动沉重打击了清王朝,一定程度上推动了中国的近代化。太平天国率先购买和仿制西方先进武器,使与之交手的李鸿章等人不得不考虑"师夷长技"的问题。以李鸿章为代表的地方势力及部分中央官员,在镇压太平天国以及与西方国家的交往中,认识到只有学习和仿效西方的军事制度和武器装备,才能增强镇压人民反抗和抵御外国入侵的能力,以"师夷长技以自强"为核心的洋务运动开展起来。洋务运动开创了中国外交的新体制,开始了清朝传统军事制度的变革,拉开了中国工业化的序幕,引进了先进的西方文化,培养了中国第一批新式知识分子。但是,这些都没能挽救中国落后挨打的局面。甲午战争的失败和《马关条约》的签订,进一步刺激了列强瓜分中国的狂潮,中国的民族危机不断加深。以康有为、梁启超为代表的维新派认为,中国仅仅在物质和军事上向西方学习是不够的,还应该像日本那样从文化和制度上彻底变革。历史由此进入一个新的时期。

教学设计 2

常熟市教育局教学研究室　周云华

一、教材分析

本课是第五单元《晚清时期的内忧外患与救亡图存》中的第 2 课,教材设置太平天国运动、洋务运动、边疆危机与甲午中日战争和瓜分中国的狂潮四个子目。本课主要讲述鸦片战争后,农民阶级和地主阶级进行的早期救国探索,因为阶级与时代的局限,均遭失败,但也不同程度地推动了中国社会进步。同时,帝国主义侵略加剧,中国边疆危机频频出现。甲午战争失败之后,帝国主义掀起瓜分中国狂潮,民族危机进一步加深。

二、学情分析

本课授课对象为高一学生。本课内容中太平天国运动、洋务运动、甲午战争在初中时均为重点内容,学生相对较为熟悉。故本课注重引导学生养成利用史料研究历史问题的意识,提高学生史料阅读与分析的能力。

三、教学目标

1. 以"中国早期救国探索的兴起与失败"为中心问题,分析太平天国运动的兴起与失败原因。
2. 了解洋务运动的过程及失败原因,理解阶级和时代的局限是阻碍当时中国前进的重要原因。
3. 通过阅读地图,概要描述中国边疆危机和帝国主义瓜分中国的概貌。
4. 认识鸦片战争后晚清社会发展中屈辱与探索之间的交织,感受社会发展的时代特征,汲取历史教训。

四、教学重难点

重点:太平天国、洋务运动兴起和失败的原因。
难点:从阶级与时代的角度,理解太平天国与洋务运动失败的原因。

五、教学过程

【导入新课】

教师讲述:鸦片战争后,洋务运动的主要领导人之一李鸿章认为,中国面临"三千年未有之大变局"。

材料一 臣窃惟欧洲诸国,百十年来,由印度而南洋,由南洋而中国,闯入边界腹地,凡前史所未载,亘古所未通,无不款关而求互市。我皇上如天之度,概与立约通商,以牢笼之,合地球东西南朔九万里之遥,胥聚于中国,此三千余年一大变局也。

——李鸿章:《复议制造轮船未可裁撤折》(1872 年)

教师设问:根据材料,如何理解李鸿章所谓"三千余年一大变局"?(参考答案:西方资本主义征服世界,传统社会在资本主义面前土崩瓦解)

教师讲述:这种"变局"引发部分中国人的思想转变,由此开始了寻求国家出路的早期探索。但太平天国运动被清政府"剿灭";洋务运动未能达到保障国家安全,抵抗外敌侵略的目的。失败的历史命运启示着后人探寻其失败的历史根源,从而吸取历史教训。马克思曾经指出:

材料二 人们自己创造自己的历史,但是他们并不是随心所欲地创造,并不是在他们自己选定的条件下创造,而是在直接碰到的、既定的、从过去承继下来的条件下创造。

——[德]马克思:《路易·波拿巴的雾月十八日》

教师设疑:是哪些"直接碰到的、既定的、从过去承继下来的条件"推动了太平天国与洋务运动的兴起? 又是哪些导致了这两场运动的失败?

(设计意图)以"三千余年一大变局"为大背景,从社会条件的角度来探寻太平天国与洋务运动兴起与失败的原因。主要指向唯物史观素养水平 1、2:了解和掌握唯物史观的基本观点和方法;时空观念素养水平 2:将某一史事定位在特定的时间和空间框架下。

【学习新课】

教师讲述:1851 年,洪秀全、杨秀清等在广西桂平金田村发动起义,然后迅速席卷了大半个中国。这场起义为何爆发? 首先来观察与农民息息相关的土地问题。

材料三 清初全国耕地,约六百余万顷,人口约一万万,平均每人耕地约五六亩。乾隆以至道光,耕地约七百万顷,人口增至三四万万,平均每人耕地不足二亩……

——郭廷以:《近代中国史纲》,北京:中华书局,2018 年,第 9 页

教师设问:这种土地状况会带来怎样的社会危害?(参考答案:人多地少,导致社会矛盾尖锐)

教师讲述:马尔萨斯[①]在其著作《人口论》中指出,线性增长的生活资料不能满足指数增长的人口数量,就会发生贫穷与战争。在生产力水平低下,耕地增长滞缓,生活资料来源有限的情况下,人口大幅度增多,必然造成农民生活日趋贫困。加之官吏搜刮,自然灾害频发,为了生存,农民唯有铤而走险。同时,鸦片战争给中国带来的改变也推动了这场运动的爆发。

材料四 战后鸦片大量进口,十年之间,每年自三万箱增至六七万箱,值银约五千万两,其他商品值银二千万两,银一两自制钱一千八百文涨至二千余文,米价反下跌一半,钱粮愈难完纳。

---

① 马尔萨斯(1766—1834),英国人口学家、经济学家。

——郭廷以：《近代中国史纲》，北京：中华书局，2018年，第67页

教师设问：根据材料，指出鸦片大量进口造成的问题。（参考答案：白银外流，造成银贵钱贱，人民负担加重）

材料五　……广州不再独占对外贸易之利，内地土产出口，外来洋货内销，取道粤北者日少，成千成万以挑运、护运及开设旅店为业者，失了谋生之路。

——郭廷以：《近代中国史纲》，北京：中华书局，2018年，第67页

教师设问：这种现象会产生怎样的社会影响？（参考答案：出现大量的失业人口，增加社会不稳定因素）

教师讲述：由于这些原因，自1843年起，粤、湘、桂三省变乱很多。但为何只有1843年才初创的拜上帝教能成为一个与清政府对峙的力量？

材料六　予惟天下者，上帝之天下，非胡虏之天下也；衣食者，上帝之衣食，非胡虏之衣食也；子女民人者，上帝之子女民人，非胡虏之子女民人也。

——杨秀清、萧朝贵：《奉天讨胡檄布四方谕》（1852年）

教师设问：根据材料，指出《奉天讨胡檄布四方谕》的主要观点。（参考答案：尊奉上帝、排满）

教师讲述：拜上帝教树立了上帝的权威，有助于力量统一。同时，神权与排满结合在一起，使斗争目标明确，易形成战斗力。太平天国起义前借助拜上帝教宣传的思想，对贫困农民有很大的吸引力。

材料七　天下多男人，尽是兄弟之辈，天下多女子，尽是姊妹之群，何得存此疆彼界之私，何可起尔吞我并之念。

——洪秀全：《原道醒世训》（1852年）

材料八　将田产屋宇变卖，易为现金，而将一切所有缴纳于公库。全体衣食俱由公款开支，一律平均。

——韩山文：《太平天国起义记》，《太平天国》第六册，上海：上海人民出版社，1957年，第870页

教师设问：根据材料七、八，指出农民会受哪些思想吸引？（参考答案：人人平等、平均主义）

（设计意图）从清朝土地问题、鸦片战争后列强侵略的影响、太平天国思想特点三个层面分析太平天国运动的爆发并席卷半个中国的原因，并为后面分析其失败原因做好铺垫。主要指向史料实证素养水平3：利用不同史料，形成对该问题更全面、丰富的解释。

教师讲述：太平天国于1853年定都天京，然后通过北伐、西征，军事上达到鼎盛。1856年，太平天国领导集团发生内讧，由盛而衰。1864年天京陷落，太平天国运动失败。失败原因值得深思。太平天国进入南京之后，其领导层的一系列行为逐渐背离了原来起义时的理念。

材料九　凡东王、北王、翼王及各王驾出，侯、丞相轿出，凡朝内军中大小官员兵士如不回避，冒冲仪仗者，斩首不留。凡东王驾出，如各官兵士回避不及，当跪于道旁，如敢对面行走者斩首不留。凡检点指挥各官轿出，卑小之官兵士，亦照路遇列王规矩，如不回避或不跪道旁者斩首不留。

——张德坚：《贼情汇纂》，《太平天国》三，上海：上海人民出版社，2000年，第230页

教师设问：材料反映了什么现象？（参考答案：等级森严）

教师讲述：在那个时代下，太平天国也没有能力改变旧制度。东王杨秀清等人率北王韦昌辉、翼王石达开上奏天王：

材料十 缘蒙天父天兄大开天恩，差我主二兄建都天京，兵士日众，宜广积米粮，以充军储而裕国课。弟等细思安徽、江西米粮广有，宜令镇守佐将在彼晓谕良民，照旧交粮纳税。

——杨秀清、韦昌辉、石达开奏章（1853年）

教师设问：根据材料，指出太平天国的经济措施。（参考答案：依旧交粮纳税）

教师讲述：太平天国虽然颁布过《天朝田亩制度》，但其绝对平均主义的思想决定了这只能是空想。迫于形势，领导者只能提出"照旧交粮纳税"，这种赋税制度是以土地所有者的存在为前提的，旧有的土地制度没有破坏，农民没有分得土地。可见，此前所宣扬的人人平等、平均分配的理想生活没有实现，太平天国底层士兵进行斗争的动力势必会减弱。

除此之外，太平天国还受到传统势力的强力镇压。太平天国尊奉上帝，孔子成为上帝唯一神圣地位的最大障碍，1853年在《诏书盖玺颁行论》中宣布：

材料十一 凡一切孔、孟、诸子百家妖书邪说者尽行焚除，皆不准买卖藏读也，否则问罪也。

——黄再兴：《诏书盖玺颁行论》，《太平天国》1，上海：神州国光社，1954年

教师设问：太平天国对以孔子为代表的儒家文化采取怎样的态度？（参考答案：反孔毁儒）

教师讲述：对于太平天国的反孔毁儒行为，曾国藩在《讨粤匪檄》中说：

材料十二 举中国数千年礼义人伦，诗书典则，一旦扫地荡尽。此岂独我大清之变，乃开辟以来名教之奇变，我孔子孟子之所痛哭于九泉，凡读书识字者，又乌可安坐不思一为之所也！

——曾国藩：《讨粤匪檄》（1854年）

教师设问：曾国藩发表《讨粤匪檄》的目的是什么？（参考答案：维护纲常名教）

材料十三 鄙意欲练乡勇万人，概求吾党质直而晓军事之君子将之，以忠义之气为主，而辅之以训练之勤，相激相劘，以庶几于所谓诸将一心，万众一气者，或可驰驱中原，渐望澄清。

——《曾文正公全集·书牍》，国学整理社，1937年，第12页

教师设问：曾国藩练兵具有怎样的特点？（参考答案：利用儒家思想）

教师讲述：可见，太平军与地主团练武装（湘淮军）之间的战争，是"一场要摧毁儒家文化的社会革命运动与维护儒家文化的王朝之间的斗争"[①]。关于太平天国的失败，史家陈旭麓如此评价：

材料十四 其悲剧意义不仅在于他们失败的结局，更在于他们借助宗教猛烈冲击传统却不能借助宗教而挣脱传统的六道轮回。

——陈旭麓：《近代中国社会的新陈代谢》，上海：上海社会科学院出版社，2006年，第89页

---

① ［美］魏斐德：《中华帝制的衰落》，邓军译，合肥：黄山书社，2010年，第161页。

学生讨论:结合所学知识,指出太平天国不能"挣脱传统的六道轮回"的原因。(参考答案:略)

(设计意图)从太平天国内外两个方面去分析,引导学生理解阶级与时代的局限是失败的主要原因。主要指向史料实证素养水平 3:利用不同史料,形成对该问题更全面、丰富的解释;历史解释素养水平 2:选择、组织和运用史料并使用相关的历史术语,对个别史事提出自己的解释。

教师讲述:太平天国运动虽然失败,但它沉重打击了清王朝的统治,引起政治和权力结构的变化,曾国藩、李鸿章等汉族大臣受到重用,湘淮系官僚集团形成,中央权力下移。湘淮系的这些儒生在外来侵略势力的冲击下,观念发生变化。以其中代表人物李鸿章为例,他提出:

材料十五 轮船电报之速,瞬息千里!军器机事之精,工力百倍;炮弹所到,无坚不摧;水陆关隘,不足限制,又为数千年来未有之强敌。

——宝鋆等编:《筹办夷务始末(同治朝)》卷 99,北京:故宫博物院影印本,1930 年,第12—32 页

教师设问:如何评价李鸿章的这一观点?(参考答案:学习西方先进科技,顺应了世界形势,符合时代潮流)

教师讲述:基于这种认识,曾国藩、李鸿章等人开始了洋务运动。办洋务之初,他们这样认为:

材料十六 ……中国但有开花大炮、轮船两样,西人即可夺魄。

——李鸿章:《上曾中堂》(同治二年四月初四日)

教师设问:如何评价李鸿章的这一观点?(参考答案:仅学习西方的军事技术,并不能挽救清政府)

教师讲述:李鸿章等洋务派先后建立了江南制造总局、金陵机器局等军械厂,并一手筹划建立了中国第一支近代化海军——北洋舰队。但随着军事工业的开办和经营,遇到这样的问题:

材料十七 军兴以来,凡有可设法生财之处,历经搜刮无遗,商困民穷,势已竭竭。

——李鸿章:《李文忠公全集·译署函稿》卷三,金陵刻本,1908 年,第 18 页

教师设问:根据材料,指出洋务运动遇到的问题。(参考答案:缺少财源)

教师讲述:基于此问题,李鸿章又提出:

材料十八 惟中国积弱由于患贫。西洋方千里数百里之国,岁入财赋动以数万万计,无非取资于煤铁五金之矿,铁路电报信局丁口等税。酌度时势,若不早图变计,择其至要者逐渐仿行,以贫交富,以弱敌强,未有不终受其敝者。

——李鸿章:《李文忠公全集·朋僚函稿》卷十六,金陵刻本,1908 年

教师设问:如何认识李鸿章这一主张?(参考答案:通过改革求富这种观点具有进步性)

教师讲述:洋务派从惊羡外国的"船坚炮利"到学习仿造外国军器,由发展军事企业认识到"自强"必须"求富",从而发展民用企业。除此之外,李鸿章还提出:

材料十九 (即使有几十个曾国藩、李鸿章——引者注)洋务亦断办不好。此微明自照,不敢强饰,正误于当日之时文小楷也。

——《李文忠公全集·朋僚函稿》卷十五,金陵刻本,1908 年

教师设问:

(1) 根据材料,指出李鸿章的目的。(参考答案:变革教育制度)

(2) 综合上述材料,指出洋务运动的过程的特点。(参考答案:渐进性,范围逐步扩大)

教师讲述: 洋务运动的影响不仅仅在于军事、经济、教育等领域的近代化:

材料二十 从某种意义上说,洋务运动汲取来的西方知识对中国传统社会的冲击,比十次旧式农民战争更大。在这个过程中虽没有激昂的呐喊呼叫,但新的观念却借助于具体的事物和实例改变着人们世代沿袭的成见和信念。

——陈旭麓:《近代中国社会的新陈代谢》,上海:上海社会科学院出版社,2005 年,第126 页

教师设问: 你认为,洋务运动产生了怎样的影响?(参考答案:冲击传统观念,促进西学传播,在一定程度上增加了军事力量,开启了中国经济的近代化进程,并推动了政治变革)

(设计意图) 通过运用史料,使学生了解洋务运动的过程与影响,引导学生理解洋务运动的特点与洋务派的思想转变历程。主要指向历史解释素养水平 2:选择、组织和运用史料并使用相关的历史术语,对个别史事提出自己的解释。

教师讲述: 1894 年,北洋水师的全军覆没宣告了洋务运动的破产。为何会有这样的结局?

材料二十一 中国士大夫甘心陷溺,恬不为悔。数十年国家之耻,耗竭财力,毒害生民,无一人引为疾心。钟表玩具,家皆有之;呢绒洋布之属,遍及穷荒僻壤;江浙风俗,至于舍国家钱币而专行使洋钱,且昂其价,漠然无知其非者。一闻修造铁路、电报、痛心疾首,群起阻难,至有以见洋人机器为共愤者。

——《郭嵩焘诗文集》卷 11,长沙:岳麓书社,1984 年,第 189 页

教师设问: 根据材料,指出那些士大夫的思想主张。(参考答案:反对引进西方先进科技)

教师讲述: 其实洋务派本身,思想上也受着传统文化的制约,当时著名的洋务思想家冯桂芬就说过:

材料二十二 如以中国之伦常名教为原本,辅以诸国富强之术,不更善之善者哉!

——冯桂芬:《校邠庐抗议·采西学议》

教师设问: 你如何看待冯桂芬的主张?(参考答案:中学为本,西学为辅,虽然具有保守一面,但符合当时的社会现状)

教师讲述: 身处时局变化中的李鸿章等人也先后以不同的言辞表达了同样的见解。正是基于此思想,在旧制度方面,洋务派改动不多。以洋务企业为例,多任命官僚来执掌大权,"专派大员一人,用人理财悉听调度"[①] 而其后果,时人评价说:

材料二十三 正如肥肉自天而降,虫蚁聚食,不尽不止。

——汪康年:《论政界不宜自营实业》,《刍言报》(宣统三年闰六月初六日)

教师设问: 材料反映了洋务运动的什么现象?(参考答案:贪污腐败)

教师讲述: 洋务运动的变革,都是在清朝原有制度的框架结构下进行的,没有摆脱旧制

---

① 《交通史航政篇》第 1 册,上海:商务印书馆,1929 年。

度的窠臼。这也是洋务运动失败的一大原因。

(设计意图)通过史料,从时代环境、洋务派思想、制度缺陷三个面展开分析,以全面理解洋务运动失败的原因。主要指向史料实证素养水平3:利用不同史料,形成对该问题更全面、丰富的解释。

教师讲述:李鸿章等进行洋务的时代,正是帝国主义积极发展的时代。

材料二十四　1870年以后出现的营建帝国的巨大浪潮被称为"新帝国主义",它使地球上的很大一部分地区都成为欧洲少数强国的附属物。

······

······在1871年至1900年的30年间,英国使其帝国的土地增加了425万平方英里、人口增加了6 600万;法国使其土地增加350万平方英里,人口增加了2 600万;俄国在亚洲增加了50万平方英里土地和650万人口;德国增加了100万平方英里土地和1 300万人口。

——[美]斯塔夫里阿诺斯:《全球通史:从史前史到21世纪》,第7版/修订版,下册,吴象婴等译,北京:北京大学出版社,2006年,第505—506页

教师讲述:在帝国主义瓜分世界狂潮下,中国也不能幸免。中国西北、西南、东南边疆地区的安全遇到严重威胁,俄国、英国、法国加快对中国的侵略(阅读清朝疆域图)。左宗棠平定新疆,收复伊犁,度过西北边疆危机。中法战争,清政府失去了附属国越南。1894年甲午战争的失败,最终戳破了清政府复兴的幻象。

在此过程中,我们不能忘记,在《马关条约》签订、割让台湾的消息传出后,台湾人民掀起了一场可歌可泣、英勇悲壮的反割台武装斗争,台湾各阶层联名发布檄文,声称:"愿人人战死而失台,决不愿拱手而让台。"①台湾人民的武装抗日斗争,表明了台湾人民不屈服于日本占领的坚强意志。

在中国甲午战败刺激下,帝国主义瓜分中国,划分势力范围(阅读教材第100页:《19世纪末帝国主义列强在华划分势力范围示意图》),俄国强租旅顺大连,英国租威海卫,德国租胶州湾,英国租香港新界,法国租广州湾。中国民族危机加深。在这种局势下,中国人的民族意识日益觉醒,并开始寻找新的救国图强之路。

(设计意图)阅读史料与地图,从国际形势的角度来分析从边疆危机到甲午战败再到瓜分中国狂潮出现的背景,并了解其过程,感悟中华民族面对外来侵略的抗争精神。主要指向时空观念素养水平2:将某一史事定位在特定的时间和空间框架下;利用历史地图等方式对相关史事加以描述;家国情怀素养水平1、2:具有对民族、国家的认同感,从历史中汲取经验教训,更全面、客观地认识历史问题。

---

① 《台民布告》,《中日战争》第1册,上海:新知识出版社,1956年,第203页。

第18课

挽救民族危亡的斗争

教学设计1

江苏省昆山中学　沈克学/南京师范大学、昆山市第二中学　张克州

一、教材分析

本课是第五单元《晚清时期的内忧外患与救亡图存》中的第3课，包括戊戌维新运动、义和团运动、八国联军侵华和民族危机的加深四个子目。在本单元中，本课属于近代中国挽救民族危亡斗争的第二阶段和民族危机的深化时期。甲午中日战争后，中国民族危机不断加剧，维新派掀起了一场旨在救亡图存的变法运动。这次变法虽以失败告终，但产生了深远影响。1900年，由民间反洋教斗争发展而来的义和团运动进入高潮，八国联军借此侵略中国，清政府被迫与侵略者签订《辛丑条约》。戊戌维新运动和义和团运动说明以新兴资产阶级为代表的上层和以广大农民为主体的下层在寻求救国的出路问题上，形成了不同的思想和道路，同时他们的失败也显示出民族危机的加深。

二、学情分析

本课的授课对象为高一年级学生，他们在初中阶段已初步了解了维新运动的原因与结果、义和团运动的兴起与失败、八国联军侵华，以及《辛丑条约》带来的民族危机的加深等基本史实。但是，对于救亡的主体差异、时代特征的深层认知有待提高。在此基础上，本课将在挽救民族危亡这一主题的统摄下，分析并力图揭示这两种救国道路的差异。

三、教学目标

1. 能够分析维新运动和义和团运动兴起的原因和结果，认识戊戌变法是比较完全意义上的改革运动，认识八国联军侵华战争的严重危害。

2. 能够将维新运动和义和团运动置于19世纪末20世纪初这一特定环境下，通过分析、比较，认识危机与救亡的交织互动。

3. 能够对戊戌变法和义和团运动进行全面评价，形成正确的世界观、人生观、价值观和

历史观。

四、教学重难点

重点：认识 19 世纪末 20 世纪初民族危机不断加深下康有为等所做出的探索。

难点：认识戊戌变法和义和团运动挽救危亡的思想、路径不同。

五、教学过程

【导入新课】

教师讲述： 甲午战争之败使中国在贫与弱的循环中越陷越深，内外危机四伏。战后，在列强不断加强对中国侵略的情况下，面对从鸦片战争到甲午战败的"三千年未有之大变局"，为寻找一条摆脱危机、从贫弱循环中走出来的道路，中国的知识精英、人民大众又进行了新一轮挽救危亡的斗争。

【学习新课】

教师讲述： 甲午中日战争让大清帝国狼狈不堪，威信扫地。中方在战前的乐观、胜算荡然无存，政治精英、知识精英，突然陷入不可名状的困惑中。李鸿章在日本春帆楼与日本谈判的时候，中国国内发生了一件联省上光绪皇帝书事件，即"公车上书"。

材料一 "甲午以前，吾内地无恙也，今东边及台湾一割，法窥滇、桂，英窥滇、粤及西藏，俄窥新疆及吉林、黑龙江，必接踵而来，岂肯迟迟以礼让为国哉？况数十国之逐逐于后乎？譬大病之后，元气既弱，外部易侵，变症百作，岂与同治之时，吾国势犹盛，外夷窥伺情形未洽比哉！且民心既解，散勇无归。外患内讧，祸在旦夕，而欲苟借和款，求安目前，亡无日矣，今乃始基耳。""夫富国之法有六：曰钞法，曰铁路，曰机器轮舟，曰开矿，曰铸银，曰邮政。"

——康有为：《上清帝第二书》

教师设问： 康有为对时局阐述了怎样的见解？（参考答案：边疆内地危机严重，实行变法富国，以御强敌）

教师讲述： 康有为打算于"四月初七日、初八日、初九日借松筠庵进行会议，各省公车陆续到来传观。由于四月初八日光绪帝已批准条约，初九日已来人甚少，联省公车上书的行动自然中止"①。因而，公车上书没有影响实际的政治运转。

其实早在 1888 年 9 月科考，康有为面对国家危机，就决心叩开紫禁城大门。这年 10 月，康有为写了一篇 5000 余字的上皇帝书，即《上清帝第一书》。而上《第一书》的时机颇耐人寻味，就在此前不久，即光绪十四年六月十九日（1888 年 7 月 27 日），慈禧太后发布懿旨，宣布明年归政光绪，清帝国即将开始一个全新时代，于是正在北京准备参加考试的康有为就乘着这个机会，给即将亲裁大政的光绪帝写了第一书。书中请求朝廷下诏罪己，及时图治，

---

① 茅海建：《从甲午到戊戌：康有为〈我史〉鉴注》，北京：生活·读书·新知三联书店，2009 年，第 75 页。

并提出一些建议。然而,鉴于书中言辞激烈,本答应荐举转呈的帝师翁同龢在看了上书之后,担心获罪最终未予上递。就这样,康有为第一次上书无疾而终,但朝野内外知道他的人却越来越多。

1891年,康有为在广州开设万木草堂,不仅讲授传统的儒家经典,还讲授声、光、化、电及其他一些西学知识。学生中有不少人后来成为变法运动的骨干。四年后,康赶赴北京参加会试,时值甲午战败,于是就发生了上面提到的"公车上书"。"公车上书"不仅在当时极具轰动效应,扩大了维新派及维新理论的影响,更确定了康有为的领袖地位。此前,无论是林则徐、魏源,或是早期改良派如王韬、郑观应等人,对西方文化的宣介都仅限于个人行为,没有形成整体的文化氛围。而"公车上书",在爱国的前提下聚集起一大批士子阶层,这些拥有群体意识的知识分子开始走向主流政治舞台。

康有为还在第二份上书中提出四点方案:一是下诏鼓天下之气;二是迁都定天下之本;三是练兵强天下之势;四是变法成天下之治。而他的"每十万户公举一名议郎,供皇帝咨询"的建议,实际上已经形成了实行君主立宪制度、设立议院等政治变革的模糊纲领。"公车上书"第二天,会试榜发,康有为中进士第五名,授工部主事。

如前面所讲,由于这份上书并没有送出,更没有被政治高层看到,其主要内容被康有为写进后来的《上清帝第三书》(题为《为安危大计乞及时变法呈》)。

材料二 伏乞特诏,颁行海内,令士民公举博古今、通中外、明政体、方正直言之士,略分府县,约十万户而举一人,不论已仕未仕,皆得充选。因用汉制,名曰议郎。皇上开武英殿,广悬图书,俾轮班入直,以备顾问。并准其随时请对,上驳诏书,下达民词。凡内外兴革大政,筹饷事宜,皆令会议,三占从二,下部施行。

——康有为:《上清帝第三书》

教师设问: 根据材料,指出康有为的变法主张。(参考答案:推举民众参与政治)

教师讲述: 1895年5月29日,康有为又以进士身份呈上一封一万三千字的《上清帝第三书》。书中不少主张都是对第一书和第二书相关内容的继承与发展。如:"求人才而擢不次""慎左右而广其选""通下情而合其力"[1]。同时康有为指出,甲午战败的后果是有清二百余年从未有过的奇耻大辱,也是中国五千年文明史上所罕见,经此剧痛,中国应该深刻反省,急筹自强,不应该上下浑浑噩噩。上书投送都察院转呈,都察院迫于国内舆论,将其递呈光绪帝。这个一直深处紫禁城中的皇帝,读完精神为之一振,极为嘉许。他一面责怨各大臣对他封锁消息,一面谕令誊抄四份,一份送慈禧太后,一份存军机处,一份放在乾清宫南窗小筐,一份留在勤政殿备览。第三书终于越进紫禁城。从此,康有为和光绪帝的思想开始接触。

从光绪二十一年四月到闰五月,康有为在非常短的时间内连续三次上书,提出了全面的改革方案,包括政治、经济、军事、社会与文化教育诸多方面。这绝非挥笔可成,从而证明了康对此有着长时间的思考。6月30日(闰五月初八日)他以工部主事名义,第四次呈上万言书。其中最重要的建议,也是引起争论最多的建议是"设议院以通下情"。他认为,设议院具有很多出人意料的好处,也是西方走向富强的制度化保证。最后因为工部、都察院的原因,

---

① 茅海建:《论戊戌变法期间康有为、梁启超的政治思想与政策设计》,载《中国文化》,2017年第1期。

竟致投递无门。

(过渡)康有为《上清帝第四书》没有递到政治高层。他在北京进行了一段时间的讲学后,因事返回广州,继续在万木草堂开班讲课,传播思想。

教师讲述:光绪二十三年(1897)八月底,康有为至上海。为了移民巴西的商业事务,康有为进京,不料此行引起政治上的巨变,即适逢德国强占胶州湾,康有为于 12 月上书,吁请变法,这就是《上清帝第五书》(名为《为外衅危迫,分割渐至,急宜及时发愤,革旧图新,以少存国祚折》)。

材料三 "譬犹地雷四伏,药线交通,一处火燃,四面皆应,胶警乃其借端,德国固其嚆矢耳。"列强"瓜分豆剖,渐露机芽,恐惧回惶,不知死所"。国内"乱机遍伏,即无强敌之逼,揭竿斩木,已可忧危。"他一针见血地说:"若不及时图治,数年之后,四邻交逼,不能立国"。"恐自尔之后,皇上与诸臣,虽欲苟安旦夕,歌舞湖山而不可得矣,且恐皇上与诸臣求为长安布衣而不可得矣。"甚至警告光绪帝:"职诚不忍见煤山前事也。"如何应付时局? 康有为概括为上中下三种方法。上策是"采法俄日以定国是,愿皇上以俄国大彼得之心为心法,以日本明治之政为政法",中策是"大集群才而谋变政",下策是"听任疆臣各自变法"。康有为指出:"凡此三策,能行其上,则可以强;能行其中,则犹可以弱;仅行其下,则不至于尽亡。惟皇上择而行之。宗社存亡之机,在于今日,皇上发愤与否,在于此时。"

——郭景扬:《"忧时七上皇帝书"》,载《历史教学问题》,1988 年第 4 期

教师设问:康有为在此上书中提出了怎样的变法主张? (参考答案: 效法俄日,即行变法)

教师讲述:在这 6 000 多字的第五书中,康有为详尽分析了当时中国所处的国际环境,认为中国如欲摆脱被动的国际环境,只有在内政上下功夫。而眼下中国依然昧于国际大势,没有在内政上下功夫,没有使中国以近代民主国家的姿态出现在国际舞台上,这就是西方国家不愿以平等身份与中国打交道的根本原因。为此康有为向清政府提出了三点建议,其中最有价值也是后来引起震动最大的是其第一条,即取法俄国、日本进行政治制度变革。当时中国知识群体的普遍看法是: 19 世纪中叶以后,中日两国同在西方的武力威逼下走上模仿西方的道路,甲午一役说明日本的模仿取得了成效,中国的模仿归于失败,我们何不再模仿成功者成就自己的现代化大业呢? 正是基于这样的思考,康有为提出了"不妨以强敌为师资"[1]的主张,敦促光绪皇帝像明治天皇那样"以君权雷厉风行"[2],按照明治维新的现成模式,自上而下地推动中国的新政变革。

当他将第五书循例呈递给工部主管时,书中那些直率的言辞、超越清廷已有政策底线的制度性变革建议,实在是吓坏了那些官员,他们不敢、不愿将这份建议书直接呈送清政府高层,而是压了下来。不甘寂寞的康有为当然不能容忍工部当局的做法,他在向工部当局呈递这份建议时,也向其他相关方面提供了副本,以唤起各方面同情,以取得支持。许多官员转相传抄,津、沪报纸全文刊载,流传甚广,康有为再次名噪一时。1898 年 1 月,御史徐寿蘅硬着头皮把这封上书转呈光绪帝,光绪读了深受震动,表示决"不甘作亡国之君"[3],并决定召见

---

[1] 康有为:《上清帝第二书》。

[2] 康有为:《日本变政考》。

[3] 苏继祖:《清廷戊戌朝变记》,中国近代史资料丛刊《戊戌变法》第一册,上海:神州国光社,1953 年,第 331 页。

康有为,但由于遭到顽固派反对,最后把召见降为总理衙门问话。最终,光绪命康有为具折上言。正月初八日,康有为上书统筹全局,这就是《上清帝第六书》。

康有为陈述了当时波兰、埃及、土耳其、缅甸等国墨守成规,不思变革,最终导致亡国或被瓜分的惨痛教训,认为国际社会正处在一个新的组合分化过程中,朝廷应该把握这一机遇,尽快将中国改造成一个近代国家。

材料四 "故当今日而思图存,舍变法外更无他巧,此固万国谋自强者,所殊途而一辙,亦中外谈经济者,所异口而同词。臣民想望,有不可不变之心;外国逼迫,有不能不变之势。然则今日之国是,莫有出于尽革旧习变法维新者矣。"

"考日本维新之始,凡有三事:一曰大誓群臣以革旧维新,而采天下之舆论,取万国之良法;二曰开制度局于宫中,征天下通才二十人为参与,将一切政事制度重新商定;三曰设待诏所,许天下人上书,日主以时见之,称旨则隶入制度局。此诚变法之纲领,下手之条理,莫之能易也。"

——康有为:《请大誓臣工 开制度新政局折》《上清帝第六书》

教师设问:(1)在这份奏折中,康有为思考的重点是中国应该怎样去变,而没有过多地论述中国应该进行变法改革的理由,你认为是何原因?(参考答案:因为中国不变则亡的道理在当时已经是朝野各界共识)

(2)仔细阅读材料,你能得到怎样的认识?你认为这反映了什么实质问题?(参考答案:康有为变法纲领的三条建议是参照明治政权建立前后的三项变革措施后提出来的。反映了维新派的权力要求,即要解决变法运动的领导权问题)

教师讲述:统观康有为第六书,其核心是设立专责制度建设的制度局。康有为将制度局视为总揽新政的机关。制度局下设法律、度支、学校、农、工、商、铁路、邮政、矿务、游会、陆军、海军等十二局,地方则每道设一民政局,每县设一民政分局,督办有关地方事宜。或许是因为当时反对政治变革的势力太大,或许是接受了某些人善意的忠告,康有为在第六书中,暂时放弃了第五书中提出的开国会、定宪法等激进的政治主张,而改为设立制度局这一具有明显渐进色彩的主张。即便如此,反对者批评康有为等人动机不纯,他们试图通过新设机构夺取权力,所谓制度局,不过是想夺取枢府之权的托辞;所谓十二局的构造,不过是将原有的中央六部分解功能而已;至于各道设立民政局的建议,更是居心叵测,是试图以民政局夺取各省督抚将军之权。

第六书是康有为关于中国政治体制改革的总体设计,阐述了实行变法的步骤,提出了国家行政机构的轮廓,是资产阶级变法的施政纲领。第五书和第六书是康有为上书中起作用最大的,使维新派的变法要求逐步变为光绪帝的决心。从此,光绪帝开始零星地下达新政诏书。紫禁城里充满着维新变法的气氛。趁此,康有为于1898年2月28日又写了《上清帝第七书》,这封上书把光绪帝又向前大大推进一步。并且从6月21日起(维新开始后),康有为开始将自己所著15万言、十二卷本《日本变政考》陆续进呈。该书以编年的形式,对明治维新的内容、经过和经验作了详细的介绍、评说和总结,并结合中国情况向光绪帝提出变法的具体建议。这些也坚定了光绪变法图强的决心。

(设计意图)借助《日本变政考》,细化历史,把握相关史事间的联系,构建历史发展相对完整的进程。主要指向时空观念素养水平3:把握相关史事的时间、空间联系;史料实证素养水平 1：从所获得的材料中提取有关的信息；历史解释素养水平 1：辨别教科书和教学中的历史解释。

（过渡） 十年间，康有为一次又一次上书，慷慨陈言，反复陈述变法主张。他以不折不挠的精神，叩开了紫禁城深锁的大门，感动了光绪帝。四月二十三日（公历 6 月 11 日），光绪帝颁布《明定国是》诏书，揭开了戊戌变法的大幕，标志着一直以来倡导、宣传的变法，终于付诸实践。

材料五 在"百日维新"期间，"新政"的主要措施在经济方面保护农工商业，成立农工商局，奖励发明创造，提倡私人办实业，修建铁路，开采矿产，设立全国邮政局，改革财政，编制国家预算等。在文教方面的改革主要是设立新式学校、译书局，开办京师大学堂，派留学生，自由办报，成立学会，改革科举考试制度，废除八股改试策论等。在军事方面主要是训练新式海陆军，裁减已不合时宜、战斗力低下的绿营。在政治方面主要是裁减闲散重叠的政府机构，裁汰冗杂多余官员，要长期享有不劳而食特权的"旗人"自谋生计，准许、鼓励官员和民众论政等等。

——雷颐：《戊戌变法反思》，载《民主与科学》，2008 年第 4 期

教师设问： 你怎样看待上述变法措施？（参考答案：内容广泛，除旧布新，学习西方，利于发展，顺应潮流）

教师讲述： 如果将维新变法与此前的洋务运动相比，维新变法则更为进步，是比较完全意义上的改革运动。

然而，从新政诏令颁布之日起，慈禧就在暗中积蓄力量，采取种种措施，伺机重新"训政"。随着变法速度的加快、力度的增强，维新遇到的阻力越来越大，一些守旧官员对维新或阳奉阴违或公开反对。竟至有人上书慈禧太后，要求杀了康有为、梁启超。面对这种局面，光绪断然采取了非常措施。

材料六 8 月中旬，礼部主事王照响应光绪帝允许官员士民上书言事的谕旨，递上奏折，请求堂官代递，不料遭到拖延和拒绝，9 月 4 日光绪帝愤怒之下，将怀塔布、许应骙等礼部六位满汉堂官"即行革职"，又称赞王照不畏强御，勇猛可嘉，赏给三品顶戴，以四品京堂候补，以示激励。同时，光绪帝又下令裁撤詹事府、通政司、光禄寺、鸿胪寺、太仆寺、大理寺等衙门；同时裁去广东、湖北、云南三省巡抚和河道总督。

——摘编自马忠文：《戊戌政变的台前幕后——也谈袁世凯的告密问题》，载《中华读书报》，2012 - 11 - 14

教师设问： 你如何看待上述事件？（参考答案：略）

教师讲述： 这一奖惩鲜明的举动表现了光绪帝扶新斥旧的勇气，但也引起巨大震动。未经慈禧同意突然将礼部六位堂官全部罢官，这在慈禧看来实属轻率，完全出乎意料。而在此之前，慈禧就任命大学士荣禄为直隶总督统率北洋三军，控制着京畿局势，又规定凡二品以上大臣授新职，必须到皇太后前谢恩，以此防止皇帝起用新党人物担任重要职位。就在将六位堂官全部罢官的次日，光绪帝又破例任命杨锐、刘光第、林旭、谭嗣同四人为军机章京。按照清朝定制，军机章京必须从京内各部院司员中选择人品端方、才敏笔捷者进行考试后记名引见，然后依次递补使用。像杨锐等人这样由候补司员破例擢为军机章京者，在清代实属罕见。特别是林旭，年仅 24 岁即有此殊遇，时人颇有妒意。在短短的十几天里，年轻的皇帝

未经慈禧允诺,雷厉风行地大胆启用新人,军机四卿参与新政的事实使慈禧精心编织的防护网出现了缺口,同时也引起军机大臣们的不满。帝后间的矛盾激化,"礼部六堂官事件"成为戊戌政变的导火线。

另外,变革中裁撤京师的闲散衙门,导致数千人的生计突然没有了着落,当时官员士林产生的怨气和抵触是可以想象的。总之,自身利益受到损害和威胁的官员很快集结起来,站在守旧势力一边,打着维护"祖宗之法"的旗号,挑战皇帝的权威,并最终策划出太后"训政"来中止新政。在守旧势力的支持下,慈禧太后在 9 月 21 日凌晨突然由颐和园回宫,囚禁光绪,抓捕维新人士,尽废新法。这就是戊戌政变,它宣告了维新变法最后失败。

(设计意图)引导学生认识,维新变法比洋务运动更为进步,是比较完全意义上的改革运动。通过新旧势力的交锋,理解改革失败的原因。主要指向历史解释素养水平 2:选择、组织和运用相关材料并使用相关历史术语,对个别史事提出自己的解释。

材料七 ① 戊戌政变后,康有为辗转到了上海,英国驻上海领事派人送了一份慈禧下令捉拿的"圣旨",康有为这样记载此事:"伪旨云:'已革某官康有为,进丸毒弑大行皇帝,着即行就地正法,钦此。'"[1]

——白红兵:《戊戌变法败因新探——以"七上清帝书"的修辞策略为考察中心》,载《社会科学家》,2009 年第 7 期

② 清德宗一生皆在慈禧覆翼之下,即自一千八百八十九年,至一千八百九十八年,慈禧撤帘之时,帝亦不能行其志,盖斯时慈禧虽退居颐和园,然朝中大事,帝与大臣皆知必须禀报而后行,中外要职,皆慈禧任用之人,黜陟赏罚之柄,帝无与焉,故官吏皆趋承太后意旨,视帝蔑如,尚不及视李莲英之重也。除百日变法之外,帝未尝能伸其志。

——[英]濮兰德、白克浩司:《清室外纪》,中国史学会:《戊戌变法》四,上海:上海人民出版社,1957 年,第 269 页

教师设问:上述材料分别说明了什么情况? 你是如何看待这种政治局面的? 请结合相关史实加以论述。(参考答案:康有为对慈禧干政的合法性持否定态度;慈禧实际上仍把持朝中一切用人大权。略)

(设计意图)揭示维新变法路径的"天然局限",为认识其最终失败奠定基础。主要指向史料实证素养水平 2:对史事进行论述的过程中,尝试运用史料作为论据论证自己的观点。

教师讲述:康有为认为只有光绪才是"合法"的君主,反对慈禧干政。从这样的认识出发,维新派选择依靠光绪皇帝进行变法的路径选择就变得脱离现实。而实际情况是:1889年光绪婚后即亲政,慈禧随即归政,退居颐和园。表面看来,慈禧将国家权力移交给了光绪,而实际上仍把持朝中一切用人大权,光绪帝几乎完全居于傀儡地位。一个明显的例证就是,光绪二十四年正月初七日,康有为奏陈第六书,由于礼部尚书许应骙的攻击,因此压至二月十九日才上递。翁同龢不但同意开制度局,而且还想让康有为位列其中。但因关系重大,光绪帝"按例"谕令总理衙门"妥议具奏"。总理衙门仗着西太后势力,直至五月十四日才议奏,并全盘否定了康折。十六日,光绪帝再令总理衙门"另行妥议具奏"。直至六月十五日,军机大臣世铎等具奏,干脆以各式各样的名义把康有为第六书的建议几乎化为乌有,其中制度局

---

[1] 康有为:《戊戌轮舟中绝笔书及戊午跋后》,中国史学会:《戊戌变法》一,上海:上海人民出版社,1957 年,第 409 页。

一说变得面目全非。在军机大臣和总理衙门的联合抵制下,光绪帝被迫迁就退让,使康折"成为虚文"①。

由于变法寄希望于没有实权的光绪帝和极少数帝党官僚,甚至对帝国主义列强抱有不切实际的幻想(变法过程中,康有为等维新派呼吁英、日等国支持中国的维新变法),最后,在慈禧太后发动戊戌政变后,变法诸多措施被废除。这是国家、民族、社会的不幸,但也更是统治者本身的不幸——大清王朝丧失了变法图存的重要机会。

学生讨论:你怎样看待康有为及其代表的维新派挽救危亡的努力?(学生思考并回答)

(设计意图)希望学生获得认识上的升华,促进其树立正确的历史观。主要指向历史解释素养水平4:在独立探究历史问题时,尝试提出自己的看法。

教师小结:梁启超曾把影响世界历史进程的卓越人物,区分为思想家型的"先时之人物"和实践家型的"应时之人物"。他认为,"应时之人物"是时势所造之英雄,而"先时之人物"是造时势之英雄。而康有为就是中国"先时之人物"。②从甲午战后的时局来看,康有为作为中国自由主义思潮的代表,他迎接着俾斯麦—彼得大帝—明治天皇的世界思潮,企盼中国版维新的出现。改革者在民族危亡的紧要关头,高扬爱国主义精神,不顾个人成败得失,献身社会进步;改革者在西学东渐的时代条件下,突破传统观念的束缚,以开放的精神面向世界,大力推动文化革新;改革运动在中国传统政治制度快要走到尽头的特定时刻,主张改变传统体制,揭开了民主政治的序幕,为今后的变革提供了思想基础。可以说,戊戌变法最主要的成就,不是带给大清王朝的当时利益,而是留给后代的巨大精神遗产。

(设计意图)引导学生深化认识,提升情怀,促进正确历史观、价值观的形成。主要指向家国情怀素养水平3、4:表现出对历史的反思,从历史中汲取经验教训,更全面、客观地认识历史问题。

(过渡)当以康有为、梁启超、严复、谭嗣同等为代表的资产阶级维新派活跃于中国政治与思想文化舞台、掀起轰轰烈烈的维新变法运动的时刻,"教案"问题也在国内愈演愈烈,民间的"反洋教"斗争连绵不断,并发展成为以"扶清灭洋"为目标的义和团运动。

教师讲述:自1860年《中法北京条约》允许传教,到1900年义和团运动高潮时为止,天主教在中国40年传播历程中,遇到了以儒家思想为内核的中国各个阶层的顽强反抗,形成波澜壮阔的"反洋教运动"。

材料八"与近代来华的传教士广泛打交道的中国各阶层人士发现他们(指传教士——引者注)是一部宣传教育机器。……美国的工业家和商业家对传教士非常重视,并且通过每一个传教士来发展商业联系。""传教士经常利用慈善的伪装,干涉当地正常的合法诉讼程序,他们的教徒也混水摸鱼。……而教会却熟视无睹,在身后洋枪洋炮的支持下,以外国人的身份,迫使当地法官违法乱纪,做出偏向教会的裁决,这种事情遭到人们的深恶痛绝。""教会为了袒护他的教民不断向官府施加压力,用炮舰或其他外交手段相威胁,中国官府只得让步并为讨好教会而镇压百姓,最后积重难返,人民忍无可忍只好造反。他们焚烧教堂,经常不断地杀死传教士,后来外国力量只得出面干涉,派遣炮舰执行处罚……所有的事又都重新

---

① 钟卓安:《戊戌变法中的光绪皇帝和康有为》,载《近代史研究》,1983年第4期。

② 梁启超:《南海康先生传》,《梁启超全集》第1册,北京:北京出版社,1999年,第482页。

开始。"

——[德]卫礼贤:《中国心灵》,王宇洁等译,北京:国际文化出版公司,2005年,第176、181页

教师设问:据材料概括指出,近代中国民众反教会斗争的根本原因是什么?(参考答案:来华传教士的活动已超出宗教范围,它与商业资本主义和殖民帝国主义对华扩张的政治、经济、文化等侵略政策结合在一起,给中国人民带来深重的苦难)

教师讲述:学者路遥指出,"造成近代教案发生的根源乃在于损害中国主权的传教特权"[①]。帝国主义的侵略不断加深了中华民族的灾难,外国列强与中华民族之间的民族矛盾成为中国社会的主要矛盾,绝大多数炎黄子孙在长达半个多世纪的备受凌辱的过程中,无法宣泄的愤恨都会逐步郁结成为一种"仇洋"情结。广大农民把尖锐的民族矛盾简单地看成"洋教"与"洋人"的问题,所以斗争的矛头指向"洋教"与"洋人"。义和团源起于山东,其实也同甲午战争有直接关系。战时,山东省直接受到日本侵略军的铁蹄践踏,战后中国几被列强瓜分。各帝国主义欺凌中国百姓,经济侵略使得农民生活日益困难,长期积压在内心深处的对帝国主义的仇恨,终以义和团运动为载体如火山爆发一样喷射出来。

义和团最初是民间反清组织,后在清政府"剿""抚"不定的政策中发展壮大,终于在1900年从山东扩展至直隶,爆发了大规模的锋芒指向帝国主义的农民运动。慈禧镇压了康梁改革派后,为了防止后者东山再起,曾动过废黜光绪帝之念。光绪二十五年十二月二十四日(1900年1月24日),慈禧不顾各方反对,悍然立端郡王载漪之子溥儁为大阿哥,准备在适当时机取代光绪,史称"己亥建储"。列强既出于维护其在华利益的私心,也确实在价值观上同情变法,因而阻止废立图谋,而国内改革派舆论则在列强支持下抗议清廷"名为立嗣,实则废立"。特别是康梁,他们更广泛地宣传民权、自由观念,猛烈抨击以慈禧太后为首的清政府的腐败统治,并积极策划通过"武装勤王"从后党统治集团手里夺取政权。[②] 这一切严重激化了慈禧的反西方情绪。但是她又不敢公然与列强决裂,刚刚经历了甲午战争的惨败,慈禧等人深知:单凭清朝的军队,无论如何也不足以与列强抗衡。时值义和团运动在山东、直隶等地兴起,慈禧等人便想到了"民心"的利用价值。就在"己亥建储"前夕,清政府于1月11日颁布了一道上谕:

材料九 "近来各省盗风日炽,教案叠出,言者多指为会匪,请严拿惩办。""地方官遇案不加分别,误听谣言,概目为会匪,株连滥杀,以致良莠不分,民心惶惑,是直添薪止沸,为渊驱鱼,非民气之不靖,实办理之不善也。""严饬地方官:办理此等案件,只问其为匪与否,肇衅与否,不论其会不会、教不教也。"

——国家档案局明清档案馆:《义和团档案史料》上册,北京:中华书局,1959年,第56页

教师设问:上谕实际上确立了清政府对内政策的何种基调?(参考答案:不准各地官员继续镇压反帝的义和拳等民间结社)

教师讲述:"义和团之所以在那么短的时间里迅速发展成长,除了官方的纵容、默许、支

[①] 路遥:《论近代中国甲午战前的教案与反洋教斗争》,载《山东大学学报》,1990年第1期。
[②] 赵春晨:《论康梁维新派对义和团运动和八国联军侵华战争的态度》,载《广东社会科学》,1994年第5期。

持外,也与官方试图将他们'官方化'有关。"①1900年春,山东、直隶、京津一带的义和团汇集一起,6月涌入北京。

材料十 ① 义和团请来各种"神仙",从太上老君、黄连圣母、伏魔大帝、洪钧道人、孙悟空猪八戒、吕洞宾铁拐李、关公赵子龙直到"念咒语,法真言,升黄表,敬香烟,请下各洞诸神仙",可谓有奶便是娘,但凡"传统"中有的神灵都想到了……

——秦晖:《"西化"、"反西化"还是"现代化"——太平天国、义和团与辛亥革命的比较》下,载《南方周末》,2011-10-13

② 最恶洋货,如洋灯、洋磁杯,见即怒不可遏,必毁而后快。于是闲游市中,见有售洋货者,或紧衣窄补袖者,或物仿洋式,或上有洋字者,皆毁物杀人……

——《天津一月记》,中国史学会主编:《义和团》二,上海:神州国光社,1951年,第146页

教师设问:你怎样看待义和团运动中的这些现象?(参考答案:在当时的历史条件下,应该将神秘主义的落后性和农民反侵略的积极性区分开来。义和团在反帝斗争中尽管出现"盲目排外"之举,但无损斗争的合理性和正义性)

(设计意图)引导学生深层认识义和团运动的特征与根由,以助于形成正确的历史观。主要指向唯物史观素养水平3、4:将唯物史观运用于历史学习中。

教师讲述:甲午战败,戊戌维新失败,政府腐朽无能,新兴革命政党将起未起,而帝国主义之侵凌加剧,这个时候,生活在社会最底层的人民群众,举起了反帝"灭洋"的大旗!透过神秘主义的外衣,可以看到农民群众反抗侵略的强烈愿望;借用落后、庞杂的秘密教门的外衣来装扮近代的反侵略运动,突出地显示出义和团在理论上的贫乏。但也必须肯定,义和团运动把斗争锋芒直指帝国主义侵略者,反映了帝国主义与中华民族的矛盾已上升为主要矛盾的实际。由于小生产者的局限性,分不清各种矛盾的界限,分不清反映现代技术进步的一般洋物与帝国主义侵华之物的界限,笼统地反对一切洋东西,出现了毁"洋物"、反"洋货"的狂热,扩大了打击面。也正因此,使列强有借口发动大规模入侵,导致辛丑国耻。

1900年6月6日,英、法、德、日、意、俄、奥、比八国军舰指挥官在英舰"百人长"号上举行军事会议,决定采取一致行动。以保护各国使馆为名,6月10日,西摩尔率领2 000人的侵略军气势汹汹地从天津强行西进,企图打入北京。6月中旬,大批八国联军攻陷大沽炮台。7月14日,天津陷落。8月中旬,北京失陷。

材料十一 诸国钦差驻扎中国全权大臣出示晓喻事。照得上年春夏之间,中国北方各省酿成大乱,拳匪官兵造极恶之罪,悖仁义之道,为伊古所未有。五月十五日大日本使馆书记生杉山彬在永定门惨遭杀害,五月二十四日大德国钦差全权大臣遵职前往总理各国事务衙门之时途次被戕,京都各国使馆自是日起直至七月二十日被围困攻击。天津各国租界亦被大炮猛攻二旬之久,又被官兵拳匪屡次扑战。北京、天津两处各国人民被害者殊多,其财产毁坏者亦复不少。此外山西等省各国人民大半皆系传教之士亦多惨酷毙命,泰西坟地被侮兼遭挖掘,抛弃尸骨之惨者不可胜数。各国政府骤闻凶信立即派军航海弹压乱情保护其

---

① 张海鹏主编,马勇著:《中国近代通史(第四卷)·从戊戌维新到义和团(1895—1900)》,南京:江苏人民出版社,2009年,第390页。

民兼惩罪犯。大沽炮台、北京、天津、保定各城及镇市等多处被联军攻破,且与官兵拳匪屡次开仗,兵拳无不败北,膺显戮者不下数千,余党遁出直境以外,干涉谋害西人之王公大臣,均经从重拟罪,其中数人已照中国严旨正法外,外省各等官员皆按其应得其咎予以惩处,各国均获重大按理之赔偿,且戕害泰西人民之地方均停文武考试五年,凡应惩办者既已惩治办。中国亦甚为惋惜,将诸国所讨various端慨然允许,则睦谊重敦,联军渐次撤退,惟诸国分应常留兵队分保使馆,京师至海上之通道,由诸国酌定数处留兵驻守,以保无断绝之虞,所有与通道有碍之大沽等炮台皆需一律拆平,以上各端由诸国全权大臣出示宣布,俾尔中国士人等于联军来去情形无不家喻户晓,洞悉靡遗。中国官民鉴此前车慎厥将来,免蹈日后再有复燃之祸尤(原文如此——引者注)为至要。切切特示!

一千九百一年八月初一日

辛丑年六月十七日

——《八国联军侵华布告》,转引自李振军、张阳:《八国联军侵略中国的历史证据——河北省国家档案馆馆藏〈八国联军侵华布告〉》,载《珍档巡礼》,2010 年第 11 期

教师设问:布告显示出列强侵华的目的是什么?(参考答案:镇压义和团运动,保护各国侨民)

教师介绍:八国联军以任何"借口"挑起战争,都掩盖不了其侵略政策的本质。八国联军占领北京后,为了追击"遁出直境以外"的义和团"余党",继续派兵攻城略地,扩大征伐,所到之处烧杀抢掠,无恶不作,犯下骇人听闻的罪行。俄国军队趁机侵占中国东北。而就在北京失陷前,慈禧太后和光绪皇帝仓皇出逃。逃亡途中,慈禧太后发布铲除义和团的谕旨,并指定庆亲王奕劻与李鸿章为全权代表同列强议和。高举着"扶清灭洋"旗帜的义和团被腐朽的清王朝背弃后,在中外反动势力联合镇压下,悲情地走向失败。1901 年 9 月 7 日,清政府被迫与组成联军的八国及西、荷、比共 11 国签订丧权辱国的《辛丑条约》。

教师设问:

(1) 参照教科书第 105 页第二段中关于《辛丑条约》主要内容的介绍,你认为,布告中的哪些内容得到了落实?(参考答案:"惩罪犯","干涉谋害西人之王公大臣",均经从重拟罪"——惩办"首祸诸臣";"各国均获重大按理之赔偿"——向各国赔款白银 4.5 亿两;"戕害泰西人民之地方均停文武考试五年"——禁止华北科举考试五年;"诸国分应常留兵队分保使馆"——将北京东交民巷划定为使馆区,中国人不得居住,各国可派兵驻守;"京师至海上之通道,由诸国酌定数处留兵驻守,以保无断绝之虞,所有与通道有碍之大沽等炮台皆需一律拆平"——拆除大沽及有碍北京至海通道的所有炮台,在自北京至山海关沿铁路重要地区驻扎军队;"中国官民鉴此前车慎厥将来,免蹈日后再有复燃之祸"——禁止中国人成立或加入任何"与诸国仇敌之会")

(2) 你如何认识《辛丑条约》的严重后果?(参考答案:略)

教师讲述:《辛丑条约》是甲午战后帝国主义联合对中国进行敲诈勒索和全面控制的又一个不平等条约,无论从它的内容还是从其后果看,都是近代历史上对中国影响最大的祸国殃民条约,它的签订和执行,标志着中国完全变成了半殖民地半封建社会。

面对丧权辱国的《辛丑条约》,慈禧却感激涕零:"今兹议约,不侵我主权,不割我土地,念

列邦之见谅,疾愚暴之无知。事后追思,惭愤交集。"[1]完全暴露了清政府一副屈服投降的奴才相。至于布告中提到的德使克林德,本是屠杀中国人民、双手沾满鲜血的刽子手,被神机营恩海在自卫还击中击毙,是罪有应得。可清政府却屈服于帝国主义的压力,不仅判处恩海死刑,而且将赔罪、立碑写进《辛丑条约》,并派皇弟醇亲王载沣为专使赴德赔罪,同时还在北京为克林德立碑,上刻光绪帝"惋惜凶事"的圣旨。这些都严重损害了中华民族的尊严,是中华民族的又一大国耻。列强虽然因为重重矛盾没有最终瓜分中国,但要求清政府赔款白银四亿五千万两,每个中国人负担一两的羞辱却成了中国人心中永远抹不去的伤疤,以至于孙中山每每读到这一页都想哭。列强虽然没有最终瓜分中国,但以慈禧为首的清政府却成了洋人的朝廷,成了列强在华的代理人,这与列强直接统治又有多少区别?李鸿章为了《辛丑条约》的签订两次大口吐血,并因此而速死,死后还不能瞑目,也许他也觉得自己的辛苦努力不值得!

材料十二　吾人对于中国群众,不能视为已成衰弱或已失德性之人,彼等在实际上,尚含有无限蓬勃生机……至于中国所有好战精神,尚未完全丧失,可于此次拳民运动中见之……彼等之败,只是由于武器装备不良之故……

——[德]《瓦德西拳乱笔记》,中国史学会编纂:《中国近代史资料丛刊·义和团》第三册,上海:新知识出版社,1954 年,第 86 页

教师设问:从中你能得到怎样的认识?(参考答案:义和团反帝斗争显示了中国人民反抗外来侵略的伟大精神和巨大力量)

教师讲述:义和团的反帝爱国运动虽然失败了,但它重重地教训了帝国主义者。八国联军侵华前,帝国主义各国报章上"议论沸腾,咸以瓜分中国为言"[2]。八国联军占领北京后,帝国主义分子却被迫改变腔调,再不言瓜分中国了。正是义和团运动,迫使列强放下了瓜分中国的图谋。此外,义和团以群众运动的形式空前广阔地传播了朴素的反侵略思想,大大地加深了中国各阶层人民对于民族危机的认识,促进了民族救亡思潮向纵深发展。清政府卖国求荣的丑恶嘴脸在义和团运动中暴露得淋漓尽致,使国人对其反动本质有了更为深刻的认识。陈天华在《猛回头》中一针见血地指出清政府是"洋人的朝廷",这就是革命派在经历了义和团运动后给清政府所下的政治判断,形象地揭示了清政府摇尾乞怜的卖国丑态。

(设计意图)通过比较分析,揭示八国联军侵华的目的和清政府的反动本质。主要指向历史解释素养水平 2:选择、组织和运用相关材料并使用相关历史术语,对个别史事提出自己的解释。

(过渡)值得关注的是,八国联军侵华战争期间,东南地方督抚为避免战祸实行了"自保",史称"东南互保"。

学生探究:"学习拓展"(教科书第 106 页):查找相关史料,验证这一说法或提出自己的观点,并思考此事件的后果。

教师引导学生小结:19 世纪后半期,中国的民族危机日渐加深。救亡图存越来越成为中国人民所迫切关心的时代主题。以新兴的资产阶级为代表的上层和以广大农民为主体的下层都在寻求着救国的出路,但又分成了两股互相脱节的思潮——资产阶级的维新变法思

---

[1]　国家档案局明清档案部编:《义和团档案史料》下册,北京:中华书局,1959 年,第 946 页。

[2]　康有为:《上清帝第五书》。

想和下层民众的"反洋""灭教"思想。尽管二者最后都走向了失败,但爱国救亡的精神旗帜给后来者留下了弥足珍贵的精神动力,促成了新的民族觉醒,反对专制的革命在 20 世纪开始成为时代的主流。

教学设计 2

昆山高新区汉浦中学　俞晟昱　张舒怡

一、教材分析

本课是第五单元《晚清时期的内忧外患与救亡图存》中的第 3 课,教材设置了戊戌维新运动、义和团运动、八国联军侵华和民族危机的加深四个子目。戊戌维新运动、义和团运动、八国联军侵华是西方列强侵略与中国人民抗争的重要组成部分。甲午中日战争后,列强掀起瓜分中国的狂潮。无数有识之士走上了探索民族独立与救亡图存的道路。一方面,以康有为、梁启超为首的资产阶级维新派,领导了戊戌变法运动。另一方面,贫苦农民、手工业者等下层人民,以"扶清灭洋"为口号,掀起义和团运动,并引起了列强的密切关注。1900 年,列强以清朝"剿匪"不力为名,组织联军发动侵华战争。清政府被迫签订丧权辱国的《辛丑条约》,至此,中国完全陷入半殖民地半封建社会的深渊之中。

二、学情分析

本课的授课对象为高一年级学生,学生在初中阶段初步学习过戊戌变法、义和团运动、八国联军侵华战争等内容,具备一定的基础知识储备,但是缺乏对历史发展脉络的整体感知。所以,本课重在引导学生整体把握近代中国人民的救亡图存道路,帮助学生对这一历史形成全面、系统的认知。

三、教学目标

1. 基于戊戌变法、义和团运动、八国联军侵华战争与《辛丑条约》等史实,理解它们间的历史逻辑关系,认识《辛丑条约》给中国带来的深重灾难,并从中汲取一定历史教训。

2. 从具体时空以及长时段上,整体把握近代中国人民的救亡图存道路,并基于唯物史观,客观认识和评价维新派和义和团的救亡实践。

3. 在维新派、义和团挽救民族危机的不屈斗争中,形成对祖国和人民的深情大爱。

四、教学重难点

重点:戊戌变法的内容和影响,《辛丑条约》的危害。

难点：挽救民族危亡斗争失败的原因。

五、教学过程

【导入新课】

教师讲述："从前我国还只是被西方大国打败过，现在竟被东方小国打败了，而且失败得那样惨，条约又订得那样苛，这是多么大的耻辱啊！"[①]甲午中日战争以清政府惨败、被迫签订屈辱的《马关条约》而告终，这无疑给了清朝统治者当头一棒。被寄予厚望的洋务运动换来的，竟是堂堂大清帝国败于日本这个"弹丸之地""蕞尔小邦"手上。洋务派在不触动腐朽制度的前提下，学习西方先进科学技术以维护清朝统治的自救之路走到了尽头。

【学习新课】

教师讲述：随着民族危机的步步加深，以救亡图存为主题的探索与抗争也进入一个新阶段。

材料一　窃自马江败后，法人据越南，职于此时隐忧时事，妄有条陈，发俄日之谋，指朝鲜之患，以为若不及时图治，数年之后，四邻交逼，不能立国……万国报馆议论沸腾，咸以分中国为言。若箭在弦，省括即发，海内惊惶，乱民蠢动。职诚不料昔时忧危之论，仓猝遽验于目前，更不料盈廷缄默之风，沉痼更深于昔日。瓜分豆剖，渐露机牙，恐惧回惶，不知死所。

——康有为：《上清帝第五书》

教师设问：材料中的"职"是康有为的自称，在他看来，中国面临怎样的局面？（参考答案：被列强瓜分的危险）

教师讲述：甲午战争的战败，让列强看到了中国的虚弱，于是列强掀起了瓜分中国的狂潮。那么，中国的道路在何方？怎样才能救中国？

（设计意图）呈现甲午中日战争后，列强竞相瓜分中国的材料，揭示中国此刻面临严重的民族危机。设置"怎样才能救中国"这一问题，引发深思，并为讲述康有为、梁启超掀起戊戌变法运动作铺垫。主要指向时空观念素养水平2：将某一史事定位在特定的时间框架下。

材料二　自光绪十四年，康有为以布衣伏阙上书。极陈外国相逼，中国危险之状。并发俄人蚕食东方之阴谋，称道日本变法致强之故事，请厘革积弊，修明内政，取法泰西，实行改革。

——梁启超：《戊戌政变记》，北京：中华书局，1954年，第1页

教师设问：康有为在上书中提出的救国之策是什么？（参考答案：革除弊政，学习西方，实行改革）

教师讲述：在民族危机进一步加剧之际，以康有为、梁启超为代表的维新人士，竭力呼吁实行改革，维新救国。1895年，康有为、梁启超联合在北京参加会试的360名举人联名上书光绪帝，提出"拒和、迁都、变法"等主张，史称"公车上书"，由此掀开了变法运动的序幕。

随着戊戌变法思潮步步升级为政治运动，朝野上下要求变革和抵御外侮的呼声日益高

---

① 吴玉章：《吴玉章回忆录》，北京：中国青年出版社，1978年，第2页。

涨。光绪帝痛感国事危急,发出"若不变法图强,社稷难资保守"①的感慨。1898 年 6 月 11日,光绪帝颁布了"明定国是"诏书,戊戌变法正式开始。

材料三 数年以来,中外臣工,讲求时务,多主变法自强。……嗣后中外大小诸臣,自王公以及士庶,各宜努力向上,发愤为雄,以圣贤义理之学,植其根本,又须博采西学之切于时务者,实力讲求,以救空疏迂谬之弊。专心致志,精益求精,毋徒袭其皮毛,毋竞腾其口说,总期化无用为有用,以成通经济变之才。

——《明定国是诏》(光绪二十四年四月二十三日)

教师设问:光绪帝颁布诏令的目的是什么?(参考答案:催促亲王、官员和百姓学习外国有用的知识,宣布实行变法)

教师讲述:清朝实际大权掌握在慈禧手中,这场运动还需要慈禧的裁决。

材料四 ① 变法乃素志,同治初即纳曾国藩议,派子弟出洋留学,造船制械,凡以图自强也。若师日人之更衣冠,易正朔,则是得罪祖宗,断不可行。

② 苟可致富强者,儿可自为之,吾不内制也。

——均出自费行简:《慈禧传信录》,资料丛刊《戊戌变法》第 1 册,上海:神州国光社,1953 年,第 464 页

教师设问:慈禧支持变法的政治底线是什么?(参考答案:维护清朝贵族统治)

教师讲述:在不触及清朝贵族统治阶级利益的前提下,慈禧同意光绪帝独立自主地处理朝廷政务,希冀在光绪帝的带领下,清朝能摆脱危机,走向富强。

(设计意图)通过分析慈禧对于戊戌变法所持态度的相关材料,学生明白在戊戌变法初期,清朝最高统治者是持包容态度的。主要指向史料实证素养水平 1:从所获得的材料中提取有关的信息。

材料五 ① 近日臣工条奏,多以裁汰冗员为言。虽未必尽可准行,而参酌情形,实亦有亟当改革者。朕维授事命官,不外综核名实。现当开制百度,事务繁多,度支岁入有常,岂能徒供无用之冗费,以致碍当务之急需?如詹事府本属闲曹,无事可办。其通政司、光禄寺、鸿胪寺、太常寺、太仆寺、大理寺等衙门,事务甚简,半属有名无实。均著即行裁撤,归并内阁及礼兵刑等部办理。

——光绪帝上谕,梁启超:《戊戌政变记》,北京:中华书局,1954 年,第 42 页

② 上正思藉事黜一二守旧大臣,以厉威而风众,闻之震怒,特诏革礼部六堂②职,破格拔少詹事王锡蕃、翰林院侍读学士徐致靖署左右侍郎。举朝知上意所在,望风而靡。怀③之妻素侍颐和宴游,哭诉于太后,谓且尽除满人。太后固不善上所为矣。

——恽毓鼎:《崇陵传信录》,北京:中华书局,2007 年,第 56 页

教师设问:光绪帝做了什么大胆的尝试?导致什么后果?(参考答案:下令裁撤冗员,合并官职。严重触动了顽固旧贵族的既得利益,引起他们的不满)

教师讲述:戊戌年七月十三日(1898 年 8 月 29 日)开始,短短十几天,维新派通过光绪

---

① 苏继组:《戊戌朝变纪闻》,《戊戌变法》一,桂林:广西师范大学出版社,2008 年,第 330 页。

② 怀塔布、许应骙、堃岫、徐会沣、溥颋、曾广汉六位大臣。

③ 怀塔布(? —1900),清末大臣。叶赫那拉氏。满洲正蓝旗人。由荫生授刑部主事晋员外郎。历任大仆寺卿、太常寺
　　卿、左都御史、工部商书、内务府大臣。

帝发布了裁减机关冗员、废除科举、废除八股文、裁减绿营、鼓励私人开办工矿企业等上谕,诏令涉及经济、政治、军事等方方面面。光绪帝大刀阔斧的改革已然损害了清朝贵族的利益,触碰了慈禧的政治底线。

9 月 21 日,慈禧以光绪帝的名义颁布上谕,宣布即日起由皇太后"训政"。随后,太后将光绪帝囚禁在中南海瀛台,并且捕杀维新人士,史称"戊戌政变"。戊戌变法仅仅进行了 103 天,喋血菜市口的"戊戌六君子"更让人唏嘘不已。维新派和同情维新派的人士总喜欢把戊戌变法失败的原因归结于慈禧的阻挠与顽固守旧势力过于强大,事实上,远没有这么简单。

(设计意图)通过呈现光绪帝裁撤冗官以及此举引发的严重后果的材料,培养学生阅读材料并从材料中提取有关信息的能力。讲述慈禧对戊戌变法态度转变的最主要原因是维新派措施过于激进,触及旧贵族利益,为下面分析戊戌变法失败的原因做铺垫。主要指向历史解释素养水平 1:辨别教科书与教学中的历史解释;对所学内容中的历史解释加以分析。

材料六　① 维新运动只是少数人的运动。他们不仅不接近广大的劳动群众,而且与广大劳动群众对立。康有为公然诬蔑 18 世纪法国人民的民主主义革命为"无道之甚",替满清封建统治者策划防治中国人民革命的方法。维新运动得不到广大群众的支持,只依靠载湉这样一个无权无力的皇帝下命令,其失败是必然的。

——荣孟源:《中国近百年革命史略》,北京:生活·读书·新知三联书店,1984 年,第 64 页

② 戊戌变法的失败,在于按当时的条件来说过于激进了,一个受焦虑感支配的皇帝在一百天里发布了三百多道有关改革的政策,而根本不考虑社会与政府官员的承受能力,结果导致变法过程的温和派、有条件地支持改革的既得利益者与反对改革的顽固派结合到一起来反对康梁这些激进派的变法。

——萧功秦:《危机中的变革》,广州:广东人民出版社,2011 年,第 266 页

教师设问:对于戊戌变法失败的原因,史学界一直众说纷纭。以上两位历史学家对戊戌变法失败原因的看法有何不同?(参考答案:荣孟源认为,变法脱离广大人民群众;萧功秦认为,变法过于激进,不考虑社会实际情况)

教师分析:总之,戊戌变法的失败是多种因素综合的结果。在缺乏整体合适的社会环境下,康有为、梁启超等维新人士在尚未综合考量改革制约条件和难度,仅仅依靠一个毫无政治经验且无实权的光绪帝,在不触动统治根基的原则下,以脱离百姓的姿态、急切冒进的方式,幼稚地希冀通过和平且合法的手段、自上而下的改良,在一个相当短的时间内,取得戊戌变法的全盘胜利。这一切都注定了戊戌变法失败的结局。

维新派救亡图存的尝试以失败告终,风雨飘摇的中国究竟应该何去何从呢?

(设计意图)通过补充不同史学家对戊戌变法失败原因的各种看法,引导学生从多个角度全面分析戊戌变法失败的原因。主要指向历史解释素养水平 1:辨别教科书与教学中的历史解释;发现这些历史解释与以往所知历史解释的异同;对所学内容中的历史结论加以分析。

教师讲述:鸦片战争以来,在不平等条约的保护下,部分传教士披着合法的外衣,干着迫害中国百姓的非法勾当。19 世纪末,以贫苦农民、手工业者为主体的普通民众为抵御西方列强,自发地联合起来,以大刀会等为基础,在山东掀起了义和团运动。那么清朝统治者

会对义和团运动采取什么态度呢？慈禧曾于光绪二十五年十月二十六日（1899年11月28日）颁布上谕：

材料七 谕军机大臣等，近闻山东地方，有大刀会、红拳会各种名目，多系不逞之徒，藉闹教为名，结党横行，欺压良善，地方文武弹压缉捕，俱不得力。巡抚毓贤，又固执成见，以为与教民为难者，即系良民，不免意存偏袒。似此因循日久，必至滋生事端。该抚身任封圻，遇事总须持平办理，消患未萌，岂得沽一己之名，竟置大局于不顾。

——《清实录·德宗实录》，北京：中华书局，1987年，第982页

教师设问：上谕对山东巡抚毓贤的呵斥，表明了慈禧对义和团持怎样的态度？（参考答案：坚决剿杀）

教师讲述：1899年11月，袁世凯代替毓贤署理山东巡抚。到任后，袁世凯血腥镇压山东义和团，义和团成员大部流散到直隶等地区。但是到了1899年冬，义和团运动越过直隶和山东交界地区，以迅雷不及掩耳的速度扩展到华北平原。义和团运动的持续壮大引起了清廷的密切关注。清朝中央政府对义和团运动是剿是抚出现了争议。

材料八 ① 无论其会不会，但论其匪不匪。如有藉端生事，即应严拏惩办。是教民、拳民，均为国家赤子，朝廷一视同仁，不分教、会。即有民教涉讼，亦曾谕令各地方官持平办理。乃近来各府厅州县，积习相沿，因循玩误，平日既未能联属教士，又不能体恤民情。遇有民教涉讼，未能悉心考察，妥为办理。致使积怨已深，民教互仇。

——《清实录·德宗景皇帝实录》，北京：中华书局，1987年，第66页

② 洋人杀了中国百姓，抢了中国的财宝，这些问题对她还不大，但洋人保护了康有为，又反对废光绪和立皇储，直接表示反对她的统治，这是她最忍受不了的。……慈禧听从了荣禄的意见，可是溥儁的父亲载漪因为想让儿子当上皇帝，伙同一批王公大臣如刚毅、徐桐等人给慈禧出了另一个主意，利用反对洋人的义和团，给洋人压力，以收两败俱伤之效。

——爱新觉罗·溥仪：《我的前半生》，北京：东方出版社，1999年，第14页

教师设问：

（1）"国家赤子"的称号，反映了慈禧对义和团的态度发生了怎样的转变？（参考答案：由剿杀到招抚）

（2）慈禧为何改变对义和团的态度？（参考答案：洋人保护康有为，并且反对废光绪和立皇储，直接表示反对她的统治，激化了慈禧的"反洋"情绪，慈禧想利用义和团来对付洋人）

教师讲述：慈禧对义和团采取由剿杀到招抚的政策，并不意味着慈禧对义和团的态度有了根本性的转变。列强于第一次鸦片战争、第二次鸦片战争、甲午中日战争中，强迫清政府签订了一系列不平等条约，掠夺丰厚利益，践踏清朝的主权，这些都使慈禧仇恨憎恶列强。而列强同情支持戊戌变法，反对废光绪和立皇储，这更加深了慈禧对列强的憎恨。出于对列强的极度敌视，慈禧曾有不惜对外一战的想法，但慈禧又深知清朝兵力薄弱，不敢贸然宣战。恰逢其时，义和团打着"扶清灭洋"的口号迅速兴起。所以，慈禧认为义和团不失为一个可以用来对抗洋人的力量，于是对义和团转为招抚政策。在招抚政策下，义和团运动如日中天。

（设计意图）1900年前后清政府最高统治者对义和团政策形成鲜明对比，通过史料分析与情况说明，使学生领会慈禧对义和团运动采取由剿灭到招抚政策的实际意图。主要指向历史解释素养水平1：对所学内容中的历史结论加以分析。

(过渡)4 月,英、美、德、法四国公使先后照会清廷,限令清廷在两个月内剿灭义和团,否则将直接出兵干涉。

教师讲述: 义和团运动的"灭洋"口号和行为引起了外国列强极度的不满和警惕,列强们多次照会清政府彻底剿杀义和团。但是慈禧却对义和团态度暧昧,剿伐未定。5 月,列强几经磋商,一致决定出兵清朝,镇压义和团。八国联军侵华战争初期,义和团战士和部分清军爱国官兵英勇抵抗,在廊坊阻击战、老龙头火车站围歼战中,有效地抵御了八国联军的进攻(阅读教科书 104 页的《义和团运动八国联军侵华战争形势图》)。但是在列强愈来愈强的疯狂进攻下,义和团和清军联军渐渐败下阵来。6 月,八国联军攻占天津。8 月,联军又攻陷北京。1900 年 9 月 7 日,慈禧在仓皇逃往西安途中,下达的一道谕旨:

材料九　此案初起,义和团实为肇祸之由。今欲拔本塞源,非痛加铲除不可。直隶地方,义和团蔓延尤甚。李鸿章未到任以前,廷雍①责无旁贷。即著该护督督饬地方文武,严行查办,务净根株。倘仍有结党横行,目无官长,甚至抗拒官兵者,即责成带兵官实力剿办,以清乱源而安眠庶。

——中国第一历史档案馆编辑部编:《义和团档案史料续编》下册,北京:中华书局,1990 年,第 752—753 页

教师设问: 这则谕旨透露出慈禧对义和团的态度又发生了怎样的变化?(参考答案:将罪过归结于义和团,由招抚转为彻底剿杀)

教师讲述: 天津、北京相继沦入敌手,前期抗击八国联军战争的失败给了清朝统治者重重的一击。既然义和团与清军的联合根本无法与八国联军相抗衡,失败是必然结果,那为什么不尽早与列强议和,以避免清朝损失更多的利益?另一方面,八国联军向清朝发出的最后通牒,声称八国联军出兵中国,实则代为"剿灭拳匪"。列强的首要矛头指向的是义和团,并非大清帝国。权衡利弊之下,慈禧做出最终决策:剿杀义和团,以安抚列强。

义和团的成员们怎么也料不到,不久之前还和自己"并肩作战"、一致对外的清政府忽然会把冷冰冰的屠刀转向自己。义和团运动最终在中外反动势力的联合打压下,走向了尾声。事实上,由农民阶级等小生产者发动的义和团运动,在皇权主义思想束缚下,以"扶清灭洋"为口号,既不反对清朝统治,又无力冲破旧秩序。这早已预示了义和团运动失败的结局。

义和团运动的"扶清灭洋"之路彻底破产了,在此之后,中华民族即将面临更加严重的民族危机。

(设计意图)以阅读历史地图的形式帮助学生了解八国联军侵华战争的过程,培养学生的空间观念。呈现慈禧对义和团态度再一次转变的相关材料,带领学生分析义和团运动失败的原因。主要指向时空观念素养水平 2:利用历史地图等方式对相关史事加以描述;历史解释素养水平 1:对所学内容中的历史解释加以分析。

材料十　十七日乙未(1900 年 11 月 18 日)　八国联军入张家口,扰数日而归。

初四日壬申(1900 年 12 月 25 日)　德军二千余人入蓟州城,独乐寺行宫遭抢掠破坏。

初五日戊戌(1901 年 9 月 17 日)　最后一批八国联军从北京撤退。

——摘编自李文海主编:《清史编年》第 12 卷,北京:中国人民大学出版社,2000 年,第

---

① 爱新觉罗·廷雍(1853—1900),时任直隶按察使、直隶布政使、护理直隶总督,八国联军占领北京后被处死。

234、236、263 页

教师讲述：以"助清剿匪"的名义入侵中国的八国联军，在镇压了义和团运动后，陷入一片争吵之中。

材料十一　八国联军攻陷北京后，各个帝国主义国家在如何从中国攫取最大利益的问题上各有各的打算，彼此矛盾重重，一时难于调和。因此，在如何分赃等问题上进行了长达 8 个月之久的大争吵。

　　　　——张岂之主编：《中国历史·晚清民国卷》，北京：高等教育出版社，2001 年，第 101 页

教师设问：八国联军的争吵不休反映了什么？（参考答案：烈强为各自在华利益而矛盾重重）

教师讲述：甲午中日战争，堂堂大清帝国输给了日本，这无疑暴露了清王朝的腐化和无能。在列强看来，这是一个侵占中国千载难逢的好时机。镇压义和团只是八国联军侵华的一个借口，列强的真正意图是瓜分中国，进一步扩大在华侵略权益。那么，以瓜分中国为最终目的发动战争的列强，为什么没有走到最后一步，彻底殖民统治中国？

材料十二　"无论欧美日本各国，皆无此脑力与兵力可以统治此天下生灵四分之一。""故瓜分一事，实为下策。"

　　　　——瓦德西《对海辣特访员的谈话》。转引自范文澜：《中国近代史》上册，北京：人民出版社，1955 年，第 398 页

教师设问：为什么瓦德西认为"瓜分一事，实为下策"？（参考答案：中国人民坚决抗击外来侵略）

教师讲述：义和团坚决抵御列强侵略，使列强意识到直接统治中国是绝无可能的。思来想去，列强终于达成默契：签订条约，让中国在形式上保持独立，操纵清朝政府以统治中国。而此时，慈禧为了尽快结束战争，下令不惜任何代价达成和约。在这种背景下，1901 年 9 月 7 日，清朝代表庆亲王奕劻、北洋大臣李鸿章和西方 11 国签订了《辛丑条约》。

有人评价《辛丑条约》的签订是世纪之耻，《辛丑条约》是列强强加给中国人民的又一副沉重枷锁。帝国主义通过这个条约从政治、经济、军事等方面对中国进行严酷的控制和勒索，使中国的主权几乎丧失殆尽。《辛丑条约》究竟会给中国带来哪些影响呢？

材料十三　第六款……大清国大皇帝允定，付诸国偿款海关银四百五十兆两。……此四百五十兆按年息四厘，正本由中国分三十九年，按后附之表各章清还。本息用金付给，或按应还日期之市价易金付给。还本于一千九百零二年正月初一日起，一千九百四十年终止。

　　　　——王铁崖编：《中外旧约章汇编》第一册，北京：生活·读书·新知三联书店，1957 年，第 1003 页

教师设问：赔款需以什么作为抵押，列强意图何在？（参考答案：以海关税、盐税作为抵押。控制中国经济命脉）

教师分析：列强勒索这笔巨款相当于清政府全年财政收入的 12 倍。为支付这笔赔款，清政府加紧搜刮人民，大大加重了人民的负担，广大人民陷入苦难的深渊。另一方面，大量赔款也进一步加剧了中国的贫困和经济衰败，后来的几十年间，中国经济完全跌入谷底。更严重的是，海关税及盐税成了赔款的抵押，这两项税种是清朝政府最主要的财政收入，约占国家预算总收入的一半以上。借此，列强控制了清朝的经济命脉。

　　材料十四　……各省督抚、文武大吏暨各有司各官,于所属境内,均有保平安之责,如复滋伤害诸国人民之事,或再有违约之行,必须立时弹压惩办,否则该管之员,即行革职,永不叙用,亦不得开脱,别给降叙。

　　——王铁崖编:《中外旧约章汇编》第一册,北京:生活·读书·新知三联书店,1957年,第1007页

　　教师设问:条约规定清政府有保护各国人民平安、镇压各地人民反帝行为的职责,这反映出列强对中国采取的新的侵略方式是什么?(参考答案:利用清政府统治中国人民)

　　教师讲述:清政府不仅不支持人民群众的爱国运动,反而严禁人民反抗外来侵略。这束缚了中国人民的手脚,更加便于列强任意宰割中国。清政府摇身一变成为帝国主义列强在中国的代理人,清政府彻底沦为帝国主义统治中国的工具。

　　总之,《辛丑条约》的签订,标志着中国完全陷入半殖民地半封建社会的深渊之中。中国国际地位、国家尊严瞬间跌入谷底,中国的民族危机空前严重。

　　(设计意图)引导学生感悟义和团坚决抵御外敌的爱国主义精神,并逐一分析《辛丑条约》的危害,并以此引起学生情感的强烈共鸣。主要指向史料实证素养水平1:从所获得的材料中提取有关的信息;家国情怀素养水平3、4:对历史进行反思,从历史中汲取经验教训。

　　教师总结:洋务运动主张"中体西用"、维护清王朝统治,戊戌变法以及义和团运动的开端、发展、衰落与清王朝统治者的态度密切关联。凡此种种都反映了这些运动压根没有摆脱清朝统治的束缚,根本没有触动其经济基础和统治秩序,仅仅是在旧制度下进行的救亡实践。

　　实践证明,局限在旧秩序下的自救之路、维新之路、"扶清灭洋"之路在中国都行不通。《辛丑条约》签订后,中国更是完全陷入了半殖民地半封建社会的深渊,民族危机愈加严重。那么怎样才能摆脱传统政治秩序的束缚,挽救中华民族于水深火热之中?一群先进的中国人意识到救国良方唯有革命,快步走上探索革命救国之路。

第六单元

辛亥革命与
中华民国的建立

第 19 课

辛亥革命

教学设计1

常熟市浒浦高级中学　黄　飞

一、教材分析

本课是第六单元《辛亥革命与中华民国的建立》中的第 1 课,包括资产阶级民主革命的兴起、武昌起义与中华民国的建立、辛亥革命的历史意义三个子目。教材主要讲述在中国半殖民地半封建社会完全形成的背景下,各种社会条件促使资产阶级民族民主革命勃兴,从而催生武昌起义的爆发及中华民国的建立,近代中国的民族民主革命取得阶段性成果。

《辛丑条约》签订后,清政府为求自救而进入新政时期。新政之奖励实业、预备立宪等方面的举措,客观上提升了民族资产阶级的经济实力和政治地位,为立宪运动提供了社会基础。新政之编练新军、废除科举等方面的举措,为新军士兵的革命化创造了条件。民族资产阶级内部两大政治派别的矛盾,终因清廷在新政中的失当举措而得到消解。两派作为同路人一起参与武昌起义,推动革命形势迅速发展。袁世凯在新政中的亮眼表现,使其获得实力和人望上的优势。他在重启君主立宪以消弭内乱的计划破产后,致力于猎取总统权位。孙中山等以组建临时政府、选举临时大总统、制定《临时约法》等一系列举措,奋力建立和巩固共和政体。辛亥革命的成就与不足,使其发挥出有效与有限并存的历史作用。

二、学情分析

本课的授课对象为高一年级学生。对辛亥革命在宏观层面进行背景分析、意义阐发是初中历史教学和考查的重点,学生有比较扎实的知识铺垫。高中教材的有关表述更为全面和深入,学生难以独立完成对各节点事件"所以然"的理解或解释,需要由史料阅读提供学习支架。特别是难以独立从历史唯物主义的视角对辛亥革命的历史意义进行阐释,这需要教师进行理论和方法上的引导。

三、教学目标

1. 了解辛亥革命的过程,在把握具体时空的同时,从长时段和大视阈理解武昌起义的历史背景,并说明孙中山三民主义的历史地位和作用。

2. 从南方革命党所处困境、袁世凯所具优势、国际环境以及革命形势发展等多角度,理清并理解在南北对峙与南北议和阶段,革命党人种种举措的缘由及效果。

3. 从断代史和通史的不同视角,全面、公正地评价辛亥革命的历史影响。

4. 体悟革命志士为"运动新军"而在宣传上、组织上表现出的政治智慧,体悟孙中山在推动革命进程时"功不必自我成"的高尚人格境界,认同以民族民主革命推翻清朝统治的历史选择。

四、教学重难点

重点:辛亥革命爆发的原因及历史意义。

难点:革命党人面对复杂局面时所采取的应对措施。

五、教学过程

【导入新课】

教师讲述:1911 年 1 月,即武昌起义的九个月前,长江上最早的通商口岸——武汉三镇之一的汉口,一起血案震惊了全国。在汉口英租界,一人力车夫疑遭租界巡捕殴打暴亡,引发数千车夫和码头苦力的抗议。游弋在汉口江面的三艘英国军舰派兵登岸,射杀 14 人、伤 7 人。湖北官府派出军队协助英方弹压,以"格杀勿论"威胁抗议民众,将其驱赶出租界,并大肆逮捕"滋事"苦力。事后,英方以物品受损为由,向湖北官府索赔 6 万银元,并向清政府外务部施压。湖北官府则伪称车夫系无伤而死,严禁各报社如实报道相关事件,又以被射杀者"无事生非""死有余辜"为由,欲放弃向英方索赔。清政府完全沦为"洋人的朝廷"。

【学习新课】

(一)清末新政与武昌起义

1. 新政与立宪绅商

教师讲述:《辛丑条约》签订后,扼杀了戊戌变法的慈禧太后,认定要想保住大清就必须改革,由此,中国进入清末新政时期。在武汉,正是湖北新政所催生的种种新事物,使得汉口血案并未完全按照英方与湖北官府的意志发展,至少武汉的资产阶级工商业者及广大市民没有选择逆来顺受。

材料一 辛亥八月二十日,汉口清吏闻起义武昌,旋弃地遁,军民未即渡汉,巡警散,兵力微,秩序大乱,汉口(各团)联合会忧之,乃集合堤口下段商防保安会、黄陂街上段商防保安会、公立永宁救火社⋯⋯万全保安会等二十二团会员千余人开会筹议,以保卫地方协助民军为要义。

——《汉口各团联合会协助民军纪实》,皮明麻主编:《武昌起义史》,北京:中国文史出版社,1991 年,第 163—164 页

教师设问:从材料看,武昌起义时期,民族资产阶级发挥了怎样的社会功能?(参考答案:利用民间组织,维护社会秩序)

教师讲述:汉口各团体联合会的领袖、湖北谘议局的议长、中央资政院的副议长、绰号"宪迷"的汤化龙,作为资产阶级立宪派的一员干将,保路运动中,被推举为湖北省铁路协会会员。汤化龙在铁路协会成立大会上发表了慷慨激昂的演讲。

材料二　汤化龙"历数时政的腐败,特别严厉抨击邮传部大臣盛宣怀⋯⋯媚外肥私,丧权卖国。他号召全体湖北同胞踊跃筹集款项,抵制外债,争回路权,以救亡图存"。其演讲博得群众好评,"会后,大家都说汤议长的主张对得很"。

——摘编自中国史学会编:《辛亥革命》四,上海:上海人民出版社,1957 年,第 548 页

教师设问:与维新派相比,以汤化龙为代表的湖北立宪人士,其主张有何发展?(参考答案:把政治主张与民众利益结合起来)

教师讲述:即便如此,一旦涉及洋大人,湖北官府对谘议局在汉口血案后的"代民请命"置若罔闻,资政院向清政府的陈情也没有下文。武汉绅商的抗争不仅就此歇火,而且还因给湖北官府"添乱"而遭受猜忌、打压。这说明,和平改良道路行不通。

(设计意图)通过对比,明确立宪派较之维新派的优势所在;通过呈现抗争的结局,说明立宪派的成就与作为无法扭转清朝专制统治的本质,揭露清朝统治的腐朽与顽固不化。主要指向史料实证素养水平 2:在对史事进行论述的过程中,尝试运用史料作为证据论证自己的观点。

2. 新政与革命士兵

(1)新军与读书兵

教师讲述:与此同时,武汉一家不大的报社《大江报》社,在湖北官府严禁如实报道、在报界噤若寒蝉的情况下,顶着查封报社、扣押报人的威胁,硬是对汉口血案进行连续如实报道,甚至将官府威胁该报社的行径公之于众,并配发了社论:

材料三　外人这样虐待我们,与当局的腐朽无能是分不开的。

——中国人民政治协商会议湖北省委员会编:《辛亥首义回忆录》第 2 辑,武汉:湖北人民出版社,1957 年,第 124 页

教师设问:社论矛头指向何处?有何潜台词?(参考答案:矛头指向帝国主义和清朝廷。潜台词是只有推翻清朝腐朽统治,才能抵御外侮)

(设计意图)通过《大江报》的社论,呈现革命党人的基本革命主张,同时体现革命党人抨击时弊、反对专制统治的大无畏精神。主要指向史料实证素养水平 2:在对史事进行论述的过程中,尝试运用史料作为证据论证自己的观点;历史解释素养水平 2:选择、组织和运用相关材料并使用相关历史术语,对个别史事提出自己的解释。

教师讲述:《大江报》如此大胆,全然没有立宪派的"温良",其原因与清末新政之编练新

军、废除科举二项,有着千丝万缕的联系。

材料四 ① 参用各国洋弁教习,讲求枪炮理法,兼习营垒测绘,始可谓之为兵。

——苑书义等主编:《张之洞全集》第 2 册,石家庄:河北人民出版社,1998 年,第 1272 页

② 令其悉照洋法操练,并其行军、应用、军火、器具、营垒、工程、转运、医药之法,亦俱仿之。

——苑书义等主编:《张之洞全集》第 2 册,石家庄:河北人民出版社,1998 年,第 991—992 页

教师设问:依据材料,指明新军"新"在何处?(参考答案:全面仿照西方近代军队)

教师讲述:学习和掌握近代军事知识,对官兵的文化素养提出了较高要求。不同于北洋新军只重视军官的文化素质,湖北新军的创立者张之洞基于对西方士兵"无人不识字,无人不明算,无人不习体操,无人不解绘图"①的认识,重视士兵的文化素质,优先招揽读书人当兵。一方面,湖北新军的优厚待遇以及知识化、技术化趋向,颠覆了民众对"兵"的传统认识;另一方面,废除科举制使许多读书人突然没了出路,当兵成了湖北读书人不错的新出路。新军士兵陈孝芬回忆说:

材料五 我是一九○五年(光绪三十一年)在黄陂应募入伍的。那一次募兵结果,九十六人中就有十二个廪生,二十四个秀才。马队第十一标是这样,陆军第八镇和陆军第二十一混成协所属步、马、炮、工、轻五种部队,都有不少的读书分子入伍。

——陈孝芬:《辛亥武昌首义回忆》,《辛亥首义回忆录》第一辑,武汉:湖北人民出版社,1957 年,第 68 页

教师设问:清政府编练新军,目的是维护自身统治,但湖北新军最后成为推翻清政府的重要力量,这与湖北新军的读书背景有何关系?(参考答案:有知识的士兵更易于接受新思想)

(设计意图)通过介绍新军之"新"及湖北招兵情况,说明新政之编练新军、废除科举客观上为湖北军队的革命化创造了条件。主要指向史料实证素养水平 2:在对史事进行论述的过程中,尝试运用史料作为证据论证自己的观点;历史解释素养水平 2:选择、组织和运用相关材料并使用相关历史术语,对个别史事提出自己的解释。

(2)"借矛夺盾"与《大江报》

教师讲述:面对清政府已经练成北洋新军六镇、湖北新军一镇一协的实际成果,为粉碎其自保企图,孙中山、黄兴等革命党人提出了"借矛夺盾"策略,积极开展"兵运"。革命党人通过建立军中革命团体、输入革命书刊等各种途径,向新军士兵传播革命思想。以新军士兵为主要读者群的《大江报》由此应运而生,并逐渐成为新军革命团体文学社的机关报。该报的宗旨是:

材料六 推翻清朝专制,反对康、梁的保皇政策,拥护孙文的革命主张。

——万鸿阶:《辛亥革命酝酿时期的回忆》,《辛亥首义回忆录》第一辑,武汉:湖北人民出版社,1957 年,第 119 页

教师设问:根据材料并结合已学知识,解释为何《大江报》"拥护孙文的革命主张"的

---

① 《兵学第十》,《劝学篇》外篇,两湖书院光绪二十四年三月刊本,第 36 页。

同时,要"反对康、梁的保皇政策"。(参考答案:孙中山于 1905 年在日本东京组织成立同盟会,把"驱除鞑虏,恢复中华,创立民国,平均地权"作为纲领。其中民权主义要"创立民国",即实行民主共和制,而不是君主立宪制)

教师讲述:1911 年 1 月 21 日,英国巡捕打死一名中国人力车夫,引发民愤,但湖北地方政府以及清廷偏袒洋人、镇压民众,造成"汉口血案"。《大江报》大胆披露真相,并刊文指出,"中国情势,事事皆视死机,处处皆成死境",并呼吁"爱国之志士乎,救国之健儿乎,和平已无望矣,国危如是,男儿死耳,好自为之"。[①] 此时的《大江报》仍愿冒险与英租界和湖北官府为敌,报道真相,发表此言论,其目的是什么?

教师引导学生分析:革命宣传家们强调要想反抗帝国主义侵略,首先要推翻清王朝。而"汉口血案"中英方和湖北官府的所作所为,以极好的身边实例证实上述革命思想的正确,能进一步激发新军的革命热情。同时敢于揭露"汉口血案"的真相,能够为《大江报》及革命党人赢得更多新军士兵的认可和支持。

(设计意图)通过剖析《大江报》在"汉口血案"中的表现,体会革命党人政治智慧与斗争勇气的相辅相成,同时明了武昌革命士兵拥有较高革命觉悟的原因。主要指向历史解释素养水平 2:在历史叙述中将史实描述与历史解释结合起来。

3. 立宪破产与革命首义

(1) 立宪与革命的赛跑

教师讲述:武汉的资产阶级立宪派与革命派,都对"汉口血案"表达了抗议。但两者对湖北官府的态度,却有所不同。立宪派基本持合作态度,而革命派则竭力抨击。不同态度所折射的,正是当时中国三大政治派别的不同主张。

材料七　清廷皇族、立宪派、革命派各自关于保中国与保大清的认识

派别	主张
清廷皇族	先保大清,顺便保中国
资产阶级立宪派	先保中国,顺便保大清
资产阶级革命派	只保中国,不要大清

——摘编自张鸣:《辛亥:摇晃的中国》,桂林:广西师范大学出版社,2011 年,第 263 页

教师设问:依据图表判断,哪两派容易形成政治同盟,理由是什么?(参考答案:清廷皇族与资产阶级立宪派。两者的政治主张虽存在优先对象的不同,但要素相同。革命派不要大清,与前两者无法调和)

教师讲述:无法调和的结果是 1905 年掀起的改良与革命的"赛跑"。1905 年,受震动于日俄战争中立宪的"黄种日本"打败专制的"白种沙俄",迷恋日本天皇绝对权威的清朝统治者,在立宪派称和平改良可杜绝革命的鼓动下,将新政的官制改革推进到预备立宪阶

---

① 奇谈(黄侃):《大乱者救中国之妙药也》,载《大江报》(1911 年 7 月 26 日)。

段;同一年,同盟会在东京成立,作为全国性的资产阶级革命团体,使民主革命运动进入新阶段。在"赛跑"中,立宪运动步履蹒跚却又逐步向前;同盟会历次起义都以失败告终,倾全力一搏的黄花岗起义失败,更使同盟会遭受巨创。1911年5月份,作为预备立宪运动的一大"成果",责任内阁成立,立宪改革似乎胜出。但里程碑偏偏成了墓碑。

(设计意图)以武汉一地之情况,说明当时三大政治派别的彼此关系,进而解释改良与革命"赛跑"的原因。主要指向历史解释素养水平2:选择、组织和运用相关材料并使用相关历史术语,对个别史事提出自己的解释。

(2)立宪派受挫与《大江报》被封

材料八 总理大臣庆亲王奕劻(宗室、皇族)、协理大臣那桐(满族)、协理大臣徐世昌(汉族)、外务大臣梁敦彦(汉族)、民政大臣肃亲王善耆(宗室、皇族)、度支大臣镇国公载泽(宗室、皇族)、学务大臣唐景崇(汉族)、陆军大臣荫昌(满族)、海军大臣贝勒载洵(宗室、皇族)、司法大臣绍昌(宗室、皇族)、农工商大臣贝子溥伦(宗室、皇族)、邮传大臣盛宣怀(汉族)、理藩大臣寿耆(宗室、皇族)。

——摘编自杜家骥:《清末"皇族内阁"小议》,载《历史教学》,1989年第6期

教师设问:责任内阁的人员组成说明了什么?(参考答案:内阁大臣共13人,汉族只有4人,其中清皇族占了7人,立宪具有欺骗性)

教师讲述:敷衍立宪的"皇族内阁"上台后,很快宣布"铁路国有"。在此之前,清政府为奖励实业,允许民间筹资修筑铁路。包括工商业者、贩夫走卒、农民在内的南方多省民众,都积极参股铁路公司。现在,一方面清政府要将筑路权收回,并以此为抵押,向列强借巨额贷款;另一方面,民间的投资不予退回及补偿。前者出卖国家利权,后者导致广大民众利益受损。一个"皇族内阁",一条经济政策,使市民工商业者利益的代言人立宪派,由巨大的希望坠入巨大的失望。

(设计意图)呈现责任内阁的人员组成,以说明其"皇族内阁"的属性,以及清廷敷衍立宪的本质。主要指向历史解释素养水平2:选择、组织和运用相关材料并使用相关历史术语,对个别史事提出自己的解释。

教师讲述:而此时的《大江报》,不但以"鼓动社会,团结抵抗"来反对"铁路国有"政策,还"将黄花岗烈士遗文、遗信,印成单行本附报分送"[1],并接连发表两篇轰动全国的"奇文"。

材料九 政府守和平,即示割让之意。国民不甘,伏阙上书,不足以动政府,有时大张联合之雄风,倡言种种不承认、不纳税之要挟,然亦藏头缩尾,其和平更甚于政府之对外人。

——何海鸣:《亡中国者和平也》,载《大江报》,1917-07-17

教师设问:文中批判的"和平"指什么?文章暗示什么?(参考答案:一是清政府对外屈膝投降,二是立宪派的和平请愿活动。不革命,就无法求得民主,无法抵御外侮)

材料十 此时非有极大之震动,极烈之改革,唤醒四万万人之沉梦,亡国奴之官衔,行见人人欢戴而不自知耳。和平改革既为事理所必无,次之,则无规则之大乱,予人民以深

---

[1] 蔡挺:《武昌首义中政治工作刍议》,载《党政干部学刊》,2012年第3期。

创巨痛,使至于绝地,而顿易其亡国之观念,是亦无可奈何之希望。故大乱者,实今日救中国之妙药也。

——奇谈(黄侃):《大乱者救中国之妙药也》,载《大江报》,1911－07－26

教师设问:文中实际抨击何物,鼓吹何物? 理由是什么?(参考答案:抨击立宪运动,认为立宪请愿事实上已经失败。鼓吹革命。认为革命是挽救民族危亡的唯一途径)

教师讲述:在革命、改良事业均遭重创之际,两篇旗帜鲜明的社评,惊世骇俗、振聋发聩。本已"畏报如虎,恨报刺骨"的湖北官府,于 1911 年 8 月查封报社,逮捕报人。《大江报》负责人詹大悲冒着"乱党"死罪,在法庭之上倡言大乱有理。

(设计意图)以《大江报》案,呈现革命遭受重创后,武汉革命党人迎难而上的革命精神;呈现改良遭受重创后,武汉革命党人把握时机宣传革命的斗争智慧。主要指向史料实证素养水平 2:在对史事进行论述的过程中,尝试运用史料作为证据论证自已的观点。

(3)士兵起义与绅商加盟

教师讲述:《大江报》案轰动全国,新军起义也箭在弦上。此时湖北新军支持同情革命的占 1/3,其余士兵中立的多,敌视革命的少。同盟会也发挥其全国性的资产阶级革命政党的作用,由同盟会的中部分会出面协调,文学社与其他革命团体实现联合,共同制订起义计划、建立起义领导机关。但领导机关发生意外爆炸事故,引发湖北官府搜捕。原定的起义领导者们或伤、或逃、或被杀,革命士兵们群龙无首。10 月 10 日,在危急情况下,革命士兵凭借坚定的革命信念以及文学社已建立的完备基层组织体系,在仓促之中依然果断且成功地发动了起义。

起义军缺深孚众望的领袖,就逼迫原协统黎元洪当都督。黎都督新官上任却消极怠工,他认定武汉是四战之地,易攻难守,且无后援、缺补给,起义凶多吉少。但一个人的到来,使黎元洪信心大增,遂下定决心参加革命。此人正是湖北立宪派领袖汤化龙,他以湖北谘议局名义通电各省:

材料十一　清廷无道,自召灭亡……乃伪为九年之约,实无改革之诚。

——转引自张国淦编著:《辛亥革命史料》,上海:龙门联合书局,1958 年,第 101 页

教师设问:

(1)根据材料回答,汤化龙为何加入革命阵营?(参考答案:立宪运动失败,对清政府彻底失望)

(2)根据材料并结合所学,分析汤化龙的加入为何能增强黎元洪的信心。(参考答案:汤化龙的多重身份,能给革命阵营带来巨大帮助:能推动保安会维持社会秩序,且提供部分兵员、武器;通过"各团体联合会"及谘议局能争取到市民支持,获得后勤补给;以其湖北谘议局议长及中央资政院副议长的身份通电全国,易于获得各省响应)

(设计意图)以革命党人充分的前期准备,说明武昌起义的爆发,其偶然中包含着必然。以黎元洪的态度转变及其原因分析,说明立宪派对武昌起义乃至辛亥革命,都有其不容忽视的贡献。主要指向历史解释素养水平 2:在历史叙述中将史实描述与历史解释结合起来。

(过渡)武昌起义后,武汉革命党人依照同盟会《革命方略》组建湖北军政府。义旗竖起后,革命浪潮迅速推至全国,响应革命、宣布独立的省份不断增加。但是,重重压力也悄悄地袭向革命阵营。

（二）清末新政与袁世凯

1. 新政贡献与"非袁莫属"

教师讲述：革命阵营面临的压力有：一则各省各派常各自为政，时有纷争；二则领导核心依然空缺，全局难以统率；三则财政困难，粮饷不续，军队时有哗变；四则武汉面临巨大军事压力；五则直捣黄龙力不从心；六则社会各界普遍希望减少社会动荡；七则革命政权不获列强承认。[1] 除此之外，身处半殖民地半封建社会，国人还有一个巨大的担忧，也是革命派同样需要顾及的。

材料十二 ……我国今处列强环伺之冲，苟秩序一破，不可收拾，则瓜分之祸，即随其后，为祸宁有纪极。

——耿云志、崔志海：《梁启超》，广州：广东人民出版社，1994年，第246页

教师设问：梁启超认为当时中国面临什么危机？指出这种危机对革命提出的要求。
（参考答案：列强会利用中国的社会动荡实现对中国的瓜分。革命必须从速完成，减少社会动荡）

教师讲述：为镇压革命，在"非袁莫属"的氛围下，清廷迅速起用袁世凯。

材料十三 袁世凯是清末新政的发起者和领导者。其在直隶地区推行的新政，是清末新政的核心部分，拥有最全面的改革措施，取得最显著的改革成效。袁世凯作为清廷内部官僚立宪派的领袖，与资产阶级立宪派合作，大力倡导和推动立宪运动。他在天津试办地方自治，破天荒以民主选举方式产生天津县议事会。他一贯努力发展工商业，对民族资本主义企业给予大力扶植和支持，使直隶地区工商业发展进入快车道。他编练和控制的北洋新军6镇1协，兵力居全国新军的一半以上，也是新军中最为精锐的军队。

——摘编自张华腾：《袁世凯与清末新政》，载《历史教学》，2014年第4期

学生小组探究：基于上述背景资料思考革命阵营推动革命发展的可行方案。（开放性问题，言之有据、言之成理即可）

教师讲述：袁世凯以一个改革者、实干家和实力派的形象，赢得了广泛的认同。革命阵营"同样产生了'非袁莫属'的念头"[2]。从1911年10月底开始，多家革命派报刊、湖北军政府都督黎元洪、革命派元老黄兴、尚在海外的孙中山等纷纷表示，只要袁世凯反清归正，就可任总统。

（设计意图）呈现这一历史时期革命阵营、列强、袁世凯三方资料，让学生基于特定的时空框架、具体的条件限制，复活革命阵营"虚席以待"袁世凯的心路历程。主要指向时空观念素养水平4：在对历史问题进行探究的过程中，将其置于具体的时空框架下；史料实证素养水平4：在对历史问题进行探究的过程中，恰当地运用史料对所探究问题进行论述。

2. 君宪重启与"袁式"平叛

教师讲述：袁世凯凭借在清末新政，特别是预备立宪中的亮眼表现而异军突起，获得巨大权势和声望。作为新政的重要推手，他也愤慨于清皇族的诸多失策，并理解革命爆发事出有

---

[1] 胡绳武：《孙中山让位于袁世凯的历史环境》，载《历史研究》，1987年第2期。
[2] 陈志勇：《"非袁莫属"与文化传统》，载《学海》，1993年第2期。

因。但袁世凯并未接受革命阵营伸出的橄榄枝,而是站在自己固有的立场上,想着化危为机。

材料十四 鄂乱……因应稍失宜,大局真不堪设。革命党在各国政治上本有此一种人物,无足怪者,惟看政府所施行之政治如何,而政治改良一分,革命党即减少一分。

——《袁项城洞知事变》,《盛京时报》(宣统三年九月初四日)

教师设问:依据材料,指出袁世凯化危为机的构想。(参考答案:借助武昌起义的可能后果向清政府施压,以实质性推进君主立宪等政治改革;以政治改良化解革命阵营,特别是民族资产阶级立宪派的对立,进而以和平谈判化解南北危机)

教师讲述:北洋军摆出踏平武汉之势,却又打打停停,结束似乎遥遥无期。与此同时,清政府政治改革步伐加快,迅速撤销"皇族内阁",处理负责铁路国有的官员,并以宪法性文本缩小君权、扩大资政院权力。袁世凯也通过各种渠道与南方革命阵营接触,更视其中立宪派人物为潜在政治盟友而积极联络。

(设计意图)依托分析袁世凯的平叛策略,理清纷繁复杂的时局。主要指向史料实证素养水平 2:在对史事进行论述的过程中,尝试运用史料作为证据论证自己的观点。

3. 君宪遭弃与南北和谈

教师讲述:袁世凯谋算有失:一则低估了革命党人的信仰——革命党人绝不以君主制为选项;二则低估了革命党人的能量——虽然武汉三镇失其二,但革命党人胜利攻占南京;三则低估了革命形势的发展速度——到 11 月下旬,极短时间内全国有十几个省区像多米诺骨牌一样接连独立。袁世凯手里只剩北方少数几个省尚可控制。在此背景下,曾被袁世凯誉为"舆论领袖"、视为政治盟友的资产阶级立宪派领袖人物张謇,也给袁世凯送去了"舆论":

材料十五 旬日以来采听东西南十余省之舆论,大数趋于共和……潮流所趋,莫可如何……

——《九月十六日致彰德袁世凯电》,上海社会科学院历史研究所编:《辛亥革命在上海史料选辑》,上海:上海人民出版社,1981 年,第 989—990 页

教师设问:张謇致袁世凯的电文,说明了什么?(参考答案:资产阶级立宪派已抛弃自身立宪主张,袁世凯失去了革命阵营中潜在的同盟军,"袁式"平叛失败)

教师讲述:独立各省在 12 月 2 日召开的各省都督府代表联合会武汉会议,以议决的方式,再次向袁世凯伸出诱惑巨大的橄榄枝。

材料十六 如袁世凯反正,当公举为临时大总统。

——吴景濂编:《组织临时政府各省代表会纪事》(十月十二日条)

教师设问:

(1) 这一会议议决为何具有巨大的诱惑力?(参考答案:各省代表议决,具有法律效力,不再是革命党人个人的口头允诺)

(2) 指出该议决坚持的政治底线。(参考答案:清王朝必须被推翻,新政体必须是民主共和制)

教师讲述:面对大势所趋、人心所向及巨大诱惑,擅于趋利避害的袁世凯做出了抉择。南北议和正式开始,双方议的不是君宪、共和间的政体取舍,而是如何确保袁世凯当上总统。政坛老手袁世凯,既要当总统,又想当"忠臣"。他一方面通过南北议和试探革命党人拥其为

总统的诚意，获得更多保证；一方面却在各种公开场合强调自己坚决拥护君主立宪，继续扮演殚精竭虑维系大清统治的角色。

他的理想方案是，诱使清廷认可由他组织召开临时国会，以投票方式舍君主立宪而定民主共和，再由"自食其果"的清廷将政权"禅让"给他。如此，即可合理合法地自组政府、自立法统，当一个不受制于南方民主力量的、大权独揽的总统。

（设计意图）以形势分析、张謇电文、代表决议说明袁世凯弃君宪而拥共和，绝非发自内心的认同，而是审时度势后的投机。主要指向史料实证素养水平2：在对史事进行论述的过程中，尝试运用史料作为证据论证自己的观点；历史解释素养水平2：选择、组织和运用相关材料并使用相关历史术语，对个别史事提出自己的解释。

（过渡）这需要时间，袁世凯也愿意等，但革命阵营不愿多等。

（三）民国建立与袁氏当国

1. 孙文就职与清帝退位

教师讲述：12月29日，革命阵营出于速定共和政体、早建统一政府、弭内忧而消外患的愿望，也出于对袁世凯民主诚意的怀疑，突然在南京选举长期流亡海外而刚刚归国的革命领袖孙中山为临时大总统。并于1912年元旦举行总统宣誓就职仪式，宣告中华民国成立。

材料十七 ① 文既审艰虞，义不容辞，只得暂时担任。公……目前之地位尚不能不引嫌自避；故文虽暂时承乏，而虚位以待之心，终可大白于将来。望早定大计，以慰四万万人之渴望。

——孙中山致电袁世凯(1911年12月29日)，广东省社会科学院历史研究室等编：《孙中山全集》第1卷，北京：中华书局，1981年，第576页

② 至专制政府既倒，国内无变乱，民国卓立于世界，为列邦所公认，斯时文当解大总统之职，谨以此誓于国民。

——《大总统誓词》(1912年1月1日)

③ 虽民主、君主不待再计，而君之苦心，自有人谅之。……文承各省推举，誓词具在，区区此心，天日鉴之。

——孙中山致袁世凯电(1912年1月2日)，中国社科院近代史研究所编：《孙中山全集》第2卷，北京：中华书局，1982年，第5页

教师引导学生分析：孙中山上述誓词与电文，放出的信号是：解释就职临时大总统是为应对时艰，但时艰得不到及时解决，是因为袁世凯出于投机目的而在清帝退位问题上拖延不决。强调会履行对袁世凯的承诺，但有三个条件，即清帝退位、国内和平、列强承认中华民国而非其他政权。由此可知，这是革命阵营洞悉袁世凯隐衷后的一套组合拳，以共和政体已经建立的既成事实，砸掉了袁世凯的如意算盘。

（设计意图）通过分析充满暗示的誓词与电文，展现革命党人与袁世凯的斗争，彰显革命党人殚精竭虑以建民主的精神。主要指向历史解释素养水平2：选择、组织和运用相关材料并使用相关历史术语，对个别史事提出自己的解释。

教师讲述：袁世凯明白，若不在"君主制"与"共和制"之间迅速做出抉择，终将欲趋利避害而不可得。于是他多管齐下，以军费无着、驻外公使电奏、内阁合词力奏、前线军官集体呼

呼等进行恫吓施压,同时以退位后的优厚待遇进行诱惑。1912 年 2 月 12 日,宣统帝颁布退位诏书,清朝覆灭。

2. 袁氏就职与《临时约法》

教师讲述:孙中山接到清帝退位及袁世凯赞成共和的通电后,履行诺言,于 2 月 14 日辞去临时大总统一职,并向参议院推荐袁世凯。2 月 15 日,参议院举行选举,袁世凯全票当选。孙中山等以"世界第二华盛顿,中国第一华盛顿"赞扬他。既恭喜他全票当选,又冀望他能同华盛顿一样,捍卫民主,警惕专制。同时也严正指出共和政府只能由民主产生,不能由清帝委任组织。孙中山对袁世凯的民主共和诚意是不放心的,认定必须拿出办法来。办法之一,就是制定《中华民国临时约法》,并要袁世凯宣誓遵守。

教师设问:阅读教科书第 111 页最后一段文字中有关《临时约法》的内容,归纳其原则。(参考答案:民主、自由、平等、三权分立等原则)

教师讲述:《临时约法》作为一部宪法性质文件,除了贯彻上述原则外,还特别规定实行责任内阁制:内阁总理由议会的多数党产生,总理可以驳回总统的意见;总统颁布命令须由总理副署才能生效,以此极大限制总统权力。孙中山将《临时约法》视为"南北统一之条件,而民国所由构成也"[1],并以袁世凯必须宣誓遵守,作为其正式就任临时大总统的条件之一。3 月 8 日,南京临时政府参议院内部通过《临时约法》。同一天,身在北京的袁世凯向南京临时参议院提交"大总统誓词"并得到回复。

材料十八 ① 民国建设造端,百凡待治,世凯深愿。竭其能力,发扬共和之精神,涤荡专制之瑕秽,谨守宪法,依国民之愿望,薪达国家于安全强国之域,俾五大民族同臻乐利。凡兹志愿,率履勿渝。

——章开沅等主编:《辛亥革命史资料新编》第 3 册,武汉:湖北人民出版社,2006 年,第 198 页

② 《临时约法》七章五十六条,伦比宪法,其守之维谨!

——南京临时参议院致袁世凯电(1912 年 3 月 9 日),《时报》(1912 年 3 月 11 日)

教师引导学生分析:《临时约法》获参议院内部通过与袁世凯提交"谨守宪法"的誓词是同一天,说明袁世凯当时并不知晓《临时约法》的内容。在袁世凯正式宣誓前一刻,才得以知晓《临时约法》的内容,这使他没有机会提出异议。一方面《临时约法》在袁世凯正式当政时实行,对维护共和制度有积极作用;但另一方面,其面世经过说明国家宪法实是因人而设,在理论上有重大欠缺。

教师设问:对革命党人的目的有所洞察的袁世凯,野心勃勃却依然宣誓"谨守宪法",可能的原因是什么?(参考答案:袁世凯对《临时约法》中的种种设计并不在意)

教师讲述:4 月 1 日,孙中山正式交出临时总统印,袁世凯正式成为临时大总统。接下来,袁世凯由临时而正式,由正式而终身,由终身而复辟帝制,中国进入北洋军阀统治时期。

(设计意图)通过对《临时约法》内容的归纳和补充,理解其旨在反对专制制度。通过揭示《临时约法》面世与袁世凯宣誓就职之间的刻意安排,据此客观评价《临时约法》,同时指认袁世凯对《临时约法》的态度。主要指向时空观念素养水平 3:把握相关史事的时间、空间联

---

① 中国社科院近代史研究所编:《孙中山全集》第 7 卷,北京:中华书局,1983 年,第 70 页。

系;史料实证素养水平 2:在对史事进行论述的过程中,尝试运用史料作为证据论证自己的观点;历史解释素养水平 2:选择、组织和运用相关材料并使用相关历史术语,对个别史事提出自己的解释。

(四) 辛亥革命的历史意义

教师讲述: 在不同的时间框架下,对史事的评价会各有侧重,辛亥革命也不例外。

1. 断代史意义

材料十九 ① 共和政体成,专制政体灭;中华民国成,清朝灭;总统成,皇帝灭;新内阁成,旧内阁灭……剪发兴,辫子灭。盘云髻兴,堕马髻灭;爱国帽兴,瓜皮帽灭;爱华兜兴,女兜灭……放足鞋兴,菱鞋灭;阳历兴,阴历灭……

——《时报》(1912 年 3 月 5 日)

② 往者忧世之士,亦尝鼓吹工业主义以挽救时艰而无效也,则以专制之政毒未除,障害我工业之发达,为绝对的关系……今兹共和政体成立,喁喁望治之民,可共此运会,建设我新社会,以竞胜争存,而所谓产业革命者,今也其时矣。

——《民声日报》(1912 年 2 月 28 日)

教师设问: 依据材料,并结合教材,从"变"的视角分析辛亥革命有哪些划时代意义?(参考答案:政治上,推翻了清王朝统治,结束了君主专制制度,建立起共和政体;经济上,为民族资本主义经济的发展扫除了重要障碍;思想上,传播了民主共和观念;社会生活上,促进了物质生活与习俗的变迁)

(设计意图) 通过"变"的视角对材料内容进行归纳,揭示辛亥革命多方面的断代史意义。主要指向时空观念素养水平 2:将某一史事定位在特定的时间和空间框架下。

2. 通史意义

教师讲述: 放眼中国近代历史的长河,辛亥革命没有首倡,也没有完成反帝反封建的革命任务,但它开创了完全意义上的近代民族民主革命,为实现政治近代化迈出了一大步。继清末新政 10 年的新建工矿企业投资总额是之前 29 年的 2.8 倍左右后,1912—1919 年的新建工矿企业投资总额,相当于革命前 50 年的投资总额。这为 1927 年开始的"黄金十年"奠定了基础。续戊戌变法、立宪请愿运动引发的思想震动之后,民国办报很快成为时尚,许多报纸以议论时政、评说官员、监督政府为己任。同时政党政治、议会政治高唱入云,议员选举,城乡轰动。但是,民主精神的生根却还需新文化运动的补课。清末,随着西方观念的引入和社会风气的放宽,断发剪辫已渐增多。南京临时政府第一次将其上升到法令,但 1917 年尚有"辫子军"的复辟闹剧,之后留着辫子的遗老遗少也不乏其人。

教师引导学生分析: 将辛亥革命的作用与革命前、革命后的社会现实进行对比,可知辛亥革命的历史作用,即非空前,也未绝后,而是一种有效与有限并存的推动,它是近代中国社会新陈代谢历程中极重要的一个环节。

(设计意图) 通过把握教师在政治、经济、思想、社会生活四方面的三段式表述,揭示辛亥革命在通史层面的意义。主要指向唯物史观素养水平 3、4:将唯物史观运用于历史学习中;时空观念素养水平 4:选择恰当的时空尺度对相关问题进行分析、综合、比较,在此基础上作出合理的论述。

　　教师总结：如同新政的成就与不足共同促成了辛亥革命的爆发,辛亥革命作为近代中国历史进程的一个环节,其成就与不足也将促成近代中国新的变革。孙中山等革命党人在此后开展的捍卫民主共和、反对北洋政府反动统治的斗争中,针对革命斗争屡屡失败的种种教训,最终选择致力于国共合作以谋求更坚强有力的领导核心、更具革命性的武装、更广泛的群众基础、更真诚的国际援助。国民革命的历程由此拉开帷幕。

　　(设计意图)回应本课主要线索,将清末新政与辛亥革命都置于近代中国新陈代谢的历史进程中,给予一种宏观趋势性的审视。同时让学生领悟本课所学内容与后续历史发展之间的因果关系。主要指向家国情怀素养水平 3、4:表现出对历史的反思,从历史中汲取经验教训,更全面、客观地认识历史问题。

教学设计 2

江苏省木渎高级中学　　丁仕武

一、教材分析

　　本课是第六单元《辛亥革命与中华民国的建立》中的第 1 课,包括资产阶级民主革命的兴起、武昌起义与中华民国的建立、辛亥革命的历史意义三个子目。主要讲述了 20 世纪初资产阶级民主革命由兴起、发展到建立民国,结束清朝统治以及革命果实最终落到袁世凯手中的这一历史发展过程。20 世纪初,为了打破中国的危亡困局,先进的中国人提出了多种救亡主张,历史最终选择了民主革命方案,于是"民国"取代了"帝国","共和"取代了"专制",打破了历代王朝的更迭机制,否定了皇权体制。由于革命党主观条件的不足及其他客观因素影响,革命果实最终落到袁世凯手里。革命虽然没有达到预期目的,完成历史使命,但成果显著,对近代中国社会的进步起到极大推动作用。

二、学情分析

　　本课授课对象为高一年级学生,他们在初中阶段初步学习了辛亥革命的历史进程,对同盟会的成立、民国建立、《中华民国临时约法》的颁布、清帝退位等历史事件都有比较清晰的了解。本课内容相对于初中历史教材而言,在保留主要线索的基础上,主要在三个方面拓展提升:一是增加了历史细节,如清末"新政"与预备立宪、四川保路运动等;二是历史事件的演化发展更加具有立体感,如革命与改良两种方案的竞争;三是注重对革命起因与历史意义的理性分析,关注学生历史学科核心素养的提升。基于这样的认识,教学时具体的历史事件可指导学生进行整理,但革命与改良方案的竞争头绪纷繁,需要教师引领学生一起建构发展脉络,而革命最终的结局及意义需要教师做深入的讲解。

三、教学目标

1. 简要描述 20 世纪初三种救国方案的竞争与互动关系,理解民主革命方案胜出是历史选择的结果。

2. 通过分析清末"新政"与预备立宪的历史作用,理解"新政"与预备立宪推动了中国社会进步,也加速了清朝灭亡。

3. 准确理解三民主义的含义,在此基础上客观评价三民主义的历史作用。

4. 结合《中华民国临时约法》与《清帝逊位诏书》相关条文,分析两部法律文件颁布的历史意义。

5. 通过选择、运用史料,客观公正地评价辛亥革命,深入理解辛亥革命的历史功绩及其不足。

四、教学重难点

重点:理解"三民主义"的深刻含义;理解《中华民国临时约法》与《清帝逊位诏书》的历史价值。

难点:理解辛亥革命是历史选择的结果;客观评价辛亥革命的历史功绩及其不足。

五、教学过程

【导入新课】

教师讲述:1911 年春,留学日本的中国革命党人林觉民回国,于 4 月 24 日写下绝笔《与妻书》,随后毅然投入广州黄花岗起义。

材料一 吾平生未尝以吾所志语汝,是吾不是处;然语之,又恐汝日日为吾担忧。吾牺牲百死而不辞,而使汝担忧,的的非吾所忍。吾爱汝至,所以为汝谋者惟恐未尽。汝幸而偶我,又何不幸而生今日中国!吾幸而得汝,又何不幸而生今日之中国!卒不忍独善其身。

——林觉民:《与妻书》

教师设问:信中"吾所志"的具体内涵是什么?(参考答案:以革命推翻清朝统治,建立民主共和国)

教师讲述:在当时的情况下,除了推翻清政府,中国还有没有其他的救亡方案?历史做出了怎样的选择?

【学习新课】

一、谋局:三种主张、两条道路

教师讲述:20 世纪初,面临困局,这一时期出台的救亡主张主要有三种:

清政府：保中国,更保大清;

立宪派：保中国,先改大清;

革命派：保中国,先扫大清。

立宪派是指 20 世纪初期随着"新政"和预备立宪而崛起的政治派别,代表人物为张謇、康有为与梁启超。他们的基本主张是：既反对清朝统治现状,要求改革;也反对革命,主张实行"君主立宪"。

清政府希望通过改良实现自我挽救,立宪派则志在改造王朝、推行君主立宪,两者目的有异,但采取的方式都是改良;而革命派坚持以暴力斗争方式改造社会,于是出现了改良与革命两条道路。

教师讲述：以三者之间关系变化为依据,可分三个阶段加以考察：

(一) 第一阶段："新政"PK 革命(1901 年—1906 年 9 月)

1. 清末"新政"

材料二　连日奔走,又不得饮食,既冷且饿。途中口渴,命太监取水,有井矣而无汲器,或井内浮有人头,不得已,采秫秸秆(去掉穗的高粱杆——引者注)与皇帝共嚼,略得浆汁,即以解渴。昨夜我与皇帝仅得一板凳,相与贴背共坐,仰望达旦。

　　　　　　　　　　——吴永：《庚子西狩丛谈》,长沙：岳麓书社,1985 年,第 51 页

教师设问：文中的"我"是谁,此人因何如此狼狈?(参考答案：慈禧太后。八国联军进攻北京,慈禧太后被迫携光绪帝西逃)

教师讲述：对抗八国联军战败,逃亡途中颠沛流离、各地民变此伏彼起、革命党人声势日张,这一系列打击使得清廷深感为了自救,必须调整统治政策。

材料三　总之,法令不更,锢习不破,欲求振作,须议更张。著军机大臣、大学士、六部、九卿、出使各国大臣、各省督抚,各就现在情弊,参酌中西政治,举凡朝章国政、吏治民生、学校科举、军制财政,当因当革,当省当并,如何而国势始兴,如何而人才始盛,如何而度支始裕,如何而武备始精,各举所知,各抒所见,通限两个月内悉条议以闻,再行上秉慈谟,斟酌尽善,切实施行。

　　　　　　　　　　　　　　　　　　——1901 年 1 月 29 日上谕

教师设问：

(1) 从上述材料中,可以看出清政府对于变革是什么心态?(参考答案：急切的变革心态)

(2) 从上谕内容看,此次变革与洋务运动相比有什么不同?(参考答案：变革范围更广泛,包含政治、军事、经济、教育等各方面;变革力度更大,已不介意学习或借鉴别国政治制度)

教师讲述：为了挽救统治,清政府推行"新政"。其主要内容包含：改革官制;编练新军;倡导创办工商业企业,奖励实业;推行教育改革,废除科举,兴办学堂等。

材料四　及至 1911 年初,有位美国武官面对中国的新军阵营发出感慨："除意外的因素之外,至少必须要有一支五万人的外国军队才能夺取北京。"美国军事史学家鲍威尔也直截了当地提醒西方英文读者："一支小小的外国军队能够在中国登陆,并且夺获任何重要目标的日子已经过去了。"

　　　　　　　——郭世佑：《晚清政治革命新论》增订版,北京：中国人民大学出版社,2010 年,第

92 页

材料五 根据各种资料粗略估计,1911 年全国约有各种华资近代企业 2 300—2 400 个,资本约在 3.1—3.2 亿元左右。这比之 1900 年华资掌握的约 570 家近代企业,资本合计约 6 900 余万元,约当 4 倍半,平均每年增长 14%—15%。

——樊百川:《二十世纪初期中国资本主义发展的概况与特点》,载《历史研究》,1983 年第 4 期

材料六 "1905 年,全国新式学堂为 8 277 所,学生人数 258 873 人。及至 1909 年,学堂增至 52 348 所,学生人数达 1 638 884 人。""1901 年留日学生人数为 280 余人,1905 年为 8 000 余人,正式停止丙午科举考试的 1906 年则达 2 万人以上。"

——郭世佑:《晚清政治革命新论》增订版,北京:中国人民大学出版社,2010 年,第 99—100 页

材料七 它推行教育改革,是想造就"尊崇孔教,爱戴大清国"的人,但无论是在国内新式学堂还是在留学生中,清政府并没有获得多少为己所用的人才,反而出现了一个不同于传统士类的知识分子群体,成为王朝的掘墓人。清政府在全国各省扩编新军,原本是要以此来弹压各种可能出现的变乱,却又给革命党人在各省以发展革命势力的机会,新军绝大多数成了王朝的"哗兵""叛兵"。清政府奖励实业,原想借此以摆脱严重的财政危机,却导致了"资产阶级利益、知识分子利益与专制制度的冲突越来越大"。

——陈旭麓:《近代中国社会的新陈代谢》,上海:上海社会科学院出版社,2005 年,第 269—270 页

教师设问: 材料七与材料四、五、六在评价"新政"时,其角度有何不同?(参考答案:材料四、五、六关注"新政"对于社会发展的推动作用,如促进民族资本主义发展、推动教育事业发展、国防实力有所增强等。材料七强调"新政"加速了清王朝的灭亡,如知识分子的反清、新军的倾向革命与资产阶级的对抗等)

教师讲述: 清政府作为改革的主导者,主要关注的还是自身利益的维护,但改革全面展开又必然触动清政府的根本利益。冲突激化之时,清政府必然延缓改革的步伐,如此便与时代潮流产生更大的背离,最终被淘汰出局。

(设计意图) 通过对清末"新政"的全面分析,理解"新政"作为清政府的自救运动,收到了一定效果,客观上促进中国社会近代化,但清政府因对自身根本利益的维护,必然会抑制"新政"的深入发展,从而激化社会矛盾,加速了自身灭亡。主要指向史料实证素养水平 1:从所获得的材料中提取有关的信息。

(过渡) 早在清政府推行"新政"以图自救之前,以孙中山为首的革命派已开始了革命实践。

2. 革命兴起

教师讲述: 孙中山少年时曾读于教会学校,回国后在香港、广州学习医学。西方的教育背景及多年在香港的生活、学习经验,使他接触到一些资本主义社会的政治学说,从而产生了革新政治、改造社会的思想。1894 年孙中山上书李鸿章,倡言变法强国,但未获接见。上书受挫使孙中山对清廷放弃了幻想,由改良转向革命。1897 年 3 月,孙中山在同《伦敦蒙难记》俄文译者等人的谈话中说道:

材料八 "目前中国的制度以及现今的政府绝不可能有什么改善,也决不会搞什么改

革,只能加以推翻,无法进行改良。""我希望有一个负责任的、有代表性的政体。"

——《孙中山全集》第1卷,北京:中华书局,1982年,第35—36页

教师设问:孙中山如何看待"现今的政府"?(参考答案:绝不可能改革,只能加以推翻)

教师讲述:为推翻清政府,建立"一个负责任的、有代表性的政体",以孙中山为首的革命党人开始领导革命活动,先后组织了兴中会、同盟会等革命团体。

同盟会以孙中山提出的"驱除鞑虏,恢复中华,创立民国,平均地权"为纲领。后来在《民报》发刊词中,孙中山将其阐发为民族、民权、民生三大主义,合称"三民主义",史称"旧三民主义":

民族主义,对应"驱除鞑虏,恢复中华";

民权主义,对应"创立民国";

民生主义,对应"平均地权"。

材料九 罗马之亡,民族主义兴,而欧洲各国以独立。洎自帝其国,威行专制,在下者不堪其苦,则民权主义起。……今者中国以千年专制之毒而不解,异种残之,外邦逼之,民族主义、民权主义殆不可以须臾缓。而民生主义,欧美所虑积重难返者,中国独受病未深,而去之易。

——孙中山:《民报·发刊词》(1905年10月25日)①

教师设问:

(1) 材料中的"异种"与"外邦"分别指什么?(参考答案:满族统治者与西方资本主义列强)

(2) 据此分析民族主义的含义。(参考答案:以革命手段推翻清政府统治,建立汉族统治的独立国家)

(3) 民权主义针对什么问题,其含义是什么?(参考答案:专制的危害。推翻君主专制制度,建立民主共和国)

教师讲述:民族主义的中心是反满,实现民族革命,但是孙中山提出的反满,不同于传统的种族复仇主义,而是具有新的含义与特点。首先,孙中山的反满和反对西方侵略联系在一起。反满是为了摧毁列强统治中国的工具,因而具有反侵略以求民族解放、国家独立的民族革命色彩。其次,孙中山的反满将少数掌权的满洲统治者与一般满族人民加以区别,只反满洲统治者而容纳一般满族人民。当时曾有人提出"对满同盟会"的名称,孙中山坚持定为"中国同盟会"便是基于这一认识。但反满口号确实体现了汉族本位的狭隘民族意识,为了纠正这一偏差,武昌起义后,孙中山提出"五族共和"(五族指汉、满、蒙古、回、藏),共建新国的民族平等思想,推动了革命形势的发展。

民权主义的基本内容是推翻专制制度,建立民主共和制度,完成政治革命。民权主义反映了资产阶级反专制统治与救亡图存的政治要求,不仅是批判和结束清朝君主制的有力武器,也是反对帝制复辟,进行民主主义启蒙的有力武器。但是,民权主义缺乏彻底实现人民权利的重要内容,这是其不足之处。民国建立后颁布的《中华民国临时约法》对此进行修正,规定了人民的基本权利。

民生主义主要内容是平均地权,进行社会革命。即核定地价,现有地价归原主所有,革

---

① 《民报》为中国同盟会机关刊物,月刊。创刊号脱期出版。此处所标时间为该号的印刷日期。

命后因社会发展的增价归于国家,以此来防范社会贫富差距过大的现象发生。

孙中山的三民主义学说是在斗争中形成的,它集中反映了中国资产阶级在政治上、经济上的要求,同时也反映了当时广大人民要求民族独立、民主权利的强烈愿望。随着同盟会的成立与三民主义的提出,近代中国比较完全意义上的民族民主革命开始了。

(设计意图) 理解三民主义的内涵,知道三民主义作为辛亥革命的指导思想,其进步之处固然能够推动革命发展,而其内在不足也会影响到革命的前途。主要指向历史解释素养水平 1:对所学内容中的历史结论加以分析。

(过渡) 同盟会成立后,资产阶级革命派有了统一的领导和明确的奋斗目标,从而大大推动了全国革命运动的发展,这又迫使清政府加大改革力度,将立宪提上了日程。于是,立宪与共和开始角力。

(二)第二阶段:立宪 PK 共和(1906 年 9 月—1911 年 5 月)

1. 预备立宪

真正让立宪成为议论焦点的是 1904 年发生的日俄战争,当时有评论说:

材料十 此非日俄之战,而立宪专制二政体之战也。自海路交绥,而日无不胜,俄无不败,于是俄国人民乃群起而为立宪之争,吾国士大夫亦恍然知专制昏乱之国家,不足容于廿襟清明之世界,于是立宪之议,主者渐多。

——《立宪纪闻·中国立宪之起原》《清末筹备立宪档案史料》上册,北京:中华书局,1979 年,第 107 页

教师设问: "立宪之议,主者渐多"的原因是什么?(参考答案:日俄战争中,实行君主立宪制的日本战胜了君主专制的俄国;士大夫认识到专制制度违背时代潮流,立宪可以维系统治秩序)

(设计意图) 理解清末预备立宪得以出台,不仅是国内各种政治力量博弈的结果,也是世界潮流与地区局势影响下的产物。主要指向时空观念素养水平 3:把握相关史事的时间、空间联系。

教师讲述: 伴随着清政府预备立宪进程的开启,资产阶级立宪派开始登上政治舞台,积极推动立宪进程:

材料十一 1905 年 7 月,清政府派载泽、端方等五大臣出国考察。

1906 年 9 月,清政府宣布预备立宪。

1907 年 10 月至 1908 年 8 月,立宪派发起国会请愿行动,掀起请开国会的热潮。

1908 年 8 月,清政府颁布《钦定宪法大纲》,并就预备立宪期限问题作出答复,决定以九年为期,到期实施君主立宪制。

1906 年秋至 1911 年夏,许多立宪团体在全国各地兴起,积极参与各地谘议局、资政院的组建与议政活动,并多次发起国会请愿运动。

1910 年 11 月 4 日,清政府宣布预备立宪期缩短三年。立宪派中大部分请愿代表不满,坚持次年召开国会的预定要求,遭到清政府强行压制。

——摘编自张海鹏主编,张海鹏、李细珠著:《中国近代通史(第五卷)·新政、立宪与辛亥革命(1901—1912)》,南京:江苏人民出版社,2009 年,第 234—235、246—247、261—264、

290—352 页

教师设问：从立宪进程看，立宪派与清政府的关系发生了什么变化？是哪一问题导致的？（参考答案：由合作走向冲突。预备立宪期限问题）

教师引导学生分析：立宪派与清政府冲突日益加剧，表面上看是因为预备立宪期限问题上的分歧，但根本上还是因为对立宪主导权的争夺。清政府掌握了主导权，则立宪之下清廷仍可掌握大权；若立宪派掌握了主导权，立宪之下君主权力必定受到极大制约。

2. 革命派多次起义

教师讲述：对于预备立宪，以孙中山为首的革命派并不相信清政府具有诚意。

材料十二 近一二年，内外赞成革命者大不乏人，大有一日千里之势。彼满虏处此，万不能与风潮相抗拒，而又不能守一成不变之成法，以保子孙帝王之业。乃始下诏维新，以觇汉人之志向；继则公然宣布立宪预备九年之开国会，为笼络人心之手段。实假立宪之美名，以实行中央集权。稍有眼光者，多能知之。

——《与芙蓉华侨的谈话》(1906年7月17日)，《孙中山全集》第1卷，北京：中华书局，1982年，第293页

教师设问：孙中山认为清政府实施预备立宪的原因是什么？孙中山对清政府的批评有何目的？（参考答案：革命运动发展迅猛；现有政治体制无法维系政权，以"新政"与预备立宪笼络人心；加强中央集权，巩固清政府统治。揭露清政府的预备立宪是场骗局，对民众进行革命思想宣传，争取舆论支持）

（设计意图）孙中山的评论从另一角度印证了清政府预备立宪的主要动机是消除革命、巩固自身统治，同时说明革命与改良两条救亡道路既相互促进，又相互竞争。主要指向史料实证素养水平2：在对史事进行论述的过程中，尝试运用史料作为证据论证自己的观点。

教师讲述：革命派一方面揭露清政府预备立宪是场骗局，一方面加快革命步伐，发动了一系列武装起义：

1906年12月 萍浏醴起义（湖南、江西）

1907年5月 潮州黄冈起义（广东）

1907年6月 惠州七女湖之役（广东）

1907年9月 钦廉防城起义（广东）

1907年12月 镇南关起义（广西）

1908年3月 钦康上思起义（广东）

1908年4月 河口之役（云南）

1910年2月 广州新军起义（广东）

1911年4月 广州黄花岗起义（广东）

这一时期起义主要发生在两广云南等地，因这一地区临近香港和越南，首先便于接收境外华侨的物资援助，其次便于起义失利后的迅速撤离。此外，这些地区以"反清复明"为宗旨的民间秘密团体，也就是革命党人所称的会党，力量相对较强，便于组织发动。但会党革命精神与战斗力较差，组织纪律性不强，易聚易散，难成气候，故而作为革命的支撑力量并不可靠。孙武等人认为革命不能过于依赖会党，应更多依靠新军。

（设计意图）认识革命活动的开展受到地理环境及社会条件的制约。主要指向时空观念

素养水平 2：能够认识事物发生的来龙去脉,理解空间和环境因素对认识历史的重要性。

材料十三 当时湖北新军第八镇和第二十一混成协 1.5 万人(按:李春萱回忆为 1.6 万多人,熊秉坤回忆为 1.87 万多人),纯粹革命党将近 2 000 人,经过联络而同情革命的约 4 000 人,与革命为敌的至多不过 1 000 多人,其余则是摇摆不定的。

——摘编自中国人民政治协商会议湖北省委员会编:《辛亥首义回忆录》(1),武汉:湖北人民出版社,1957 年,第 125 页

教师设问:根据材料中的统计数据,可得出什么结论? 这个结果有何积极意义? (参考答案:革命党人在湖北新军中的宣传鼓动卓有成效。为武昌首义成功奠定了基础)

(过渡)革命形势迅猛发展之时,清政府的统治危机日渐加深。

(三)第三阶段:立宪革命合流,清廷瓦解(1911 年 5 月—1912 年 1 月)

教师讲述:1911 年 5 月,清政府宣布废除军机处,实行责任内阁制。内阁成员共 13 人,其中皇族占了七人,故时人讥为"皇族内阁"。"皇族内阁"的出台无疑是对立宪派政治追求的打击,不少立宪派人士认为清政府缺乏立宪诚意,转而支持革命。此后不久,清政府将已归民间所有的川汉、粤汉铁路筑路权收归"国有",但公布的补偿方案没有充分补偿先前投入的民间资本,尤其对四川民间资本的补偿最不合理,因而四川的保路运动最为激烈。为了镇压四川的武装起义,清政府从湖北抽调部分新军前往镇压,湖北兵力空虚,为武昌起义的胜利创造条件。1911 年 10 月 10 日革命派发动武昌起义,很快成立湖北军政府,推黎元洪为都督。武昌起义后,立宪派策动南方各省独立。

教师设问:立宪派的行为说明了什么? 有何影响? (参考答案:说明立宪派接受了革命的主张,开始与革命党人进行合作。使清政府统治迅速瓦解,加速了革命进程)

材料十四 武昌起义以后,一个月之内,湖南、陕西……山东十三省相继宣布独立,并且没有一个地方发生激烈的战争。清政府的灭亡,不是革命军以军力打倒的,是清朝自己瓦解的。

——蒋廷黻:《中国近代史》,武汉:武汉出版社,2012 年,第 116 页

教师设问:对于清朝灭亡的原因,蒋廷黻持什么看法? 对此,你怎么看? (参考答案:清政府众叛亲离,自取灭亡。言之成理即可)

(设计意图)清朝的灭亡是多种因素共同作用的结果,至于何种因素居于主要地位,则见仁见智难做定论。此处设问旨在培养学生发表个人见解的意识与能力。主要指向史料实证素养水平 2:在对史事进行论述的过程中,尝试运用史料作为证据论证自己的观点。

(过渡)在这一阶段,立宪派因政治经济利益受损与清政府决裂,汇入到革命的洪流之中,清政府统治瓦解,中国开始迈入共和时代。

二、入局:民国建立、清室退位

教师讲述:1912 年,中华民国临时政府在南京成立,孙中山就任临时大总统。1912 年 2 月 12 日清帝宣布退位。1912 年 3 月 11 日,《中华民国临时约法》颁布,以法律形式确认民主革命的成果。

材料十五　《中华民国临时约法》部分条款

第一章

　　第二条　中华民国之主权属于国民全体。

　　第四条　中华民国以参议院、临时大总统、国务员、法院行使其统治权。

第二章

　　第五条　中华民国人民一律平等,无种族、阶级、宗教之区别。

　　第六条　人民得享有左列各项之自由权。

　　一　人民之身体非依法律,不得逮捕、拘禁、审问、处罚。

　　四　人民有言论、著作、刊行及集会结社之自由。

第三章

　　第十六条　中华民国之立法权以参议院行之。

第四章

　　第三十条　临时大总统代表临时政府,总揽政务,公布法律。

第五章

　　第四十三条　国务总理及各部总长均称为国务员。

　　第四十四条　国务员辅佐临时大总统负其责任。

　　第四十五条　国务员于临时大总统提出法律案公布法律及发布命令时须副署之。

　　　　　　——中国史学会编:《辛亥革命》八,上海:上海人民出版社,2000 年,第 30—36 页

教师设问:(1)《中华民国临时约法》深受西方近代启蒙思想影响,体现了人民主权、天赋人权及分权制衡等原则。请你依据相关条款加以说明。(参考答案:略)

(2) 这些原则的提出有何意义?(参考答案:主权在民的规定否定了主权在君,这是否定君主专制的法理依据;分权的规定利于权力制衡,避免独裁专制;国民一律平等的规定既否定了等级制度,也有利于国民团结、避免分裂)

(3) 依第五章第四十四、四十五条的规定,中华民国的行政权掌握在谁的手中?这样规定有何目的?(参考答案:国务员。限制临时大总统的权力、防止专制独裁)

教师小结:人民主权、尊重人权、分权制衡、依法治国是近代启蒙思想家对人类政治法律制度总结而提炼出来的重要宪法理论,《中华民国临时约法》第一次将这些宪法理论转化为中国的宪法原则和实践,开启了中国宪法史的新纪元。

(设计意图)通过对《临时约法》部分条款的分析,理解《临时约法》颁布的目的是旨在用法律形式确立辛亥革命的成果,变"人治"为"法治",开创民权政治的新局面。主要指向史料实证素养水平 2:在对史事进行论述的过程中,尝试运用史料作为论据论证自己的观点。

(过渡)革命形势迅猛发展之时,各种变数显现出来,而其中最大的变数就是袁世凯的强势崛起,于是政治格局出现异变。

三、变局:袁世凯崛起,革命果实易手

教师讲述:甲午战争后,袁世凯被清朝重臣李鸿章看重,并被举荐到天津小站编练新

军,从而掌握了一支7 000多人的武装力量。武昌起义前夕,全国真正成军的新军总共才14镇18混成协,而经袁氏之手建成的新军即占六镇,且经费充足、训练精良。武昌起义爆发后,一度被罢官闲居的袁世凯东山再起,清廷给予他内阁总理大臣职务,相当于给了他军政大权,同时也将自家命运交到袁世凯的手里。

武昌起义之后,国内共有四种影响中国前途的政治力量进行博弈,此外更有帝国主义伺机插手。国内四种政治力量分别是清政府、袁世凯、革命派与立宪派,其中清政府的政治军事力量基本掌握在袁世凯手中,影响力不大;立宪派限于实力无独立掌权意图,只打算选边站队。于是,中国的政治前途主要取决于袁世凯与革命派之间的对决,而对决的结果要看双方的实力对比。

材料十六 辛亥时期的中国革命党人缺乏财源,民国甫建,迅速出现巨大的财政需求和严重的财政困难,孙中山和南京临时政府时刻面临着军队解散和政府崩溃的危险。南京临时政府曾以轮船招商局为抵押向日本借款,但最终以失败告终。同一时期,由于英、美、德、法四国银行团的支持,袁世凯政府于3月9日获得银110万两的借款。5月7日,继获银300万两。6月12日,再获银300万两,6月18日,又获银300万两。

——摘编自杨天石:《孙中山与民国初年的轮船招商局借款——兼论革命党人的财政困难与辛亥革命失败的原因》,载《中国社会科学》,1997年第4期

教师设问: 材料揭示了什么事实?(参考答案:无论是财政实力还是外交支持,革命派都不如以袁世凯为核心的北洋集团)

教师讲述: 此外,南方革命军的战斗力不及北方,且独立的省份之间矛盾重重,缺乏强有力的核心力量,因而难以倾尽全力与北方抗衡。与此同时,袁世凯虽然各方面占据优势,但清政府已尽失人心,难以久持,如果一意维护清政府,最终必然为清政府殉葬,这显然不是袁世凯想要的结果。于是,以谈判来解决中国的前途问题不失为一种务实选择。

材料十七 1911年12月下旬,南北和谈约定:若袁世凯逼清帝退位,并宣布拥护共和,各省即推举他为总统。

12月25日,孙中山与各省代表协定:孙中山参选大总统;待时机成熟,就让位给袁世凯。

12月29日,孙中山当选临时大总统,随即致电袁世凯,强调"虚位以待"。

1912年2月12日,清政府在袁世凯的施压下颁布《清帝逊位诏书》,宣告清王朝的终结。

2月15日,南方的临时参议院选举袁世凯为临时大总统。

——摘编自张海鹏主编,张海鹏、李细珠著:《中国近代通史(第五卷)·新政、立宪与辛亥革命(1901—1912)》,南京:江苏人民出版社,2009年,第452、460—462、488、515页

教师设问: 有人说袁世凯窃取了辛亥革命的胜利果实,请依据上述史实谈谈自己看法。
(参考答案:略)

教师引导学生分析: 从上述材料可以看出,袁世凯最后得以当选临时大总统是双方协议的结果。袁世凯迫使清帝退位,且通电拥护共和,满足了南方革命党人提出的条件,故而当选大总统算得合理;而从他当选前后各方的拥护程度来看,又算得合情;此外,他的临时大总统又是参议院通过选举方式产生,也算得合法。所以,说辛亥革命成果落到了袁世凯手里则可,说袁世凯窃取革命果实则不符合事实。

(设计意图) 在史料实证基础上,突破以往的历史认识:袁世凯窃取了革命果实。主要

指向历史解释素养水平2：在对史事进行论述的过程中，尝试运用史料作为证据论证自己的观点。

《清帝退位诏书》对于共和政府的诞生具有重要的法理意义：

材料十八 前因民军起事，各省响应，九夏沸腾，生灵涂炭。……徒以国体一日不决，故民生一日不安。今全国人民心理，多倾向共和。……当兹新旧代谢之际，宜有南北统一之方。即由袁世凯以全权组织临时共和政府，与民军协商统一办法。总期人民安堵，海宇乂安，仍合满、汉、蒙、回、藏五族完全领土为一大中华民国。

——中国历史第二档案馆编：《中华民国史档案资料汇编》第2辑，南京：江苏人民出版社，1981年，第72页

教师讲述： 经过各方政治势力的博弈，清帝于1912年2月12日颁布《清帝退位诏书》，正式宣布退位。诏书由三道旨构成，分别是《清帝宣布退位旨》《优待条例旨》和《劝谕臣民旨》，其中《清帝宣布退位旨》最为重要。

教师设问： 根据诏书看，当时南北双方争执的核心问题是什么？诏书最后一句话有何意义？（参考答案：采取共和制度，还是君主专制。有利于避免民族分裂、维护国家统一与领土完整）

（设计意图） 通过对《清帝退位诏书》的文本解读，理解清帝的和平退位虽是迫于政治形势发展的无奈选择，但此举避免了大规模流血斗争，且以法律形式认可了民主共和政体，确认了国家统一与领土完整，值得肯定。主要指向史料实证素养2：明了史料在历史叙述中的基础作用。

（过渡） 辛亥革命被称为20世纪中国第一次历史性巨变，一个世纪后的我们应该如何审视这场巨变？

四、观局：如何评价辛亥革命

材料十九 据《农商部统计报告》提供的数字，这一时期所设工厂分别是：1910年986家，1911年787家，1912年1502家，1913年1378家，1914年1123家。这些数字从一个方面显示了辛亥革命后实业有所发展的趋向。

——陈旭麓：《近代中国社会的新陈代谢》，上海：上海社会科学院出版社，2006年，第349页

材料二十 这个革命推翻了统治中国的最后一个专制王朝，结束了中国两千多年的封建帝制，并且在中国人民中传播了民主共和国思想的种子，大大促进了中国人民民主主义的觉醒。

——胡华：《中国革命史讲义》上册，北京：中国人民大学出版社，1979年，第12页

材料二十一 帝国主义在中国的势力并没有受到削弱，在农村中也没有出现一次社会大变动。中华民国虽然成立了，革命果实却落到了帝国主义所中意的以袁世凯为首的北洋军阀手里。

——胡绳主编：《中国共产党的七十年》，北京：中共党史出版社，1991年，第4—5页

材料二十二 从根本上看，辛亥革命既未能铲除帝国主义和封建势力在中国统治的根基，也没有改变中国深层的社会结构，更没有改变中国的半殖民地半封建社会性质。

——中共中央党史研究室：《中国共产党历史》第 1 卷，北京：中共党史出版社，2011 年，第 16—17 页

教师设问：长期以来，史学界关于辛亥革命的成败问题存在三种观点：(1) 胜利；(2) 失败；(3) 既有胜利之处，也有失败地方。说出自己认同的观点并选择材料加以论述。[参考答案：认同观点(1)，选择材料十九、二十；认同观点(2)，选择材料二十一、二十二；认同观点(3)，选择的材料两方面兼顾；论述可从政治、经济、思想等方面展开]

(设计意图)由学生自己选择观点并借助材料论述，培养学生独立思考的意识及解释历史的能力。主要指向史料实证素养水平 2：在对史事进行论述的过程中，尝试运用史料作为证据论证自己的观点。

教师讲述：对历史事件的评价，应当将其置于当时的社会环境下考察，而不能按照后世的眼光与主观愿望对号入座。就辛亥革命来说，它当时应当承担的历史任务是实现民族独立与人民民主，但中国专制传统之深厚、列强在华势力之强大、革命酝酿过程之短暂等诸多因素决定了辛亥革命能够承担的任务极其有限。以孙中山为首的革命党人推翻了清王朝，结束了帝制，虽然没有建立起理想的中华民国，但是树立了民主共和制的尊严，并且在经济与思想文化领域都有开创性的影响，其历史功绩是巨大的，因而可认定辛亥革命是成功的。

但是革命党人没能在推翻清政府后掌握住政权，让革命果实落入袁世凯手中，又确实暴露了革命党人身上存在相当的不足：依赖会党和军队，轻视民众力量；领导集团内部不够团结；政党组织不够严密等。首先我们应该认识到这些问题的存在有其必然性，因为民主革命在中国刚刚起步，革命党人在思想上与组织上都还很不成熟；其次，我们还要认识到这些教训正是后来革命者成长的养分。

(设计意图)引导学生历史地、客观地评价辛亥革命的历史功绩与不足。主要指向家国情怀素养水平 3、4：表现出对历史的反思，从历史中汲取经验教训，更全面、客观地认识历史问题。

第 20 课

北洋军阀统治时期的政治、经济与文化

教学设计 1

江苏省昆山中学　沈为慧／昆山市葛江中学　赵海明

一、教材分析

本课是第六单元《辛亥革命与中华民国的建立》中的第 2 课,包括袁世凯复辟帝制与护国战争、北洋时期的军阀割据、民国初年经济社会生活的新气象和新文化运动的开展四个子目。辛亥革命作为中国近代史上一场伟大的资产阶级民主革命,影响深远。作为"后辛亥时期",本课在一定程度上对其进行了"阐释"。辛亥革命之后,袁世凯建立了北洋政府。1916 年袁世凯败亡后,中国陷入了军阀割据的局面。军阀的专制统治、割据和混战,给人民带来无穷的祸害,使经济遭到极大破坏。以 1915 年陈独秀在上海创办《青年杂志》为开端,开启了资产阶级民主主义反对旧文化斗争的序幕。新文化运动在社会上掀起了一股思想解放的潮流,对中国历史产生了深远的影响。但是中国人民反帝反封建的任务远未完成,革命必须向新的阶段发展。

二、学情分析

学生在初中阶段已经学过该课中的主要内容,对基本史实有所了解。高中阶段的教学应在基本的、具有典型意义的史实的基础上,提升学生的历史认识。学生对这一阶段史实的了解多是孤立的,未成体系,对史实之间的内在前后联系和脉络认识不清,理解不到位。高中阶段的教学应重视线索的梳理,帮助学生构建自己的知识体系。

三、教学目标

1. 从政治、经济与文化等多方面了解北洋政府统治时期的社会概况和阶段基本特征,认识辛亥革命取得的巨大成功。同时理解在军阀的专制统治、割据混战之下,中国重新落入黑暗的深渊,中国人民继续探索民族复兴的历史使命。

2. 简要说出新文化运动的来龙去脉和主要内容,并在此基础上理解新文化运动对 20

世纪中国思想解放的影响;能够认识到新文化运动打开了思想解放的闸门,推动了各种新思想的传播,为推动中国革命向新的阶段发展奠定了基础。

四、教学重难点

重点:北洋时期的社会概况与阶段基本特征。

难点:新文化运动对近代中国思想解放的影响。

五、教学过程

【新课导入】

教师讲述:1913 年 3 月 20 日晚 10 时 45 分,在上海火车站,一位中年男子正准备经过检票口。突然传来三声枪响,人们循声望去,这名中年男子已倒在地上。后来,人们才知道,这名男子是准备前往北京的国民党代理理事长宋教仁。几天前,总统袁世凯邀请他前往北京共商国是。可惜"出师未捷身先死",22 日宋教仁不治身亡。

【学习新课】

教师讲述:当时舆论普遍认为"宋案"和袁世凯有关。武昌起义的枪炮声震惊了清廷,但真正从这一事件中获得最大好处的则是袁世凯。武昌起义爆发时,不论国外还是国内,都希望袁世凯出山收拾局面。革命派以为只有袁世凯能推翻清政府;清政府也以为,只有袁世凯才能"剿平"革命派。孙中山在就任临时大总统时声明,只要袁世凯能让清帝退位,就保举他为大总统。

材料一 如清帝实行退位,宣布共和,则临时政府决不食言,文即可正式宣布解职,以功以能,首推袁氏。

——孙中山:《复伍廷芳电》(1912 年 1 月 15 日)

教师讲述:一方面,得到了孙中山的保证;另一方面,全国多省在武昌起义后宣告独立,眼见清政府大势已去,袁世凯开始对清帝展开"逼宫"行动。清皇室在走投无路的情况下,1912 年 2 月 12 日宣布皇帝退位。

材料二 袁世凯前经资政院选举为总理大臣。当兹新旧代谢之际,宜有南北统一之方,即由袁世凯以全权组织临时共和政府,与民军协商统一方法。

——《关于南北议和的清方档案》,《辛亥革命》第八册,上海:上海人民出版社,1957 年,第 183 页

教师设问:材料中"即由袁世凯以全权组织临时共和政府,与民军协商统一办法"这句话,据说是袁世凯自己加上的。[1] 袁世凯为什么要加上这句话?(参考答案:为夺取革命果实做铺垫)

---

[1] 杨天石:《帝制的终结:简明辛亥革命史》,长沙:岳麓书社,2011 年,第 370 页。

教师讲述：这样一来，由袁世凯出面组织中华民国临时共和政府，是得自清帝的授权。照这个诏书，袁世凯获得的新权力与南方革命政府没有关系。袁世凯于退位诏书宣布的同一日，通电表示赞成共和。孙中山信守诺言，2 月 13 日即向南京临时参议院提出辞职。孙中山在辞职咨文中，特别提出三项条件：

材料三　临时政府地点设于南京，为各省代表所议定，不能更改；辞职后，俟参议员举定新总统亲到南京受任之时，大总统及国务各员乃行辞职；临时政府约法为参议院所制定，新总统必须遵守颁布之一切法制章程。

——《咨参议院辞临时大总统职文》(1912 年 2 月 13 日)

教师设问：孙中山在辞职咨文中，特别提出这三项条件的目的是什么？（参考答案：防范专权，约束袁世凯）

教师讲述：孙中山等人希望通过这种办法使袁世凯离开北京老巢、定都南京，在革命党人的包围和辅佐下，按照革命党人的意愿建设中华民国。而袁世凯则纠集中外反动势力，坚决反对定都南京。临时参议院无奈之下，只好做出允许袁世凯在北京就职的决议。3 月 10 日，袁世凯在北京正式就任临时大总统。3 月 11 日，孙中山签署并发布《中华民国临时约法》。4 月 1 日，孙中山正式解除临时大总统职务。5 日，临时参议院随临时政府迁往北京。此后的袁世凯，又破坏《临时约法》关于发布政令必须有内阁总理副署的规定，迫使总理唐绍仪辞职，任命自己的亲信赵秉钧组织内阁。

教师继续讲述：1912 年 8 月 25 日，同盟会联合其他一些政治团体建立了国民党，国民党党务由宋教仁主持。宋教仁希望用议会制和责任内阁制来约束袁世凯，以实现政党内阁，把中华民国建设成为类似西方民主共和制的国家。在 1913 年初国会两院选举中，国民党获得全面胜利。宋教仁以为这是借助合法斗争取得政权的大好机会，似乎国民党组织责任内阁已经俨然在握了。他到处演说，批评时政，宣传政党内阁的主张。可是当宋教仁准备北上组阁时，被暗杀身亡。对于谁是谋杀宋教仁的主谋，种种线索纷纷指向袁世凯。宋教仁是醉心于议会政治的革命家，他完全没有想到，在袁世凯的统治下，议会政治的梦想是多么难以实现。

材料四　我回上海时，见得宋教仁之被杀，完全出于袁世凯之主使，人证物证皆已完备。……因为袁世凯是总统，总统指使暗杀，则断非法律所能解决，所能解决者只有武力。

——孙中山：《在广州大本营对国民党员的演说》(1923 年 11 月 25 日)

教师设问："宋案"发生后，孙中山提出怎样的应对策略？（参考答案：武力讨袁）

教师讲述：在孙中山的号召下，7 月 12 日，李烈钧宣布江西独立，并通电讨袁。黄兴宣布江苏独立，表示"不除袁贼，誓不生还"[①]。安徽、上海、广东、福建、湖南、重庆等地也先后宣布举兵讨袁。这就是"二次革命"。由于实力悬殊，江西讨袁军和江苏讨袁军相继失败，"二次革命"就这样结束了。袁世凯顺势完成了对全国的武力统一。

袁世凯扑灭"二次革命"后，就着手废除国会和《临时约法》。为了废弃《临时约法》，袁世凯要求国会起草宪法，他要把临时大总统变成正式大总统。另外，袁世凯还让国会起草《大总统选举法》。

---

① 黄兴：《就江苏讨袁军总司令誓师文》，载《民立报》(1913 年 7 月 18 日)。

　　10月4日,国会通过并颁布了《大总统选举法》。10月6日,国会开始选举大总统。为防止发生意外,袁世凯派出数千名便衣军警、侦探、地痞流氓等组成所谓的"公民团",把会场围得水泄不通,并叫嚣"今天不选出我们中意的大总统,你们就休想出院"[1]。议员被困在国会中,勉强经过三轮投票,直到晚上十点多才以微弱多数选举袁世凯为大总统,议员们始得退场。10月10日,袁世凯特意选择在前清皇帝登基大典举办地——太和殿,举行了中华民国正式大总统就职典礼,他俨然以皇帝自居。

　　11月,袁世凯下令解散国民党,国民党议员在国会中占有多数,国民党不能出席会议,国会就不能形成法定多数,自然无法进行正常的活动。1914年1月,袁世凯公开下令取消国会。国会被取消,意味着共和理想在民国既失去了实力保障,也失去了必要的制度保障。袁世凯在专制独裁的路上,已摆脱了任何制约与监督。之后,根据《中华民国约法》和《大总统选举法》,袁世凯不但成了中国的独裁元首,而且还使这种独裁得以终身和世袭。袁世凯实际上已拥有皇帝的权力,所缺少的只是皇帝的称号和皇冠罢了。在此背景下,维护纲常礼教的复古思想也迅速流行开来。

　　材料五　① 近自国体变更,无识之徒,误解平等自由,逾越范围,荡然无守,纲常沦弃,人欲横流,几成为土匪禽兽之国。幸天心厌乱,大难削平,而黉舍鞠为荆棘,鼓钟委于草莽,使数千年崇孔子之心理,缺而弗修,其何以固道德之藩篱而维持不类? 本大总统躬膺重任,早作夜思,以为政体虽取革新,而礼俗要当保守。

——《亲临祀孔典礼令》(1914年9月26日)

　　② 中国数千年来,立国根本在于道德。凡国家政治、家庭伦理、社会风俗,无一非先圣学说发皇流衍。是以国有治乱,运有隆污,惟此孔子之道,亘古常新,与天无极。

——《祭孔告令》(1914年9月25日)

　　③ 每逢孔子圣诞日,上海各行政机关均循例休息一天,升旗庆祝,各学校停课一天,由教育行政界领袖及各学校校长、教员率同学生至文庙行礼,租界也不能例外。凡在私塾就读的学生,还要遵师令,各穿长衫,携带香烛等物品,点烛燃香,作揖下跪。

　　——艾萍:《继承与异动——北洋军阀时期的风俗变革》,载《辽宁大学学报(哲学社会科学版)》,2009年第1期

　　教师设问:上述材料反映了什么现象? 这些折射出袁世凯目的何在? (参考答案:尊孔复古;提倡"孔子之道",举行祭孔典礼。为复辟帝制制造舆论)

　　教师讲述:孔子的思想是中国古代维护君主专制制度的理论武器,与民主共和思想格格不入,早在辛亥革命准备时期就曾遭到资产阶级革命派和改良派的强烈批评。南京临时政府成立后,教育部曾以"忠君与共和政体不合,尊孔与信教自由相违"[2]为由,明令全国各地中小学校废止谈经和拜孔之礼。袁世凯为减少复辟过程中思想上的阻力,想要重新赋予孔子学说至高无上的地位,以此否定民主共和的观念。于是,在思想文化界掀起一股尊孔读经、复古倒退的逆流。社会上,孔教会、尊孔会之类组织纷纷出笼,它们利用社会上对辛亥革命后局势的失望情绪,诋毁共和制度,诽谤民主思想,要求定孔教为国教。

---

① 陶菊隐:《北洋军阀统治时期史话》第二册,北京:生活·读书·新知三联书店,1957年,第6页。
② 《蔡元培选集》,杭州:浙江教育出版社,1993年,第14—15页。

1914年9月28日，袁世凯还进行了民国以来第一次全国规模的祀孔活动。与此同时，各省也在中央的要求下举行隆重的祀孔大典。

不仅如此，袁世凯还下令恢复了前清的祭天制度。祭天之礼，是中国古代帝王以天子的身份每年向上天表示崇敬并祈求保佑的制度。对此，鲁迅先生一针见血地指出："从二十世纪开始以来，孔夫子的运气是很坏的，但到了袁世凯时代，却又被重新记得，不仅恢复了祭典，还新做了古怪的祭服，使奉礼的人们穿了起来。跟着这事出现的便是帝制。"[1]

在一片反对声中，袁世凯于12月12日称帝，改元洪宪，登上了他梦寐以求的皇帝宝座。但与此同时，反对帝制的呼声响彻中华大地。甚至，袁世凯曾经的心腹部下冯国璋也联合五位大将联名通电，要他取消帝制。1916年3月，走到众叛亲离之绝境的袁世凯宣布取消帝制，并于6月6日抑郁而终。

材料六　……讨袁之目的虽达，而革命之目的终不得达，是非更大扫除，再次革命，恐所谓国利民福，仍无着也。

——黄季陆等编：《革命文献》第47辑，台北：中国国民党中央委员会党史史料编纂委员会，1968年，第620页

教师设问：为什么说袁世凯败亡后，"国利民福，仍无着也"？（参考答案：中国又陷入军阀纷争和分裂动荡之中）

教师讲述：军阀割据局面的形成，有其深刻的社会根源。它是中国"地方的农业经济（不是统一的资本主义经济）和帝国主义划分势力范围的分裂剥削政策"[2]的产物。许多军阀为保自己利益，不惜出卖主权以换取外国的支持。20世纪20年代的一位美国外交官马克穆利说："在目前中国这种狗咬狗的争斗中，我们并不偏爱谁，对我们来说，他们都一样……"军阀混战割据造成的结果是"国将不国"[3]。

（设计意图）以"宋案"为线索，介绍北洋时期的基本政治状况。主要指向时空观念素养水平2：认识事物发生的来龙去脉，理解空间和环境因素对认识历史的重要性；历史解释素养水平2：在历史叙述中将史实描述与历史解释结合起来。

教师讲述：悲愤的孙中山一次次在南方发动革命，以推翻军阀的统治。10余年里，屡战屡败，屡败屡战，始终未能看到打倒北洋军阀的那一天。许多人从推翻清政府的盲目乐观中清醒过来，怎样才能救中国？种种救国学说在中国大地应运而生，诸如教育救国、科学救国、实业救国、甚至军国主义救国等纷纷出现。民国初年，内阁制、多党制、议会制等一套从西方学来的东西，也都实行过了。然而，"中国向西方学得很不少，但是行不通，理想总是不能实现"[4]。现实的惨痛教训促使人们对如何学习西方的民主政治制度进行反思。

美国哈佛大学历史系教授柯伟林特别提到，在1910年到1920年，中国许多知识分子认为中国问题的症结在于中国文化。中国文化导致了中国的软弱；西方人更具侵略性，更军事化，更国际化和科学化，他们成功的历史值得研究。这些西化的知识分子坚持中国要向西方

---

① 鲁迅：《现代中国的孔夫子》，《鲁迅全集》第6卷，北京：人民文学出版社，1981年，第317页。

② 《毛泽东选集》第1卷，北京：人民出版社，1991年，第49页。

③ 中央电视台《复兴之路》栏目组编：《复兴之路》，北京：中国民主法制出版社，2008年，第172页。

④ 毛泽东：《论人民民主专政》（1949年6月30日），《毛泽东选集》第4卷，北京：人民出版社，1991年，第1470页。

学习,想要重塑中国,为中国创造一种崭新的文化并发起了新文化运动。①

材料七 ① 共和立宪而不出于多数国民之自觉与自动,皆伪共和也,伪立宪也,政治之装饰品也,与欧美各国之共和立宪绝非一物。

　　　　　——陈独秀:《吾人最后之觉悟》,载《青年杂志》第一卷第六号

② 这腐旧思想布满国中,所以我们要诚心巩固共和国体,非将这班反对共和的伦理文学等等旧思想,完全洗刷得干干净净不可。否则不但共和政治不能进行,就是这块共和招牌,也是挂不住的。

　　　　　——陈独秀:《旧思想与国体问题》,载《新青年》第三卷第三号

③ 中国革命是以种族思想争来的,不是以共和思想争来的;所以皇帝虽退位,而人人脑中的皇帝尚未退位。

　　　　　——高一涵:《非君师主义》,载《新青年》第五卷第六号

教师设问: 为"重塑中国",《新青年》杂志提出了怎样的意见?(参考答案:反对旧思想;要从根本上改造中国,需要有文化的觉醒和思想的启蒙;唤醒并依靠民众的"自觉与自动")

教师讲述: 最先倡导并吹响思想启蒙号角的,是《青年杂志》的创办者陈独秀。陈独秀早年受到维新派思想的影响,后赴日留学,又接受了革命思想的熏陶。1903年回国后积极投身反清革命活动,创办上海《国民日报》、芜湖《安徽俗话报》,是辛亥革命的积极参与者。民国成立后,他一度出任安徽都督府秘书长。"二次革命"失败后,流亡日本。1915年6月回国,9月在上海创办《青年杂志》,在思想文化领域掀起一场向传统思想、道德、文化宣战的新文化运动。《青年杂志》创刊时封面上印有法文"La Jeunesse",寓意仿照法国启蒙运动,实行法兰西式的彻底革命。他决心革新中国人的思想观念。一年后,《青年杂志》更名为《新青年》。

材料八 ① 近代欧洲之所以优越他族者,科学之兴,其功不在人权说下,若舟车之有两轮焉。……国人而欲脱蒙昧时代,羞为浅化之民也,则急起直追,当以科学与人权并重。

　　　　　——陈独秀:《敬告青年》,载《青年杂志》第一卷第一号

② 追本溯源,本志同人本来无罪,只因为拥护那德莫克拉西(Democracy)和赛因斯(Science)两位先生,才犯了这几条滔天的大罪,要拥护那德先生,便不得不反对孔教、礼法、贞节、旧伦理、旧政治;要拥护那赛先生,便不得不反对国粹和旧文学。……西洋人因为拥护德、赛两先生,闹了多少事,流了多少血,德、赛两先生才渐渐从黑暗中把他们救出,引到光明世界。我们现在认定只有这两位先生,可以救治中国政治上道德上学术上思想上一切的黑暗。若因为拥护这两先生,一切政府的压迫,社会的攻击笑骂,就是断头流血,都不推辞。

　　　　　——陈独秀:《新青年罪案之答辩书》,载《新青年》第六卷第一号

教师设问: 新文化运动的领导者认为应该如何启蒙民众的觉悟?(参考答案:提倡民主和科学)

教师讲述: 新文化运动的参与者们认为,中国政治之腐败与黑暗,根本上就在于国民没有觉悟,因此没有参与政治的愿望和能力。要有真共和,就必须彻底解放思想,打破一切束

① 中央电视台《复兴之路》栏目组编:《复兴之路》上,北京:中国民主法制出版社,2008年,第178页。

缚思想的条条框框,就要以民主和科学为准绳,将政党政治发展为国民政治。弘扬民主和科学是新文化运动的主要诉求,也是当时中国必须解决的主要问题之一。

新文化运动倡导的民主,有两层涵义。一是指民主精神和民主思想。这包括个性解放、人格独立及自由民主权利等内容。二是指与君主专制制度相对立的资产阶级民主政治制度。新文化运动倡导的科学,也有两个方面的涵义。它主要是指与迷信、蒙昧无知相对立的科学思想、科学精神以及认识和判断事物的科学方法,同时也指具体的科学技术、科学知识。

(设计意图) 介绍新文化运动兴起的背景,并借助《新青年》上的主要文章呈现新文化运动的情况。主要指向时空观念素养水平 2:认识事物发生的来龙去脉,理解空间和环境因素对认识历史的重要性;史料实证素养水平 1:从所获得的材料中提取有关的信息;历史解释素养水平 2:组织和运用相关材料并使用相关历史术语,对个别史事提出自己的解释。

教师讲述: 为促进新思想的传播,新文化运动的巨匠们又掀起了文学革命。

材料九　① 吾以为今日而言文学改良须从八事入手。八事者何? 一曰须言之有物;二曰不模仿古人;三曰须讲求文法;四曰不做无病之呻吟;五曰务去滥调套语;六曰不用典;七曰不讲对仗;八曰不避俗字俗语。

——胡适:《文学改良刍议》,载《新青年》第二卷第五号

② 孔教问题,方喧呶于国中,此伦理道德革命之先声也。文学革命之气运,酝酿已非一日,其首举义旗之急先锋,则为吾友胡适。余甘冒全国学究之敌,高张"文学革命军"大旗,以为吾友之声援。旗上大书特书吾革命军三大主义:曰,推倒雕琢的阿谀的贵族文学,建设平易的抒情的国民文学;曰,推倒陈腐的铺张的古典文学,建设新鲜的立诚的写实文学;曰,推倒迂晦的艰涩的山林文学,建设明瞭的通俗的社会文学。

——陈独秀:《文学革命论》,载《新青年》第二卷第六号

教师设问: 新文化运动提倡的文学革命表现在哪些方面? (参考答案:表达方式的革新,提倡白话文;文学内容的革新,提倡通俗的国民文学和社会文学)

教师讲述: 新文学的鲜明特征是使用白话文。胡适率先提出了改革文体、实行文学改良的主张,陈独秀对此坚决赞成。从 1918 年起,《新青年》所载文章全部改用白话文。1920 年,教育部决定,全国中小学使用白话文的语文教材。白话文渐渐成为中国语文的主导表达方式。新文化运动的另一位代表人物鲁迅则是文体改革和文学革命的积极实践者,1918 年 5 月,他在《新青年》上发表的《狂人日记》,将新文学的形式和内容完美地结合起来,被公认为中国现代文学史的开山之作,不仅在文学上,而且在政治上和社会上都具有重要的影响。

新文化运动是一场前所未有的启蒙运动和空前深刻的思想解放运动,"自有中国历史以来,还没有过这样伟大而彻底的文化革命"[①]。他们的斗争有力地打击和动摇了长期以来传统正统思想的统治地位,唤醒了一代青年,使中国的知识分子尤其是广大青年受到一次民主和科学思想的洗礼,从而打开了遏制新思想涌流的闸门,在中国社会上掀起一股生气勃勃的思想解放的潮流,这就为适合中国社会需要的新思潮,特别是马克思主义在中国的传播,创造了有利的条件。

教师总结: 这是一个过渡的时代,社会发展的转型期,是一个充满矛盾的时代,新与旧、

---

① 毛泽东:《新民主主义论》(1940 年 1 月),《毛泽东选集》第 2 卷,北京:人民出版社,1991 年,第 700 页。

中与西、先进与落后、进步与反动、传统与现代并存,反对外国侵略与向西方学习同在,各种矛盾纵横交织的时代。

教学设计 2

常熟市教育局教学研究室　周云华

一、教材分析

本课是第六单元《辛亥革命与中华民国的建立》中的第 2 课,包括袁世凯复辟帝制与护国战争、北洋时期的军阀割据、民国初年经济、社会生活的新气象和新文化运动的开展四个子目。辛亥革命以后,近代中国进入了一个随制度鼎革而来的北洋时期。在这一时期,政治上首先呈现出复辟帝制与维护共和的斗争,之后军阀混战和割据,国家不统一,同时在经济上却迎来了发展的黄金时期,思想上兴起了民主与科学为核心的新文化运动。北洋时期是从传统走向现代国家社会转型阶段,具有新旧杂陈、新旧相争的特点。旧势力依旧想维护原有的统治,但新的力量也在缓慢地推动近代中国前进。

二、学情分析

本课授课对象为高一学生。初中阶段的历史学习,使学生对于北洋政府时期政治的混乱、军事的混战、经济的发展及文化社会生活等领域的新变化具有基本的感性认识,但对于这纷繁复杂、新旧杂陈的诸多乱象之间的关系,以及这些乱象背后的深层原因缺乏深刻的理解和理性的思考,如何引领学生进行深层次的剖析从而更全面、深入地理解这一阶段的历史成为重中之重。

三、教学目标

1. 在社会转型的视角之下,以"民国初年近代化道路上的新旧冲突"为中心问题,探寻袁世凯帝制自为的原因,理解民主共和政体与具体国情之间存在的问题,感悟到近代民主化的曲折性。

2. 理解新文化运动的内容以及对思想解放的影响,感悟近代先进的中国人为救国图强而顽强奋斗的精神。

3. 从历史的角度认识北洋时期中国的国情,全面认识这段历史,并从中汲取教训。

四、教学重难点

重点:北洋时期的统治及特点;新文化运动的内容与影响。

难点：北洋时期乱象背后的原因。

五、教学过程

【导入新课】

教师讲述：袁世凯在清末民初的政坛上是一个关键的人物,在辛亥革命帝制与共和转换的关键时刻,他有过积极作用,既使中国避免了欧洲资产阶级革命时通常所发生的大规模的流血斗争,又较为平和地使资产阶级民主共和国迅速在中国得以确立。有学者评价道：

材料一　……袁氏固似非小有才者,苟赋以公忠之德性,济以世界之智能,未必不能周旋于二十世纪之政治舞台,以利于中国。

——白蕉：《袁世凯与中华民国》,北京：中华书局,2007 年,第 7 页

教师讲述：但是袁世凯最终却选择了帝制之路,上演了一幕丑剧,使他本可获得名垂青史的美谥一夜之间变成遗臭万年。把目光投向在 1912—1915 年之间新生的中华民国,袁世凯为何会做出这样的选择？

【学习新课】

教师讲述：袁世凯就任临时大总统以后,对于民主共和制之下的国会曾经发出过这样的感慨：

材料二　议员们又捣乱了,这样七嘴八舌,国家的事还怎么办？

——转引自吴长翼：《八十三天皇帝梦》,北京：文史资料出版社,1983 年,第 25 页

教师设问：根据材料,指出袁世凯发出这样感慨的原因。（参考答案：大总统的权力受到国会的掣肘）

教师讲述：《临时约法》赋予袁世凯的权力相当有限,责任内阁制下,内阁代对国会负责,大总统几乎成为虚职。袁世凯本人认为,大总统的权力是不该被限制的,但当时的国民党希望利用国会与袁世凯抗衡,来建设资产阶级民主共和政体。国民党代理事长宋教仁说：

材料三　从前,对于敌人,是拿出铁血的精神,同他们奋斗；现在,对于敌党,是拿出政治的见解,同他们奋斗。

——宋教仁：《宋教仁集》下册,北京：中华书局,1981 年,第 456 页

教师讲述：在这样的矛盾之下,袁世凯与国民党相争,开始一步步集权,如下令解散国民党、颁布《中华民国约法》等,最终想用称帝来达到完全掌握国家政权的目的。在民主共和制之下不愿受到掣肘,袁世凯为何一定要大权独揽？

材料四　彼身出累代官家之后,从幼已种专制之根苗。入世以后,又日在官途。专制之毒质,蟠固既深,断不能铲拔。

——《再论袁世凯》,《申报》(1911 年 11 月 5 日)

教师设问：作者认为袁世凯的思想有何特点？（参考答案：专制思想根深蒂固）

教师讲述：一个有着浓厚专制思想的人物担任新式民主共和制之下的大总统,显然会感到极不适应。而他周边的人物,对他也有着很大的影响,比如精通法国议会制度和美国总

统制的政治学家古德诺①,在担任袁世凯政府法律顾问时,就指出中国并不具备实行内阁制的条件:

材料五 ……中国无论在气候方面,还是在地理方面都呈多样性,缺乏足够的交通、通信手段。而且,在中国解决全国性问题时人民缺乏政治参加之经验,政党发展也不够。

——转引自[日]山田辰雄:《袁世凯帝制论再考——古德诺与杨度》,载中国社会科学院近代史研究所:《近代中国与世界:第二届近代中国与世界学术讨论会论文集》第三卷,北京:社会科学文献出版社,2005年,第117页

教师设问:根据材料,指出古德诺对于中国政体选择的观点。(参考答案:民主共和政体不适合中国的国情)

教师讲述:作为政治学知识过硬的政府顾问,古德诺关于中国共和制和君主制的优劣,何种政体适合中国国情的分析言论对袁世凯称帝产生了重要的影响。除此之外,杨度在其中也起到相当大的作用,他写有令袁世凯非常欣赏的《君宪救国论》,并组织筹安会,积极为复辟帝制营造舆论。

对近代中国有重要影响力的帝国主义对于袁世凯称帝持何种态度?当时的日本和英国分别有着这样的公开言论:

材料六 袁氏……面对中国今日之难局,绰绰有余地显示其统治能力,不失为中国现代一大伟人,其皇帝自为,任何人亦不至引以为怪。

——日本首相大隈重信(1915年9月6日)

材料七 英国公使朱尔典表示:"若中国无内乱,则随时可以实行(帝制),此中国内政,他人不能干涉,行君主立宪政体,是中国不能逃避之举,且系根本解决之法。"

——转引自骆宝善:《骆宝善评点袁世凯函牍》,长沙:岳麓书社,2005年,第378页

教师设问:根据材料,指出帝国主义对于袁世凯称帝的态度。(参考答案:支持)

教师讲述:而当时普通民众的思想状态如何?对于袁世凯称帝有何影响?对此,孙中山这样评价:

材料八 民众愚昧,惑溺邪说,义理不辨,向背失所,袁氏势位赖以得保。

——《致中华会馆董事函》,王耿雄编:《孙中山集外集》,上海:上海人民出版社,1990年,第373页

教师设问:材料说明当时民众的思想状态如何?(参考答案:愚昧)

教师讲述:综上所述可以得知,虽然民国初年政体已经从帝制走向共和,但是共和政体是插在旧的土壤之中,难以存活成长。面对民主制度的制约,具有专制思想的袁世凯难以忍受,而周边人不断蛊惑,帝国主义的支持,加上民众又处于愚昧之中,这一切都推动袁世凯走上帝制自为之路。可见袁世凯复辟帝制有其历史的必然性,这是由民国初年特殊的国情所决定的。但捍卫民主共和的新力量也存在,护国战争的发动,推翻了"洪宪"帝制,埋葬了袁世凯。

(设计意图)从民主制度、个人特点、周边人物、帝国主义、普通民众五个层面分析袁世

① 古德诺(1859—1939),美国政治学家、教育家,1913年到北京任中国政府的法律顾问,1915年发表《共和与君主论》,为袁世凯的复辟制造舆论。

凯帝制自为的原因,让学生认识到一个历史现象的出现是多种历史因素相互作用的结果。主要指向时空观念素养水平 2:认识事物发生的来龙去脉,理解空间和环境因素对认识历史的重要性;史料实证素养水平 1:从所获得的材料中提取有关的信息;历史解释素养水平 2:组织和运用相关材料并使用相关历史术语,对个别史事提出自己的解释。

(过渡): 袁世凯在 1916 年去世后,中国迎来的却是一个更加混乱的政局。

材料九 从 1912 年至 1928 年的 16 年间,国家元首变换了 12 次,共有 7 人先后担任总统,每人每次平均在位不到 16 个月;内阁改组 45 次,有 29 人担任过政府首脑(总理),任期最长的为 17 个月,最短的仅有 5 天。

——摘编自杨大辛:《北洋政府总统与总理》,天津:南开大学出版社,1989 年,第 467 页

教师讲述: 在袁世凯去世之后的北洋时期,有着府院之争、直皖战争、第一次直奉战争、第二次直奉战争,各派系军阀围绕着北京中央政府的控制权展开着混战。面对着民国初年的种种乱象,当时的有识之士一直在苦苦寻找真正的救国图强之路,也在反思问题所在,正如梁启超在《五十年中国进化概论》中提出:

材料十 革命成功将近十年,所希望的件件都落空,渐渐有点废然思返,觉得社会文化是整套的,要拿旧心理运用新制度,决计不可能,渐渐要求全人格的觉醒。

——梁启超:《五十年中国进化概论》,《梁启超选集》,上海:上海人民出版社,1984 年,第 833—834 页

教师设问: "旧心理"指的是什么?民国时期通过什么运动与"旧心理"进行斗争?(参考答案:传统儒家思想。新文化运动)

教师讲述: 1915 年,陈独秀在《青年杂志》上发表《敬告青年》一文,开始了新文化运动。胡适曾把新文化运动的根本精神归结为一种"新态度",并且说:

材料十一 据我个人的观察,新思潮的根本意义只是一种新态度。这种新态度可叫做"评判的态度"。

……

尼采说现今时代是一个"重新估定一切价值"(Transvaluation of all Values)的时代。"重新估定一切价值"八个字便是评判的态度的最好解释。

——胡适:《"新思潮"的意义》,载《新青年》第七卷第一号

教师设问: 根据材料,指出"评判的态度"的实质。你认为,其意图是什么?(参考答案:充满怀疑精神的态度。重建现代价值体系)

教师讲述: 所谓"评判的态度"就是充满怀疑的态度,对一切旧有的文化思想进行批判怀疑,通过批判怀疑,重建起新的现代价值体系,这就是新文化的内涵。

新文化运动具体是如何来反对旧有文化,重建新价值体系?陈独秀说:

材料十二 要拥护那德先生,便不得不反对孔教、礼法、贞节、旧伦理、旧政治;要拥护那赛先生,便不得不反对旧艺术、旧宗教;要拥护德先生又要拥护赛先生,便不得不反对国粹和旧文学。

——陈独秀:《本志罪案答辩书》,载《新青年》第六卷第一号

教师讲述: 新文化运动以民主与科学为旗帜。民主与礼教对立,主要呼唤人权意识,矛头指向儒家节烈观、忠孝观等。科学与迷信对立,主要是科学精神和理性思想,反对盲从,矛

头指向国民的奴隶性,盲目崇拜。

新文化运动在宣扬民主与科学的同时,又发动文学革命。陈独秀举起了"文学革命军大旗":

材料十三 旗上大书特书吾革命军三大主义:曰,推倒雕琢的阿谀的贵族文学,建设平易的抒情的国民文学;曰,推倒陈腐的铺张的古典文学,建设新鲜的立诚的写实文学;曰,推倒迂晦的艰涩的山林文学,建设明瞭的通俗的社会文学。

——陈独秀:《文学革命论》,载《新青年》第二卷第六号

教师设问:根据材料,归纳文学革命的内容,并指出在文学的哪些方面进行革命?(参考答案:以国民文学、写实文学、社会文学取代贵族文学、古典文学、山林文学。文学对象、文学形式、文学内容三方面)

教师讲述:文学革命不仅是从对象、形式、内容三方面的文化革命,同时还是一场语言的革命。其标志就是运用白话文,关于白话文胡适提出:

材料十四 "白话"有三个意思:一是戏台上说白的"白",就是说得出,听得懂的话;二是清白的"白",就是不加粉饰的话;三是明白的"白",就是明白晓畅的话。

——胡适:《白话文学史》,《胡适文集》第 8 卷,北京:北京大学出版社,1998 年,第 147 页

教师设问:在你看来,白话文有何特点。(参考答案:通俗、易懂、清晰、精确)

教师讲述:新文化运动有着文化革命和语言革命的双重意义,而语言革命与思维相连,白话文取代文言文正是用精确、严密的近代思维方式取代带有模糊特点的传统思维方式。

(设计意图)通过对不同史料的剖析,引导学生深入理解新文化运动的内涵与内容。主要指向史料实证素养水平 1:能够从所获得的材料中提取有关的信息;历史解释素养水平 2:在历史叙述中将史实描述与历史解释结合起来。

教师讲述:新文化运动时期,面对孔教,胡适喊出了"打孔家店"的口号。

材料十五 正因为二千年吃人的礼教法制都挂着孔丘的招牌,故这块孔丘的招牌——无论是老店,是冒牌——不能不拿下来,捶碎,烧去!

我给各位中国少年介绍这位"四川省只手打孔家店"的老英雄——吴又陵先生!

——胡适:《〈吴虞文录〉序》,合肥:黄山书社,2008 年,第 1 页

教师设问:根据材料,指出孔子与儒家礼教之间的关系。(参考答案:孔子是儒家礼教的象征)

教师讲述:袁世凯和张勋的复辟帝制始终与尊孔相联系,袁世凯为称帝甚至掀起了"尊孔复古"的逆流。当时康有为等人又组织了孔教会,因此有报纸指出:

材料十六 因孔子力倡尊王之说,欲利用之以恢复人民服从专制之心理。

——《中华民报》(1913 年 6 月 25 日)

教师设问:康有为等人组织孔教会的目的是什么?(参考答案:恢复专制体制)

教师讲述:孔子是儒家礼教的象征,而儒家礼教又是专制体制的思想基础,所以攻击孔教的实质是猛烈、坚决地批判有着悠久传统的专制主义思想文化。故"打孔家店"有其历史正当性。

教师设问:"打孔家店"是否就是全盘反对传统文化?(参考答案:不是。孔儒不是传统

文化的全部)

教师讲述：孔门儒学不是传统文化的全部，因而新文化运动反孔批儒并非全盘反传统。有学者这样评价：

材料十七　新文化运动没有全盘否定中国传统文化。古代文学艺术大部分都受到推崇，特别是小说、白话文学等更得到前所未有的很高的评价。诸子和佛学的研究在深化，恢复了它们应有的地位。

——袁伟时：《新文化运动与"激进主义"》，载《东方文化》，1999 年第 3 期

教师设问：综合上述材料并结合教材，分析新文化运动的影响。(参考答案：冲击了儒家思想的统治地位，要求以民主与科学为旗帜，以白话文为载体，重建现代价值体系，极大地促进了思想解放)

(设计意图)通过史料对"打孔家店"这一概念进行辨析与理解，引导学生认识到在当时的历史背景下，"打孔家店"有着其历史的合理性。主要指向时空观念素养水平 2：能够将某一史事定位在特定的时间和空间框架下；史料实证素养水平 2：对史事进行论述的过程中，尝试运用史料作为证据论证自己的观点。

(过渡)北洋时期政局动荡，北洋军阀统治时期的民族工业却得到了迅速发展，出现了1912—1921 年经济发展的"黄金时代"。

材料十八　据有关统计，1912 年至 1921 年 6 月的 10 年间，在农商部注册的工商企业达764 家(不含金融业)，资本总额近 28 540 万元，与 1911 年前相比，企业总数增加 1 倍左右，资本总额增加了近 2 倍。

——摘编自中国社会科学院近代史研究所等主编：《五四爱国运动档案资料》，北京：中国社会科学出版社，1980 年，第 2—6 页

教师讲述：民国初年随着民族资本主义的发展，无产阶级的力量发展壮大，为以后中国社会的前进提供阶级力量的支持。

北洋时期的种种现象，袁世凯复辟称帝、军阀间的混战乱局、捍卫民主共和力量的顽强斗争、思想界新文化与旧文化之间的激烈交锋等，近代中国前进的过程是如此的曲折与艰难，这些现象的背后原因正如陈旭麓先生所分析的那样：

材料十九　辛亥革命促成了旧体制的瓦解和新体制的建立，中国历史因之而越出了改朝换代的旧轨。然而旧体制却留下了旧的社会心理。这种几千年岁月积淀而成的沉重惯性如同一种板结的地块，使新的体制难以把自己的根须扎进社会的深处。制度的鼎革并没有终结新与旧之间的冲突。

——陈旭麓：《近代中国社会的新陈代谢》，上海：上海社会科学院出版社，2006 年，第359 页

教师设问：指出材料中"板结的地块"的含义。(参考答案：包括自然经济占主导地位、专制主义势力、儒家纲常伦理等)

(设计意图)引导学生对所学内容的历史结论加以分析，并选择、组织和运用相关材料，使用相关历史术语，对北洋时期的政治、经济、文化等领域的表现提出自己的解释。主要指向历史解释素养水平 2：在历史叙述中将史实描述与历史解释结合起来；家国情怀素养水平3、4：对历史进行反思。

第七单元

中国共产党成立与
新民主主义革命兴起

第 21 课

五四运动与中国共产党的诞生

教学设计 1

江苏省昆山中学　沈为慧

一、教材分析

本课是第七单元《中国共产党成立与新民主主义革命兴起》中的第 1 课,包括五四运动和马克思主义的传播、中国共产党的诞生、国共合作与国民革命三个子目。本单元的主题是"中国共产党成立与新民主主义革命兴起",本课对于全单元具有引领作用。1919 年爆发的五四运动,是一个划时代的历史事件。五四运动促进了马克思主义的传播,工人运动的发展和马克思主义的日益结合,催生了中国共产党;中国共产党的诞生是开天辟地的大事件,使中国的革命面貌焕然一新:马克思主义逐渐成为中国革命的强大理论武器;中国共产党成为中国革命的中坚;工农群众逐渐成为中国革命的强大支撑;建立统一战线成为取得中国革命胜利的重要法宝。上述"四新"成为本课课文的隐性线索与指导思想。

二、学情分析

在初中的历史学习中,学生对于本课的基础知识均有所涉及,由于是考试的重点,学生对那些重要史事还有着比较清晰的记忆。但是,学生的认知仅限于表面,对于重要史事间的内在联系,则知之甚少。五四运动为何能促进马克思主义传播?马克思主义的传播又是怎样促进中国共产党诞生的?国共合作为何能推动国民革命的开展?这些绝大多数学生未曾思考、仍未知晓的问题,应成为高中历史教学的起点与基点。

三、教学目标

1. 通过五四运动的主要史实,分析该运动为何能促进马克思主义在中国的传播。

2. 通过马克思主义在中国传播的史实,分析中国共产党成立的必然性与重大历史意义。

3. 通过国共合作的基本史实,分析中国共产党的重大历史作用及国民革命的新特点。

四、教学重难点

重点：中国共产党诞生的伟大历史意义。

难点：五四运动与中共诞生的内在联系。

五、教学过程

【导入新课】

教师讲述：1918 年 11 月 11 日，第一次世界大战以协约国的胜利而宣告结束，这在中国产生了很大影响。

材料一 "公理战胜强权""劳工神圣""民族自决"等名词，呼喊得很响亮，激动了每一个青年的心弦，以为中国就这样便宜的翻身了。一九一八年十一月到一九一九年四月，这一期间学生们真是兴奋得要疯狂了。

——许德珩：《纪念"五四"话北大——我与北大》,《五四运动回忆录》续，北京：中国社会科学出版社，1979 年，第 50 页

教师设问：学生们为什么"兴奋得要疯狂"？（参考答案：他们认为，作为战胜国，中国从此可以摆脱被侵略的命运）

(设计意图)引导学生将五四运动置于特定的时代背景下，把握五四运动与第一次世界大战的联系，进而明了该运动发生的重要历史背景。主要指向时空观念素养水平 2：能够将某一史事定位在特定的时间和空间框架下。

【学习新课】

教师讲述：美国总统威尔逊曾发表声明，提出了解决战争善后问题的"十四点"意见，包括国无大小一律平等、公道处理殖民地问题等，主张战后应该不偏不倚公道议和，并维护各国政治独立和领土完整。陈独秀在《每周评论》发刊词中称颂威尔逊是"现在世界上第一个好人"。中国各界对即将召开的巴黎和会寄予厚望，人们普遍认为可以从巴黎和会上争得中国在国际上的独立平等地位。北洋政府更是格外重视，派出由陆徵祥、顾维钧等精通外交事务的人出席巴黎和会。

材料二 大家眼巴巴地企望着巴黎和会能够给我们一个"公理战胜"，那晓得奢望的结果是失望。

——许德珩：《纪念"五四"话北大——我与北大》,《五四运动回忆录》续，北京：中国社会科学出版社，1979 年，第 51 页

教师设问：为什么说巴黎和会令国人"失望"？（参考答案：和会拒绝了中国代表团的合理要求，还把德国在山东的权益转让给了日本）

(设计意图)引导学生阅读当事人的回忆，了解当时人的所思所想，进而理解五四运动发生的历史背景。主要指向时空观念素养水平 2：能够将史事定位在特定的时间框架下；史料实证素养水平 2：明了史料在历史叙述中的作用。

教师讲述：中国代表先后向和会提出的废弃势力范围、撤销外国军队、撤销领事裁判权、归还租界、关税自主、取消"二十一条"等要求，都被和会最高会议拒绝。这样就只有希望解决山东问题了。中国代表团在 1 月 27 日的会上陈述了应将德国在山东权益归还中国的理由，并于 3 月 7 日提交了关于山东问题的详细说帖。日本以武装占领的既成事实和中国方面曾有"欣然同意"的换文为借口，蛮横坚持德国在山东的权益应无条件让与日本，并对北京政府加以种种恫吓。英、法、意与日本订有密约，故支持日本。美国虽反对日本独霸山东，并提出山东交由美、英、法、日、意五国共管。但在日本表示强烈反对并以退出和会相威胁时，美国便向日本妥协。4 月 30 日，英、法、美三国会议在没有中国代表参加的情况下，决定把德国在山东的全部权益"让与日本"，并将有关条款列入《凡尔赛和约》。

材料三 巴黎的和会，各国都重在本国的权利。什么公理，什么永久和平，什么威尔逊总统十四条宣言，都成为一文不值的空话。

——只眼(陈独秀——引者注)：《随感录》，《每周评论》第 20 号(1919 年 5 月 4 日)

教师设问：巴黎和会的结果对国人的认知产生了怎样的影响？(参考答案：国人不再相信"公理"，并对西方国家产生极大失望)

(设计意图)引导学生借助"公理"这一历史术语，对教科书中的历史结论进行简要分析。主要指向历史解释素养水平 1：能够对所学内容中的历史结论加以分析；历史解释素养水平 2：选择、组织和运用相关材料并使用相关历史术语，对个别史事提出自己的解释。

教师讲述：许多人逐渐认识到，求助他国是靠不住的，应当靠自己的努力；而且，要从国内来找原因，先解决国内问题。首先行动起来的是北京一些高校的学生。

材料四 ……我们学界今天排队到各公使馆去要求各国出来维持公理，务望全国工商各界，一律起来设法开国民大会，外争主权，内除国贼。中国存亡，就在此一举了！

今与全国同胞立两个信条道：

中国的土地可以征服而不可以断送！

中国的人民可以杀戮而不可以低头！

国亡了，同胞起来呀！

——《北京学界全体宣言》(1919 年 5 月 4 日)

教师设问：

(1) 从材料看，青年学生提出了哪些新的救亡主张？(参考答案：召开国民大会，发动群众；外争主权，内除国贼；收回德国在山东的特权)

(2) 中国的救亡运动出现了怎样的新动向？(参考答案：青年学生成为救亡运动的先锋；青年学生将思想启蒙与实际行动结合起来)

(设计意图)引导学生阅读陈独秀对时局的看法，以及北京学界的宣言，了解集会的背景、学生的诉求，以加深对五四运动的认识。主要指向史料实证素养水平 1：从所获得的材料中提取有关的信息；史料实证素养水平 2：在对史事进行论述的过程中，尝试运用史料作为证据论证自己的观点。

教师讲述：在东交民巷集会未能达到目的后，学生们向交通总长、亲日派官员曹汝霖家挺进。痛打章宗祥、"火烧赵家楼"后，军警抓捕了 32 名学生，这引发了北京 2.5 万名学生的总罢课。随着北洋政府与学生的对立加剧，上海学生也行动起来。6 月初，上海工人自动举行声援学生的罢工,几日内,罢工工人达六七万人。

材料五 "在战争结束后来到上海的新时代中,苦力崛起而为这个新时代的最重要的特征。""上海的新兴无产阶级转入行动。急进和爱国的学生找到了最有力的同盟者。"

——[美]欧内斯特·O.霍塞:《出卖的上海滩》,纪明译,北京:商务印书馆,1962年,第102、104页

教师设问:为什么说此时的中国进入了"新时代"?这对中国革命产生了怎样的影响?(参考答案:工人阶级开始以独立的姿态登上政治舞台。促进了知识分子与工人阶级的结合,进而促进了中国共产党的诞生)

(设计意图)引导学生从给定材料中获取相关信息,并将观点置于特定的时空框架下,结合特定时期的史事进行分析。主要指向时空观念素养水平2:将某一史事定位在特定的时间和空间框架下;历史解释素养水平2:组织和运用相关材料并使用相关术语,对个别史事提出自己的解释。

教师讲述:随后,北京、唐山、汉口、南京、长沙等地工人也相继举行罢工,许多大中城市的商人举行罢市,形成罢工、罢课、罢市的"三罢"高潮。五四运动突破了知识分子的狭小范围,成为有工人阶级参加的全国规模的群众运动。工人的参与大大改变了运动的影像和五四运动领导者、参与者的认知与行动。一些知识分子逐渐换上粗布衣衫,走入工厂、走近工人进行宣传,从而大大促进了工人阶级的觉醒,并使工人阶级逐渐组织了起来。

材料六 俄国人举行了十月革命,创立了世界上第一个社会主义国家。过去蕴藏在地下为外国人所看不见的伟大的俄国无产阶级和劳动人民的革命精力,在列宁、斯大林领导之下,像火山一样突然爆发出来了,中国人和全人类对俄国人都另眼相看了。这时,也只是在这时,中国人从思想到生活,才出现了一个崭新的时期。

——毛泽东:《论人民民主专政》(1949年6月30日),《毛泽东选集》第4卷,北京:人民出版社,1991年,第1470页

教师设问:

(1)"中国人和全人类"为什么会对俄国"另眼相看"?(参考答案:在第一次世界大战进行之时,俄国发生了革命,建立了由无产阶级而不是资产阶级掌握的政权)

(2)根据材料并结合所学指出,"崭新的时期"主要表现在哪些方面?(参考答案:大力宣传马克思主义,效法苏俄,发动工农群众)

(设计意图)引导学生阅读亲历者于事后对五四运动冷静回忆与理性反思,形成对事件背景与影响的深刻认识。主要指向时空观念素养水平2:将某一史事定位在特定的时间和空间框架下;历史解释素养水平2:组织和运用相关材料并使用相关的历史术语,对个别史事提出自己的解释。

教师讲述:中国的先进知识分子从巴黎和会的教训中,看清了帝国主义列强压迫中国人民的实质,因而认识到,社会主义才能挽救中国。五四运动后,研究和宣传社会主义逐渐成为进步思想界的主流,马克思主义成为先进青年的首选。

材料七 我第二次到北京期间,读了许多关于俄国情况的书。我热心地搜寻那时候能找到的为数不多的用中文写的共产主义书籍。……1920年冬天,我第一次在政治上把工人们组织起来了,在这项工作中我开始受到马克思主义理论和俄国革命历史影响的指引。

——[美]埃德加·斯诺:《西行漫记》,董乐山译,北京:生活·读书·新知三联书店, 1979 年,第 131 页

教师设问:

(1)青年毛泽东为什么热衷于阅读"关于俄国情况的书"与"共产主义书籍"?(参考答案:当时的中国知识分子对西方国家普遍感到失望,而俄国革命后建立了不同于西方国家的无产阶级政权)

(2)阅读上述书籍,对青年毛泽东的革命活动产生了怎样的影响?(参考答案:着手组织工人,树立了坚定的共产主义信仰)

(设计意图)引导学生阅读亲历者于事后对五四运动冷静回忆,形成对事件背景的深刻认识。主要指向时空观念素养水平 2:将某一史事定位在特定的时间和空间框架下;史料实证素养水平 2:明了史料在历史叙述中的基础作用,尝试运用史料作为证据论证自己的观点。

教师讲述:参与领导五四运动的陈独秀、李大钊,五四运动中的骨干分子毛泽东、蔡和森、邓中夏、瞿秋白、周恩来等,成为早期的马克思主义者。在李大钊的推动下,北京的一些革命知识分子到人力车工人居住区调查他们的生活状况;陈独秀在上海工人中进行发动和组织工作,并在工人中积极宣传马克思主义。随着马克思主义的传播和一批确立了马克思主义信仰的先进分子的出现,在中国成立无产阶级政党的条件具备了。救亡与革命的呼唤,马克思主义在中国的传播,以及宣传、组织工人阶级的需要,使中国共产党的成立成为历史的必然。1927 年 7 月,中国共产党第一次全国代表大会在上海(后转移到嘉兴)召开,大会制定了中国共产党纲领,接着第二年召开了二大。

材料八 革命军队必须与无产阶级一起推翻资本家阶级的政权,必须支援工人阶级,直到社会的阶级区分消除为止;承认无产阶级专政,直到阶级斗争结束,即直到消灭社会的阶级区分;消灭资本家私有制,没收机器、土地、厂房和半成品等生产资料,归社会公有。

——《中国共产党第一个纲领》(1921 年)

材料九 党的奋斗目标是:消除内乱,打倒军阀,建设国内和平;推翻国际帝国主义的压迫,达到中华民族完全独立;统一中国为真正的民主共和国。

——《中国共产党第二次全国代表大会宣言》(1922 年)

教师设问:

(1)两个目标有何不同?(参考答案:前者以资产阶级为革命对象,后者以军阀和帝国主义为革命对象)

(2)目标的变化说明了什么?(参考答案:新生的中国共产党对中国国情的认识逐渐清晰,从而为中国革命指明了正确的方向)

(设计意图)引导学生阅读中共的两个纲领,了解奋斗目标的变化以及中国共产党的成长。主要指向历史解释素养水平 3:分辨不同的历史解释,尝试从来源说明导致这些不同解释的原因。

教师讲述:中共一大通过了《关于当前实际工作的决议》,确定党成立后的中心任务是领导工人运动。中共二大则指出,农民是革命的最重要力量,小资产阶级、民族资产阶级也会参加到革命中来,并倡导建立民主的联合战线。这是此前任何政党都没有注意到的,因此

中国共产党的诞生给中国人民带来了新的希望,为中国革命指明了新的方向。从这个意义上讲,中国共产党的诞生是开天辟地的大事件。

中国共产党在成立初期,虽然开始关注农民状况和农民运动,但尚未给予足够的重视,且缺乏革命斗争的经验。因此,党成立后集中力量从事工人运动,中共二大后,进一步加强了对工人运动的领导,工人运动很快在全国范围内开展起来。从 1922 年 1 月到 1923 年 2 月,形成了第一次罢工高潮,大小罢工在一百次以上,参加罢工的人数大约在 30 万人以上。影响比较大的罢工有香港海员大罢工、唐山开滦五矿工人大罢工、安源路矿工人大罢工和京汉铁路工人大罢工。但受到反动军阀的镇压,相继失败。

材料十 这次失败(二七惨案——引者注)给了我们很大的教训,教训就是孤军奋斗。此时在政治上是曹(锟——引者注)吴(佩孚——引者注)及英帝国主义统治之时,故政治上压迫很严重,因此第三次大会无论客观上与主观上都有加入国民党找得政治上的同盟者的条件。

——蔡和森:《中国共产党的发展(提纲)》,《蔡和森的十二篇文章》,北京:人民出版社,1980 年,第 44 页

教师设问:

(1) 二七惨案给中国共产党留下怎样的教训?(参考答案:单枪匹马很难取得成功,应寻找革命的同盟军)

(2) 根据这一历史教训,中国共产党采取了怎样的对策?(参考答案:与国民党合作)

(设计意图)引导学生阅读当时人的回忆,了解中国共产党的革命途径与曲折成长历程。主要指向史料实证素养水平 2:在对史事进行论述的过程中,尝试运用史料作为证据论证自己的观点。

教师讲述:中国革命的敌人是强大的,为了战胜它,仅仅依靠工人阶级孤军奋斗是不够的,必须利用一切可能的机会,争取一切可能的同盟者。此外,在半殖民地半封建的中国,工人没有起码的民主权利,到处受到反动军警的镇压。为了争取革命的胜利,没有革命的武装斗争,仅仅依靠罢工这个武器,主要进行合法斗争,是不行的。必须要团结可以团结的力量,建立反帝反封建的统一战线,组织人民武装力量,进行武装斗争,才能取得中国革命的胜利。1923 年 6 月 12 日至 20 日,中国共产党第三次全国代表大会在广州召开。大会讨论的主题是与国民党建立革命统一战线的问题。大会通过《关于国民运动及国民党问题的议决案》。

材料十一 对现有其他政党,应采取独立的攻击的政策。在政治斗争中,在反对军阀主义和官僚制度的斗争中,在争取言论、出版、集会自由的斗争中,我们应始终站在完全独立的立场上,只维护无产阶级的利益,不同其他党派建立任何关系。

——《中国共产党第一个决议》(1921 年)

材料十二 工人阶级尚未强大起来,自然不能发生一个强大的共产党——一个大群众的党,以应目前革命之需要,因此,共产国际执行委员会议决中国共产党须与中国国民党合作,共产党党员应加入国民党,中国共产党中央执行委员会曾感此必要,遵行此议决,此次全国大会亦通过此议决。

——《关于国民运动及国民党问题的议决案》(1923 年)

教师设问：

(1) 中国共产党的斗争策略发生了怎样的转变？（参考答案：由对其他政党采取独立政策、不建立任何联系，到决定与国民党合作）

(2) 中国共产党的斗争策略为什么会发生变化？（参考答案：对国情的认识逐步加深；不断总结革命实践的经验与教训；共产国际的影响等）

(设计意图) 引导学生从多则材料中获取相关信息，比较不同材料中的观点，并结合史实分析观点发生变化的原因。主要指向历史解释素养水平 3：分辨不同的历史解释；尝试从来源等方面说明导致这些不同解释的原因。

教师讲述： 对于合作问题，国民党持何态度？辛亥革命后，为了与破坏共和的行为做斗争，孙中山先后领导或参与了护国运动、护法运动等，但结果都失败了。孙中山请人转告少共国际代表、来自苏俄的达林：

材料十三　在这些日子里，我对中国革命的命运想了很多，我对从前所信仰的一切几乎都失望了。而现在我深信，中国革命的惟一实际的真诚朋友是苏俄。

——[苏]达林：《中国回忆录(1921—1927)》，侯均初、潘荣、张亦工等译，北京：中国社会科学出版社，1981 年，第 126 页

教师设问：

(1) 护国运动、护法运动中，孙中山主要依靠什么力量？（参考答案：军阀武装）

(2) 孙中山的革命策略发生了怎样的转变？（参考答案：由依靠军阀革命到学习、效法苏俄）

(设计意图) 引导学生运用史实对材料中的问题进行解释，并结合史实分析材料中的观点。主要指向史料实证素养水平 2：明了史料在历史叙述中的基础作用；历史解释素养水平 1：对所学内容中的历史结论加以分析。

教师讲述： 在护国运动、护法运动中，孙中山遭受挫折的重要原因有三个方面：一是没有认清革命的对象，不能团结真正的朋友以攻击真正的敌人；二是没有广泛发动群众，特别是没有下层的工农群众中的工作，未能形成有组织的持久的群众运动；三是没有一个坚强有力的政党。革命失败的教训，推动孙中山寻求新的力量，催促他走新的路。为了探索革命的新道路，孙中山改组国民党，建立了中国国民党，并于 1924 年 1 月 20 日在广州召开中国国民党第一次全国代表大会。来自全国各地和海外侨胞的代表共 165 人出席大会，其中有 23 名共产党员。共产党员李大钊、毛泽东、林伯渠、瞿秋白等十人当选为中央执行委员会委员或候补委员，约占执委总数的四分之一。这次大会的主要精神和指导思想，集中体现在《中国国民党第一次全国代表大会宣言》中。《宣言》重新解释了孙中山的三民主义。

材料十四　"国民党之民族主义，有两方面之意义：一则中国民族自求解放；二则中国境内各民族一律平等。""盖民族主义对于任何阶级，其意义皆不外免除帝国主义之侵略。""若国民党之民权主义，则为一般平民所共有，非少数者所得而私也。""详言之，则凡真正反对帝国主义之个人及团体，均得享有一切自由及权利；而凡卖国罔民以效忠于帝国主义及军阀者，无论其为团体或个人，皆不得享有此等自由及权利。""国民党之民生主义，其最要之原则不外二者：一曰平均地权；二曰节制资本。"

——《中国国民党第一次全国代表大会宣言》，《孙中山全集》第九卷，北京：中华书局，

1986年,第119—121页

教师设问: 新三民主义具有怎样的新内容、新特点?(参考答案:具有明确反帝反封建的内容;有了联系工农群众的新特点)

(设计意图) 引导学生阅读"新三民主义"的规定,分析它所体现的国民党革命纲领的变化。主要指向历史解释素养水平2:选择、组织和运用相关材料并使用相关历史术语,对个别史事提出自己的解释。

教师讲述: 1924年国民党召开一大,进行重大改组。大会同意共产党员以个人身份加入国民党,这标志着以国共合作为核心的反帝反封建的革命统一战线的正式建立。这既是革命的需要,也是国共两党的共同需要。合作后的国民党,活动范围不再局限于狭小的上层社会,而成为工人、农民、城市小资产阶级和民族资产阶级的革命联盟。

国共合作还促进了群众革命运动的发展。1924年7月起,在广州开办六届农民运动讲习所,先后由共产党人彭湃、毛泽东等主持,培养了一批农民运动的骨干。1925年5月30日,上海工人和学生举行街头宣传和示威游行,抗议日本资本家枪杀工人、共产党员顾正红,租界的英国巡捕开枪打死13人,伤者不计其数。这就是五卅惨案。五卅惨案的消息传到南方,形成有25万人参加的省港大罢工,并成立由共产党员苏兆征为首的省港罢工委员会。在广州革命政府的支持下,省港大罢工坚持十六个月之久。

继续讲述: 为了建立革命的武装,在共产党人的建议下,国民党一大于1924年5月创办了陆军军官学校,即黄埔军校。11月,旅法归来的周恩来出任军校政治部主任,在第一期学生中,共产党员和共青团员有56人,占总数的十分之一。

在群众运动发展的有利形势下,1925年7月1日,国民政府在广州建立,并组建了国民革命军,周恩来等担负起国民革命军中的政治工作。在国共两党的共同努力下,实现了广东革命根据地的统一,为北伐提供了比较可靠的后方基地。

材料十五 中国人民一切困苦之总原因,在帝国主义者之侵略及其工具卖国贼之暴虐。中国人民唯一的需要,在建设一人民的统一政府。

——《中国国民党为国民革命军出师北伐宣言》(1926年7月)

教师设问:

(1)怎样才能"建设一人民的统一政府"?(参考答案:通过北伐战争,打倒军阀和帝国主义)

(2)这场革命运动与孙中山此前的革命有何不同?(参考答案:由统一战线领导,组建了新型的革命军队;广大民众积极参与)

(设计意图) 国民革命运动与旧民主主义革命联系起来,在较长时段内加以分析,从而加深对国民革命运动的认识。主要指向时空观念素养水平3:把握相关史事的时间、空间联系,并用特定的时间和空间术语对较长时段的史事加以概括和说明。

教师讲述: 1926年7月9日,北伐战争正式开始。在北伐军中,共产党员有1 500多人,或任基层指战员,或为党代表和政工干部,比如周恩来、林伯渠、李富春等一批中共党员在各军任副党代表。作为北伐先锋、功勋显赫的叶挺独立团,有85%的官兵是共产党员、共青团员和倾向共产党的青年,正是他们为第四军赢得了"铁军"的称号。北伐战争还推动了工农运动的发展。

随着北伐战争的胜利进军,工农运动以空前的规模迅速高涨起来。在湖南、湖北、江西等省广大农村,真正做到了"一切权力归农会",造成一个空前的农村大革命的局面。在城市,工人在工会组织的领导下,仿效省港大罢工的经验,组织武装的纠察队。群众性的反帝斗争蓬勃展开,推动国民政府收回了汉口、九江的英租界。

教师设问:中国共产党为国民革命运动的兴起与发展做了怎样的贡献? 请在课后通过网络检索或阅读书籍,查找更多关于中国共产党在国民革命期间的活动材料。(参考答案:略)

(设计意图)引导学生尝试从多种渠道获取相关史料,从而更加全面地认识中国共产党对国民革命运动的贡献,加深对中国共产党历史的了解,以增强热爱中国共产党的情怀。主要指向史料实证素养水平2:认识不同类型的史料所具有的不同价值;家国情怀素养水平1、2:具有对祖国和人民的深情大爱。

教师讲述:中国共产党以及群众运动的发展,让一些政治野心家感到莫名的恐惧。企图建立军事独裁的蒋介石在帝国主义和大资产阶级的支持下发动政变,破坏了革命统一战线,站到了革命的对立面。就这样,第一次国共合作破裂了,此后中国革命进入到中国共产党独立领导和探索时期。

教学设计 2

昆山震川高级中学　沈　磊

一、教材分析

本课是第七单元《中国共产党成立与新民主主义革命兴起》中的第1课,包括五四运动和马克思主义的传播、中国共产党的诞生和国共合作与国民革命三个子目。本课在教材中具有承上启下的作用,它上承农民阶级、资产阶级发动的旧民主主义革命,下启中国共产党领导的新民主主义革命,在中国人民反侵略、求民主的历史进程中有重要地位。本课主要讲述新民主主义革命崛起的相关史事:巴黎和会上中国外交遭遇失败,促使五四运动爆发。五四运动后马克思主义在中国得到了广泛的传播,这为中国共产党的成立奠定了思想基础。中国共产党的诞生,使中国革命面貌焕然一新。同时,中国共产党认识到没有强有力的同盟,要战胜强大的敌人是不可能的。在苏联的影响下,国共双方开始了第一次合作,并且开展了以反帝反封建为目标的国民革命运动。然而,由于种种原因,国民革命运动失败。

二、学情分析

初中历史教材对五四运动、中国共产党的成立以及国共合作的相关知识有一定的介绍,但学生的学习主要停留在表层,缺乏系统、深刻的认识。本课授课的对象是高一学生,高中学生思辨能力、分析能力有一定增强,所以通过补充一定的史料详细介绍事件的来龙去脉,分析事件之间的因果联系,引导学生多方位、多角度地思考问题。

三、教学目标

1. 知道五四运动爆发、马克思主义转播、中共成立、国共合作等史实,理解上述史实之间的历史逻辑关系;理解五四运动爆发、中国共产党的成立的里程碑意义。

2. 能够从国内处境、国际环境等多角度,基于唯物史观,认同并理解国共合作的必要性和可能性。

3. 能够从中国共产党在推动新民主主义革命崛起过程中的地位和作用中,体悟中共早期领导人在艰难的国内外环境中所作决策蕴涵的政治智慧,认同和接受先进中国人对马克思主义的历史选择。

四、教学重难点

重点:五四运动爆发的背景;中国共产党诞生的伟大历史意义。
难点:中国共产党诞生对中国革命的影响。

五、教学过程

【导入新课】

教师讲述:当 1918 年 11 月 11 日第一次世界大战结束时,中国民众欣喜若狂,北洋政府宣布放假三天并在太和殿前广场举行盛大的阅兵典礼。横跨在东单北大街的克林德碑——长期以来被中国人视为一种耻辱的牌坊被移走,后被中国政府移至中央公园(今北京中山公园)内。当时中国人的普遍心理是,国耻将被洗刷。人们相信,作为战胜国之一,自 1898 年以来,德国强占的中国领土将最终归还中国。但是,这种幻想在 1919 年 1 月 18 日凡尔赛和会召开后不久就破灭了。

【学习新课】

教师讲述:在巴黎和会召开之前,中国民众对于收回山东的权利是普遍乐观的。作为新文化运动的领军人物,陈独秀在 1918 年 12 月 22 日创刊的《每周评论》发刊词中宣称:"自从德国打了败仗,'公理战胜强权'这句话几乎成了人人的口头禅。"[①]那么,民众为何如此这般相信"公理"? 这与时任美国总统威尔逊[②]于 1918 年 1 月 8 日在国会中发表的"十四点计划"有关。其中提到:

---

① 陈独秀:《发刊词》,载《每周评论》(1918 年 12 月 22 日)。
② 托马斯·伍德罗·威尔逊(1856—1924),美国第 28 任总统。

材料一　一、以公开的方式决定公开的和平条约。此后无论何时,不得私下缔结国际协议。凡外交事项,均须开诚布公进行,不得秘密从事……五、以自由开放之心、绝对公正之判断处理所有殖民地的诉求。在对待主权的问题上须严格遵循下述原则:人民的利益必须与权利有待决定的政府之正当要求同等权衡。

——国际关系学院编:《现代国际关系史参考资料(1917—1932)》,北京:高等教育出版社,1958年,第185—189页

教师设问:材料体现了哪些原则?(参考答案:公开外交和民族自决)

教师讲述:民族自决是威尔逊"十四点计划"的核心内容之一,对像中国这样饱受列强欺凌的弱国而言,这一原则象征着公平与正义,给世界上众多的弱小民族带来了公理终将战胜强权的希望。

北洋政府对参加此会极为重视,组成由陆徵祥(外长)领队,由顾维钧(驻美公使)、王正廷(代表南方军政府)、施肇基(驻英公使)和魏宸组(驻比公使)等驻外公使组成的代表团,主要目标是收回山东权益。1919年1月18日巴黎和会正式开始,中国以"战胜国"的身份出席。1月27日,英、美、法、意、日五国代表讨论处置德国的殖民地问题,并让中国代表列席。中国代表事先未接到通知,只得仓促与会。讨论中,日本代表先声夺人,以所谓"战胜国权利"和英、法、俄、意四国"保证"为由,要求继承德国在山东的权利。中国代表顾维钧当即指出:山东问题对中国关系重大,须待中国陈述理由,再行讨论。28日上午,顾维钧列举了历史、地理、经济、文化等方面理由,说明山东是中国不可分割的领土,明确指出,中国既然在对德宣战时明确声明废除中德间一切条约,因此德国在山东的各种权利"于法律上已经早归中国矣"[①]。2月15日中国代表团再次向和会提出,将胶州湾、胶济铁路及德国在山东强占的其他权利直接交还中国。此时和会的形势似乎对中国有利。国内各界尤其是山东省,对中国代表团寄予厚望,也为和会的形势所鼓舞,不仅大力声援,还积极出谋划策。4月中旬以后和会进入了讨论山东问题的实质性阶段,日本因是当事国而退出仲裁,英、法、美、意四大国成为山东问题的主导者。4月22日中国代表列席了美、英、法三国首脑举行的讨论山东问题的会议,会上威尔逊已明确地表达了支持日本的立场,威尔逊还代表巴黎和会的最高会议宣布了关于解决山东问题的方案:胶州湾租借地和中德条约给德国的其他全部权利转让给日本,然后由日本把胶州湾租借地归还中国;租借地归还中国后,日本仍享有德国在山东的全部经济权利,包括胶济铁路在内。中国方面在表示了强烈反对后,仍努力寻找解决的办法。随后,中国代表提出一个妥协方案,要求把"德国在山东的权利暂交5国代管,合约签字之日起一年后归还中国,中国愿出钱赎买,并开放青岛为自由港"[②]。由于日本再次反对,和会还是拒绝了这个方案。日本外相训令日本全权代表:

材料二　若不彻底贯彻我方上述主张,则拒签国际联盟章程。

——《日本外交文书》(大正八年第三册上卷)

教师设问:根据材料指出巴黎和会上日本的外交策略。(参考答案:以拒签相威胁,迫使其他国家支持日本攫取在山东的特权)

---

① 王芸生:《六十年来中国与日本》第七卷,北京:生活·读书·新知三联书店,1980年,第267页。

② 李怀顺:《巴黎和会中的山东问题》,载《宁夏大学学报(人文社会科学版)》,2000年第1期。

教师讲述： 日本不甘心放弃山东，甚至以不参加国际联盟相威胁。威尔逊在日本代表的威胁下，立即表示退让。原因在于，"一战"后美国攫取世界霸权的"政治蓝图"就是成立国联，但是在意大利因战后利益要求遭到英、法抵制而退出和会后，美国担心日本也起而效法，从而给国联计划带来极大不利影响。何况当时在西伯利亚还有美、日干涉苏俄革命的军队存在，美国需要与日本合作。而英、法等国与日本是早有密约。结果英、法、美一齐向中国代表劝降。

4月29日，英、美、法三国会议不顾中国的强烈反对通过所谓山东条款，其主要内容为："德国在中国所获得之一切权利、所有权及特权，其中以关于胶州领土、铁路、矿产及海底电线为尤要，放弃以与日本。"①这些条款还写入了《凡尔赛和约》，至此，中国代表的既定目标落空了，在巴黎和会上中国关于山东问题的交涉完全失败。

（设计意图） 介绍日本与英、法、意的密约，引导学生思考巴黎和会外交失败的原因。主要指向史料实证素养水平2：明了史料在历史叙述中的基础作用；时空观念素养水平3：把握相关史事的时间、空间联系。

（过渡） 当巴黎和会决定把德国在山东的权益转让给日本的消息传到北京时，学生顿时陷入一片沮丧和愤怒的情绪之中，轰轰烈烈的五四爱国运动爆发了。

教师讲述： 1919年5月4日下午，3 000多名学生齐集天安门广场，参加示威游行，游行队伍来到东交民巷，希望得到美国公使的同情和支持。因为是星期天，美国公使不在，同时，中国人不能进入东交民巷，学生们深感中国外交的软弱，他们愤怒了，随后发生了火烧赵家楼事件，最终32名学生被带到警察厅监禁起来。这引起了全国上下的愤慨，尤其是上海，许多商店的门窗都贴上了标语，上面写着这样的口号：

材料三 "商学一致，速起救国""还我自治，释放学生""不惩卖国贼不开市""坚守狱中，直至死亡，我们会来支持你们。"

——[美]周策纵：《五四运动：现代中国的思想革命》，周子平等译，江苏：江苏人民出版社，1999年，第158—159页

教师提问： 这些口号反映了什么？（参考答案：一定程度上反映了商人的爱国主义情感）

教师讲述： 对于学生的积极支持并不限于商人和店员，上海的城市工人举行了空前的罢工，罢工从纺织业和印刷业开始，接着扩展到金属制造业和其他行业。

材料四 根据可得到的资料来看，至少有43个工厂、公司和服务企业举行了罢工，其中包括7个纺织厂、7个金属厂、8个公用事业企业如公共汽车公司、电话及电报公司、7个运输及交通公司如火车及汽轮公司……据估计，受罢工影响的公司、工厂约有100多个。

——马叙伦：《我在六十岁以前》，上海：三联书店，1947年，第131页

教师设问： 据材料概括上海罢工的特点。（参考答案：参与群体广泛）

教师讲述： 商人罢市、工人罢工的深远影响是不能低估的，面对这种形势，内阁于6月9日连夜召开会议，决定接受曹汝霖、章宗祥和陆宗舆的辞职。6月11日后，学生与北洋政府的争执主要集中于中国是否应在巴黎和会上签字。政府的结论是：签字对中国更为有利，

① 王芸生：《六十年来中国与日本》第七卷，北京：生活·读书·新知三联书店，1980年，第365页。

但要争取最大的权益。然而主张均被列强拒绝。出于理性和感情，代表团无法在如此有损中国国家主权、如此轻视中国国家利益的条约上签字，代表团团长陆徵祥等联名致电北京政府：

材料五　此事于我国领土完全及前途安固，关系至巨……不料大会专横至此，竟不稍顾我国家纤微体面，曷胜愤慨！弱国交涉，始争终让，几成惯例。此次若再隐忍签字，我国前途将更无外交之言。

——天津市历史博物馆编：《秘笈录存》，北京：中国社会科学出版社，1984年，第223页

教师讲述：6月28日下午，巴黎和会对德和约在凡尔赛宫举行签字仪式，德、美、英、法等国相继在条约上签字。15时左右，中国代表应出场签字时，列强发现中国代表席上空无一人，中国近代史上极富意义的历史性时刻由此诞生——以集体缺席的方式第一次对列强说"不"。联系以往，许多条约根本不允许谈判，中国代表必须签字。而此次事件由于五四运动的爆发，在中国民众巨大压力下，中国代表团据理力争，多次与列强周旋交涉，最终以拒签相抗，因此这是中国近代外交史上的一次重大事件。

（设计意图）介绍北京、上海等地的相关史实，旨在使学生认识到工人罢工、商人罢市对推动五四运动取得初步胜利的作用。介绍巴黎和会的签字情况，旨在使学生理解拒签的意义。主要指向时空观念素养水平2：将某一史事定位在特定的时间和空间的框架下；历史解释素养水平1：能够对所学内容中的历史结论加以分析。

（过渡）巴黎和会不仅让充满期待的中国人发现自己被出卖了，更让中国先进知识分子在努力吸取西方思想家的自由和民主的传统时，遇到了西方殖民主义者的谎言和假话。正是在这个时刻，苏俄对华宣言对他们产生了极大的影响。

材料六　废除帝俄与中国、日本、协约国签订的一切秘密条约，帝俄政府在中国东北以及别处，用侵略手段取得的土地，一律放弃，废除帝俄在中国的领事裁判权和租界，放弃庚子赔款的俄国部分，放弃帝俄在中东铁路方面的一切特权。

——中共中央党史研究室第一研究部：《共产国际、联共（布）与中国革命文献资料选辑（1917—1925）》，北京：北京图书馆出版社，1997年，第79页

教师设问：宣言对中国的知识分子产生了什么影响？（参考答案：宣言表现出来的亲和友善，引起了一批先进的中国人对苏俄的关注）

（设计意图）通过介绍中国人对苏俄的关注，为中国共产党的成立做了思想铺垫。主要指向时空观念素养水平3：把握相关史事的时间、空间联系。

教师讲述：革命后的苏俄处于孤立无援的状态，随着德国、匈牙利等欧洲国家的革命浪潮在1919年逐渐趋于平息，列宁不得不承认关于世界革命将很快实现的预言已经失败。就在欧洲革命停滞的同时，列宁敏锐地发现亚洲革命浪潮正在蓬勃兴起，五四运动燃起了列宁新的希望。1920年7月，共产国际召开了第二次代表大会，列宁主张把过去用在欧洲的人力、物力和财力，在相当程度上转移到支持落后国家的资产阶级民主运动上来。

五四运动让中国的先进分子更加看清了中国社会的现状，看清了帝国主义联合压迫中国人民的实质。同时也促使一大批知识分子和旧资产阶级革命人士在思想上发生了巨大的转变，使他们看到了广大无产阶级和工农群众的力量，看到了推翻旧统治、建立新社会的曙光。正是从五四运动开始，马克思主义在中国的传播才形成一道恢宏而亮丽的风景。一批

具有初步共产主义思想的知识分子开始走上了与广大工农相结合的道路,开启了马克思主义经由传播到壮大再与革命实践相结合的路程。为传播和实践马克思主义,一些地方成立了马克思主义研究的团体,后来,伴随着工人运动和革命实践的高涨,不少地方陆续成立了共产主义小组。1921 年 6 月 3 日,共产国际派遣正式代表马林[1]抵达上海,一个月后中共一大召开。会议决议指出:

材料七 永远站在完全独立的立场上,只维护无产阶级的利益,不同其他党派建立任何相互关系。

——中央档案馆:《中共中央文件选集》第 1 卷,北京:中共中央党校出版社,1989 年,第 8 页

教师讲述:中共一大纲领不符合中国国情,几乎把除了产业工人以外的社会力量都排除在革命的力量之外,这样的纲领很快就被莫斯科否定了。1922 年中共二大根据共产国际的提议,明确提出应当联合国民党等激进党派共同推动中国的民族民主革命。不过,即使由共产国际出面推动中国共产党与国民党结盟,也不是一件容易的事,因为孙中山只愿意和苏俄政府谈合作。为此,马林提出用"党内合作"的方式,即共产党员以个人身份加入国民党。

(设计意图)介绍共产国际代表马林等人物,旨在使学生了解共产国际在中共成立和发展过程中的作用。主要指向史料实证素养水平 1:从所获得的材料中提取有关的信息;时空观念素养水平 3:把握相关史事的时间、空间联系。

教师讲述:1922 年 7 月间,当孙中山正集结军队准备北伐之际,粤系将领陈炯明在广州发动叛乱,致使孙一年多的北伐准备付诸东流。内外交困的局面促使孙中山想到同苏俄建立直接联系的必要性,而联合苏俄,首先应理顺与共产国际,以及共产国际下属支部中国共产党的关系。而吸收共产党员加入国民党,正是孙中山试图利用共产党以汲取俄国经验的一种尝试,然而,据孙中山说:

材料八 本党旧同志骤闻共产党员纷纷加入本党消息,顿起怀疑,盖恐本党名义被彼利用也。对于此事怀疑尤甚者,为海外同志。

——中国第二历史档案馆编:《中国国民党第一、二次全国代表大会会议史料》上,南京:江苏古籍出版社,1986 年,第 21—22 页

教师设问:材料揭示了什么现象?(参考答案:部分国民党员反对共产党员以个人身份加入国民党)

教师讲述:为了消除有关疑虑,1924 年召开的国民党一大会议上孙中山专门发表演讲,说明民生主义与共产主义其实并无不同:二者毫无冲突,不过范围有大小;本党既服从民生主义,则所谓社会主义、共产主义与集体主义均包括其中;于是诚心悦服本党三民主义,改共产党员为国民党员。[2]

同时,为了减少国民党的疑虑,中共中央一度明确要求党员:

材料九 本党以后一切宣传、出版、人民组织,及其他实际运动,凡关于国民革命的,均

---

[1] 亨德利库斯·约瑟夫斯·弗朗西乌斯·玛丽·斯内夫利特(1883—1942),笔名马林,荷兰共产主义者,印尼共产党和中国共产党创始人之一。

[2] 中国第二历史档案馆编:《中国国民党第一、二次全国代表大会会议史料》上,南京:江苏古籍出版社,1986 年,第 21—23 页。

应用国民党名义,归为国民党的工作。

　　——中央档案馆:《中共中央文件选集》第 1 册,北京:中共中央党校出版社,1989 年,第 224—225 页

　　教师设问:中共中央对党员作出哪一明确要求?(参考答案:以国民党名义开展工作)

　　教师讲述:事实上,在国民党各级部门的中共党员最初确实是按照中共中央的要求去做的。作为国民党人,共产党各地组织及人员极力扩大国民党,甚至导致中共自身组织发展停滞,但作为共产党人,他们又希望使共产党成为群众性的政党。在一个政党之中,保持组织不同、阶级不同的两种党员,并允许各自独立和批评自由,则是十分困难的。让国共两党领导人都意想不到的是,孙中山突然去世,在这之前,国民党一切事务均由孙中山一手操持,对共产党跨党问题,虽有一些国民党"右派"的控告,孙中山也坚持他定的政策,下属无权置喙。如今国共关系陷入到一种极其微妙并且危险的境地中。

　　(**设计意图**)通过补充材料,引导学生了解孙中山愿意合作的原因。同时,介绍两党之间的分歧,为以后合作破裂埋下了隐患。主要指向史料实证素养 2:明了史料在历史叙述中的基础作用。

　　教师讲述:北伐是孙中山一贯的主张,也是完成孙中山遗愿的最主要途径。但是,尚未完全巩固阵脚的蒋介石 6 月已决定发动北伐战争了,其实是想利用战争来巩固和强化军事统治。

　　材料十　在军事期间,所有工农团体,都应集中于革命势力之下,决不能随便自由的罢工。

　　——蒋介石:《总司令部政治部战时工作会议训话》,《蒋介石言论集》第二集,北京:中华书局,1964 年,第 495 页

　　教师设问:材料反映了什么?(参考答案:蒋介石谋求一党专政,企图取消共产党的独立性,使共产党接受国民党,特别是他本人的领导)

　　教师讲述:蒋介石大权独揽,并厉行军事统治,为国共两党基层党员间原本就存在的对立情绪提供了爆发全面冲突的温床。但共产国际的代表们坚信,蒋介石背后还没有帝国主义的身影,他还必须依靠苏联。代表们显然忘记了,帝国主义是无孔不入的。1926 年底至 1927 年初,北伐军先后占领了湖南、湖北、江西、福建等省绝大部分地区。美英各国迅速改变自己的策略,公开采取怀柔政策,它给那些本来担心会与列强发生严重冲突的国民党人的信息再清晰不过了,即列强并不坚持与国民党人为敌,只要双方能够达成必要的妥协,蒋介石不必依附于苏联。在这种情况下,蒋介石迅速准备右转,甚至不惜放弃反帝口号。

　　蒋介石对工人运动的态度,无疑是导致他与共产党关系恶化的一个重要原因。一个最基本的事实是,蒋介石政治上必须依照孙中山遗嘱,坚持"扶助农工"的政策,但他同时又必须确保社会以及经济生产的正常运行,因为只有如此,才能得到足够的税费收入,维持战费和地方军政的各项开支。1926 年 12 月,时任广东省省长李济深在广州采取行动,颁布了罢工法,宣布:

　　材料十一　未经政府许可不得自行成立工会,工会不得滥捕工人、商人或侵犯他人身体;罢工之际不得自行没收商店、工厂之商品及器物。

　　——《民国日报》(1926 年 12 月 31 日)

教师讲述：在这种时候，无论出于何种考虑，只要是意在保护商人、厂主，都难以得到激烈分子的赞同。随着北伐的胜利进行，共产国际开始提出更加激进的革命主张：为造成无产阶级、农民和城市小资产阶级的联合专政，应当准备没收外国在华大企业，进而将铁路、交通及土地收归国有，等等。①

一方基于战争、财政等种种需要意图适度保护工商，一方力图改天换地，拓展自身革命基础，国民党右派与共产党人之间的冲突，随着双方各种矛盾的交集，日渐浮出水面。

将党政中心从广州北迁的问题，是随着占领汉口后逐渐提上议事日程的。苏俄代表鲍罗廷于12月10日率领部分国民党党政领导人先行抵达武昌，并成立临时联席会议。蒋介石发现将来联席会议可以代行最高职权，势必等于重新让苏联顾问说了算。据此，他劝说部分中央执行委员将最高权力机关暂时设置于他直接掌控的南昌。蒋介石强令暂以南昌为都城的做法，使武汉的国民党左派极为不满。为根本消除蒋对党政的控制权，武汉国民党左派决定利用人数优势，于1927年3月召开二届三中全会，企图重定党政军领导体制，但蒋介石掌握的是军权，武汉国民党左派掌握的是党权和政权，在这种情势下，试图通过会议削弱权力的结果可想而知。因为一旦迁都到武汉，权力将掌握在共产国际和国民党左派手中。所以，一连数日，蒋心境异常恶劣，并连电前敌总指挥何应钦：

材料十二　……共产派在武汉破坏军事更烈，非克复南京自立基础，决难立足。

——邵元冲：《邵元冲日记》，上海：上海人民出版社，1999年，第310—311页

教师设问：材料说明了什么？（参考答案：蒋介石开始暗中考虑与武汉分庭抗礼、另立中央的可能性）

教师讲述：另立中央，蒋必须握有足以号召全国的政治资本，在他看来，能否顺利拿下上海和南京这两大中心城市至为关键。白崇禧到上海后强硬表示，工人一旦有扰乱，驻军必将负责缴械。同时，蒋介石公开否认已经得到武汉中央明令认可的上海临时市政府，不仅表明了决心与武汉中央抗衡的态度，而且预示着与中共的冲突已迫在眉睫。4月2日，蒋介石召集部分国民党右派在上海召开秘密会议，并在会上说：

材料十三　（民国——引者注）十三年国共合作、共产党加入国民党的时候，他们（指共产党）就不怀好意，他们的组织仍然保存，并且在我们党内发展组织。自十五年三月二十日中山舰事变之后，这种阴谋日益暴露。北伐军到了武汉，中央某些机关和某些人受了分化或者受了劫持，把武汉同南昌对立起来。因此，现在如果不清党，不把中央移到南京、建都南京，国民党就要被共产党所"篡夺"，国民革命军就不能继续北伐，国民革命就不能完成。

——黄绍竑：《四·一二政变前的秘密反共会议》，《文史资料选辑》第45辑，北京：中国文史资料出版社，1980年，第11页

教师设问：蒋介石确立了怎样的政策？（参考答案：以"清党"为名进行"反共"）

教师讲述：4月8日，蒋介石组织了上海临时政治委员会，解散了受到共产党人影响的国民革命军总政治部。4月11日，上海青红帮头子杜月笙杀害了上海总工会委员长汪寿华，并让青红帮武装向工人纠察队发动攻击。26军按计划火速赶到出事地点，解除了冲突双方的武装，从而轻而易举地达到了预定的目的。4月15日，蒋介石公开发布了针对共产党和左派国

---

① 中央档案馆：《中共中央文件选集》第2册，北京：中共中央党校出版社，1989年，第676—678页。

民党人的《清党布告》,命令通缉共产党员和左派国民党领袖 190 余人。4 月 18 日,蒋介石在南京正式宣告成立国民政府和国民党中央,扯起了与武汉方面分庭抗礼的大旗。

共产党人如此容易地失败,而未采取他们曾决心付诸实施的暴动行动,也与共产国际有关。因为共产国际明确认为:

材料十四　实行暴动的策略,十分谬误,中国无产阶级的鲜血,在一个毫无胜利之望的战争中,便会平白洒尽。

——中国社会科学院近代史所翻译室:《共产国际有关中国革命的文献资料》(1),北京:中国社会科学出版社,1981 年,第 332—333 页

教师设问:共产国际作出了怎样的指示? 在你看来,这会给革命带来怎样的影响?(参考答案:反对武装暴动。置革命于被动、危险的境地)

教师讲述:因此,从上海到广州,以至南京、宁波、杭州、福州、厦门、汕头等地,凡是国民党右派军人举起屠刀的地方,共产党领导的工人运动、工人武装和基层组织,都很快被打入地下了。当然,共产党人在与蒋介石的较量中失败,归根结底还是与其没有强大有力的军事力量有关。中国共产党可依赖的只有叶挺等几个人,不仅如此,由于长期以来军队都是雇佣军性质的,采取的是募兵制,一般有生活来源者绝不当兵,动员工农参军十分困难。而且即便参军,因缺少军官和避免国民党及将领们无端怀疑,只能往现有军队中送,根本变不成自己的军队。

在国共关系破裂后,中国革命究竟走什么道路? 毛泽东等中共领导人审时度势,在秋收起义遭遇挫折后,改向敌人统治薄弱的井冈山进军,建立了第一个农村革命根据地。

(设计意图)通过介绍北伐相关史实,使学生认识国共合作破裂的原因,为下一阶段中国共产党独立领导武装斗争提供经验与教训。主要指向史料实证素养 2:明了史料在历史叙述中的基础作用。

第 22 课

南京国民政府的统治和中国共产党开辟革命新道路

教学设计 1

苏州工业园区星海实验中学　徐继宽

一、教材分析

本课是第七单元《中国共产党成立与新民主主义革命兴起》中的第 2 课,包括南京国民政府的统治、工农武装割据开辟革命新道路、红军长征三个子目。本课主要讲述国共十年对峙时期中国共产党探索并确立革命新道路的艰难历程。大革命失败后,南京国民政府确立了一党专制统治并在形式上基本统一全国。面对国民党右派的叛变和屠杀,中国共产党开始独立领导武装斗争,探索符合本国国情的革命道路。中国共产党开辟的以农村包围城市、武装夺取政权的革命道路,是马克思主义中国化的光辉典范,揭示了中国共产党的正确领导是中国革命取得胜利的根本保障。从新民主主义革命的大范围看,大革命失败使中国共产党开始意识到开展土地革命和掌握革命武装的重要性,为开辟革命新道路创造了条件,而这一革命道路又成为革命力量发展的立足点和争取全国革命胜利的出发点,指引着中国共产党在抗日战争、解放战争中不断取得胜利,为夺取新民主主义革命的胜利打下了坚实基础。

二、学情分析

本课的授课对象为高一年级学生,他们在初中八年级已经基本掌握了本课涉及的大多数史实,如南昌起义、八七会议、秋收起义、红军长征、遵义会议等。在本教学设计中,将创设问题情境,围绕中国共产党如何开辟革命新道路这一教学主线,引导学生在史料实证的过程中进行理性分析和客观评判,强化历史思维能力和素养培育。

三、教学目标

1. 结合所学知识,简要分析南京国民政府在全国统治的建立及其性质。
2. 通过分析史料探讨南昌起义得与失,并认识其历史地位。
3. 结合中国共产党开辟农村包围城市、武装夺取政权道路过程中的一系列史实,认识马克思主义理论同中国革命具体实践相结合的重要意义。

4. 利用不同角度的史料,阐述红军长征的多种原因;能辨析不同的历史解释,理解遵义会议的内容和影响;能论述长征胜利的重要意义,汲取长征精神的时代涵养。

四、教学重难点

重点:红军长征的原因及意义;遵义会议的重要意义。

难点:从斗争形式、革命道路、领导方式等方面认识中国共产党由幼稚走向成熟的历程,理解马克思主义中国化的必要性和艰巨性。

五、教学过程

【导入新课】

教师讲述: 从 1921 年建党到 1949 年夺取政权,中国共产党在短短 28 年时间内实现了从弱到强,最终夺取全国革命的胜利,这一奇迹归功于中国共产党在大革命失败后找到了一条正确的革命道路。然而,毛泽东在 1962 年扩大的中央工作会议上说:"如果有人说,有哪一位同志,比如说中央的任何同志,比如说我自己,对于中国革命的规律,在一开始的时候就完全认识了,那是吹牛,你们切记不要信,没有那回事。"①建党之初,中共领导人对如何进行革命并无清晰认识,大多照搬俄国革命经验,他们到底经历了哪些艰辛探索才逐步开辟出一条农村包围城市、武装夺取政权的中国特色革命道路呢?

【学习新课】

(一) 斗争新形式:从国共合作革命到独立武装斗争

教师讲述: 中国共产党成立之初就肩负起挽救民族危亡的历史使命,指出中国的出路在于打倒列强除军阀,摆脱半殖民地半封建社会的面貌。由于中国的无产阶级力量不够壮大,所以年幼的中国共产党推动国共合作建立了革命统一战线,轰轰烈烈的大革命由此展开。然而,面对国民党右派不断篡夺革命领导权,共产国际和当时中共领导人的妥协退让,使革命统一战线破裂。

材料一　记得八一南昌起义的前夜,内外情况是异常紧急的,蒋介石在四月十二日就在上海举行了反革命的政变与屠杀;五月二十一日长沙又发生了反革命的政变与屠杀;七月十五日武汉的国民党也公开地叛变了革命。而当时中国共产党以陈独秀为代表的机会主义领导集团,在这样紧急的关头,不但没有坚决地去发动群众的斗争以推进革命运动的发展,去回击反革命分子的进攻;相反的,对于反革命却采取了可耻的投降政策,不敢发展农民斗争,不敢武装工农。

---

① 《毛泽东文集》第 8 卷,北京:人民出版社,1999 年,第 300 页。

——贺龙：《回忆八一南昌起义》，载《长江日报》，2015-07-29

教师讲述：贺龙还回忆说："当时我们面前只有三条路，一条路是被敌人杀死；一条路是跑，放弃革命；另一条路是拿起枪来斗争。"[1]贺龙义无反顾地选择了第三条路，并担任了起义军总指挥。

教师设问：贺龙的这些回忆，反映了南昌起义之前国共两党关系发生了怎样的变化？这说明他从大革命失败中吸取了什么教训？（参考答案：国共两党关系从合作到对抗。认识到掌握武装力量的重要性）

（设计意图）通过分析贺龙对南昌起义的回忆，让学生了解大革命失败后的险恶局势，理解中国共产党人从中吸取深刻的历史教训，选择第三条路，拿起枪与国民党反动派作斗争，拒绝坐以待毙。主要指向史料实证素养水平1：从所获得的材料中提取有关的信息；家国情怀素养水平3、4：表现出对历史的反思，从历史中汲取经验教训。

（过渡）就在中共第一次独立自主策划重大军事行动时，远在莫斯科的共产国际发来了一封令人费解的电报。

材料二 如果有成功的把握，我们认为你们的计划是可行的。否则，我们认为更合适的是让共产党人辞去相应的军事工作并利用他们来做政治工作。我们认为乌拉尔斯基[2]和我们其他著名的合法军事工作人员参加是不能容许的。

——《征询政治局委员意见》（1927年7月25日）

教师设问：

(1) 在"模棱两可"的指示背后，共产国际对中共发动南昌起义持什么态度？（参考答案：反对中共中央不加请示就擅自行动，实际上反对发动南昌起义）

(2) 中共领导人从革命实际出发，顶住政治压力坚持发动起义，这种做法反映了什么精神？（参考答案：坚持实事求是、走向独立自主）

教师讲述：中共中央原本决定于1927年7月31日在南昌举行起义，共产国际代表罗明纳兹[3]对中共未经请示就作出重大决策感到不满，急忙向共产国际汇报，于是共产国际发来了这封态度"模棱两可"的指示。面对中共领导人要以武装暴动回击国民党反动派的坚决态度，罗明纳兹又称敌我双方力量对比悬殊，要求推迟起义。在反复争论中，南昌起义被迫推迟一天。8月1日，两万多起义军经过数小时战斗占领南昌城。

（设计意图）引导学生分析电报原文，教师适时适度点拨，使学生认识到共产国际没有正确总结大革命失败的教训，对中国革命的指导存在错误，为中国共产党之后艰难探索革命新道路作铺垫。主要指向史料实证素养水平1：从所获得的材料中提取有关的信息；史料实证素养水平4：在辨别史料作者意图的基础上利用史料，发现问题并提出自己的独立见解。

材料三 现在回想起来，八一南昌起义仅是我们党认识武装斗争的开始。……当时对

---

[1] 周根保：《南昌起义领导人与"八一精神"》，载《苏区研究》，2016年第4期。

[2] 乌拉尔斯基，即苏联派驻广州国民政府的总军事顾问加仑将军，他先后参加两次东征和北伐战争，在革命统一战线中拥有一定威望。原名为瓦西里·康斯坦丁诺维奇·布留赫尔，是苏俄国内战争时期成长起来的杰出军事家，1935年被授予元帅军衔，1938年在肃反运动中被秘密处决。

[3] 罗明纳兹，共产国际在1927年7月派驻中国的代表，在八七会议上提出"无间断革命论"，主张中国革命将从资产阶级民主革命急转直下到社会主义革命，导致"左"倾盲动主义的错误，给中国革命造成了巨大损失。

于创造革命根据地与进行长期游击战争的思想与认识十分微弱,所以南昌起义的军队没有与湘、赣的农民运动相结合,而南下向广东进发。同时又缺乏适合当时当地情况的具体行动方针,在长途的进军中,部队本身没有很好地建立政治工作,加上在客观上敌人的力量强大,而主观上的指导又缺乏经验,因而南昌起义的部队大部分遭受损失,仅留了一部分力量与毛主席所领导的秋收起义的工农武装在井冈山会师,才正式成立了中国工农红军。

——贺龙:《回忆八一南昌起义》,载《长江日报》,2015-07-29

教师设问:贺龙的回忆反映出起义军南下受挫的原因有哪些?(参考答案:中国共产党革命斗争经验缺乏;没有与农民运动相结合;党没有在军队建立良好的政治工作;敌人力量过于强大)

教师讲述:南昌起义后起义军为什么要南下广东呢? 其实中共中央有一个战略构想:一是打算攻取广州,重建广东革命根据地,因为这里是北伐始发地,革命基础较好;二是广东有出海口,容易获取苏联援助。但这一意图却遭遇了残酷现实,起义军在潮汕地区遭遇强敌围攻而失败。

教师引导学生分析:起义军在南昌起义后应该采取什么军事行动? 我们作为历史的后来人,当然想到应采取就地革命方针,与当地农民相结合创建革命根据地。可惜由于对中国国情认识不够深入,当时中国共产党没有这么做。虽然没能正确解决起义后军队往哪里去的问题,但是发动起义本身毫无疑义是必要的。如今有一种观点把南昌起义和井冈山革命根据地的建立相提并论,都视为"创立中国化的马克思主义的伟大开篇"①。原因就在于南昌起义打响了武装反抗国民党反动派的第一枪,标志着中国共产党独立领导武装斗争、创建人民军队和武装夺取政权的开始,同时,也为开辟马克思主义中国化的正确革命道路提供了重要的经验教训。

(设计意图)引导学生分析南昌起义的得与失,在此基础上认识其历史地位,理解中国共产党经历了从国共合作革命到独立武装斗争的历史性转变,南昌起义是中国共产党艰难探索马克思主义中国化革命道路的开端。主要指向史料实证素养水平 1:从所获得的材料中提取有关的信息;历史解释素养水平 2:选择、组织和运用相关材料并使用相关历史术语,对相关史事提出自己的解释。

教师讲述:南昌起义开启了中国共产党独立领导武装斗争的新征程,但接下来的革命道路应该怎么走呢? 8 月 7 日,在共产国际的帮助下,中共中央在汉口召开紧急会议,目的是总结大革命失败的经验教训,确定今后革命斗争的方针和任务。

材料四 从前我们骂中山专做军事运动,我们则恰恰相反,不做军事运动专做民众运动。蒋唐②都是拿枪杆子起家的……以后要非常注意军事。须知政权是由枪杆子中取得的。

——毛泽东:《在中央紧急会议上的发言》(1927 年 8 月 7 日)

教师设问:毛泽东在八七会议上批评党的以往工作存在什么错误?(参考答案:集中力量于民众运动,却忽视军事斗争)

教师引导学生分析:在中国革命的紧急关头,毛泽东强调"政权是由枪杆子中取得的",

---

① 石仲泉:《关于南昌起义的一个科学论断》,载《北京日报》,2012-08-06。
② 蒋、唐指国民革命军总司令蒋介石和湖南军阀唐生智。

说明中国共产党人深刻反省了大革命失败,开始重视建立革命的武装力量。八七会议纠正了陈独秀的右倾错误,确定了土地革命和武装反抗国民党反动派的总方针。这给正处于思想混乱和组织涣散的中国共产党指明了新的方向,无疑具有重大的历史意义。但此时中共还没有形成一个成熟的领导集体,对武装夺取政权的道路具体怎么走缺乏清晰的认识,因而八七会议也有缺点,它只注意反右,而忽视了防"左"。之后,教条主义倾向和冒险主义情绪在党内滋长起来,盲目服从共产国际的指示,强调武装进攻中心城市。这条道路会带来怎样的结果呢?

(设计意图)让学生认识到中共在纠正右倾错误的同时,却没能纠正不顾国情照搬俄国经验的倾向,这导致了后来的挫折,从而理解开辟马克思主义中国化的革命道路不是一帆风顺的。主要指向史料实证素养水平1:从所获得的材料中提取有关的信息;历史解释素养水平1:辨别教科书和教学中的历史解释,能够对所学内容中的历史结论加以分析。

(二)革命新道路:从城市到农村

教师讲述:按照八七会议的部署,1927年9月,毛泽东组织领导湘赣边秋收起义,原计划攻占长沙,但三路起义部队在进攻长沙途中纷纷失利。鉴于敌强我弱的形势,毛泽东当机立断放弃攻打大城市的计划,决定向敌人统治力量薄弱的山区进军。10月,率秋收起义部队到达井冈山,开辟了第一个农村革命根据地。然而,这时党中央临时政治局扩大会议却通过了一个与毛泽东的做法背道而驰的新决议。

材料五 党的责任是努力领导工人日常斗争,发展广大群众的革命高涨,组织暴动,领导他们武装暴动,使暴动的城市能成为自发的农民暴动的中心及指导者。城市工人的暴动是革命的胜利在巨大暴动内得以巩固而发展的先决条件。

——《中国现状与共产党的任务决议案》(1927年11月)

教师设问:党中央怎么看待农村斗争与城市斗争之间的关系?(参考答案:坚持城市中心,以城市斗争指导农村斗争)

教师引导学生分析:当时党的中央领导机关在中国革命的发展道路和基本策略方面之所以会形成这样的认识,其主要原因在于:第一,中国共产党缺乏对马克思主义理论和中国革命实践的完整的统一的了解。当时中国共产党处于幼年时期,还缺乏革命经验,没有把马克思列宁主义理论同中国革命很好地结合起来,没有坚持具体问题具体分析,没有用马克思列宁主义理论分析和指导中国革命,而是照搬了十月革命的经验,夸大了工人阶级的力量和工人暴动的地位与作用。第二,共产国际及其驻中国代表的影响。中国共产党在革命发展道路和基本策略方面的这种错误主张,与共产国际"左"倾理论的指导有关。

(过渡)1928年4月,毛泽东领导的工农革命军与朱德、陈毅率领的南昌起义余部在井冈山胜利会师,但革命队伍内部有两种声音困扰着毛泽东。

教师讲述:毛泽东后来回忆说,在军队内部,朱德和他不得不同两种倾向作斗争:第一种是要立即进攻长沙,这是冒险主义;第二种是要向南撤退到广东境内,这是"退却逃跑主义"。他们认为,当时的主要任务有二:分田地和建立苏维埃政权。要武装群众来加速这一进程。[1] 朱德和毛泽东深刻认识到,这两种倾向实际上没有把马克思主义与中国的具体情况

---

[1]《毛泽东自述》,北京:人民出版社,1993年,第55页。

相结合,审时度势之后,他们在井冈山地区深入开展土地革命斗争,建立工农苏维埃政权,发展壮大红军力量,逐渐形成工农武装割据,屹立于四周白色政权的包围之中。

井冈山革命根据地的建立,点燃了各地工农革命的星星之火。但当红军几次作战失利后,一些人对革命前途产生了悲观失望情绪,甚至提出"红旗到底能打多久"①的困惑。1930年初,毛泽东写下《星星之火,可以燎原》一文,从中国革命的实际情况出发驳斥错误思想,并且提出了中国革命道路的基本构想。

材料六　……单纯的流动游击政策,不能完成促进全国革命高潮的任务,而朱德毛泽东式、方志敏式之有根据地的,有计划地建设政权的,深入土地革命的,扩大人民武装的路线是经由乡赤卫队、区赤卫大队、县赤卫总队、地方红军直至正规红军这样一套办法的,政权发展是波浪式地向前扩大的,等等的政策,无疑义地是正确的……

……

……农村斗争的发展,小区域红色政权的建立,红军的创造和扩大,尤其是帮助城市斗争、促进革命潮流高涨的主要条件。所以,抛弃城市斗争,是错误的;但是畏惧农民势力的发展,以为将超过工人的势力而不利于革命,如果党员中有这种意见,我们以为也是错误的。

——毛泽东:《星星之火,可以燎原》(1930年1月),《毛泽东选集》第1卷,北京:人民出版社,1991年,第97—98页

教师设问:毛泽东主要批评了党内存在的哪些错误认识?(参考答案:单纯的流动游击政策,畏惧农民斗争的观念)

教师追问:毛泽东总结革命实践斗争经验,指出中国革命的正确道路应该怎么走?(参考答案:毛泽东总结出"工农武装割据"思想,要求在党的领导下以武装斗争为革命形式、以土地革命为基本内容、以根据地建设为战略阵地,三者紧密联系。走农村包围城市,武装夺取政权的道路)

教师引导学生分析:值得注意的是,毛泽东在文章中将农村斗争定位于帮助城市斗争,并没有直接反对"城市中心论",应该怎么理解呢?学术界不少人认为这是由于农村包围城市、武装夺取政权的理论尚处在孕育之中,但也有人认为这是迫于当时党内"左"倾思想的压力,毛泽东采取迂回策略避免正面冲突,这反映出马克思主义中国化革命道路探索的艰辛。

教师小结:中国革命点燃了"工农武装割据"的星星之火,走上了以农村包围城市、武装夺取政权的道路,到1930年夏全国已经建立起大小十几块农村革命根据地,分布在十几个省,形成了星火燎原之势。

(设计意图)通过讲述毛泽东从中国国情出发,建立农村革命根据地,总结"工农武装割据"思想,让学生理解农村包围城市、武装夺取政权的革命新道路形成之艰难,意义之重大。主要指向史料实证素养水平1:从所获得的材料中提取有关的信息;历史解释素养水平2:选择、组织和运用相关材料并使用相关历史术语,对相关史事提出自己的解释。

教师讲述:随着革命斗争形势发展,中国共产党人开始进行人民政权建设的探索与实践。1931年11月,在江西瑞金成立中华苏维埃共和国,选举毛泽东为临时中央政府主席。

---

① 有学者认为,1928年4月,时任红四军第三十一团的宣传干事杨岳彬,是这一疑问的最早提出者。见刘晓农:《"红旗到底能打多久"为何人提出?》,载《党史文苑》,2012年第7期。

苏维埃政权虽然主要在农村,但其名称来源却很洋气。

材料七 农民根本弄不清楚苏维埃是怎么回事,广东的农民知道著名共产党人苏兆征,因此就把苏维埃当成苏兆征的弟弟。而湘赣边区的农民则管苏维埃叫"埃政府",因为当地方言"埃"就是我的意思。

——张鸣:《乡村社会权力和文化结构的变迁:1903—1953》,南宁:广西人民出版社,2001年,第136页

教师设问: 当时的农民不清楚"苏维埃"一词其实是俄文"代表会议"的音译,他们把"苏维埃"误会为苏兆征的弟弟,或者理解为"埃政府"。农民对苏维埃的误读,对中国革命而言,既反映了可喜的成果,又折射出危险的迹象,你是否赞同这一说法?(参考答案:赞同。中国革命转向农村并赢得农民的拥护,但仍潜藏着照搬苏俄经验的危机)

教师引导学生分析: 为什么会有可喜的成果? 因为各农村革命根据地开展土地革命,打土豪、分田地,废除封建剥削,使农民在政治上翻了身,经济上分到土地,革命积极性空前高涨,所以由衷地拥护苏维埃政权。为什么会有危险的迹象? 因为一部分中国共产党人没有完全了解农民,没有很好地结合中国国情,革命政权的建设照搬苏俄模式,把苏俄经验神圣化,把马克思主义教条化。

材料八 "当中共中央有人仅仅是出于通俗的考虑提出应当改'苏维埃政权'为'人民政权'时,共产国际领导人就大为光火。""恰恰是由于共产国际所信任的那些'百分之百'的'布尔什维克'根据共产国际的指示出现在中国各地的农村根据地和红军的领导岗位上,才迅速导致了中共在几年之后的严重失败。"

——杨奎松:《马克思主义中国化的历史进程》,郑州:河南人民出版社,1994年,第10—12页

教师设问: 中共中央有人想把"苏维埃政权"改称"人民政权"却惹怒共产国际领导人,这说明了什么问题?(参考答案:中共受到共产国际的控制和"左"倾教条主义的束缚)

教师讲述: 为了使中共更忠实和更自觉地执行所谓的正确路线,在共产国际代表米夫的直接干预下,王明、博古等缺乏革命实践经验的留苏青年学生在1931年取得了中共中央的领导权,这些人习惯于从苏联和共产国际的教科书以及有关决议中寻找解决问题的办法,被共产国际认定为"百分之百"的"布尔什维克",然而在几年后,他们让党和红军几乎陷入了绝境。

(设计意图) 通过讲述农民误把"苏维埃"当作苏兆征的弟弟这一事例,让学生深刻理解广大农民为何愿意拥护中国共产党、支持中国革命,再结合"百分之百"的"布尔什维克"这一事例,向学生说明中国革命迫切需要结合国情。主要指向历史解释素养水平2:在历史叙述中将史实描述与历史解释结合起来;家国情怀素养水平1、2:具有对家乡、民族、国家的认同感,具有对祖国和人民的深情大爱。

(三)长征新征程:从危机到转机

教师讲述: 1934年下半年,党和红军遭遇空前严重的生存危机,直接原因是国民党军队对革命根据地发动的第五次"围剿"。

教师引导学生分析: 1927年"四一二"反革命政变后,蒋介石建立了南京国民政府。经

过"宁汉合流"和东北易帜,蒋介石得以在形式上基本统一全国。可是他并不能高枕无忧,内忧外患很快接踵而至:一方面,日军制造九一八事变使得民族危机空前加重,另一方面,红军和革命根据地的不断壮大对国民政府构成极大威胁,而蒋介石决定先安内,后攘外,随之调集重兵对各革命根据地发动大规模"围剿"。

秋收起义后,农村革命根据地得以建立并不断巩固和壮大。在毛泽东等人的正确指挥下,红军利用有利的时机与地形,采取灵活的战略与战术,取得了前四次反"围剿"的胜利。然而,那些"百分之百"的布尔什维克指责毛泽东没有执行主动进攻路线来壮大革命力量,把他调离了党和军队的领导岗位。这时,蒋介石调集 100 万军队发动了第五次"围剿"。

(设计意图)了解南京国民政府的成立是课程标准的要求,也是本课第一子目的内容,必须讲但呈现次序不必墨守成规。将南京国民政府一党专制统治的确立放在红军长征的时空背景中讲,通过分析蒋介石战略目标的转变,认识其决意剿灭红军和革命根据地的意图,再结合"左"倾错误在中共中央的统治,有助于学生更全面地理解党和红军陷入生存危机的原因。主要指向时空观念素养水平 2:将某一史事定位在特定的时间和空间框架下,能够认识事物发生的来龙去脉。

材料九　蒋介石吸取前四次失败的教训,采取持久作战和堡垒主义的新战略,企图逐步压缩我革命根据地,然后寻求红军主力决战,最后达到消灭红军、摧毁革命根据地的目的。

——《黄克诚自述》,北京:人民出版社,1994 年,第 117 页

教师设问:红军第五次反"围剿"遭遇的敌人有什么变化?(参考答案:敌人改用持久作战和堡垒政策,使红军灵活机动的战略战术难以发挥优势)

材料十　他(指李德——引者注)根本不懂得中国的国情,也不认真分析战争的实际情况,只凭他在苏联军事学院学到的军事课本上的条条框框,照样搬到我国,搬到苏区,进行瞎指挥。

——《伍修权回忆录》,北京:中国青年出版社,2009 年,第 76 页

教师设问:共产国际派来的军事顾问李德取代毛泽东来指挥第五次反"围剿",这导致红军的指导思想出现了什么问题?(参考答案:犯了"左"倾错误,脱离中国革命具体实情)

材料十一　……敌人集中十一个师进攻广昌(中央苏区北门户——引者注),"左"倾路线领导者不顾红军连续作战,十分疲劳,减员很大的情况下,提出像"保卫马德里"一样地"死守广昌、寸土必争""胜利或者死亡"等拼命主义口号。

——《张宗逊回忆录》,北京:解放军出版社,2008 年,第 103 页

教师设问:与以往相比,红军在第五次反"围剿"的战略战术上有何变化?(参考答案:放弃过去的灵活机动战术,改为阵地防御战略)

材料十二　国民党军队的包围圈在日益缩小,苏区面积也在日益减少,战争资源日益枯竭……

……

这种情况因为"左"倾路线变得越加严重。在军事战争激烈进行的时候,"左"倾路线执行者却在苏区推行了"地主不分田,富农分坏田"的政策,在肉体上消灭地主,在经济上消灭富农,造成了严重后果。

——董振平:《中央红军长征的背景分析》,载《理论学刊》,2013 年第 3 期

教师设问：

（1）随着国民党军队对红军"围剿"的不断加强，革命根据地出现了哪些不利情况？（参考答案：根据地面积减少，导致日益严重的经济财政危机；"左"倾路线的土地政策扩大了打击面，激化了矛盾，把地主和富农推向苏维埃政权的对立面）

（2）1934年10月，苦战一年也未能粉碎敌人"围剿"的中央红军被迫实行战略转移，开始长征。在你看来是何原因？（参考答案：直接原因是第五次反"围剿"失利，红军被迫战略转移；根本原因是"左"倾思想的错误指导）

教师引导学生分析：我们须明白，红军长征是当时众多原因共同作用的结果，既有主观方面的原因，即"左"倾教条主义导致了根据地的军事政治危机与经济财政危机，也有客观方面的原因，如国民党军队装备精良，战略战术改进，实力大大超过红军。第五次反"围剿"已不再是纯粹军事的对抗，而是上升到国共双方综合实力的较量，中央红军实行战略大转移，显然是摆脱危机创新局的明智之举。

（设计意图）让学生运用不同来源、不同角度的史料更全面地分析长征起因，既能理解教科书的观点，又能依据新的材料有新的解释。主要指向史料实证素养水平3：利用不同类型史料，对所分析的问题进行互证，形成对该问题更全面、丰富的解释；历史解释素养水平4：在独立研究历史问题时，在尽可能占有史料的基础上，尝试验证以往的说法或提出新的解释。

教师讲述：第五次反"围剿"在"左"倾错误指挥下，进攻中采取冒险主义，防御中采取保守主义，使红军遭受了严重的挫折；政治上采取关门主义，不肯与在福建进行反蒋抗日的国民党第十九路军合作，错失了粉碎第五次"围剿"的有利时机；退却中采取逃跑主义，把战略转移变成搬家式的行动，让敌人有时间围追堵截。中央红军在突破四道封锁线后损失惨重，广大干部和战士逐渐认识到这是共产国际的错误指导所致，对"左"倾党中央领导充满怀疑和不满，纷纷要求改换党的领导。

需要指出的是，中国共产党自成立开始就在共产国际的指导下开展工作，凡重大事项的决策都要听从共产国际的指示。然而，在长征之前的两个月，中共上海局连同电台被国民党秘密警察查获，导致了中国共产党和共产国际的无线电联系彻底中断，这样，中国共产党决定长征以及长征途中召开遵义会议，都没法向远在莫斯科的共产国际请示报告。共产国际派驻中国的军事顾问李德是这样回忆的：

材料十三　1934—1935年，党的领导完全同外界隔绝，此事造成的后果尤其严重。他们从国际共产主义工人运动那里，具体地说就是从共产国际方面，既不能得到忠告，也不能得到帮助。所以，以毛泽东为代表的小资产阶级农民的、地方性的和民族主义的情绪，就能够不顾马列主义干部的反对而畅行无阻，甚至这些干部本身也部分地和暂时地为这种情绪所左右。

——[德]奥托·布劳恩：《中国纪事：1932—1939》，北京：东方出版社，2004年，第130—131页

教师设问：李德认为长征时中国共产党与共产国际的联系中断造成了什么严重后果？（参考答案：中国共产党失去了共产国际指导，毛泽东的错误思想在党内畅行无阻）

教师讲述：李德的回忆里充满了对毛泽东的抨击，什么事让他耿耿于怀呢？除了毛泽

东批评他只会纸上谈兵,不懂得从中国革命战争的实际出发,更重要的是在1935年1月召开的遵义会议上,毛泽东所代表的正确路线被认可,李德等人的军事指挥权被取消。

1934年中国共产党与共产国际联系的中断,在李德眼中是一场危机,而在毛泽东看来却是党的成长历程中的一次契机。

材料十四　过去我们就是由先生把着手学写字,从一九二一年党成立到一九三四年,我们就是吃了先生的亏,纲领由先生起草,中央全会的决议也由先生起草,特别是一九三四年,使我们遭到了很大的损失。从那之后,我们就懂得要自己想问题。我们认识中国,花了几十年时间。中国人不懂中国情况,这怎么行?真正懂得独立自主是从遵义会议开始的,这次会议批判了教条主义。

——毛泽东:《革命和建设都要靠自己》(1963年9月),《毛泽东文集》第8卷,北京:人民出版社,1999年,第339页

教师设问:你怎么理解毛泽东所说的党"真正懂得独立自主是从遵义会议开始的"?(参考答案:遵义会议结束了"左"倾错误路线在党内的统治,开始确立以毛泽东为代表的马克思主义的正确路线在党中央的领导地位,是中国共产党第一次独立自主地运用马克思主义原理解决自己的重大问题,中国共产党由盲从共产国际向独立自主的转变,标志着从幼年走向成熟)

教师讲述:毛泽东认为,中国共产党从1921年起就总是照搬外国经验,服从共产国际决议,最终在1934年陷入生存危机,与共产国际联系的意外中断,却让中国共产党迎来了一次契机,这有助于中国共产党摆脱共产国际的束缚,有助于结合本国国情进行探索,有助于独立自主解决中国革命问题,为马克思主义中国化提供了一次难得的机会。具体来说,中国共产党在遵义会议上集中全力解决军事和组织问题,肯定了毛泽东的正确军事主张,改组中央领导机构,增选毛泽东为政治局常委。

(设计意图)李德和毛泽东对长征途中国共产党与共产国际联系中断有着不同的评述,让学生认识到两种评述的焦点在于中国共产党应该如何领导中国革命,深刻理解中国共产党的领导方式发生的转变。主要指向历史解释素养水平3:分辨不同的历史解释,尝试从来源、性质和目的等多方面,说明导致这些不同解释的原因并加以评析。

教师讲述:遵义会议也是中国共产党历史上一次生死攸关的转折点,在极其危急的情况下,挽救了党和红军,挽救了中国革命。1935年2月,中共中央向留在南方坚持斗争的陈毅等人发电报告知遵义会议精神,大意是"左"倾错误领导人造成了第五次反"围剿"失败,这是军事方面而不是政治路线的错误,但陈毅对此有自己的看法。

材料十五　他们在遵义还不能提政治路线,提政治路线党要分裂的。只能提军事上错了,博古错了,让博古下台。这样全党在毛主席的路线下团结起来完成长征。这是个妥协。军事上的错误和政治上的错误能没有联系?中央主要是政治上的错误,政治上的错误导致了军事上的错误。

——陈毅:《三年游击战争回忆》上,载《军史资料》,1985年第4期

教师设问:

(1)怎么理解陈毅对遵义会议的看法?(参考答案:这一看法是全面准确的,他指出了军事错误是政治错误造成的,也理解了新的党中央希望团结一致的用意)

(2) 请根据教科书上的《红军长征路线示意图》,并结合所学知识,以重要事件为节点,叙述遵义会议后红军长征的过程。(参考答案:略)

(设计意图)通过分析陈毅的回忆,让学生理解当时"左"倾路线在党内还有一定的影响,加之长征途中面临严峻的作战形势,所以遵义会议暂时只纠正"左"倾军事路线和组织路线错误,学生可以体会到毛泽东高超的政治艺术有利于妥善处理党内存在的矛盾与分歧。主要指向历史解释素养水平4:在尽可能占有史料的基础上,尝试验证以往的说法或提出新的解释。

教师讲述:遵义会议后,在毛泽东的指挥下,发挥自身灵活机动优势,上演了一幕幕化被动为主动的经典战役,最终摆脱了被动挨打的局面,取得了战略转移的最终胜利。

材料十六 讲到长征,请问有什么意义呢?我们说,长征是历史纪录上的第一次,长征是宣言书,长征是宣传队,长征是播种机。自从盘古开天地,三皇五帝到于今,历史上曾经有过我们这样长征吗?

——毛泽东:《论反对日本帝国主义的策略》(1935 年 12 月 27 日),《毛泽东选集》第 1 卷,北京:人民出版社,1991 年,第 149 页

教师设问:怎样理解毛泽东所论述的长征的意义?(参考答案:长征是宣言书,向世界宣告红军是英雄的武装;长征是宣传队,向全国宣传红军救国救民的道理;长征是播种机,在沿途播撒下无数革命的种子。总之,红军在长征中展现出革命乐观精神、独立自主精神、团结协作精神、艰苦奋斗精神等,塑造了中国共产党的光辉形象)

教师讲述:长征胜利的意义其实不止这些,更为重要的是,在长征中党和红军解决了三个全局性难题,第一是引领红军向哪里去的战略方向问题,革命中心实现了由南方到北方的转移,国共两党关系也由武装对峙逐渐走向合作抗日;第二是使党和红军摆脱被动局面的军事指挥问题,红军最终战胜了敌人的围追堵截,在陕北找到了新的落脚点并不断发展壮大;第三是结束错误路线在中央的统治问题,以毛泽东为核心的党中央新领导集体的确立,使党实现了从幼稚到成熟的转变。

(设计意图)以历史地图为依托,以重要事件为节点,学生通过简述红军长征的过程能够培养时空观念素养,领会伟大的长征精神。通过对红军长征意义的分析,既能认识党和红军扩大了影响,也能理解长征胜利解决三个难题,推动了中国革命不断走向胜利。主要指向时空观念素养水平2:利用历史地图等方式对相关史事加以描述;历史解释素养水平2:选择、组织和运用相关材料并使用相关历史术语,对相关史事提出自己的解释,能够在历史叙述中将史实描述与历史解释结合起来。

教师总结:在大革命失败后,中国共产党人经过十年艰苦探索,从国共联合革命到独立武装斗争,从城市中心到农村为主,从盲从教条到独立自主,终于开辟出一条符合中国国情的"农村包围城市、武装夺取政权"的正确革命道路。历史已经过去,但革命精神永存,从八一精神、井冈山精神再到长征精神,不仅是中华民族百折不挠、自强不息的民族精神的鲜明印证,也是社会主义现代化建设的强大精神力量。

教学设计 2

江苏省木渎高级中学　丁仕武

一、教材分析

本课是第七单元《中国共产党成立与新民主主义革命兴起》中的第 2 课,包括南京国民政府的统治、工农武装割据开辟革命新道路及红军长征三个子目。1927 年国民革命失败之后,中国共产党在不断地抗争与探索中,创建了人民的军队,逐渐找到适合本国国情的革命斗争道路。遵义会议事实上确立了毛泽东的正确领导,标志中国共产党由幼稚走向成熟,中国革命转危为安。本课主线是中国共产党探索革命新道路的历程,依此主线进行课堂教学时,南京国民政府的统治作为中国共产党探索革命道路的背景简单介绍即可;中国共产党开辟新道路部分是本课重心所在,应讲清发展过程中的逻辑关系及其历史作用;红军长征对中国革命有着极其深远的影响,其历史意义应予以重点分析。

二、学情分析

高一阶段的学生对于本课涉及的基础知识,如南京国民政府的成立、南昌起义、井冈山革命根据地的建立与巩固、红军长征等在初中时已有初步了解,但对革命新道路的探索及红军长征等重大历史事件的深刻意义和影响还不能真正理解。基于此,充分运用史料解析和史事演绎来帮助学生深刻理解上述问题。

三、教学目标

1. 能够认识到革命武装对于中国革命的重要性,理解武装起义后革命火种留存的重大意义。
2. 能够理解"工农武装割据"与"农村包围城市"革命道路是中国共产党将马克思主义基本原理与中国革命实践相结合的产物,理解遵义会议的里程碑意义,认识毛泽东在探索中国革命道路过程中的智慧与贡献。
3. 能够根据《红军长征形势图》简要描述长征过程,理解长征对中国革命进程的重要意义。

四、教学重难点

重点:中国共产党对革命道路的不懈探索;中国共产党开辟革命新道路的基本历程。
难点:认识毛泽东对中国革命新道路的伟大历史贡献。

五、教学过程

【导入新课】

教师讲述：习近平总书记对井冈山情有独钟，他于 2006 年 4 月、2008 年 10 月、2016 年 2 月满含深情地三上井冈山，瞻仰革命旧址，探寻红色基因。第三次视察井冈山时，习近平深情地说："井冈山是中国革命的摇篮。井冈山是革命的山、战斗的山，也是英雄的山、光荣的山。"[①] 这座"光荣的山"，见证了井冈山道路的探索。井冈山道路是如何探索出来的？它是如何引领中国革命的呢？

【学习新课】

（一）起点：武装力量的留存

材料一 中国是经过了一次大革命的——准备好了红军的种子，准备好了红军的领导者即共产党，又准备好了参加过一次革命的民众。

——毛泽东：《中国革命战争的战略问题》（一九三六年），《毛泽东选集》第 1 卷，北京：人民出版社，1991 年，第 189 页

教师设问：毛泽东从哪个角度来评价国民大革命的影响？具体表现有哪些？（参考答案：对中国革命的积极推动作用。提供了坚强的领导者、培育了革命力量、奠定了群众基础等影响）

教师讲述：1927 年 4 月 12 日，蒋介石发动反革命政变，继而在南京建立了国民政府。1928 年底，蒋介石的南京国民政府完成了形式上的全国统一。

南京国民政府成立前后，对共产党与革命群众进行了残酷的镇压。据中共六大时的不完全统计：从 1927 年 3 月到 1928 年上半年，被杀害的共产党员和革命群众达 31 万多人，其中共产党员 26 000 多人。据 1927 年 11 月统计，全党党员人数由 1927 年 5 月中共五大时的 57 900 多人锐减到 10 000 多人。革命的工会、农民协会等也被查禁或解散。工农运动走向低潮，革命陷入危险境地。

在危急关头，1927 年 7 月中旬，中共中央临时政治局决定了三件大事：将党所掌握和影响的部队向南昌集中，准备起义；组织湘、鄂、赣、粤四省的农民，在秋收季节举行暴动；召开紧急会议，讨论和决定新时期的方针和政策。紧急会议原定于 7 月 28 日召开，但因时局紧张之故，交通极不方便，延期至 8 月 7 日。

材料二 从前我们骂中山专做军事运动，我们则恰恰相反，不做军事运动专做民众运动。蒋、唐都是拿枪杆子起的……以后要非常注意军事。须知政权是由枪杆子中取得的。

——《毛泽东关于共产国际代表报告的发言》（1927 年 8 月 7 日）

教师设问："枪杆子"的含义是什么？毛泽东发言的主旨是什么？（参考答案：军事武装。强调掌握武装力量的重要性）

---

① 《习近平春节前夕赴江西看望慰问广大干部群众》，载《人民日报》，2016 - 02 - 04。

（设计意图）毛泽东很早就认识到军事武装对于中国革命的重要性,这种认识是马克思主义基本原理与中国革命具体实践相结合的产物,为中国特色革命道路的形成奠定了基础。主要指向史料实证素养水平1:从所获得的材料中提取有关的信息;历史解释素养水平2:在历史叙述中将史实描述与历史解释结合起来。

教师讲述: 八七会议召开前后,中国共产党策划了一系列武装起义,其中以周恩来等人领导的南昌起义、毛泽东领导的湘赣边秋收起义最为重要。

虽然起义均以失败告终,但扩大了共产党在人民群众中的影响,并使土地革命的口号深入到农民之中。更重要的是,起义保留了一部分武装力量:南昌起义余部中的主要部分由朱德、陈毅带领转移到湘南农村;毛泽东率领秋收起义后的余部转移到井冈山地区。朱德和毛泽东对余部进行了整编,从而加强了党对军队的绝对领导,提升了军队的战斗力。武装力量的留存与发展为后来走出一条符合中国国情的革命道路准备了条件。

(二) 定向:革命道路的修正

教师设问: 就攻占目标而言,中国共产党发动的南昌起义与秋收起义有何共同之处?这反映了党中央采取了怎样的革命道路?(参考答案:以攻占大城市为目标。城市中心的革命道路)

教师讲述: 中国共产党人领导武装斗争的初期,主要参照国际共产主义运动的经验,而此前的无产阶级革命运动中,无论是法国的巴黎公社,还是俄国的十月革命,走的都是城市中心道路。革命工作应当以城市为中心,这是当时全党的共识。但是,所有以占领中心城市为目标的起义很快失败了,这就促使实际领导武装斗争的指挥者深入思考符合中国国情的革命道路。正如毛泽东后来所说:"不但应当了解马克思、恩格斯、列宁、斯大林他们研究广泛的真实生活和革命经验所得出的关于一般规律的结论,而且应当学习他们观察问题和解决问题的立场和方法。"[1]

（设计意图）中国共产党在武装反抗国民党反动派的革命初期,还不能很好地将马克思主义的基本原理与中国革命的具体实际相结合,只能照搬国际无产阶级革命的模式,结果遭到重大损失,而血的教训迫使中共探索新的革命道路。主要指向历史解释素养水平1:对所学内容中的历史结论加以分析。

教师讲述: 毛泽东在湖南浏阳文家市向全休指战员宣布改变行动方向的决定。他满怀信心地向大家解释:

材料三　中国革命没有枪杆子不行。这次秋收起义虽然受了挫折,但算不了什么! 胜败乃兵家常事。我们的武装斗争刚刚开始,万事开头难,干革命就不要怕困难。我们有千千万万的工人和农民群众的支持,只要我们团结一致,继续勇敢战斗,胜利是一定属于我们的。我们现在力量很小,好比是一块小石头,蒋介石好比是一口大水缸,总有一天,我们这块小石头,要打破蒋介石那口大水缸。大城市现在不是我们要去的地方,我们要到敌人统治比较薄弱的农村去,发动农民群众,实行土地革命。

——逄先知:《毛泽东年谱(1893—1949)》上,北京:中央文献出版社,2005年,第220页

---

[1]《毛泽东选集》第2卷,北京:人民出版社,1991年,第533页。

教师设问：关于行动方向,毛泽东做出了怎样的决定,其依据是什么?(参考答案:放弃攻打大城市,转向农村,发动农民革命。城市中敌强我弱,农村中国民党力量薄弱,便于红军保存力量)

教师讲述：1929年10月底,毛泽东率领部队到达井冈山,由此创建了第一块农村革命根据地。以井冈山根据地的创建为起点,中国共产党领导下的革命斗争已经走上了"工农武装割据"的道路。但在根据地中,一些人对红色政权能否长期存在的问题,感到疑惑。为了推动红军和根据地的发展,毛泽东在革命实践的基础上,对此问题进行深入研究,做出了明确答复。

材料四 只要买办豪绅阶级间的分裂和战争是继续的,则工农武装割据的存在和发展也将是能够继续的。此外,工农武装割据的存在和发展,还需要具备下列的条件:(1)有很好的群众;(2)有很好的党;(3)有相当力量的红军;(4)有便利于作战的地势;(5)有足够给养的经济力。

——毛泽东:《井冈山的斗争》(一九二八年十一月二十五日),《毛泽东选集》第1卷,北京:人民出版社,1991年,第57页

教师设问："买办豪绅阶级间的分裂和战争"指什么?"工农武装割据"得以存在与发展的其他条件是如何实现的?(参考答案:各派军阀间持续不断的战争。土地革命、党的建设、武装斗争和扩展红军、进行根据地建设)

教师讲述："工农武装割据"理论的基本内容,即在中共领导下,把武装斗争、土地革命和根据地建设三者结合起来。这三者密不可分,相互促进,形成一个整体。武装斗争是中国革命最后夺取胜利的主要斗争方式,没有武装斗争,根据地就无法存在与发展;根据地是中国革命借以发展的战略基地,是武装斗争与土地革命的依托;土地革命是中国革命的中心内容,没有土地革命就不能得到广大农民的支持,根据地就无法生存,革命就会失败。

"工农武装割据"的理论是马克思主义普遍真理与中国革命具体实践相结合的典范,符合中国的国情,为中国革命在城市遭到失败后的进一步发展指明了正确方向,以后随着革命实践经验的丰富,毛泽东又把"工农武装割据"理论推向前进。

教师讲述：1930年5月,《红旗》发表署名周子敬于4月15日给该刊记者的信。信中认为:

材料五 在当时"农民运动的发展比较城市的工人运动要快得多"的形势下,党应"暂时放弃城市",而以大部分力量甚至"全副力量去发展乡村"。"革命势力占据了广大农村之后",即可以"联合起来包围城市,封锁城市,用广大的农村革命势力以向城市进攻",这样,革命"必然可以得着胜利"。

——《子敬来信》,载《红旗》(1930年5月24日)

教师设问：

(1)该信件的基本观点是什么?(参考答案:党的中心工作是发展乡村,走农村包围城市的道路)

(2)作为中共中央的机关刊物,《红旗》的做法有何深刻意义?(参考答案:说明毛泽东等人探索出来的井冈山道路得到党内部分人的认可)

（设计意图）城市道路的失败,迫使中国共产党探索基于本国国情的革命道路,于是"工农武装割据"的理论与实践应运而生,并在此基础上形成了"农村包围城市、武装夺取政权"的革命道路。这个过程中,毛泽东发挥了开创性的作用,不仅率先建立了农村革命根据地,而且还形成了系统的理论,对中国革命的发展起了极大的推动作用。主要指向历史解释素养水平 2：在历史叙述中将史实描述与历史解释结合起来。

教师讲述：井冈山道路对于中国革命的发展起着极其重要的作用,正如 2016 年春节前夕,习近平总书记视察井冈山时所说："井冈山道路是马克思主义中国化的经典之作,从这里革命才走向成功。"①

随着革命新道路的开辟,中国共产党领导下的红军和根据地逐步发展起来,到 1930 年初,共产党领导人民群众建立了大小十几块农村根据地,武装力量达到 10 万人左右。随着革命形势的迅速发展,建立统一的中央政府被提上日程。

材料六　红军、游击队和红色区域的建立和发展,是半殖民地中国在无产阶级领导之下的农民斗争的最高形式,和半殖民地农民斗争发展的必然结果;并且无疑义地是促进全国革命高潮的最重要因素。

——毛泽东：《星星之火,可以燎原》(1930 年 1 月 5 日),《毛泽东选集》第 1 卷,北京：人民出版社,1991 年,第 98 页

教师设问：毛泽东对于"工农武装割据"是怎样定位的,这种定位有何深刻意义?（参考答案：无产阶级领导下农民斗争的最高形式、促进全国革命高潮的最重要因素。说明农村包围城市、武装夺取政权的井冈山道路理论已经形成）

材料七　中华苏维埃共和国成立后……对内来说,先后颁布了土地法、劳动法、苏维埃组织法、婚姻法等等,使各根据地的苏维埃政权有着共同的章程可循。临时中央政府之下的革命军事委员会,可以对各地红军进行统一指挥,虽然这种统一指挥并不经常,但在长征前后却发挥了重要作用。对外来说,可以用中华苏维埃共和国的名义进行对等的交涉或发出公开的号召。

——金冲及：《中华苏维埃共和国的历史地位》,载《党的文献》,1999 年第 6 期

教师设问：(1)概括中华苏维埃共和国成立的国内意义。（参考答案：方便对各根据地政权及军队的统一指挥）

(2)"对等的交涉或发出公开的号召"有何政治意义?（参考答案：表明在中国领土内存在着两个性质不同的政权,国共两党对峙的局面正式形成）

（三）保障：领导集团的调整

教师讲述：毛泽东在《中国的红色政权为什么能够存在?》一文中强调了党的正确领导对于革命的重要性："红色政权的长期的存在并且发展……还须有一个要紧的条件,就是共产党组织的有力量和它的政策的不错误。"②

在红军与根据地迅速发展之时,党的领导却出现了偏差。1933 年 10 月,共产国际派来

①《习近平春节前夕赴江西看望慰问广大干部群众》,载《人民日报》,2016 - 02 - 04。
②《毛泽东选集》第 1 卷,北京：人民出版社,1991 年,第 50 页。

的李德到达瑞金。他完全不了解中国的实际情况，只是搬用苏联红军正规战争的经验和训练方法，但党中央负责人博古对他十分信任和支持。他们废弃了此前几次反"围剿"中行之有效的积极防御方针，让装备很差的红军同现代化武器装备起来的国民党军打正规战、阵地战，同敌人拼消耗，使红军遭受了巨大损失。1934年10月初，国民党军已推进到中央苏区的腹地，为了保存实力，战略转移成了红军的唯一选择。

（设计意图）虽然毛泽东等人探索出了正确的革命道路，但当时党内领导集体以留苏学生为主，他们缺乏斗争经验，不熟悉中国革命实际、迷信共产国际指示和苏联经验，压制毛泽东的正确军事主张，从而给革命事业造成重大损失。主要指向历史解释素养水平2：在历史叙述中将史实描述与历史解释结合起来。

材料八 长征开始时，红军实际上没有一张精确的地图。博古和布劳恩（即李德——引者注）硬是坚持带上所有的办公用具和文件，但就是没有想到带上对行军最重要的地图。

——[美]罗斯·特里尔：《毛泽东传》，胡为雄、郑玉臣译，北京：中国人民大学出版社，2006年，第147页

教师设问："带上所有的办公用具"对长征会有怎样的影响？这些做法反映了什么问题？（参考答案：影响行军速度。博古、李德军事素养不足，不是合格的军事统帅）

教师讲述：从开始长征到11月30日，虽经红军英勇苦战，连续突破敌人的四道封锁线，渡过了湘江，但人员折损过半，由出发时的8.6万多人锐减至3万余人，且始终不能摆脱被动挨打的局面。博古等人的"左"倾错误领导使中央红军和中国革命陷入到巨大的危机之中。

广大干部眼看着第五次反"围剿"以来，迭次失利，现在又几乎濒于绝境，与之前四次反"围剿"进行对比，逐步觉悟到这是排斥了以毛泽东为代表的正确路线，贯彻执行了错误的路线所致。因此，部队中逐渐滋长了怀疑、不满和要求改变领导人的情绪，并且随着红军失利日益显著，湘江战役之后，这种情绪达到了极点。12月湖南通道会议前夕，毛泽东向张闻天提出了自己的想法：

材料九 现在我们突破敌人的第四道封锁线，受到了严重的损失，无论如何不能照原计划去湘西与二、六军团会合了，因为敌人已调集了三四十万兵力，部署在我们前进的道路上企图消灭我们。我主张现在应坚决向敌人兵力比较薄弱的贵州前进，才能挽救危机，争取主动。

——转引自罗明：《关于通道转兵一些情况的回忆》，载《中共党史资料》，1984年第1期

教师设问：（1）关于红军往哪里走，毛泽东提出了什么意见？（参考答案：敌人兵力比较薄弱的贵州）

（2）最后中央军委接受了毛泽东的意见，这说明了什么？（参考答案：博古与李德在军队中的权威开始动摇，毛泽东的影响力在增强）

教师讲述：通道会议后，红军进入贵州，强渡乌江，直扑遵义。1月7日红军攻占遵义城。此时红军的处境依然很危险，于是总结经验教训，纠正错误的军事路线，改换错误的领导者，挽救危机中的红军，成为全党全军特别是多数高级干部的一致要求。1月15日至17日，中共中央在遵义召开了政治局扩大会议。

材料十 ①……博古把这次反"围剿"战争失败的主要原因，归之于帝国主义和国民党

力量的强大;强调当时白区反帝反蒋运动没有显著进步,瓦解敌军的工作做得差,游击战争开展得更不够,各根据地配合不够密切,又夸大了根据地的后方物资供应工作没有做好等客观原因。

　　——孟庆春:《毛泽东的辉煌人生和未了心愿》,北京:当代中国出版社,2011年,第93页

　　②……周恩来代表军委所做的军事工作报告,较客观地总结了第五次反"围剿"战争以来的全部情况,实事求是地指出这次"围剿"战争的失败,在军事指挥上确有问题。

　　——孟庆春:《毛泽东的辉煌人生和未了心愿》,北京:当代中国出版社,2011年,第94页

　　教师设问:关于第五次反"围剿"失败的原因,周恩来与博古的认识有何不同?(参考答案:博古强调敌人强大等客观原因;周恩来则强调军事指挥等主观方面的因素)

　　教师讲述:毛泽东发言时,他着重批评了第五次反"围剿"和长征以来博古、李德在军事指挥上的错误,也批驳了博古的自我辩解,并阐述了中国革命战争的战略问题和今后应该采取的方针。多数代表不同意博古的报告,一致支持毛泽东的正确意见。

　　会议决定改组中央领导机构,选举毛泽东为政治局常委,取消由博古、李德的军事指挥权,仍由中央军委主要负责人周恩来、朱德指挥军事。会议之后,政治局常委进行分工,由张闻天代替博古负党的总责任,成立由毛泽东、周恩来、王稼祥组成的三人军事指挥小组,负责军事行动。

　　材料十一　……从一九二一年党成立到一九三四年,我们就是吃了先生的亏,纲领由先生起草,中央全会的决议也由先生起草,特别是一九三四年,使我们遭到了很大的损失。从那之后,我们就懂得要自己想问题。我们认识中国,花了几十年时间。中国人不懂中国情况,这怎么行?真正懂得独立自主是从遵义会议开始的,这次会议批判了教条主义。

　　——《毛泽东文集》第8卷,北京:人民出版社,1999年,第338—339页

　　教师设问:此处的"先生"指的是什么?共产党的独立自主在遵义会议上有何具体表现?(参考答案:共产国际或苏联。未得共产国际的许可,自行调整了领导集体)

　　教师讲述:遵义会议后,中央红军在新的中央的指挥下,作战风格有了明显的改变。

　　材料十二　我们应该拒绝那种冒险的没有胜利把握的战斗。因此红军必须经常的转移作战地区,有时向东,有时向西,有时走大路,有时走小路,有时走老路,有时走新路,而唯一的目的,是为了在有利条件下,求得作战的胜利。

　　——中共中央、中革军委:《告全体红军指战员书》(1935年2月),中央档案馆:《中共中央文件选集》第10卷,北京:中共中央党校出版社,1991年,第490—491页

　　教师设问:此时红军的作战特点有何明显变化?作战效果如何?(参考答案:机动性与灵活性大大增强。打乱敌人的追剿计划,使红军化险为夷)

　　教师讲述:党的正确领导是革命成功的根本保证。遵义会议肯定了毛泽东的正确军事主张,事实上确立了毛泽东对党和红军的领导。此后的中国革命呈现出了完全不同的发展态势。中央红军采取灵活机动的运动战方针,四渡赤水,南渡乌江,接着又巧渡金沙江,摆脱了敌军的围追堵截,跳出了敌人的包围圈,进而掌握了作战的主动权,推动了革命形势的发展。

（四）发展：斗争形势的改观

教师讲述： 渡过金沙江之后，中央红军继续北上，克服爬雪山过草地等一系列的困难，终于在 1935 年 10 月到达陕北吴起镇，与陕北红军会师。1936 年 10 月，红军一、二、四三个方面军在甘肃会宁会师，长征胜利结束。

参照教科书上的《红军长征路线示意图》，盘点整个行程，可以看出长征具有行程长、危险大、条件苦等特点。红军行进的总里程超过了两万五千里，跨越了中国十多个省份；红军行进中始终处在数十倍于己的敌人的追击、堵截与合围之中，平均三天就发生一次激烈的大战，仅冲破敌军湘江之上的四道封锁线，中央红军就由八万多人减员到三万人左右；红军除了在少数地区得以短暂地停留与休整之外，始终处于饥饿、寒冷、伤病和死亡的威胁之下，即便如此，还需要平均每天急行军五十公里以上。

这些使得长征成为超越人类生存极限的一场挑战，那么红军是如何克服种种困难，最终取得胜利的呢？

材料十三　（红军长征——引者注）中并不是愁眉苦脸，而且歌笑欢腾；他们看到的前途不是暗淡，而是光辉；他们不是受失败的威胁，而是前仆后继的打仗，做群众工作、作经济生产工作，积累丰富无穷的经验，为日益接近全国胜利，完成新民主主义革命，进行社会主义革命奠定基础。

——《谢觉哉文集》，北京：人民出版社，1989 年，第 944 页

教师设问： 红军为何能取得长征的胜利？（参考答案：红军具有坚定的革命信念，以及大无畏的英雄气概）

（设计意图） 通过对红军行程的考察，使学生明白长征的困难与艰险，有助于理解红军身上革命精神的可贵以及革命意志的顽强。主要指向时空观念素养水平 2：利用历史地图等方式对相关史事加以描述；历史解释素养水平 2：在历史叙述中将史实描述与历史解释结合起来。

教师讲述： 除了党中央的正确领导，红军身上具有的精神力量是成功的重要保证。这种坚定的信念支撑着阻击部队与敌人顽强周旋，也支撑着突围的部队勇往直前，即便是面临死亡，也不会熄灭内心的火焰。

长征对于中国共产党领导下的中国革命进程具有至关重要的历史作用。国家主席习近平指出：

材料十四　长征途中，我们党通过艰苦卓绝的实践探索，成功把解决生存危机同拯救民族危亡联系在一起，把长征的大方向同建立抗日前进阵地联系在一起，实现了国内革命战争向抗日民族战争的转变，为夺取中国人民抗日战争胜利、进而夺取新民主主义革命胜利打下了坚实基础。

长征的胜利，不仅保存了革命力量，而且使我们党找到了中国革命力量生存发展新的落脚点，找到了中国革命事业胜利前进新的出发点。从长征的终点出发，我们党领导中国人民展开了中国革命波澜壮阔的新画卷。

——习近平：《在纪念红军长征胜利 80 周年大会上的讲话》（2016 年 10 月 21 日）

（设计意图） 对于中国革命进程来说，长征具有极其特别、极其深远的影响。它不仅使党

和红军保存了基干力量、摆脱了险境,更在这个过程中扩大了红军的影响、播下了革命的种子、淬炼出革命的精神。经过长征的洗礼,革命力量在量上虽有减损,但质上却有了升华,使得中国革命的形势得以改观。主要指向史料实证素养水平 2:明了史料在历史叙述中的基础作用;历史解释素养水平 2:在历史叙述中将史实描述与历史解释结合起来。

第八单元

中华民族的抗日战争
和人民解放战争

第 23 课

从局部抗战到全面抗战

教学设计 1

南京航空航天大学苏州附属中学　冒　兵

一、教材分析

本课是第八单元《中华民族的抗日战争和人民解放战争》中的第 1 课。教材设置了局部抗战、全面抗战的开始、日军的侵华暴行等三个子目,主要讲述从局部抗战到全面抗战的发展过程。1931 年的九一八事变,标志着日本帝国主义揭开了近代史上第二次大规模侵华的序幕,中国人民的抗日战争也由此开始;1935 年华北事变后,中华民族危机空前严重,抗日救亡运动掀起新高潮;1937 年的七七事变,日本全面侵略中国。在中华民族生死存亡的危急关头,国共两党停止内战,进行第二次合作,建立抗日民族统一战线,开始了全民族的抗战。

二、学情分析

本课的授课对象为高一年级学生,他们在初中阶段已初步学习了相关内容,比较详细地了解了九一八事变、一二·九运动、西安事变、七七事变等基本史实,但初中阶段的学习仅仅是史实的了解。本课将在原有学习的基础上,通过中日民族矛盾演变来分析国共两党由内战到合作抗日并最终促成全民族抗战的变化过程,以提升学生深度分析问题的能力。

三、教学目标

1. 结合资本主义世界经济危机和法西斯侵略扩张的国际背景,围绕"国共两党从内战到合作抗日,抗日战争从局部抗战最终走向全面抗战"这一中心问题,概述日本帝国主义从大规模侵华到全面侵华的路径,厘清中华民族从局部抗战到全面抗战的演进路径。

2. 认识中国共产党真正代表广大人民的根本利益,始终将民族利益放在首位,是全民族团结抗战的中流砥柱。

3. 通过史料研学,拓展、深化时空观念,涵养史料实证意识,在加强历史理解的基础上,形成自己对抗日战争的解释,提升家国情怀。

四、教学重难点

重点:从局部抗战到全面抗战的演变。
难点:从局部抗战到全民族抗战演变的原因。

五、教学过程

【导入新课】

教师讲述: 1931 年 9 月 18 日 22 时许,日本关东军铁路守备队河本末守中尉带队炸毁了沈阳附近南满铁路柳条湖段,诬称中国军队破坏,并以此为借口进攻中国东北军驻地北大营。史称"九一八事变"。

教师设问: 九一八事变拉开了近代史上日本第二次大规模侵略中国的序幕,引发了中国人民长达十四年艰苦卓绝的抗日战争。那么,日本为什么将近代多次侵华事件称为"事变"?(参考答案:"事变"指突然发生的重大政治、军事性事件。日本试图使用"事变"这样的中性词来表达中日战争事端,正是掩盖其卑劣的侵略行径)

(设计意图) 以描绘历史场景的问题导入新课,引发学生思考:近代历史上为什么会出现那么多"事变"? 进而思考为什么是九一八事变引发了长长达十四年的抗日战争? 主要指向历史解释素养水平 1:辨识教科书和教学中的历史解释,发现这些历史解释与以往所知历史解释的异同。

【学习新课】

教师讲述: 20 世纪 30 年代初,资本主义世界性经济危机发生,由于国内资源贫乏、市场狭窄,日本经济陷入极端困境,政治危机也随之产生。日本法西斯势力决意冲破华盛顿体系的束缚,夺取中国东北,以摆脱困境,并图谋争霸世界。1931 年 8 月 3 日,日本关东军司令官本庄繁在给陆军大臣的信中说:

材料一 熟察帝国存在及充实一等国地位,势非乘此世界金融凋落,露国(苏联)五年计划未成,支那统一未达以前之机,确实占领我三十年经营之满蒙,并达大正 7 年(1918 年)出兵西伯利亚各地之目的,使以上各地与我(日本)朝鲜内地打成一片……

—— 陈觉:《国难痛史资料》第 1 卷,东北问题研究会,1932 年,第 33—35 页

教师设问: 现今的日本权威文献普遍承认是关东军阴谋策划了九一八事变,但渲染其为偶发事件。九一八事变是偶发事变吗?(参考答案:日本为自身发展进行资源掠夺和市场占有是一种必然选择,日本对中国的大规模侵略是蓄谋已久的)

(设计意图) 学生通过史料研读,辨别、分析历史事件发生的偶然性与必然性:明明是日本军国主义处心积虑,却通过炮制事端,嫁祸于中国,称为"事变"。主要指向史料实证素养水平 1:从所获得的材料中提取有关的信息;历史解释素养水平 2:在历史叙述中将史实描

述与历史解释结合起来。

教师讲述： 明治维新后，随着国力强盛，日本帝国主义开始不择手段地掠夺资本主义发展所需要的原材料和市场，对外侵略扩张正是典型的国家战略，特别是 1910 年吞并朝鲜以后，对中国的侵略就成为日本大陆政策的核心。第一次世界大战后，日本图谋打破华盛顿会议上形成的远东格局，与美国争夺中国。1927 年，田中内阁确立了这样的侵略方针：

材料二　惟欲征服中国，必先征服满蒙；如欲征服世界，必先征服中国。

——《帝国对满蒙之积极根本政策》(1927 年 7 月 25 日)

教师讲述： 这一时期，驻守旅顺的日本关东军在完成对中国东北的"考察"后，提出一系列占领东北以及在东北实行殖民统治的"预案"。1931 年 6 月，日军参谋本部制定了《解决满洲问题方案大纲》，明确规定了日军侵略东北的方针、步骤和措施。

(设计意图) 历史学习向纵深拓展，学生的研究视野进一步放大，学习热情得到提升，探究积极性受到激发。历史解释好比赏画，站得太近其实只能辨识画作的细节，要想整体领悟构图意蕴，就必须"向后站"。主要指向时空观念素养水平 3：把握相关史事的时空联系，并用特定的时间和空间术语对较长时段的史事加以概括和说明；史料实证素养水平 3：利用不同类型的史料，对所探究的问题进行互证，形成对该问题更全面、丰富的解释。

教师讲述： 实际上，九一八事变发生之前，国民政府政界和军界对东北形势的紧张均有所警觉。然而，对于随时可能爆发的中日冲突，蒋介石和国民政府却不断强调：

材料三　"惟攘外必先安内，去腐乃能防蠹"，"不先消灭赤匪，恢复民族元气，则不能御侮，不先削平粤逆，完成国家之统一，则不能攘外"。

——蒋介石：《告全国同胞一致安内攘外》(1931 年 7 月 23 日)，转引自熊宗仁：《"攘外必先安内"再批判》，载《抗日战争研究》，2001 年第 4 期

教师设问： 材料反映国民政府奉行什么样的内外政策？请结合当时的时势，对此做一简要评价。(参考答案：攘外必先安内。略)

教师讲述： 30 年代，蒋介石所说的"安内"，大致包括三层意思：首先是以武力镇压中共武装，消弭中共威胁，确立国民党的一党专政；其次是驯服党内、国内的反对派，削弱地方实力派，扩展中央统一力量，必要时不惜动用武力；再次为安定社会，充实国力，增强抵御外侮的能力。这时之"安内"，主要是对中共而言，反对派武装居于其次；"攘外"则针对日本、苏俄及对华有不平等条约和各种侵略行为的国家，主要又针对日本。

此前，中共利用国民党新军阀混战之机，迅速发展与扩大红色政权，直接威胁着国民党的独裁统治。故中原大战一结束，蒋介石就部署对江西工农红军为主要对象的"进攻"，从 1930 年 10 月到 1931 年 7 月连续发动三次"围剿"。

在军事上围剿中共的同时，蒋介石在政治上提出召集国民会议制定"训政时期约法"，妄图通过约法将自己推向合法的统治地位。结果遭到以胡汉民为代表的粤派势力的强烈反对。1931 年 2 月，蒋非法扣押胡汉民，导致国民党内部又一次大分裂。宁粤对峙，随时都有爆发内战的可能。其结果是，一方面使国民党再度陷入严重的政治军事危机，另一方面为日本关东军在东北寻事挑衅提供了机遇。蒋介石的"攘外必先安内"政策就是在这样的形势下提出的。

"攘外必先安内"，"安内"乃是核心所在。当然，也应看到，在民族危机还不十分迫切的

背景下,蒋介石提出"攘外",以日本的潜在威胁为对象,虽然宣传意义远大于实际作为,但还是表现出一定的维护民族主权要求的倾向。

材料四 无论日本军队此后如何在东北寻衅,我方应予不抵抗,力避冲突,吾兄万勿逞一时之愤,置国家民族于不顾。

——蒋介石电张学良(1931年8月16日),张友坤、钱进主编:《张学良年谱》上,北京:社会科学文献出版社,1996年,第569页

教师设问:

(1)材料揭示出蒋介石对日本军队"此后"在东北的"寻衅",进一步明确为怎样的态度?(参考答案:不抵抗)

(2)面对日本可能发动的大规模侵略,蒋介石主张实行不抵抗政策,显现出怎样的逻辑悖论?(参考答案:抵抗会迅速亡国,不抵抗可能生存,或者缓慢亡国)

教师讲述: 张学良在9月6日致东北三省政务委员会的电报中也说:"查现在日方对我外交渐趋吃紧,应付一切,亟宜力求稳慎,对于日人无论其如何寻事,我方务须万方容忍,不可与之反抗,致酿事端。"[1]无论是蒋介石还是张学良至少在1931年时,面对日本的大规模侵略,他们都选择了隐忍与退让。

总体而言,九一八事变前,在中国尚未遭受大举侵略的背景下,攘外基本限于口号宣传,并未真正落到实处。蒋介石重提"攘外必先安内"后一个多月,日本即乘中国内部纷争之机,发动九一八事变,这对蒋介石武力安内政策不啻为一大讽刺。

(设计意图) 学生通过反思不抵抗政策反映出来的矛盾逻辑,充分理解局部抗战走向全面抗战的复杂性。史料实证素养水平2:明了史料在历史叙述中的基础作用;在对史事进行论述的过程中,尝试运用史料作为证据论证自己的观点。

材料五 此刻必须上下一致,先以公理对强权,以和平对野蛮,忍辱含愤,暂取逆来顺受态度,以待国际公理之判断。

——蒋介石在南京国民党党员大会上的讲话(1931年9月22日)

教师设问: "以公理对强权""待国际公理之判断"说明蒋介石解决九一八事变的策略是什么?(参考答案:依赖外交手段,寄希望于国际调停)

教师讲述: 原来,除了主观上认为中国贫弱不能抗日,更多寄希望于国际调停之外,国民政府当时主要精力还是以"反共"为主,因此出现对日软弱、妥协就不足为怪了。

在领土主权遭受野蛮侵略,民族面临生存危机背景下,坚持强调安内,和民众期盼政府维护领土主权、民族尊严的愿望确实相距太远,对民众心理的打击是相当沉重的,也进一步刺激了日本的侵略。1932年1月28日夜,日本海军陆战队由上海租界向闸北一带进攻,是为"一·二八"事变。驻守上海的第十九路军奋起抵击,坚持了一个多月,毙伤日军万余人,迫其四度更换指挥官。南京国民政府在舆论的压力下虽然给予一定的支持,但是,由于国民政府坚持不抵抗政策,十九路军孤立无援,被迫撤离上海。5月,在英、美、法等国调停下,国民政府与日本签订了《淞沪停战协定》,划上海为非武装区,日军可长期驻留。

(设计意图) 学生结合时空背景进行史料研读,加深对当时国民政府内外政策的理解,透

---

[1] 中央档案馆:《日本帝国主义侵华档案资料选编:九一八事变》,北京:中华书局,1988年,第67页。

过现象看本质。主要指向历史解释素养水平 2：选择、组织和运用相关材料并使用相关历史术语，对个别或系列史事提出自己的解释。

(过渡) 与国民政府对日妥协形成鲜明对比的是，中国共产党和国民党内爱国力量领导下的局部抗战迅速兴起。

教师讲述： 九一八事变的第三天，中国共产党即发表《为日本帝国主义强暴占领东三省事件宣言》，明确要求"特别加紧反帝斗争，尤其是反日斗争的领导"。中共中央先后选派罗登贤、杨靖宇、赵尚志、周保中、赵一曼等人，加强对满洲省委及各级地方党组织的领导，与以原东北军为主体的抗日义勇军进行合作，并先后改编、组建东北人民革命军和东北抗日联军。东北的抗日武装力量与日军进行了艰苦卓绝的斗争，包括东北抗联总司令杨靖宇、抗联团政委赵一曼、抗联女战士冷云等在内的大批英雄儿女最终牺牲在白山黑水。东北的局部抗战反映了中国人民不屈强权、勇于反抗的精神，沉重打击了日本侵略者。

1933 年上半年，长城沿线冷口、喜峰口等关隘遭到日军进犯，遭到国民党内爱国官兵顽强抵抗，但最终失守。随后，国民政府与日本签订《塘沽协定》：

材料六　中国军队一律迅速撤退至延庆、昌平、高丽营、顺义、通州、香河、宝坻、林亭口、宁河、芦台所连之线以西、以南地区。尔后，不得越过该线，又不作一切挑战扰乱之行为。

——褚德新：《中外约章汇要(1689—1949 年)》，哈尔滨：黑龙江人民出版社，1991 年，第 592—593 页

教师设问：《塘沽协定》产生了怎样的危害？（参考答案：承认了日本占领东北和热河的事实，明确了长城是国民政府与伪满洲国的边界线，为日军侵略华北打开了方便之门）

教师讲述： 长城抗战是华北地区的局部抗战，爱国官兵的英勇抵抗激发了救亡运动的高涨，国民党内爱国力量纷纷举起"反蒋抗日"的旗帜。1933 年 5 月，冯玉祥在张家口成立察哈尔民众抗日同盟军，在共产党的支持下抗击日伪，收复多伦。同年 11 月，李济深、蔡廷锴、蒋光鼐等爱国将领依靠因淞沪抗战被"整肃"的第十九路军，发动福建事变，并与红军签订了《反日反蒋的初步协定》：

材料七　福建省政府及十九路军方面赞同福建省内革命的一切组织之活动(各民众抗日反帝团体，及革命民众一切武装组织)，并允许出版，言论，结社，集会，罢工之自由。……在初步协定签订后，福建省政府及十九路军即根据本协定原则发表反蒋宣言，并立即进行反日反蒋军事行动之准备。

——《红色中华》(1934 年 2 月 14 日)

教师设问： 国民党内爱国力量此时的斗争有何特点，为什么？（参考答案：抗日与反蒋并重。充分认识到日本侵略的严重性与国民政府"攘外必先安内"政策的危害性）

(设计意图) 通过对东北、华北以及其他地区局部抗战的学习，使学生认识到，面对日本的侵略，有血性的中国人该当奋起反抗，民族解放才有出路；局部抗战多因相互没有密切联系、团结合作，终被各个击破。主要指向时空观念素养水平 2：将某一史事定位在特定的时间和空间框架下；家国情怀素养水平 1、2：具有对祖国和人民的深情大爱。

教师讲述： 1935 年 5 月，日本借口中国当局破坏《塘沽协定》，以武力要挟对华北的统治权。6 月，国民党军事委员会华北分会代理委员长何应钦，与日本华北驻屯军司令官梅津美治郎谈判，达成了所谓的《何梅协定》：

材料八 （一）取消或解散日本指定的国民党政府机构；撤退河北省内的一切党部……（三）……第五十一军、第二十五师撤退河北省外……（四）禁止全国的一切抗日活动……

——阎中恒、詹开逊：《近代中国不平等条约概述（1840—1949）》，南昌：江西人民出版社，1985年，第139页

教师设问：《何梅协定》意味着什么？（参考答案：日本取得了对河北的实际控制权）

教师讲述： 1935年底，日本策划在北平成立了半独立性质的冀察政务委员会，紧锣密鼓地开展华北五省（河北、山东、山西、察哈尔、绥远）自治运动。这一系列的侵略事件构成了华北事变。

教师设问： 华北五省自治的实质是什么？这与日本对中国东北的侵略方式有何不同？（参考答案：日本妄图将华北建成第二个伪满洲国。日本对中国东北采取公开的武装入侵，对华北则是采取有序推进的渐进"蚕食"）

教师讲述： 华北事变充分暴露了日本帝国主义灭亡中国的狼子野心，中华民族的危机空前严重，中日民族矛盾迅速上升为社会主要矛盾。

（设计意图）通过学习日本侵华从东北延伸到华北，并比较其侵略方式的变化，学生能够对历史事件进行较为深入分析、归纳。主要指向历史解释素养水平2：在历史叙述中将史实描述与历史解释结合起来。

教师讲述： 华北事变后，中华民族面临亡国灭种的危机。1935年底，在共产党领导下，北平学生举行大规模游行示威，要求"停止内战，一致抗日"。"一二·九"运动促进了中华民族的新觉醒，掀起了全国抗日救亡的新高潮。

事实上，中国共产党一直走在时代前列，将民族大义置于首位。1935年8月，共产党发表了《为抗日救国告全国同胞书》（即《八一宣言》），号召"停止内战，一致抗日"。1935年底的瓦窑堡政治局扩大会议，确定了建立抗日民族统一战线的方针。1936年9月，中共中央在《关于逼蒋抗日问题的指示》中，改变了原有的"反蒋抗日"方针：

材料九 （一）目前中国的主要敌人，是日帝，所以把日帝与蒋介石同等看待是错误的，"抗日反蒋"的口号，也是不适当的。

（二）在日帝继续进攻，全国民族革命运动继续发展的条件之下蒋军全部或其大部有参加抗日的可能。我们的总方针，应是逼蒋抗日……

（三）我们目前中心口号依然是"停止内战，一致抗日"……

——中央档案馆：《中共中央文件选集》第10卷，北京：中共中央党校出版社，1991年，第89页

教师设问："逼蒋抗日"政策与"反蒋抗日"有何异同？（参考答案：逼蒋不等于反蒋，也可以说是拥蒋，希望蒋介石能够抗战，支持蒋介石领导抗战。抗击日本帝国主义侵略始终是当时中国共产党的核心政策）

教师讲述： 华北事变打破了国民政府对日和谈的幻想，国民政府加强西南大后方的国防和交通建设，开始积极备战。蒋介石的对日态度日趋强硬，1936年7月召开的国民党五届二中全会表示："中国目前形势，非以决死之心以求生存，则不能得安全之保障……遇有领土主权被侵害之事实发生，如用政治方法而无效，危及国家民族之根本生存时，则必出以最

后牺牲之决心,绝无丝毫犹豫之余地。"①

　　实际上,自中央红军长征到达陕北,国共两党即已通过各种渠道秘密接触,寻求政治解决内战之道,但蒋介石并未根本改变其主观上对共产党的敌视。随着长征结束,主力红军集中到狭小的西北区域后,反而陷入极大的危险境地。

　　(过渡)在中共统一战线政策的感召下,在西北"会剿"红军的东北军、第十七路军逐步停止了敌对行动。然而,1936年12月初,蒋介石亲临西安,逼迫张学良、杨虎城加紧进攻陕甘根据地。

　　教师讲述:张学良、杨虎城在对蒋介石苦劝无效的情况下,毅然于12月12日实行"兵谏",扣留了蒋介石,逼其停止内战、合作抗日。这就是举世震惊的"西安事变"。西安事变是国民党爱国将领逼蒋抗日的重大行动,顺应了这一时期各阶级、阶层要求停止内战、一致对外的历史趋势。

　　西安事变的发生虽然具有突然性,但事出有因:

　　材料十　我敢跟你说,我做那件事情(西安事变)没有私人利益在里头……假设我自个要地位、利益,我就没有西安事变。我跟你说,我大权在握,富贵在手,我什么都不要,所以蒋先生也能原谅我。我是管蒋先生要钱,还是管他要过地盘?我没有!

　　……

　　我跟蒋先生两个冲突,没旁的冲突,就是冲突这两句话,就是两句话:他是要"安内攘外",我是要"攘外安内"。

　　——张学良口述,[美]唐德刚撰写:《张学良口述历史》,北京:中国档案出版社,2007年,第121—122页

　　教师设问:西安事变本为"停止内战,一致抗日",其出发点无疑是正义的。但如果蒋介石在西安事变中意外死亡,或被激愤的东北军士兵枪杀,或在公审大会宣判后处决,那么,中国政局可能出现怎样的变化?(参考答案:国共两党、国民党内的矛盾迅速激化,极有可能引发更大规模的内战;抗日力量被削弱,局部抗战难以维系;日本趁机扩大侵华利益,全面侵华或会提前)

　　(设计意图)历史事实不容假设,但历史问题可以探究。通过对西安事变当事人的回忆、对可能结局的判断,学生结合特定的时空背景,分析各种政治力量的利益考量,多视角、宽领域地思考历史问题。主要指向时空观念素养水平2:认识事物发生的来龙去脉,理解空间和环境因素对认识历史与现实的重要性。

　　教师讲述:因此,只有和平解决西安事变,才可能实现逼蒋抗日的初衷和合作抗日的最终目标。中国共产党捐弃前嫌,以民族利益为重,推动事变和平解决。在12月19日的政治局扩大会议上,毛泽东指出:

　　材料十一　"坚定地站在抗日的立场,对于好的方面发扬,对于黑暗方面给予打击","我们主要是要消弭内战与不使内战延长","现在应估计到这次是可能使内战结束","我们应变国内战争为抗日战争","我们要争取南京,更要争取西安"。

　　——摘编自中共中央文献研究室编:《毛泽东年谱(1893—1949)(修订本)》上卷,北京:

---

① 荣孟源:《中国国民党历次全国代表大会及中央全会资料》下,北京:光明日报出版社,1985年,第411页。

中央文献出版社,2013年,第626页

教师设问:西安事变为什么能够和平解决?(参考答案:国民党内亲英美派的宋美龄、宋子文从公义和私谊出发,坚决主张和谈;英、美以及苏联等国担心蒋介石政权倒台,亲日派掌权可能损害其在华利益;国内中间阶层赞成抗日,担心事变可能引发更大的内战;共产党高瞻远瞩、深明大义,从民族利益出发,力促和平解决西安事变;张学良、杨虎城主张和平解决西安事变)当时面临着什么困难?(参考答案:东北军、西北军和广大人民痛恨不抵抗政策导致东北沦陷、华北危亡,强烈要求杀蒋;何应钦等力主讨伐张、杨)

教师讲述:中共中央派代表周恩来、叶剑英等来到西安,参加张、杨同南京方面代表宋美龄、宋子文的和平谈判,达成停止"剿共"、联合红军抗日等协议。蒋介石在接见周恩来时做出了承诺。12月25日,蒋介石在张学良的陪护下离开,西安事变得到和平解决。

(过渡)然而,蒋介石回到南京后,立即公审、监禁张学良,通令后撤的中央军集结西进。西安事变并未随蒋介石获释而得到完全的和平解决,相反,全面内战的危险迅速上升。

教师讲述:为了迫使蒋介石兑现承诺,西安方面公开了和谈协议,但局势更为紧张。共产国际也很快来电批评中共中央,中共中央也很快意识到,自己过早地公开蒋介石的承诺,在策略上是不妥的,它不仅不能督促与逼迫蒋介石就范,而且强化了蒋介石必欲彻底解决西北问题的态度。同时,中共中央对突变的时局甚至做出了最坏的打算,周恩来在1937年1月3日的电报中说:

材料十二 南京亲日派当权,改组政府暂时无望。张学良被扣,撤退之兵重新西进,西安又处于战时状态,红军正开进,准备作战。

——张友坤、钱进主编:《张学良年谱》,北京:社会科学文献出版社,2009年,第929页

教师设问:蒋介石为什么背信弃义,不兑现他在西安的承诺?请结合人物心理特征进行分析。(参考答案:蒋介石遭遇西安事变,感觉其作为全国领袖的形象受到损害。他回宁后不愿立即兑现承诺,以免世人认为其有"被迫"之嫌。此外,他不希望看到西北地区出现"三位一体"、红军坐大的半独立状态,试图借反扣张学良来解决这个问题)

教师讲述:自1936年,红军与东北军、西北军结盟以来,一直谋求西北独立或半独立的局面。缓过神来的蒋介石内定了"政治为主,军事为从"的西北善后方针:

材料十三 如能用政治方法,使我军能有一部和平进驻西安城,然后相机再用根本解决,是为上策。其次使东北军能离陕入陇,赤匪旁观中立,俾杨逆孤立心寒,然后攻之,亦不失为中策。……战事应充分准备,但不轻易发动,又望以军事威胁为手段,而达到政治解决之目的。

——中国第二历史档案馆:《有关西安事变后"陕甘善后问题"政治解决经过的函电》,载《民国档案》,1986年第4期

教师讲述:面对中央军的进逼,红军已经进入野战状态,但东北军军心不稳,西北军战斗力薄弱,"三位一体"对抗南京政权的中央军不现实,而且战端重开,完全不符合当初西安事变发动的初衷,以及和平解决西安事变的努力。

在随后的国共秘密接触中,毛泽东、张闻天1月8日的电报强调了谈判策略,谋求拥蒋抗日。当时的共产国际进一步强调,要真正落实"争取与南京采取联合行动反对侵略者"这一中心任务,中共中央就必须从基本政治制度层面彻底摆脱对南京政权的敌对思维。共产

国际执行委员会书记处 1 月 19 日致中共中央的电报提出了具体的要求：

材料十四　在西安人的地区，不应进行共产党的公开发动；不应对蒋介石在西安做出的承诺发表议论；不应提出立即对日宣战的要求；不宜过分强调同苏联结盟的口号。

——中共中央党史研究室第一研究室：《共产国际、联共（布）与中国革命档案资料丛书》第 15 卷，北京：中共党史出版社，2007 年，第 270—271 页

教师讲述：中共中央反思共产国际的主张，通过多方渠道的消息，研判南京政府"重在政治解决"。随后，中共中央调整策略，说服东北军、西北军接受南京政府的改编。2 月，南京政权的中央军进入西安，东北军东调，西北军总指挥部被撤销。

至此，西安事变才算是最终和平解决，西北善后事宜全部结束，内战终于停止，国共两党为第二次合作开始了艰难的谈判。

（设计意图）通过对西安事变的学习，学生认真思考事变可能导致的多种结果，能够认识到：事变具有突发性，更具严重性，特别是内战扩大的可能，因此西安事变的和平解决弥足珍贵。主要指向时空观念素养水平 2：认识事物发生的来龙去脉，理解空间和环境因素对认识历史的重要性。

（过渡）西安事变的和平解决，成为扭转时局的关键。中国政局趋稳，也让日本当局渐感忧心。加之从中国东北到华北较为顺利的侵略路径，极大地刺激了日本全面侵华的野心。

教师讲述：1936 年二二六兵变后上台的日本法西斯政权，将全面占领中国作为基本国策：确保帝国在东亚大陆的地位，同时向南方海洋发展。从 1936 年 5 月起，日本陆续增兵华北，不断制造事端。6 月，日本天皇批准了新的《帝国国防方针》及《用兵纲领》，意欲控制东亚大陆和西太平洋，最终称霸世界。同期，日本内阁制定了 1937 年详细的侵华计划。

1937 年 7 月 7 日晚，日本华北驻屯军在卢沟桥中国守军驻地附近进行实弹军事演习。22 时 40 分，日军声称演习地带传来枪声，可能系中方官兵所为，并借口有士兵失踪，强行要求进入中方第 29 军驻守的宛平城搜查，被中方严辞拒绝。第二天凌晨，日军突然炮击卢沟桥和宛平城，中国守军奋起抵抗。是为七七事变。28 日，日军集结重兵向北平发动总攻，中方第 29 军副军长佟麟阁、第 132 师师长赵登禹等壮烈牺牲。29 日，北平沦陷；30 日，天津失守。

对于七七事变，日本中学使用最多的历史教材都很少提及自九一八事变以来日本侵华的战略背景，而是模糊地交代中、日两军的纠纷，以及其后战争的迅速扩大。

材料十五　近卫内阁成立后的 1937 年 7 月 7 日，北京郊外的卢沟桥附近日军与中国军队发生了冲突（卢沟桥事变）。政府虽采取了战争不扩大的方针，但内阁不久决定向华北派兵。

——《高等学校日本史 A》，东京：东京书籍出版社，2014 年，第 128 页

教师讲述：卢沟桥并非边关塞外、疆界海防，也非万里长城关隘，它在北京西南。战争尚未正式打响，日军已经包抄北京、扼守卢沟桥要地，由此可见日军准备之充分。全面侵华实是日本的既定国策，蓄谋已久。

（设计意图）关注细枝末节，罔顾大局甚至漠视事实，这正是日本学界对中日战争研究的一贯方法，也是当今日本政治家对华外交的惯用手段。学生通过历史学习和历史研究，认清现实世界，看懂日本右翼学者和政治家的伎俩。主要指向时空观念素养水平 2：将某一史事

定位在特定的时间和空间框架下；史料实证素养水平 3：利用不同类型史料，对所探究的问题互证，形成对该问题更全面、丰富的解释。

教师讲述：日本帝国主义将大规模侵华升级为全面侵华，率先在东方挑起第二次世界大战的战端。中华民族的局部抗战也终于走向全面抗战，全民族团结反抗日本法西斯的侵略。七七事变的第二天，共产党即通电全国：平津危急！华北危急！中华民族危急！只有全民族实行抗战，才是我们的出路！蒋介石也发表了《对于卢沟桥事件之严正表示》：

材料十六 我们希望和平，而不求苟安；准备应战，而决不求战。我们知道全国应战以后之局势，就只有牺牲到底，无丝毫侥幸求免之理。如果战端一开，那就是地无分南北，年无分老幼，无论何人，皆有守土抗战之责任，皆应抱定牺牲一切之决心。

——蒋介石"庐山谈话"（1937 年 7 月 17 日）

教师设问：

（1）蒋介石政权走向坚决抗战的根本原因是什么？（参考答案：日本帝国主义全面侵华，直接关系南京政权和中华民族的生死存亡，国民政府对日外交残存的最后和平幻想完全破灭，从而对共产党抗日民族统一战线的主张作出了积极反应）

（2）七七事变是中国全面性抗战的开始，中国在东方开辟了第一个大规模的反法西斯战场。以九一八事变而非七七事变作为中国抗日战争的开端，从史学研究的角度来看，有什么特别意义？（参考答案：以九一八事变作为中国抗日战争的开始，并没有改变从局部抗战到全面抗战发展过程的判断，而是突出了从局部到全面战争过程的特点，这样更加尊重历史事实）

教师讲述：1937 年 8 月，国共两党达成协议，历经长征到达陕北的红军主力和留守南方的红军游击队，改编为国民革命军序列——八路军和新四军。9 月 22 日，国民党中央通讯社发表了中共中央提交的《为公布国共合作宣言》：

材料十七 中共中央再郑重向全国宣言：孙中山先生的三民主义为中国今日之必需，本党愿为其彻底的实现而奋斗。……为求得与国民党的精诚团结，巩固全国的和平统一，实行抗日的民族革命战争，我们准备把这些诺言中在形式上尚未实行的部分，如苏区取消、红军改编等，立即实行，以便用统一团结的全国力量，抵抗外敌的侵略。

——《解放》第一卷 18 期（1937 年 10 月 2 日）

教师介绍：第二天，蒋介石发表了《对中国共产党宣言的谈话》，承认共产党的合法地位，重申国共合作、团结御侮。至此，以国共两党第二次合作为基础的抗日民族统一战线正式形成。

教师设问：国共两党第二次合作，建立抗日民族统一战线有何重要意义？（参考答案：祖国的危急存亡唤醒了中华儿女的民族意识，中华民族爆发出强大的凝聚力和自信心；国共两党合作建立抗日民族统一战线，开启了全民族团结抗战；全民族团结抗战，中国才能夺取抗日战争的最后胜利。自此，日本帝国主义注定覆灭，中华民族逐渐走向复兴）

（设计意图）通过抗日民族统一战线形成过程的学习，帮助学生理解战争的残酷性和团结抗日的重要性，感受和平的珍贵，逐步形成对国家、民族的历史使命感和社会责任。主要指向时空观念素养水平 4：选择恰当的时空尺度对其进行分析、综合、比较，在此基础上作出合理的论述；家国情怀素养水平 1、2：具有对祖国和人民的深情大爱。

教师讲述：日本帝国主义在侵华期间,犯下了罄竹难书的罪行。违反人道主义、漠视战区人民生命：对国民政府首都南京进行持续六周的劫掠,残杀我同胞30万之巨；对陪都重庆进行长达五年的无差别轰炸,死难同胞万余人。违反战争规则、践踏国际公法：在东北建立伪满洲国,在华北成立冀东伪政权,控制冀察政权,在南京成立汪伪"国民政府"等；建立731部队,实施细菌战,以灭绝人性的手段杀害中国军民；推行"慰安妇"制度。疯狂掠夺资源,"以战养战",对敌后抗日根据地实施野蛮的烧光、杀光、抢光"三光"政策……

侵华日军罪恶累累,铁证如山,东京大审判早有定论。除了中国史学家深入、细致的研究外,一些良心发现的侵华老兵也开始忏悔发声。东史郎以出版"阵中日记"的形式详细揭露日军罪行,被称为"南京大屠杀中日军最后的良心"。然而,1993年4月,东史郎被其当年的战友桥本控以"诬陷",东京地方法院竟以"南京大屠杀未定论"判定东史郎败诉：

材料十八　杀害俘虏和平民也许是不能否认的事实,但是,被害人数、被害者遭到杀害的原因和现场具体情况等,在历史学上尚有许多争论。

——东京地方法院判决书(1996年4月27日)

原侵华日军军官组成的"支援桥本会"在法庭内外发表公开声明：

材料十九　这次诉讼不仅要恢复桥本的名誉,而且要以此为突破口,证明第20联队的暴行是虚构的,并进而证明所谓的南京大屠杀也是虚构的。

——[日]《星期一评论》(1993年5月17日)

教师讲述：无耻的强盗逻辑！至今,日本右翼势力甚至相当部分普通民众依然以"战争"为名,不肯坦承或直面这些罪行。

教师设问：大量南京大屠杀幸存者的证言、侵华日军当年拍摄的照片、西方使馆人员或记者的日记、无数死难者堆积如山的遗骸……难道都不能唤醒右翼日本学者和政治家残存的良知？(参考答案：因为"冷战"的需要,美国并没有对日本法西斯势力进行根本清算；日本民族服膺强者的传统与耻感文化,以及当今谋求政治大国的利益诉求)

(设计意图)学习这段刻骨铭心的民族苦难历史,思考和驳斥日本右翼日本学者和政治家的拙劣手法,发现问题的关键所在。主要指向史料实证素养水平4：比较、分析不同来源、不同观点的史料；在辨别史料作者意图的基础上利用史料；在对历史和现实问题进行独立探究的过程中,恰当地运用史料对所探究问题进行论述；家国情怀素养水平3、4：表现出对历史的反思,从历史中汲取经验教训,更全面、客观地认识历史和现实问题。

教师总结：九一八事变、华北事变以及七七事变,用最简单也最残酷的丛林法则告诉中国人,这个世界总有许多残暴和血腥,不反抗就会灭亡。因此,超越现实政治语境的历史学习和公众纪念,是一种最基本的爱国主义教育。世界上一切爱好和平与正义的人们应该对军国主义保持高度的警惕,前事不忘,后事之师。只有尊重和正视历史,才能赢得未来。

教学设计 2

江苏省昆山中学　魏雪虹

一、教材分析

本课是第八单元《中华民族的抗日战争和人民解放战争》中的第 1 课,包括局部抗战、全面抗战的开始和日军的侵华暴行三个子目。纵观中国近代史,与以往历次西方列强发动对华侵略战争所不同的是,日军全面侵华旨在灭亡中国,把中华民族逼到将要亡国灭种的绝境之中。1931 年九一八事变,日本开始了新一轮的侵华战争,中国局部抗战也由此开始,1935 年日军制造华北事变,中日民族矛盾成为主要矛盾。1936 年西安事变和平解决,全国团结抗日局面初步形成。1937 年七七事变爆发,中国全民族抗战,国共合作抗日局面形成。由于日本军国主义浓厚、法西斯专政的建立,在 14 年侵华过程中,日军的野蛮和残暴给中华民族造成难以弥补的伤痛。然而,日本的野蛮入侵,激起了中国人民的全面抵抗,中华民族意识空前觉醒。

二、学情分析

本课教授对象是高一学生,学生在初中阶段已经学过九一八事变、华北事变、西安事变的和平解决、七七事变、日军的暴行等基本内容,对日军侵华及其暴行的相关史实比较熟悉,同时,经过一个阶段的初中历史学习,对材料的阅读以及有效信息的提取有一定掌握。但对于国共两党对日政策及其变化缺乏深刻的认识。因此,本课将在学生掌握基本史实的基础上,以相关史料为依据,对这一问题进行学习。

三、教学目标

1. 结合日本逐步侵华的史实,通过国共两党政策的变化这一主题线索,了解 20 世纪 30 年代这一特定时期之下,中国由局部抗战发展为全面抗战的基本脉络。

2. 通过学习九一八事变、华北事变;一二·九运动和东北抗联的斗争等,认识日本的侵华促进了中华民族的新觉醒;通过《八一宣言》《论反对日本帝国主义的策略》等,认识中国共产党在推动全民族抗战中的作用。

四、教学重难点

重点:抗战初期国共两党政策的变化。
难点:日本侵略促进中华民族的觉醒。

五、教学过程

【导入新课】

　　早在明治维新时期,随着日本国力的增强,作为军人政治家的山县有朋就提出了"主权线"和"利益线"之说,所谓"主权线"指日本的疆土,"利益线"指与日本疆土密切相关的区域,如朝鲜、中国、琉球、越南、缅甸等。[①] 按照这一策略,19 世纪末日本发动甲午战争,以武力排除了清朝在朝鲜的宗主权,随即占领台湾。1904 年日俄战争后,日本又获得辽东半岛的租借权和南满铁路[②]及其相关权益。至此,日本驱逐了中俄两国对东亚地区的支配和影响,为其真正走向大陆并深入其内部奠定基础。

【学习新课】

　　教师讲述:1931 年 9 月 18 日,日本关东军策划了柳条湖事件,并袭击东北军驻地北大营和沈阳城,九一八事变爆发。次日晨,日军占领沈阳。

　　材料一　军队领导人和其他拥护扩张领土的人这时能颇有说服力地争辩说,依赖外国市场是日本处于困境的根源。日本应该征服一个使日本能自给自足、在经济上不依赖其他地区的帝国。……日本的扩张主义者不仅为经济上的原因所驱使,还对苏联力量的日益增长和蒋介石统一中国的日趋成功感到不安。……这些周密的分析使日本人决定在 1931 年进攻中国的东北地区。

　　——[美]斯塔夫里阿诺斯:《全球通史》,吴象婴、梁赤民译,上海:上海社会科学院出版社,1999 年,第 712—713 页

　　教师设问:根据材料并结合所学知识,指出 20 世纪 30 年代日本侵略中国与哪些因素有关?(参考答案:争夺海外市场;经济危机;军国主义势力抬头;苏联力量日益增长;蒋介石统一中国日趋成功)

　　教师讲述:1928 年随着张学良宣布"东北易帜",国民政府名义上完成对全国的统一。而且,当 20 世纪 30 年代席卷整个资本主义世界的经济危机来临时,中国似乎并不"萧条"。

　　材料二　……在 20 年代世界经济舞台上无足轻重的中国,却安全度过了那场全球性的经济萧条的灾难。……当美、英和其他工业国家推动一切秩序感和平衡感,忙于采取各种补救方法和应急措施以应付危机时,中国在 1929 年后仍能一如既往地坚持下去。

　　——[美]费正清、费维恺:《剑桥中华民国史(1912—1949 年)》下卷,刘敬坤等译,上海:上海社会科学院出版社,1998 年,第 564 页

　　教师设问:1929 年后中国的经济状况如何?原因何在?(参考答案:民族资本主义经济较快发展。"国民经济建设运动";国民政府形式上统一全国;中国是个农业国)

　　教师讲述:在日本看来,中国受经济危机影响甚少,民族资本主义较快发展,经济实力日

[①]　[日]大山梓:《山县有朋意见书》,《明治百年史丛书》,东京:原书房,1976 年,第 196—200 页。

[②]　1905 年日俄《朴次茅斯和约》规定,"以长春宽城子站为界,以南的铁路交给日本,改称为南满铁路"。

益强大。中国正在朝着统一强国的方向发展,这是日本不想看到的。那么,事实真的如此吗?

材料三 1929年为遣散过量的军队而召开的编遣会议没有形成一致意见。军阀政治只是在缓慢地消亡,军事统一从未实现过。国民党中的反蒋派聚集在广州,而在云南、四川、山西、新疆和其他省,当地军队的指挥军官们只是在口头上听命于南京。共产党人在1934年前的江西和此后的陕西建立了地区性的对立政权。

——[美]费正清、赖肖尔:《中国:传统与变迁》,陈仲丹、潘兴明、庞朝阳译,南京:江苏人民出版社,1996年,第475页

教师设问:当时中国的政治状况如何?(参考答案:军阀林立、国共对峙)

教师讲述:可见,中国并不如日本所想的那样。而政治不统一,为日本侵华提供了可乘之机。

(设计意图)通过对日本发动九一八事变原因的材料解读,从日本侵华的历史渊源、中国国内状况、国际形势等方面全面解读日本侵华原因。主要指向史料实证素养水平1:从所获得的材料中提取有关的信息;史料实证素养水平4:比较、分析不同来源、不同观点的史料。

(过渡)面对日本的侵略,作为中国最大政治势力的国共两党是如何应对的呢?

材料四 "各国帝国主义,尤其是日本帝国主义是压迫中国,屠杀中国民众的万恶强盗……现在他更公开更强暴的占领中国土地,其显明的目的显然是掠夺中国,压迫中国工农革命,使中国完全变成它的殖民地……""……全中国工农劳苦民众必须在拥护苏联的根本任务之下,一致动员武装起来,给日本强盗与一切帝国主义以严重的回答。"

——《中国共产党为日本帝国主义强暴占领东三省事件宣言》(1931年9月20日)

教师设问:中共对日本侵略的反应是什么?(参考答案:反对日本侵略,要求工农联合抗日)

教师讲述:九一八事变后,流亡关内的东北各界人士,就组成了"东北民众抗日救国会",旨在"抵抗日本侵略,共谋收复失地,保护主权"[①]。中共坚决主张对日抵抗,相继派出杨靖宇、赵尚志、赵一曼等优秀党员进入东北领导武装抗日。另外,中共中央在向全党布置"紧急任务"中提到:

材料五 因此,尽量扩展无产阶级农民小资产阶级(特别是工人)的政治教育和组织,基本的是借着发展他们的政治经济斗争的方法,这是我们党现在在满洲的第一等基本的任务。

——《中央给满洲各级党部及全体党员的信——论满洲的状况和我们党的任务》(1933年1月26日)

教师设问:中共的抗日活动主要依靠哪些力量?(参考答案:工人、农民、小资产阶级)

教师讲述:中共临时中央在九一八事变后,认为只有下层统一战线才可以取得胜利,只有广大群众的力量才是能够战胜一切帝国主义的保证。这条下层统一战线,使党团结了广大的下层群众,同时发展了革命力量。

九一八事变后,日本进一步扩大侵略,占领整个东三省,1932年建立"伪满洲国",同年发动一·二八事变,1933年由东北向长城沿线进犯。随之中共的政策逐渐发生转变。中共临时中央在1933年1月17日以中华苏维埃临时中央政府和工农红军革命军事委员会的名

---

① 王驹、邵宇春:《东北民众抗日救国会》,沈阳:辽宁大学出版社,1991年,第11页。

义发表宣言,首次提出中国工农红军准备在三个条件下同任何武装部队订立共同对日作战的协定。这三个条件是:

材料六　(一)立即停止进攻苏维埃区域;(二)立即保证民众的民主权利(集会、结社、言论、罢工、出版之自由等);(三)立即武装民众创立武装的义勇军,以保卫中国及争取中国的独立统一与领土的完整。

——中共中央党史研究室:《中国共产党历史》第三编,北京:中共党史出版社,2010年,第 206—207 页

教师设问:《宣言》表明中共的抗日主张发生了什么变化?(参考答案:联合国民党的军队共同抗日,实行武装抗日统一战线)

教师讲述:这一主张比起下层统一战线是一个明显的进步,获得了各阶层民众的支持,在要求抗日的国民党官兵中也引起了积极反响。淞沪抗战后,被调往福建进攻红军和革命根据地的十九路军接受中共《宣言》的主张,成为同红军实行停战抗日的第一支国民党军队。1933 年 1 月 26 日中共中央在《给满洲各级党部及全体党员的信》中,明确要求在东北地区建立抗日民族统一战线。

中共临时中央的统一战线政策从最初的建立下层的抗日反蒋统一战线,到与国民党军队联合抗日,以及在一个地区实行广泛的抗日民族统一战线的变化,表明中共随着形势的发展变化,已开始调整统一战线政策,朝着建立全民族抗日统一战线的方向在做努力。在这一指示下,东北抗日斗争蓬勃发展。1933 年起,各地的抗日游击队陆续编成东北人民革命军或反日联军,给日本帝国主义和伪满在东北的统治以沉重打击。

(过渡)相对中共坚决抗日的主张,国民党面对九一八事变的反应是什么呢?

教师讲述:据曾经担任张学良机要秘书的郭维城披露:九一八事变时,张学良在北平一夜之间十几次电报南京蒋介石请示,而蒋介石却十几次复电,不准抵抗,让把枪架起来,把仓库锁起来,一律点交给日军。[①] 正是因为不抵抗,日军仅仅以 500 多人,占领了约有上万人的北大营,十余万东北军不战而溃,使东北大片国土很快沦陷。面对国内一片骂声,蒋介石在南京发表演讲:

材料七　此刻必须上下一致,先以公理对强权,以和平对野蛮,忍辱含愤,暂取逆来顺受态度,以待国际公理之判断。

——蒋介石在南京国民党党员大会上的讲话(1931 年 9 月 22 日)

教师设问:蒋介石把希望寄托在哪儿?(参考答案:蒋介石寄希望于国际联盟,企图让英美出面干涉)

教师讲述:"国际公理之判断"的结果就是,国联调查团提出实行国际共管的方案,以牺牲中国来换取英、美、法、日等国共同控制中国东北。日本拒绝这个方案,并宣布退出国联。九一八事变还没有解决,蒋介石却在 1932 年的庐山"清剿会议"上将"攘外必先安内"政策作为国民党处理内外事务的基本国策。为此主张:对于国民党内部持不同政见者,采取"修明内政与整饬吏治"的方法解决;对于中国共产党及其红军,由于阶级利益的根本对立,蒋介石采取唯一的手段是"剿",而对于一般反抗中央的军阀,以"剿"为主,以"抚"为辅。显然,蒋介

---

① 郭维城:《不抵抗主义》,载《东北日报》(1946 年 8 月 24 日)

石的"安内",主要就是以武力消灭中国共产党及红军。因此,就军事而言,蒋介石的"攘外先安内"实质上就是"攘外必先剿共"。那么,蒋介石为什么会作出这样的选择呢?

首先,安内攘外的两难困境,为蒋氏"攘外必先安内"政策的形成与产生提供了土壤与气候。其次,强内弱外的比较优势与借内安内的政治谋略,强固与增添了蒋氏对自己政策的自信与执拗,同时在功利的驱遣下,使该政策在非正确的路径上得以延续与发展。再次,专制思想的作祟,使得蒋氏更易于看重内忧,从而在政策的天平上,其重心不自觉地向安内倾斜与回归,哪怕其结果有违最初的动机,甚至是南辕北辙。从国内现状看,蒋介石认为国内割据是对抗日的巨大威胁。只有消灭割据,才能真正地一致抗日。同时,蒋介石对帝国主义的错误认识,导致这一政策出台。蒋介石认为,欧美各国与中国有错综复杂的政治经济关系,尤其是英国的关系更加密切。日本如欲独占中国,那不但与俄罗斯为敌,而且强迫与英国以及全世界作敌人。所以蒋介石认为日本的侵略可以通过帝国主义的调停解决。但是,蒋介石采取攘外必先安内政策最主要的原因是他的阶级属性。蒋介石代表大地主大资产阶级的利益,这决定了他和他的政权既轻视人民,看不到人民的力量,又害怕人民,害怕人民的力量在反侵略斗争中成长壮大,危及他们的统治。

教师设问:这一政策对中国国内局势造成什么影响?(参考答案:发动第四、第五次"围剿";红军第五次反"围剿"失利,开始长征;使大量的人力和物力在内战中严重消耗,削弱了中国的国防实力;而且对日一味妥协也进一步助长了日寇的侵略气焰,大片国土沦丧)

(设计意图)通过史料分析,了解国共两党面对九一八事变制定的政策,以及随着日本侵华的加深,国共两党政策的变化。主要指向史料实证素养水平1:从所获得的材料中提取有关的信息;历史解释素养水平1:辨别教科书与教学中的历史解释;能够对所学内容中的历史解释加以分析。

教师讲述:在"攘外必先安内"政策的指导下,国民政府与日本先后签订了《塘沽协定》《秦土协定》《何梅协定》等一系列丧权辱国的卖国条约。然而侵略者的野心是无法满足的,1935年日本制造华北事变,企图把华北变成第二个伪满洲国,中日民族矛盾上升为主要矛盾。早在1931年九一八事变后,各界民主人士便纷纷开展抗日民主运动,1931年12月,在宋庆龄、蔡元培的领导下,以批判蒋介石的"安内攘外"政策为中心,组织了中国民权保障同盟;中国青年党(即国家主义派)也多次发表宣言,不满国民党政府的不抵抗政策,主张"对日断绝外交,立即宣战",要求各实力派立即停战;在1933年,当日军进攻山海关和热河时,五台山、北平等地的佛教徒组织起"僧界救国会""佛教青年救国会",声明"当此国难严重,民族存亡之生死关头,不能静坐蒲团,依然闭目参禅"[1];原国民党元老续范亭因不满蒋介石的"攘外必先安"政策,先后两次当面力谏,并于1935年12月26日在中山陵剖腹明志;一首《义勇军进行曲》更是唱遍祖国大江南北。在这种新的形势下,南京政府的对日态度和对日政策开始发生某些改变。

材料八 和平未到完全绝望之时,决不放弃和平;牺牲未到最后关头,亦不轻言牺牲。……复以不侵犯主权为限度……否则即当听命党国,下最后之决心。

——《蒋介石在国民党五全大会上的外交报告》,《大公报》(1935年11月20日)

教师设问:国民政府的对日态度和政策发生怎样的转变?(参考答案:虽然对中日妥协

---

① 龚古今、唐培吉主编,王沛、杨卫和编写:《中国抗日战争史稿》上,武汉:湖北人民出版社,1984年,第47页。

仍抱有一定幻想,但是对日态度和政策从妥协退让转向决心抵抗)

教师讲述:五全大会后,南京政府的人事有了较大变动,蒋介石取代汪精卫为行政院长,大部分部长为亲英美派所担任,亲日派遭到排斥,表明南京政府内抗日的力量在上升。1936 年 7 月国民党召开五届二中全会,会上蒋介石表示"遇有领土主权被侵害之事实发生,如用尽政治方法而无效,危及国家民族之根本生存时,则必出以最后牺牲之决心,绝无丝毫犹豫之余地"[①]。这表明,蒋介石和南京政府对日不屈服、不妥协的态度已日趋明朗化。国民政府对日谈判的过程中,对日态度也逐渐强硬。

材料九 对倭方针,在现时非万不得已不可放弃忍痛一时之策略。但应抱定牺牲之决心,所谓忍痛,非屈辱之谓也。

——杨奎松:《蒋介石与 1936 年绥远抗战》,载《抗日战争研究》,2001 年第 4 期

教师设问:哪些因素推动了国民政府对日政策的转变?(参考答案:日本帝国主义对华北的侵略,从根本上威胁到南京政府的统治;蒋介石和国民党的民族主义国家观使他们对日本帝国主义还有反抗性的一面;全国抗日救亡运动的高涨;红军第五次反围剿的失败和长征,使蒋介石感到"安内"已初见成效,重点遂转向对外;国民党内部亲日派权力的削弱,增强了国民党的抗日倾向;英美政府对日本侵华的态度发生明显改变)

教师讲述:随着蒋介石对日政策的转变,国民政府开始为全面抗战做准备。在经济上,1935 年开始,国民政府在国内开展"国民经济建设运动",确定了经济建设的内地重心方针,采取调整经济结构,建设后方国防工业等一系列措施,加强重工业特别是国防工业的建设,加快军事后勤建设,建立对日作战的国防基础。军事上,国民政府加强了战略要地和海防江防的建设,修建国防工事,整编全国军队,加强军事训练,整顿兵工企业,还以全面抗战为目标进行了军事战略部署。外交上,除了更加靠近英美之外,逐步改善与苏联的关系,寻求"中俄合作以抗日"的可能性,并试图通过签订秘密军事条约来扼制日本的侵略。对待中共和红军,实行"剿、堵、抚相结合"的政策。但是,红军第五次反"围剿"失败以后,红军从中央及川、鄂革命根据地退出,国民党中心区域的威胁得以解除,蒋介石"统一长江"的愿望终于实现。所以,实行抗日为主、反共为辅的策略。

蒋介石在对红军进行武力"围剿"的同时,也悄悄打开了与中共谈判的大门,先后通过多条秘密渠道与中共中央及各地党组织建立了联系,并企图通过苏联的影响,迫使中共就范,在政治上收编共产党。尽管这是一次没有结果的谈判,但从长远的角度来说,又是一次有结果的接触,是在冰炭不相容的敌对状态下兵戎之外的一次握手,为日后国共两党的第二次合作探寻了道路、奠定了基础。

面对华北事变后国民政府对日政策的转变,中共进一步调整抗日方略。那么中共的反应又如何呢?

材料十 ……共产党和苏维埃政府号召全体同胞:有钱的出钱,有枪的出枪,有粮的出粮,有力的出力,有专门技能的供献专门技能,以便我全体同胞总动员,并用一切新旧式武器,武装起千百万民众来。共产党和苏维埃政府坚决相信:如果我们四万万同胞有统一的国防政府作领导,有统一的抗日联军作先锋,有千百万武装民众作战备,有无数万东方的和全世界的

[①] 荣孟源:《中国国民党历次代表大会及中央全会资料》下册,北京:光明日报出版社,1985 年,第 412 页。

无产阶级和民众作声援,一定能战胜内受人民反抗和外受列强敌视的日本帝国主义!

　　　　　　　　　——《中国苏维埃政府、中国共产党中央为抗日救国告全体同胞书》(1935 年)

教师设问:

(1) 宣言的核心内容是什么?(参考答案:停止内战,一致抗日)

(2) 这一宣言与中共之前的政策有何不同?(参考答案:它提出除少数卖国贼和汉奸以外,一切抗日的党派、团体、阶级和阶层抗日大联合的思想)

(3) 结合教科书 134 页正文相关内容和"历史纵横",试想《八一宣言》对当时中国有何影响?(参考答案:推动一二·九运动,促进中华民族新觉醒;瓦窑堡会议召开,确立抗日民族统一战线方针;争取中间势力与中共合作;推动国共关系转变)

教师介绍:《八一宣言》使地处抗日前哨的北平青年学生和爱国知识分子受到了极大鼓舞,正是在《八一宣言》的影响下,通过中共北平地下组织及北平学联的领导和推动,东北大学、清华大学、燕京大学等高等院校和部分中学的学生涌上北平街头,举行了声势浩大的抗日救亡游行。东北大学等 10 多所学校的几千名学生来到新华门,提出"反对华北防共自治运动""停止内战,一致对外""打倒日本帝国主义"等口号。12 月 16 日学联为反对冀察政务委员会的成立,再次发动了更大规模的示威游行,并实行全市总罢课,这次游行示威给国民党政府以更沉重的打击。北平学生的两次游行示威,极大地教育了广大学生和各阶层人士,北平学联派出代表到上海等地进行串联,争取全国各界的支援。从 12 月 11 日开始,天津、保定、太原、西安、济南、杭州、上海、武汉等城市,先后爆发学生的抗日集会和示威游行。各地工人纷纷罢工,上海文化界人士发表《上海文化界救国运动宣言》,成立了上海文化界救国会和上海各界救国联合会。同时,海外华侨和在外国留学的学生团体也发表宣言,支持国内人民的爱国行动。"这样,一些局部地区的抗日救亡运动很快扩展为全国规模的群众运动。"[1]辽阔的中华大地再一次响起了正义的爱国呼声,促进了中华民族的新觉醒。

教师讲述:1935 年 11 月,中共驻共产国际代表回到陕北,向中共中央传达了《八一宣言》。1935 年底,中共召开瓦窑堡会议,会上作出了《中共中央关于目前政治形势与党的任务的决议》,根据这个决议,27 日毛泽东同志又在党的活动分子会议上作了《论反对日本帝国主义的策略》的报告。

材料十一　日本帝国主义决定要变全中国为它的殖民地,和中国革命的现时力量还有严重的弱点,这两个基本事实就是党的新策略即广泛的统一战线的出发点。组织千千万万的民众,调动浩浩荡荡的革命军,是今天的革命向反革命进攻的需要。

我们的政府不但是代表工农的,而且是代表民族的。这个意义,是在工农民主共和国的口号里原来就包括了的……但是现在的情况,使得我们要把这个口号改变一下,改变为人民共和国。这是因为日本侵略的情况变动了中国的阶级关系,不但小资产阶级,而且民族资产阶级,有了参加抗日斗争的可能性。

　　　　　　　　　——毛泽东:《论反对日本帝国主义的策略》(一九三五年十二月二十七日)

教师设问:决议和报告作出了哪些政策调整?哪一项内容反映出党吸取了国共第一次合作的教训?(参考答案:建立抗日民族统一战线;组织国防政府和抗日联军;将"工农共和

---

[1] 中共中央党史研究室:《中国共产党历史(1921—1949)》第 1 卷上册,北京:中共党史出版社,2011 年,第 415 页。

国"改名为"人民共和国"。坚持党在抗日民族统一战线中领导作用)

教师讲述：在统一战线政策指导下,中共逐渐改变对蒋介石的政策。1936 年,中共中央在《为创立全国各党各派的抗日人民阵线宣言》中指出"只有全国各党各派的共同奋斗,才能抗日救国",1936 年在《关于今后战略方针》中,中共中央确认南京政府为统战的"必要与主要对手"。这些表明,中共已经公开把国民党包括在统一战线之中了。

瓦窑堡会议以后,中共中央把联合东北军和西北军,建立西北地区的抗日民族统一战线作为推动全国统一战线建立的重要环节。"西北剿总副司令"张学良和爱国将领杨虎城,在我党宣言精神和统战政策的感召下,率先停止了与红军的敌对状态,使东北军、西北军与西北地区的红军在共同抗日的基础上,实际上实现了大联合。1936 年 12 月,张学良、杨虎城发动"兵谏",逼蒋抗日。在以周恩来为代表的中共的斡旋之下,蒋介石接受停止内战,联共抗日的主张。从此,延续 10 年之久的内战基本结束,国内和平局面终于来临。国共两党各自开始实行从国内阶级战争向抗日民族战争的转变。蒋介石在实际上放弃了以往的"攘外必先安内"的政策,走上联共抗日之路。西安事变的和平解决,成为全国政局转变的枢纽,标志着全国团结抗日局面初步形成。

(设计意图)通过史料分析,教师讲述等方式,使学生了解华北事变、国共两党政策的转变和西安事变的和平解决。主要指向时空观念素养水平 3:把握相关史事的时间和空间联系,并用特定的时间和空间术语对较长时段的史事加以概括和说明。

(过渡)1937 年 7 月 7 日,日军制造卢沟桥事变,国民党第二十九军进行英勇抵抗,揭开全国抗战的序幕。

材料十二　全中国人民、政府和军队团结起来,筑成民族统一战线的坚固的长城,抵抗日寇的侵略! 国共两党亲密合作抵抗日寇的新进攻! 驱逐日寇出中国!

——《毛泽东选集》第 2 卷,北京:人民出版社,1991 年,第 344 页

教师设问：中共对卢沟桥事变的态度如何?(参考答案:国共合作;建立民族统一战线;坚决抗日)

教师讲述：为了早日促成国共两党合作抗日,7 月 14 日,周恩来、秦邦宪、林伯渠来到庐山,与国民党进行谈判。当晚,周恩来委托邵力子向蒋介石递交了《中共中央为公布国共合作宣言》,并详细说明了中共在《宣言》中的四项保证:一、孙中山先生的三民主义为中国今日之必须,本党愿为其彻底的实现而奋斗;二、取消一切推翻国民党政权的暴动政策及赤化运动,停止以暴力没收地主土地的政策;三、取消现在的苏维埃政府,实行民权政治,以期全国政权之统一;四、取消红军名义及番号,改编为国民革命军,受国民政府军事委员会之统辖。第二天,蒋介石回复:同意将延安部队改编为国民革命军,但是只颁布 3 个师的番号,12 个团的编制,共计 45 000 人,不设独立指挥机关,归属西北行营管辖。师、团二级设政训处,直接指挥军队,由国民党方面委派李秉中、丁维汾等人担任政训处主任,共产党方面派人任副主任。另由国民党方面委派刘伯龙、龚建勋、梁固担任 3 个师的参谋长,具体负责军事行动。实际是想将中共军队变为国民党的军队。周恩来接受了三个师的编制,但是坚持党对军队的独立领导,坚决反对国民党提出的委派政训处主任及参谋长的要求。最后,虽然在红军改编后的指挥权上尚未达成完全一致的意见,但蒋介石已口头上表示,尊重共产党的意见,尽量满足共产党的要求。8 月 22 日,国民政府军事委员会正式发布命令,将红军主力正

式改编为国民革命军第八路军,南方八省红军游击队改编为国民革命军新编第四军。同时,中共制定了《中国共产党抗日救国十大纲领》,提出取得抗战胜利的全面抗战方略,即动员人民群众和全民族的力量进行抗战。

(过渡)面对日本的步步紧逼和中共的积极应对,蒋介石在 7 月 17 日发表庐山谈话。

材料十三 在和平根本绝望的前一秒钟,我们还是希望和平的,希望由和平的外交方法,求得卢事的解决……如果战端一开,就是地无分南北,年无分老幼,无论何人,皆有守土抗战之责任,皆应抱定牺牲一切之决心。

——蒋介石"庐山谈话"(1937 年 7 月 17 日)

教师设问:概括指出国民政府对七七事变的态度。(参考答案:准备应战,但仍不放弃和平解决)

教师讲述:国民政府一方面积极应战准备,一方面与日本交涉,希望用外交手段解决七七事变。随着谈判失败特别是淞沪会战爆发后,9 月国民政府发表中共提交的国共合作宣言,标志着第二次国共合作实现。至此,抗日民族统一战正式建立。

学生阅读"日军的侵华暴行"(教科书第 136 页)并思考:美籍犹太人阿伦特提出了"平庸的邪恶"理论。她认为制度作恶并不需要特殊的作恶者,普通人一旦被放置到邪恶的制度环境中,就会自然而然地成为恶机器的一个动作部件。

教师设问:当时日本的"邪恶制度"指的是什么? 据你所知,造成日军"平庸的邪恶"因素还有哪些?(参考答案:法西斯专制独裁。武士道精神、军国主义等)

教师讲述:南京大屠杀之后,中日双方已是生死之战。日军的暴力侵害,延续整个战争的始终,成为激发中国民众抗敌心、民族性最直接、持久的因素。

材料十四 几千年来,中国人所怀抱的观念是"天下",是"家族",近代西方的民族意识和国家观念,始终没有打入我们老百姓的骨髓里,直到现在,敌顽攻进来的巨炮和重弹,轰醒了我们的民族意识……(今天)我们从亡国灭种的危机中,开始觉悟了中国民族的整体性和不可分性。这是民族自觉史的开端,是真正的新中国国家的序幕。"

——晏阳初:《农民抗战的发动》(1937 年 10 月)

教师设问:材料反映了怎样的事实? 你怎样看待这个事实?(参考答案:民族意识觉醒。增进了民族的团结和凝聚力,成为最终战胜日本侵略的强大精神动力,是中华民族走向复兴的坚实基础)

教师讲述:面对民族危亡,全中国人民同仇敌忾、义无反顾地同日本侵略者进行斗争。从国共两党到全国人民,包括海外华侨,中华民族各族儿女终于在这个时候牢牢地凝聚在了一起。这反映了中国各族人民团结御侮、共赴国难的坚强意志,体现了中华民族的觉醒。

教师总结:1931 年九一八事变拉开了中国人民十四年抗战的序幕,在日军步步紧逼之下,国共两党尽弃前嫌,再次合作,共抗日寇。从人民到政府、到军队,中华民族空前团结,一个全新的现代民族国家,经抗日战争一役得以确立,中华民族不仅没有被打败,反而经此浴火重生,凤凰涅槃。

(设计意图)了解七七事变后国共两党的政策。了解侵华日军的暴行并分析日军暴行产生的原因和对中华民族觉醒的影响。主要指向家国情怀素养水平 3、4:能够表现出对历史的反思,从历史中汲取经验教训,更全面、客观地认识历史和现实问题。

全民族浴血奋战与抗日战争的胜利

教学设计 1

江苏省昆山中学　沈克学/南京师范大学、昆山市第二中学　张克州

一、教材分析

本课是第八单元《中华民族的抗日战争和人民解放战争》中的第 2 课,包括正面战场的抗战、敌后战场的抗战、东方主战场和抗日战争的胜利四个子目。本课是对前一课全面抗战的说明和民族觉醒的生动诠释,同时抗战胜利作为中国新民主主义革命的转折点,也为后一课人民解放战争之中国共产党带领全国人民实现彻底的民族独立和人民解放奠定基础。本课中,随着抗日民族统一战线正式形成,中国国民党和共产党领导的抗日军队,分别担负着正面战场和敌后战场的作战任务,形成了共同抗击日本侵略者的战略态势。两大战场的配合,有效打击了日本侵略者。中国共产党在极端困难的条件下坚持抗战,起到了中流砥柱的作用。中国战场是世界反法西斯战争的东方主战场,为世界反法西斯战争胜利作出了巨大贡献。抗日战争的胜利是自鸦片战争以来中华民族抗击外敌入侵的第一次完全胜利,开辟了中华民族伟大复兴的光明前景。

二、学情分析

本课的授课对象为高一年级学生,在初中阶段他们已初步学习了本课的基本史实,但是对于抗战中中国共产党的中流砥柱作用,以及中国的抗日战争是世界反法西斯战争的重要组成部分认识不深入。因此,本课设计将提供相关史料,设计问题链,引导学生运用唯物史观的具体内容和方法加深对抗战中中国共产党中流砥柱作用的认识和理解。同时引导学生将抗日战争置于更广阔的时空语境中去分析,以形成全面的认识。

三、教学目标

1. 通过重大战役和抗战事迹如淞沪会战、百团大战、中国远征军入缅作战等内容的学习,认识抗战时期中国两个战场不同的战略战术及其地位的转化,理解持久战、游击战战略

对抗战胜利的重要意义。

2. 通过揭示中国抗战与世界反法西斯战争的联系,认识中国抗战为世界反法西斯战争胜利作出的重大贡献。

3. 通过认识中国抗日战争的胜利,成为中华民族由衰败走向振兴的重大转折点,深刻理解抗战的胜利是中华民族走向复兴的枢纽。

四、教学重难点

重点:淞沪会战、百团大战、中国远征军入缅作战在抗战中的地位。

难点:理解抗日战争的伟大胜利是中华民族走向复兴的枢纽。

五、教学过程

【导入新课】

1937 年 8 月 25 日巴金在《一点感想》中说:"这一次全中国的人真的团结成一个整体了。我们把个人的一切全交出来维持这个'整体'的生存。这个'整体'是一定会生存的。'整体'的存在也就是我们个人的存在。我们为着争我们民族的生存虽至粉身碎骨,我们也不会灭亡,因为我们还活在我们民族的生命里。"[①]日本全面侵华及其暴行,激起中国人民的全面抵抗,随着中华民族意识的空前觉醒,民族凝聚力在抗日战争中得到了最彻底、最充分的体现。

【学习新课】

教师讲述:自西安事变到七七事变后,蒋介石终于下定决心实行政策转变,抛弃"攘外必先安内"的政策,走上联共抗日的道路。这一转变为发动和进行淞沪会战奠定了政治和军事上的基础。作为抗日战争中的第一场大型会战,淞沪会战在三个月的血战中,双方累计投入近百万军队,对抗战初期的战局及双方的战略部署都产生了极大影响。

材料一 敌军战略本以黄河北岸为限,如不能逼其过河,则不能打破其战略。果尔,则其固守北岸之兵力绰绰有余,是其先侵华北之毒计乃得完成,此于我最大之不利。我欲打破其安占华北之战略,一则逼其军队不得不用于江南。二则欲其军队分略黄河南岸,使其兵力不敷分配,更不能使其集中兵力安驻华北。中倭之战必先打破其侵占华北之政策,而后乃可毁灭其侵略全华之野心。

——杨天石:《寻找真实的蒋介石》上册,太原:山西人民出版社,2008 年,第 245 页

教师设问:蒋介石发起淞沪抗战有何战略目的?(参考答案:吸引和调动日军主力于华东战场,打破日军的华北战略)

教师讲述:早在 1935 年至 1936 年间,蒋介石已大体上确立了在淞沪地区进行对日作战的战略构想。他认为,中日全面战争之初,由于日本在中国大陆拥有关东军和华北驻屯军,

---

① 巴金:《一点感想》,《呐喊》创刊号(1937 年 8 月 25 日)。

在朝鲜半岛又有日本驻朝军,在北方占有绝对优势,因而在开战后必将以华北为进攻重点,首先达到攻占华北五省、切断中苏联系(在抗战处于最艰难的时期,苏联是当时唯一援助中国抗战的国家)的目的。为分散敌在华北之攻势,应开辟第二战场,在日本发动全面战争之初,于上海实行"先发制敌",主动发起淞沪战役,以争取战略主动,即吸引更多敌军离开华北,以保障苏联对华供应线畅通。

淞沪会战中,国民政府几乎投入了中央军的全部精锐部队及大量特种兵种作战,同时又调集了大量地方部队,如川军、桂军等开赴前线。参战的中国军队在相当程度上代表了抗战初期国军的最高水准。随着中国军队的主力逐步集中到淞沪战场,确实把侵华日军主力吸引了过来:日本不仅从其国内、从我国东北向上海调兵,也从华北抽调部队增援淞沪战场。到了10月间,华北数省广阔战场上日军减到7个师团,相对说来狭小得多的淞沪战场上日军增加到9个师团,淞沪战场取代华北成了日军侵华和中国抗战的主战场。当然,蒋介石在上海坚持三个月之久还出于政治上的考虑。

材料二　……我们要获得国际的同情与帮助,必须自己先要有抗战的精神和决心,能够持久不懈,拼战到底。如果我们在这次上海战争发生以后,到双十节为止,不能以壮烈的牺牲,予倭寇以最大的打击……则本月5日美国罗斯福总统的正义演说,不会发表,国联谴责日本暴行的议案,也不会通过。现在各国之同情我们,赞助我们,这就是我们官兵两个半月以来抗战牺牲之结果。

——余子道:《蒋介石与淞沪会战》,载《军事历史研究》,2014年第3期

教师设问:蒋介石坚持淞沪抗战的目的何在?(参考答案:争取国际社会的干预,扩大西方大国与日本之间的矛盾,以孤立、制裁日本)

教师讲述:蒋介石权衡中日力量,深知敌强我弱的巨大差距,明白中国需要借助各大强国的干预与支持,故他极力争取国际社会的干预。美国是世界经济、军事的头号强国,当然是蒋介石争取的重点。随着日本侵华战争的扩大及中国人民抗战决心的坚定,在国民政府的多方外交努力及国际舆论的压力下,10月5日,美国总统罗斯福发表了著名的"隔离演说",宣称"世界上无法无纪的传染病确实正在蔓延着",爱好和平的国家必须齐心协力,"反对那些正在造成国际无政府主义状态和不稳定局势的破坏条约的行为"①。演说在道义上表达了对中国的同情、对日本的谴责。与此同时,国际联盟也通过报告书,明确谴责日本侵华。

蒋介石之所以坚持在淞沪战场上与优势日军拼消耗,主要是希望借助上海国际化都市的地位,吸引西方强国关注,对英、美、德等国的调停解决抱有幻想。因此,即便到了11月1日,蒋介石仍寄希望于当时在比利时召开的"九国公约会议",希望西方大国能做出制裁日本,乃至制止日本继续侵略的决定,遂要求中国军队再坚持10天。于是,中国军队没有在战场形势不利的情况下及时作主动的、有计划的转移,这是中国在淞沪会战中极大的失策,带来了极其严重的后果。

材料三　有学者认为,这场战役中,中国军队伤亡数为303 500人,日军则是伤31 257

---

① Howard Jones, President Flanklin D. Roosevelt's "Quarantine Address" Chicago Illinois Oct5, 1937, Jones: *Safeguarding the Republic: Essays and Document in American Foreign Relation 1980－1991*, McGrow-Hill Inc., 1992.

人,阵亡 9 115 人;也有学者认为,日军在这场大战中,战死 19 360 人,战伤 79 057 人,伤亡人数共计 98 417 名。而中国军队伤亡数虽迄今尚无定数,但认为以 30 万人上下之说,较为接近实际情况。

——张云:《淞沪会战研究述评》,载《军事历史研究》,2014 年第 3 期

教师设问:双方的伤亡从根本上反映了什么?请结合其他相关史实予以说明。(参考答案:中日两国国力、军力有巨大差距。略)

教师讲述:淞沪会战极大地增强了中国人民抗击强敌的精神力量,改变了国际社会对中国抗战能力和抗战前途的认识,在相当大程度上改善了中国抗日战争的精神环境和国际环境。不否认,抗战初期国民政府抗战积极,正面战场作为日军的主攻目标,抗击了日军的主要兵力,因而它是中国抗战的主战场。从七七事变到武汉失守,历时一年零四个月,正面战场先后进行了淞沪、太原、徐州、武汉四次大规模战略防御性战役,共毙伤俘日军 25 万余人,牵制日军 70 余万。国民党军为此付出了伤亡 104 万余人的重大代价。因而,正面战场为彻底粉碎日本帝国主义"三个月灭亡中国"的速战速决的战略企图,起了决定性作用。同时,它在客观上也起到掩护八路军、新四军和华南抗日游击队等在敌后实施战略展开的配合作用。

当然,从当时中日两国国力、军力而言,淞沪会战的失败是不可避免的。但就军事战略和作战方针层面而言,军事指挥上实行"单纯防御的军事战略"影响极大,它把大规模的阵地战置于作战的主要地位,在敌军海陆空联合作战优势最易发挥的地域,旷日持久地与敌拼消耗,以致丧失战场主动权。尤其是,淞沪会战暴露出的很多问题在整个抗战期间始终未能得到改善。更由于国民政府实行片面的抗战路线,单纯依靠政府和军队而不发动群众,因此最终难以阻挡日军的进攻,丧失了大片国土。

(设计意图)正面战场的抗战前后有多次会战,而淞沪会战在抗日战争历史进程中具有独特的地位和作用。作为抗日战争时期第一次大规模战役,淞沪会战对于中日两国战略的实施及其变化产生了重要的影响。这次会战规模巨大,通过分析其特点,理解抗战时期正面战场的战略战术和地位,以形成和敌后战场的对比。主要指向历史解释素养水平 2:选择、组织和运用相关材料并使用相关历史术语,对个别史事提出自己的解释。

教师讲述:毛泽东说:"如此伟大的民族革命战争,没有普遍和深入的政治动员,是不能胜利的。"同时深刻指出,在战略防御之下,"如果战役和战斗方针也同样是'内线的持久的防御战',例如抗战初起时期之所为……那就决然达不到战略目的,达不到总的持久战,而将为敌人所击败"。① 他于 1938 年发表的《论持久战》,给抗战指明了方向。

材料四 ①"日本的长处是其战争力量之强,而其短处则在其战争本质的退步性、野蛮性,在其人力、物力之不足,在其国际形势之寡助。这些就是日本方面的特点。""中国的短处是战争力量之弱,而其长处则在其战争本质的进步性和正义性,在其是一个大国家,在其国际形势之多助。这些都是中国的特点。""这些,就是中日战争互相矛盾着的基本特点。这些特点,规定了和规定着双方一切政治上的政策和军事上的战略战术,规定了和规定着战争的持久性和最后胜利属于中国而不属于日本。"

---

① 毛泽东:《论持久战》,《毛泽东选集》第 2 卷,北京:人民出版社,1991 年,第 480、486 页。

——毛泽东：《毛泽东选集》第 2 卷，北京：人民出版社，1991 年，第 448—450 页

② 在第一和第二阶段即敌之进攻和保守阶段中，应该是战略防御中的战役和战斗的进攻战，战略持久中的战役和战斗的速决战，是战略内线中的战役和战斗的外线作战。在第三阶段中，应该是战略的反攻战。

——毛泽东：《毛泽东选集》第 2 卷，北京：人民出版社，1991 年，第 484 页

教师设问：毛泽东提出了怎样的战略战术？哪些方面决定了这一点？（参考答案：战略上持久战，战役和战斗上运动战、速决战。中日力量强弱不同、战争性质不一）

教师讲述：抗战初期，存在着"亡国论"和"速胜论"两种观点。持久战的战略总方针是在批判"亡国论"和"速胜论"的错误观点、客观分析中日双方特点的基础上提出来的。持久战的战略指导思想和方法，不仅指出了为什么抗日战争是持久战，而且指出了怎样进行持久战和怎样争取最后胜利的问题。针对抗战的不同阶段，毛泽东明确指出，在战略防御阶段，"我所采取的战争形式，主要的是运动战，而以游击战和阵地战辅助之"；在战略相持阶段，"我之作战形式主要的是游击战，而以运动战辅助之"；在战略反攻阶段，"我所采取的主要的战争形式仍将是运动战，但是阵地战将提到重要地位"，"游击战，仍将辅助运动战和阵地战而起其战略配合的作用"。①

（过渡）游击战战略是与人民战争战略、持久战战略紧密相连的毛泽东军事战略思想和方法的重要内容。古往今来，游击战争只是对正规战争起战术配合作用，并不具有战略地位。然而以毛泽东为代表的中国共产党人以非凡的战略眼光，看到了中国的抗日游击战争具有中外历史上所无法比拟的重大战略意义。

教师讲述：对于中国抗日游击战争具有的重要战略地位问题，毛泽东有过精辟的论述：

材料五　"游击战争的战略问题是在这样的情况之下发生的：中国既不是小国，又不像苏联，是一个大而弱的国家。这一个大而弱的国家被另一个小而强的国家所攻击，但是这个大而弱的国家却处于进步的时代，全部问题就从这里发生了。""于是中国抗日的游击战争，就从战术范围跑了出来向战略敲门，要求把游击战争的问题放在战略的观点上加以考察。"

——《毛泽东选集》第 2 卷，北京：人民出版社，1991 年，第 405 页

教师设问：请思考有哪些情况决定了游击战的战略地位？（参考答案：中国弱，抗战不能速胜，只有通过长期的人民游击战争，才能最后战胜敌人；中国虽是弱国，但是有中国共产党及其领导的人民军队，有广人民群众特别是农民的积极参加，有抗日民族统一战线的支持；日本在中国占地广而兵力不足，在占领区内留下许多空隙；中国农村自给自足的自然经济等）

教师讲述：这就是说，中国抗日游击战争具有重要的战略地位是由中日战争的客观实际所决定的。以毛泽东为代表的中国共产党人从中日两国的国情和军情出发，把抗日游击战争升格为一种基本战略，提出了一整套具有中国特色的抗日游击战理论。这些游击战的战略理论犹如大海航行中的灯塔，照亮了抗日游击战争的航程。正是在这些战略理论的指导下，敌后抗日游击战争不断发展壮大。

---

① 毛泽东：《论持久战》（1938 年 5 月），《毛泽东选集》第 2 卷，北京：人民出版社，1991 年，第 463、466 页。

自 1937 年 8 月下旬开始,八路军各部便分批东渡黄河,挺进华北抗日前线,配合国民党正面战场作战。太原、上海失守后,八路军利用日军兵力分散、后方空虚等弱点,采取先山地后平原的战略步骤,放手发动群众,开展独立自主的游击战争,先后创建了晋察冀、晋西北、晋冀豫、晋西南和山东等抗日根据地,开辟和扩大了华北敌后战场。与此同时,新四军挺进大江南北,开辟了华中敌后战场。随后,中共华南地方武装又开辟了华南敌后战场。再加上东北抗日联军所坚持的东北敌后战场,神州大地便出现了四大敌后战场。随着敌后战场的开辟,全国抗战形势也随之发生重大变化,"造成了人民战争的真正基础"[1],使日军陷入敌后人民战争的汪洋之中。

(设计意图)着眼于这场战争的实际,在对战场战争胜利的反思中,持久战战略和游击战战略得到了越来越多的肯定。作为毛泽东军事战略思想的重要组成部分,持久战战略和游击战战略在抗战中发挥了巨大作用。通过对它们的解释和分析,认识两大战场不同的战略战术和对抗战的不同影响,理解抗战时期毛泽东军事战略战术思想的重大意义。主要指向唯物史观素养水平 3、4:能够将唯物史观运用于历史学习中。

材料六 "以攻占汉口、广东作为行使武力的一个时期","目前最重要的是在其内部进行基本工作——恢复治安"。按照这一总方针,规定日本中国派遣军"如无特别重大的必要时,不准备扩大占领地区","对占领地区的政策,应把治安第一作为当前的目标","固定地配备相当的兵力","迅速达到恢复治安的目的"。在国民政府军控制的"作战地区",配置兵力"要限制在必要的最少限度内"。

——胡德坤:《抗日战争时期敌后战场对正面战场的战略支持》,载《武汉大学学报(人文科学版)》,2015 年第 4 期

教师设问:抗战进入相持阶段后,日军对华军事方针发生了怎样的变化?(参考答案:重在对敌后抗日根据地进行"治安战",对国民党军队只维持政治上和战略上的压制)

教师讲述:这就是说,抗战进入相持阶段后,日军深感八路军存在与发展直接威胁到其后方的安定,不准备向国民党军队发动大规模的军事作战,而对敌后抗日根据地进行的"治安战",并配备重兵。此举意味着敌后战场要成为日本对华军事作战的主要目标。日本侵略者看到"速战速决"灭亡中国是不可能的,于是改变战略:对国民党以政治诱降为主、军事进攻为辅;集中重兵围攻八路军、新四军和各抗日根据地。华北日军从 1938 年 12 月至 1939 年夏,增加兵力进行大规模的"扫荡"。1940 年夏秋,为彻底摧毁华北各抗日根据地,日军进一步加强了对华北交通线的控制,同时增设据点、碉堡、封锁沟、封锁墙,推行其"以铁路为柱,以公路为链,以碉堡为锁"的"囚笼政策",企图分割、封锁、摧毁华北各抗日根据地,巩固占领区。在日军蚕食下,华北抗日根据地日益缩小,这种形势迫切要求痛击日本侵略者,以摆脱抗战困境。

一直身处华北敌后的八路军正、副总司令朱德、彭德怀,以及八路军副参谋长左权对全国抗战局势,尤其是华北抗战局势的发展深感不安。他们决心在华北敌后发动一次较大规模的交通破袭战,打断日军的"柱子",捣碎日军的"链子",毁掉日军的"锁子",从而打破其"囚笼政策"。8 月 20 日,八路军出动 105 个团的兵力在华北日本占领区发动了震惊中外的

---

[1] 金冲及:《中国共产党是抗日战争的中流砥柱》,载《人民日报》,1995 - 07 - 06。

"百团大战"。

材料七 聂(荣臻),贺(龙)、关(向应),刘(伯承)、邓(小平)并报军委:

正太战役我使用兵力约百个团,于20日晚开始战斗。序战胜利已经取得。这次战役定名为"百团大战"。这是华北抗战以来积极主动大规模向敌进攻之空前战役,应加紧扩大宣传。此间,除有专电发重庆转蒋(介石)何(国民政府军事委员会参谋总长何应钦)陈(国民政府军事委员会政治部部长陈诚)徐(国民政府军事委员会军令部部长徐永昌),发西安转办公厅,并发延安外,每日还有战况及论文广播,希注意接收,以便统一扩大宣传。

彭 左

——彭德怀、左权致八路军各参战兵团并上报中共中央军委的电文(1940年8月22日)

教师设问:"百团大战"和敌后游击战有何不同?八路军为何十分强调对它的宣传?(参考答案:百团大战属于我方主动出击的大规模运动战。提振抗战士气,遏制投降暗流,争取抗战好转)

教师介绍:百团大战期间,八路军总计进行了大小战斗1 824次,毙伤日军20 645人、伪军5 155人,拔除日伪军据点2 993个。破坏铁路474公里,公路1 500余公里,桥梁、车站、隧道等260余处。各战区军民共毙伤俘日伪军4.4万余人。

教师分析:百团大战的酝酿和决策是基于这样的严峻形势:1940年上半年,德军横扫欧洲,击败英、法军队,法国败降。这些极大地刺激了日本帝国主义急谋解决中国问题、迅速南进和夺取太平洋地区霸权的欲望。

为此,日本一方面加紧政治诱降,扶植汪精卫傀儡政权粉墨登场,加紧对国民党的政治诱降。1940年3月,汪精卫在日本侵略者的扶植下在南京成立伪国民政府,与日本侵略者相配合,频频向重庆国民政府发动"和平"攻势;另一方面,日本于6月至7月逼迫法、英相继关闭了滇越铁路和滇缅公路,切断了中国的西南国际交通运输线。从6月至8月,日本陆海军对重庆等地进行了4 000多架次的空袭和轰炸,给重庆等地造成了重大的损害,对国民政府产生了重大压力。6月12日攻占宜昌,国民党第三十三集团军司令张自忠牺牲。出于国际国内形势的不利局面,蒋介石出现了抗战以来的严重动摇,在国民党内涌动着一股投降暗流,蒋介石的代表同日方代表的秘密会谈也在紧锣密鼓地进行着,甚至于7月23日签订备忘录,同意8月上旬在长沙由蒋介石与日本中国派遣军参谋长坂垣征四郎当面协商停战问题。

百团大战粉碎了日军的"囚笼政策",打出了敌后抗日军民的声威,对于坚持抗战、遏制当时国民党内部的妥协投降暗流、争取抗战时局好转亦起了正面作用,进一步鼓舞和增强了全国人民夺取抗战胜利的信心。此前,日军虽然明确应该将共产党的军队作为主要的作战目标,但在战场上,这种认识并没有始终如一地加以实施。以百团大战为标志,日本中国派遣军正式将对华作战重点指向了中共领导的敌后战场。此后,敌后战场名副其实地担负起中国抗战主战场的重任,抗击了日本侵略军的60%以上和伪军的90%以上的进攻。敌后战场成为抗击日军的主战场。

教师讲述:共产党领导的敌后战场与国民党领导的正面战场相互配合,构成对日军两面夹击的战略态势,粉碎了日本速战速决、灭亡中国的图谋。虽然两个战场的配合并未尽如人意,但两个战场都功不可没,最终经过浴血奋战打败了日本侵略者,取得抗日战争的彻底胜利,在中华民族历史上写下了光辉的篇章,同时为世界反法西斯战争的胜利作出了重要贡献。

(设计意图)百团大战是抗战相持阶段敌后战场主动发起的一次大规模作战行动,作战形式上不同于游击战的基本战略。对于 1940 年的世界反法西斯战争形势来说,百团大战的影响是不可低估的。通过建立整体视角,促进时空观念的培育,借助对这场战役的分析,揭示与世界反法西斯战争的联系,以深刻认识它的重大影响。主要指向的是时空观念素养水平 3:把握相关史事的时间、空间联系,并运用特定的时间和空间术语对较长时段的史事加以概括和说明。

(过渡)"我们的敌人是世界性的敌人,中国的抗战是世界性的抗战。""伟大的中国抗战,不但是中国的事,东方的事,也是世界的事"。① 中国不仅开辟了世界上第一个也是持续时间最长的反法西斯战场,还和同盟国一起,抗击日本的侵略。

材料八 余此次奉命固守东瓜,因上面大计未定,其后方联络过远,敌人行动又快,现在孤军奋斗,决以全部牺牲,以报国家养育! 为国战死,事极光荣。

——转引自蒋梅:《"为国战死　事极光荣"——远征缅甸的抗日名将戴安澜》,载《中国档案报》,2017－05－26

教师设问:以戴安澜为代表的中国远征军具有怎样的精神? 关于中国远征军的事迹,你还有哪些了解?(参考答案:不畏生死,精忠报国。略)

教师介绍:戴安澜(1904—1942),1926 年黄埔军校三期毕业,抗战期间,曾率军血战古北口,参加台儿庄战役、武汉会战,给予侵华日军重大打击。1942 年,戴安澜率第二〇〇师作为中国远征军的先头部队赴缅参战,5 月 18 日在指挥突围战斗中负重伤,26 日殉国;10 月 16 日,被追赠陆军中将,新中国成立后被追认为"革命烈士"。

教师讲述:1942 年 1 月 1 日,中、美、英、苏四国领衔 26 个国家在华盛顿签署《联合国家宣言》,标志着国际反法西斯统一战线正式形成。国际反法西斯同盟的成立,改变了中国孤军抗战的局面。盟国组建了包括中国、越南和泰国在内的中国战区。1942 年 2 月,应英军请求,中国组建共 10 万人的远征军入缅作战。4 月仁安羌一役,中国远征军新编第 38 师与日军激战 2 日,救出被围困的英军 7 000 余人和被俘的英军官兵、美国教士和新闻记者 500 余人。到 1942 年 5 月,中国远征军转战 1 500 多公里,取得了同古保卫战、仁安羌解围战的胜利,掩护英军安全撤退到印度。中国远征军入缅作战是甲午战争之后近半个世纪以来,中国第一次出兵援助邻邦抗击侵略,付出了 6 万人的重大牺牲,赢得了国际社会的普遍尊重和广泛赞誉。1943 年 10 月至 1945 年 3 月,中国驻印军和中国远征军再次出国作战,与美军一道实施了缅北和滇西反攻,成功打通中印公路,有力配合了印缅战场和太平洋战场盟军的反攻。为自己的家园而战,也为人类的和平而战。在世界反法西斯战场上,展现了中华民族的责任与担当。

正义的事业凝聚人心。中国抗战,也得到了世界的支援。2 000 多名苏联飞行员参加了援华志愿飞行队;陈纳德率领美国飞虎队,转战中缅印战场;中美共同开辟喜马拉雅"驼峰"航线,将战略物资源源不断输往中国战场;更有不远万里前来中国救死扶伤的白求恩、柯棣华等外国医护人员。"不同肤色、不同民族、不同国籍的民众凝聚成牢不可破的命运共同体,

---

① 《毛泽东同志国际问题言论选录》,北京:世界知识出版社,1959 年,第 59—60 页。

筑起力挽狂澜的钢铁长城。"[①]

（过渡）在那场实力不对称的战争中,中国军民不仅把日本侵略者赶出了家园,也为扭转"二战"战局、夺取世界反法西斯战争的全面胜利作出历史性贡献。

教师介绍:早在抗日战争初期,日本就制定了野心勃勃的"北进"和"南进"的计划。"北进"就是向北进攻苏联的西伯利亚,让苏联在东西两线分别与德国、日本作战而使其陷入背腹受敌的不利局面。"南进"就是向南攻打南洋群岛,进攻驻守在东南亚地区的英美盟军。

材料九　1940年春夏,德国闪击并称霸西欧。日本本来可以趁机南下,向太平洋地区扩张,德国法西斯也竭力唆使日本南进,期望它与其在战略上相互策应。但此时的中国战场正将日军主力牢牢牵制在中国战场,因而日本"南进"计划不得不推迟执行。日本海军在偷袭珍珠港得手后,德国力促日本进军印度洋。但是,中国抗日战争愈战愈强,致使日本陆军根本腾不出手来,日德在中东会师的战略计划也成为泡影。到1943年11月美军在太平洋战场开始战略反攻时,日本还有64%的陆军计43个师另24个独立混成旅,和45%的航空兵计75个飞行中队被牵制在中国战场。

　　——摘编自刘庭华、彭玉龙:《中国抗日战争对世界反法西斯战争的重大贡献》,载《红旗文稿》,2015年第14期

教师设问:"将日军主力牢牢牵制在中国战场"指的是哪一事件? 中国抗战对世界反法西斯战争作出了怎样的重大贡献?(参考答案:百团大战。迟滞日军"南进",粉碎了德、意、日法西斯会师中东,有力配合了东南亚战场、太平洋战场,乃至整个世界反法西斯战场)

教师讲述:世界反法西斯战争是一个整体布局,尽管中国最先遭受法西斯的肆虐,但中国毅然服从并坚决贯彻了同盟国制定的"先欧后亚"战略,积极作战并成为同盟国反法西斯战争的重要战略基地。一方面,中国抗战牵制日军"北进",协助苏军成功避免了两线作战困境;另一方面,中国抗战迟滞日军"南进",粉碎了德、意、日法西斯会师中东、称霸全球的图谋。

整个战争期间,中国军民抗击和牵制着三分之二以上的陆军兵力和部分海空军事力量。日本投降时,在华兵力还有约128万人,超过太平洋、东南亚各战场日军的总和。在这场战争中,中国付出的代价巨大:军民伤亡总计3 500万人以上,约占世界各国在"二战"中死伤人口总数的三分之一,其中,军队伤亡380余万人;直接经济损失1 000多亿美元,间接损失500多亿美元。世界反法西斯战争胜利的丰碑上,镌刻着中国的伟大贡献。

事实证明,中国对战胜日本法西斯起到了决定性作用,是夺取世界反法西斯战争胜利的关键因素。中国抗战的东方主战场地位不可替代。美国总统罗斯福指出:"假若没有中国,假若中国被打垮了,你想一想有多少师团的日本兵力可以因此调到其他地方? 可以腾出手来呢? 他们马上可以打下澳洲,打下印度——他们可以毫不费力地把这些地方打下来,并可以一直冲向中东。""这样日本就可以和德国配合起来,举行一个大规模的反攻,在近东会师,把俄国完全隔离起来,吞并埃及,斩断通向地中海的一切交通线。"苏联最高领导人斯大林曾说:"只有当日本侵略者的手脚被捆住的时候,我们才能在德国侵略者一旦进攻我国的时候,避免两线作战。"英国首相丘吉尔也认为,"如果日本进军西印度洋,必然会导致我方在中东

[①]　任仲平:《让我们挽紧和平的臂膀——纪念世界反法西斯战争胜利70周年》,载《人民日报》,2015-05-10。

的全部阵地崩溃,能防止上述局势出现的只有中国"。① 正由于中国抗日战场的殊死抵抗,才保证了世界反法西斯战争的胜利。

(设计意图)中国在战时已经被公认为是世界反法西斯四大国之一,但由于战后中国陷入内战、东西方冷战以及中苏交恶,中国长期成为"被遗忘的盟友"。通过对中国远征军这一事例和东方主战场的了解,增进对中国抗战作出的巨大贡献的认识和时空观念的培育,涵养家国情怀。主要指向时空观念素养水平4:选择恰当的时空尺度对史事进行分析、综合、比较,在此基础上作出合理的论述;家国情怀素养水平4:表现出对历史的反思,从历史中汲取经验教训,更全面、客观地认识历史问题。

(过渡)经过14年抗战,中国最终赢得来之不易的胜利。1945年8月15日日本宣布无条件投降。这一伟大胜利,彻底粉碎了日本军国主义殖民奴役中国的图谋,洗刷了近代以来中国抗击外来侵略屡战屡败的耻辱,捍卫了中华文明和民族尊严。

教师讲述:日本法西斯侵略中国,使中华民族陷入近代以来空前危险的生死攸关境地。作为世界反法西斯战争的东方主战场,中国人民进行的抗日战争同欧洲战场的反法西斯战争一样,是正义与邪恶、光明与黑暗、进步与反动的殊死大决战。与其他反法西斯国家相比,我们的抗击环境是最艰苦的,抗争条件是最困难的,对敌实力差距是最悬殊的,但我们以血战到底的大无畏气势和视死如归的豪迈气概,付出最惨痛的代价,终于取得了近代以来中国抗击外敌入侵的第一次完全胜利。正是中国人民伟大的14年抗战,"从全面意义上完成了近代中国从'沉沦'到'上升'的转变"②。这一胜利不仅捍卫了民族独立和尊严,同时也是近代中国历史发展的转折点。

材料十 中国人民抗日战争和世界反法西斯战争,是正义和邪恶、光明和黑暗、进步和反动的大决战。在那场惨烈的战争中,中国人民抗日战争开始时间最早、持续时间最长。面对侵略者,中华儿女不屈不挠、浴血奋战,彻底打败了日本军国主义侵略者,捍卫了中华民族5000多年发展的文明成果,捍卫了人类和平事业,铸就了战争史上的奇观、中华民族的壮举。

中国人民抗日战争胜利,是近代以来中国抗击外敌入侵的第一次完全胜利。这一伟大胜利,彻底粉碎了日本军国主义殖民奴役中国的图谋,洗刷了近代以来中国抗击外来侵略屡战屡败的民族耻辱。这一伟大胜利,重新确立了中国在世界上的大国地位,使中国人民赢得了世界爱好和平人民的尊敬。这一伟大胜利,开辟了中华民族伟大复兴的光明前景,开启了古老中国凤凰涅槃、浴火重生的新征程。

在那场战争中,中国人民以巨大民族牺牲支撑起了世界反法西斯战争的东方主战场,为世界反法西斯战争胜利作出了重大贡献。中国人民抗日战争也得到了国际社会广泛支持,中国人民将永远铭记各国人民为中国抗战胜利作出的贡献!

——习近平:《在纪念中国人民抗日战争暨世界反法西斯战争胜利70周年大会上的讲话》(2015年9月3日),人民网,http://politics.people.com.cn/n/2015/0903/c1024-27543345.html

教师设问:抗战期间中国国际地位提高的关键原因是什么,有哪些表现?(参考答案:

---

① 转引自尹韵公:《牢记抗日战争为世界反法西斯战争胜利作出的重大贡献》,载《红旗文稿》,2015年第24期。
② 张海鹏:《走向民族复兴的重要标志——论抗日战争胜利的历史意义》,载《抗日战争研究》,2005年第3期。

中国抗日战争在世界反法西斯战争中地位重要。确立了"四强"之一的地位,并在战后成为联合国安理会常任理事国,废除了不平等条约)

教师讲述:总之,中国抗日战争的胜利,成为中华民族由衰败走向振兴的重大转折点,为国家独立和民族解放奠定了基础,主要有:

一是唤起民族觉醒。日本侵华战争激起中国人民的愤怒和反抗,抗日战争唤起了中华民族的觉醒,改变了过去一盘散沙的状况,增进了民族的团结和凝聚力。

二是洗雪百年耻辱。中华民族取得了近代历史上第一次反对外敌入侵的完全胜利,改变了以往屡战屡败的历史,洗雪了鸦片战争以来的民族耻辱。

三是跻身世界强国。中国人民为世界反法西斯战争的胜利作出了重要贡献,中国赢得了应有的国际地位,成为26国宣言的四大领衔签字国之一,成为联合国五个常任理事国之一。

四是废除不平等条约。百年来帝国主义强加给中国的各种不平等条约基本上得以废除,收回由于不平等条约而失去的一部分主权,使中国从不平等条约枷锁束缚下解放出来。

五是收回宝岛台湾。通过《开罗宣言》《波茨坦公告》,被日本通过侵略战争强割50余年的台湾、澎湖列岛等地,重新回到祖国的怀抱。

六是壮大人民革命力量。加速了中国新民主主义革命进程,为中国共产党团结带领全国各族人民实现民族独立和人民解放,建立新中国奠定了重要基础。

教师总结:抗日战争是在中国共产党和国民党第二次合作基础上、抗日民族统一战线旗帜下,反对日本帝国主义侵略的统一战略目标下展开的旷日持久的反侵略战争。其重要和伟大并不仅仅在于战胜了日本帝国主义,赢得了国家独立和民族统一,它还是中华民族由衰败走向振兴的枢纽。抗日战争的伟大胜利,重新确立了中国在世界上的大国地位,开辟了中华民族伟大复兴的光明前景。

(设计意图)从单元整体看,本课处于承上启下的地位。通过揭示抗战的胜利开辟了中华民族伟大复兴的光明前景,同时落实、回归主题立意,深化历史认知,涵养家国情怀。主要指向家国情怀素养水平4:把握历史发展的进步历程,形成正确的世界观、人生观、价值观和历史观。

教学设计2

江苏省昆山中学 庞 玲

一、教材分析

本课是第八单元《中华民族的抗日战争和人民解放战争》中的第2课,设置正面战场的抗战、敌后战场的抗战、东方主战场、抗日战争的胜利四个子目。1937年卢沟桥事变爆发后,国共合作抗日、中国全民族抗战局面形成。国民党正面战场和共产党敌后战场战略配合,有效打击了日本侵略者。中国共产党在极端困难的条件下坚持抗战,起到了中流砥柱的作用。中国战场是世界反法西斯战争的东方主战场。1945 年 8 月，日本无条件投降，历时 14 年的抗日战争获得胜利。

二、学情分析

生活中观看影视、参观游览，尤其是初中历史课程的学习，使高中生基本掌握抗日战争的基本史实，如国共两党在两个战场、三个阶段的主要抗战、抗战胜利的伟大意义等。而由于篇幅所限、或者史实的分散，教材给出的一些高度概括的历史认识反而是学生的困惑之处，如"中国共产党是抗日战争的中流砥柱"等。因此，应恰当运用史料、丰富历史细节，方能促进历史认识，加深历史理解，培育家国情怀。

三、教学目标

1. 借助国共合作局面形成的主要历程，特别是皖南事变后的斗争，认识中共是国共合作、抗日民族统一战线的积极倡导、努力维护者。

2. 认识中国共产党及其领导的人民武装是抗日的中坚和主要力量，深刻理解中国共产党是中华民族抗日战争的中流砥柱。

四、教学重难点

重点：中国共产党是中华民族抗日战争的中流砥柱。
难点：中国共产党如何在抗日战争中发挥中流砥柱作用。

五、教学过程

【导入新课】

1937 年七七事变，日本大肆侵略中国。当时，日本帝国主义当权势力中大部分人沉浸在一片乐观之中，军国主义分子确认代表中国两大对抗势力的政党——中国共产党和国民党难以合作，中国是一个不能统一的缺乏自卫能力的弱国。因此，他们狂叫多则一年，少则三个月，甚至一个月，便可结束侵华战争，使中国这个西邻弱国屈服，向日本俯首称臣。[①] 在生死存亡的严峻考验面前，如何避免亡国灭种的民族命运，成为摆在国共两党和全民族面前的严峻问题。

【学习新课】

中国共产党于 7 月 8 日发表抗日通电：

---

① ［日］信夫清三郎：《日本外交史》下册，北京：商务印书馆，1980 年，第 620 页。

材料一　全国同胞们！平津危急！华北危急！中华民族危急！只有全民族实行抗战，才是我们的出路！……全中国人民、政府和军队团结起来，筑成民族统一战线的坚固长城，抵抗日寇的侵略！国共两党亲密合作抵抗日寇的新进攻！驱逐日寇出中国。

——《中共中央为日军进攻卢沟桥通电》(1937 年 7 月 8 日)，《建党以来重要文献选编》第 14 册，北京：中央文献出版社，2011 年，第 356 页

蒋介石于 7 月 17 日发表"庐山谈话"：

材料二　我们希望和平，而不求苟安；准备应战，而决不求战。……如果战端一开，那就是地无分南北，年无分老幼，无论何人，皆有守土抗战之责任，皆应抱定牺牲一切之决心。

——蒋介石"庐山谈话"(1937 年 7 月 17 日)

教师设问：从国共两党的反应看两党的主张有什么共性？意义何在？(参考答案：两党都主张团结全国力量对日抗战。为实现国共合作、建立抗日民族统一战线奠定基础)

教师讲述：为迅速实现国共合作抗日，推动全国抗战，中共中央派周恩来等人再上庐山，同国民党谈判。7 月 15 日，中共代表团向蒋介石提交了《中共中央为公布国共合作宣言》。8 月 22 日，国民政府发布了西北红军改编命令；9 月 22 日，国民党中央社发表《国共合作宣言》，标志着国共合作与抗日民族统一战线正式形成。

国共合作为基础的抗日民族统一战线是抗日战争胜利的根本保证。回顾九一八事变以来，以蒋介石为代表的国民政府从奉行"不抵抗""攘外必先安内"的政策，到庐山谈话第一次态度明确、强硬地宣示了捍卫国家领土主权、抵抗外敌侵略的鲜明立场，国民党态度逐步改变。与之形成鲜明对比的是，从抗战一开始，中国共产党就主张武装抗日、建立抗日统一战线，为此制定了相应的政策和策略，并积极采取了一系列切实的行动。

材料三　① 1935 年的《八一宣言》提出："大家都应当有'兄弟阋墙外御其侮'的真诚觉悟，首先大家都应当停止内战，以便集中一切国力(人力、物力、财力、武力等)去为抗日救国的神圣事业而奋斗。"

——《八一宣言》，中央统战部、中央档案馆编：《中共中央抗日民族统一战线文件选编》中，北京：档案出版社，1985 年，第 15 页

② 1935 年瓦窑堡会议，正式确立抗日民族统一战线的新策略。

1936 年改变"反蒋抗日"的政策，提出"逼蒋抗日"的方针。

1936 年 12 月，中国共产党促成西安事变和平解决，成为时局转换的枢纽。

1937 年 3 月，向国民党提出著名的"五项要求和四项保证"，进一步阐述与国民党合作的具体内容，努力打消国民党的疑虑。

1937 年 7 月 9 日，红军指战员向国民政府发出通电，表示"愿即改名为国民革命军，并请授命为抗日前驱，与日寇决一死战"①。

——摘编自蒋建农、曹子洋：《论国共两党在抗日战争中的地位和作用》，载《中国特色社会主义研究》，2015 年第 4 期

教师设问：回顾国共合作、抗日民族统一战线形成过程，中国共产党发挥了怎样的作

---

① 《人民抗日红军要求改编为国民革命军并请授命为抗日前驱的通电》(1937 年 7 月 9 日)，《建党以来重要文献选编》第 14 册，北京：中央文献出版社，2011 年，第 361 页。

用?(参考答案:中国共产党积极主动争取与国民党合作,中共的努力推动了国民党态度的转变,中国共产党是抗日民族统一战线的积极倡导者和最有力的推动者)

教师讲述:随着中日民族矛盾逐渐成为中国社会的主要矛盾,中国共产党从国家、民族的根本利益出发,从"抗日反蒋""逼蒋抗日"到"联蒋抗日",中共为建立抗日民族统一战线付出了艰辛的努力,最终促成国共两党握手言和,从十年内战转为重新合作,抗日民族统一战线正式形成。毛泽东指出:"两党的统一战线宣告成立,这在中国革命史上开辟了一个新纪元。这将给予中国革命以广大的深刻的影响,将对于打倒日本帝国主义发生决定性的作用。"①

(设计意图)随着中日民族矛盾逐步上升到主要矛盾地位,中国共产党逐步调整对国民党政策,特别是积极主动地采取了一些切实的行动,促进了国民党态度的转变,中国共产党是第二次国共合作和抗日民族统一战线的的倡导者、组织者和建立者,是全民族团结抗日局面形成的主导者。主要指向时空观念素养水平2:利用历史年表等方式对相关史事加以描述;史料实证素养水平2:尝试运用史料作为论据论证自己的观点;历史解释素养水平1:对所学内容中的历史结论加以分析。

(过渡)8月25日,刚刚改编的八路军就跨过黄河,遵照约定奔赴山西抗日前线,国共两党的合作逐渐全面展开。只是随战争态势及日本对华政策的变化,特别是中共领导的八路军、新四军的急剧发展,引起了国民党的严重不安,蒋介石国民党政府开始在统一战线内部多次制造反共摩擦事件。如何维护、巩固和发展来之不易的抗日民族统一战线,成为直接关系到抗日战争能否取得胜利的关键问题。

教师讲述:1941年1月皖南事变发生后,中国共产党不仅在舆论上大张旗鼓地向国内外揭露国民党在皖南事变中的种种罪行;同时,针锋相对,立即重建新四军军部,并利用即将召开的国民参政会第二届会议进行了一系列的斗争。

1月25日,在重庆的周恩来不仅将提出的解决皖南事变的"十二条"转交蒋介石,还递送给国民参政会及参政会中的民主党派领袖和部分有正义感的参政员。参政会中的民主党派领袖张澜、黄炎培、沈钧儒等,频频会见周恩来,请求中共参政员出席会议,同时他们也向参政会秘书处和蒋介石施压,认为中共参政员无论如何也必须出席会议。苏联和美英盟军也强烈谴责蒋介石,要求维护中国团结抗日局面。

周恩来3月1日致中共中央的报告中介绍了斗争的情况:

材料四 现在是僵局对峙着……蒋被打得像落水狗一样……全重庆全中国全世界在关心着、打听着中共代表究否出席,人人都知道延安掌握着团结的人是共党中央。

——《周恩来关于出席参政会问题给中共中央的报告》(1941年3月1日),中央档案馆编:《皖南事变(资料选辑)》,北京:中共中央党校出版社,1982年,第225页

教师设问:结合时代背景说明,蒋介石为什么"被打得像落水狗一样"?(参考答案:大敌当前,国民党倒行逆施制造反共高潮,引起各方抗日力量的一致抗议和谴责)

教师讲述:面对内外压力,国民党不得不收敛反共态势。蒋介石在国民参政会第二届会议期间表示,"与全国友军亲爱精诚,和衷共济,共同一致抗战到底",国民政府和全国人民

---

① 《毛泽东选集》第2卷,北京:人民出版社,1991年,第364页。

"决不忍再见所谓'剿共'的军事","以后亦决无'剿共'的军事,这是本人可负责声明而向贵会保证的",并要求各参政员"恳切向毛泽东、董必武等参政员劝勉",今后能"共聚一堂,精诚团结"①。

教师讲述: 皖南事变激起民主党派人士对蒋介石及国民政府的不满,他们团结起来于国民参政会期间酝酿、会后不久建立中国民主政团同盟。从这时起,民盟日益靠近中国共产党,成为中共反对国民党一党专政的盟友、诤友,使以中国共产党为代表的民主阵营进一步壮大,国民党顽固派势力日益孤立。毛泽东对皖南事变后国民党的大失人心、共产党的委曲求全及民盟的成立,作了这样的总结:"这次斗争表现了国民党地位的降低和共产党地位的提高,形成了国共力量对比发生了某种变化的关键。"②

1941 年 5 月,日寇集中 6 个师团 10 万余兵力,在空军和炮兵支援下,发动了中条山战役,其目的是歼灭山西南部的国民党军。在大军压境下,蒋介石亲自约见周恩来,要求八路军配合作战,切断同蒲路、正太路、平汉路,阻敌前进。毛泽东向八路军总部多次下达指示:

材料五　"我们的基本方针是团结对敌,是配合作战""在敌后猛击日军,与正面友军配合作战,决不计较国民党的'反共'仇恨。"

——《毛泽东军事文选》第二卷,北京:军事科学出版社、中央文献出版社,1993 年,第641、643 页

教师设问: 材料反映中共中央在皖南事变重挫国民党之后,如何对待国民党的军事配合要求? 有何意义?(参考答案:中共以民族利益为重,不计较国民党的"反共"仇恨,积极支持配合国民党作战;中共赢得党内外、国内外的一致赞扬)

教师讲述: 中共维护抗日民族统一战线的努力,有效地阻止了时局的逆转,维系了国共合作、团结抗战的大局,成为支撑起全民族救亡图存,争取抗战胜利的希望。

(设计意图) 皖南事变发生后,中国共产党以民族利益为重,在处理事变过程中保持了克制,事变后对国民党要求的军事配合给予支持,团结各民主党派为维护、巩固抗日民族统一战线而斗争,以斗争求团结,成为争取抗战胜利的主心骨。主要指向史料实证素养水平 2:尝试运用史料作为论据论证自己的观点;历史解释素养水平 2:在历史叙述中将史实描述与历史解释结合起来。

(过渡) 由于抗日民族统一战线没有一个明确的组织形式、组织机构,也没有一个为两党所承认和遵守的共同纲领,加上十年内战形成的两党两军特殊的战略地位和军事形态,中国抗战出现了两个战场共同抗战的局面。

教师讲述: 从 1937 年 7 月 7 日卢沟桥事变到 1938 年 10 月武汉失守,国民党在正面战场抗击日军的大规模进攻,先后组织四次大规模会战。然而,由于蒋介石国民党执行"持久消耗,以空间换时间"的战略方针,在战役上采取"多筑工事,层层布防,处处据守"线式单纯防御,否定运动战和游击战,作战呆板,致使国民党的 200 多万军队在 15 个月内伤亡 104 万余人,正面战场遭遇大溃败,丢失了华北、华中大片国土和华南要地,共计 13 个省的大中小

① 重庆市政协文史资料研究委员会、中共重庆市委党校合编:《国民参政会纪实》下,重庆:重庆出版社,2016 年,第525—526 页。

② 毛泽东:《打退第二次"反共"高潮后的时局》(1941 年 3 月 18 日),《毛泽东选集》合订本,北京:人民出版社,1964 年,第 736—737 页。

城市 340 余座、约 100 多万平方公里领土。侵华日军迅速占领了大半个中国。

国民党正面战场溃败之时,共产党领导的八路军、新四军挺进敌后,开辟敌后战场。

材料六 这种挺进是在敌人战略进攻阶段上我方的反进攻。就是说,当敌人向我进攻,而国民党军队大批退却的时候,八路军和新四军则以无比英勇的姿态向敌后方反攻,取得不断胜利,牵制敌人,建立战略根据地,创造了解放区,并在精神上振奋了全国人民抗战的意志……

——《朱德选集》,北京:人民出版社,1983 年,第 138 页

教师设问:中国共产党领导的八路军和新四军选择的进攻方向是什么?产生了什么影响?(参考答案:向敌后方反攻。创建敌后抗日根据地,开辟敌后战场,牵制敌人并振奋全国人民的抗战意志)

教师讲述:抗日战争期间出现一道奇特的景观——敌人向正面战场进攻,国民党正面战场溃败之时,共产党领导的八路军、新四军却迅速挺进华北、华中和华南敌后,将敌人占领区变成了具有战略意义的打击敌人的新的战场——敌后战场。据统计,到 1938 年 10 月武汉沦陷前后,八路军、新四军在华北和华中共作战 1 700 余次,粉碎了日伪军十几次较大规模的进攻,建立了晋察冀、晋绥、晋冀豫、晋西南、山东、苏南、皖南、皖中和豫东抗日根据地,形成并初步发展了华北敌后战场和华中敌后战场,八路军、新四军也由出师时的 4 万余人发展到 17 万余人。

中共军队挺进敌后,大力开辟敌后战场,有力地配合了国民党正面战场作战。这种配合,分为两种类型:一种是战役配合,即正面战场进行某一战役时,敌后战场出动兵力打击和牵制敌军,减轻正面战役作战部队的压力,或直接承担正面战役的一部分战斗任务。如太原沦陷前,八路军在华北主要是在战役上配合正面战场友军作战。1937 年 9 月 25 日,八路军第 115 师主力首战平型关告捷,一举歼灭日军 1 000 余人,取得全国抗战以来第一个大胜利,沉重打击了日军的猖狂气焰,振奋了全国军民抗战的斗志和信心。接着,八路军第 120 师、第 129 师再切断了敌人的交通线,攻取雁门关、袭击日军阳明堡机场,给敌人较大打击,有力地援助了国民党军防守忻口的战役,并掩护了他们的退却。

还有一种是战略配合,即主要是敌后战场通过打击、歼灭和牵制敌军,使敌军不能把更多的兵力用于正面战场,减轻正面战场的压力,从而有利于正面战场的作战。以抗日战争中战场最广、持续时间最长、给日军打击最沉重的特大战役武汉会战为例,1938 年 4 月上旬,日本大本营陆军部在制订武汉会战计划时,原准备由日本华北方面军一部沿平汉线南下,与日本华中方面军沿长江西进夹击武汉。后来考虑到华北地区八路军频繁出击而导致"治安不良",难以抽出兵力,从而放弃了沿平汉线南下参加武汉会战的计划。这使中国军队避免了日军两面夹击武汉局面出现,为国民党军队进行武汉保卫战争取了时间和空间。

对于日本侵略者来说,敌后战场的开辟,不仅有力打击、分散和削弱了侵华日军的力量,牵制了其正面战场的进攻,而且迅速填补了因国民党正面战场作战失利留下的空白,压缩了敌占区的范围,使日军既无法实现"面"的占领,也不能在其占领区内安享其成,实现了变敌人后方为前线、变战略上的被包围为战略上的反包围。这种犬牙交错的战争形态,强逼日军陷入两面作战局面,打破了日本帝国主义企图速战速决灭亡中国的侵略计划,迫使日军由战略进攻转为战略相持。

材料七 12 月 6 日,日本陆军省和参谋本部在《昭和十三(1938)年秋季以后对华处理办

法》中指出:"以攻占汉口、广东作为行使武力的一个时期","目前最重要的是在其内部进行基本工作——恢复治安。"按照这一总方针,规定日本中国派遣军"如无特别重大的必要时,不准备扩大占领地区","对占领地区的政策,应把治安第一作为当前的目标","固定地配备相当的兵力","迅速达到恢复治安的目的"。在国民政府军控制的"作战地区",配置兵力"要限制在必要的最少限度内"。仅起到在政治上和战略上压制国民党军队的作用。

　　——胡德坤:《抗日战争时期敌后战场对正面战场的战略支持》,载《武汉大学学报(人文科学版)》,2015年第4期

　　教师设问:材料反映日军侵华政策发生了什么变化?(参考答案:占领广州、汉口后,日军不准备再向国民党军队发动大规模的军事作战,而要配备重兵对敌后抗日根据地进行"治安战",将维护占领区的治安作为重点)

　　材料八　如果没有最广大的和最坚持的游击战争,而使敌人安稳坐占,毫无后顾之忧,则我正面主力损伤必大,敌之进攻更猖狂,相持局面难以出现,继续抗战可能动摇。

　　——《毛泽东军事文集》第2卷,北京:军事科学出版社、中央文献出版社,1993年,第427页

　　教师设问:毛泽东是如何看待开辟敌后战场的重要性?(参考答案:支持正面战场、推动抗战进入相持阶段)

　　教师讲述:朱德也曾指出:"如果没有八路军、新四军的对敌反进攻,战略相持阶段的出现是不可想象的。"[①]

　　(设计意图)全面抗战开始后,国民党在正面战场抗击日军发挥了主力军的作用;共产党挺进敌后开辟敌后战场,支援正面战场并且牵制大量日军,共同推动抗战相持阶段到来,也就使日本被迫走上了中国所设定的持久抗战的战略道路。主要指向时空观念素养水平2:尝试运用史料作为论据论证自己的观点;历史解释素养水平2:在历史叙述中将史实描述与历史解释结合起来。

　　(过渡)抗战进入相持阶段后,中共及其领导的敌后抗日根据地不断发展壮大,逐步成为日军最大的威胁。

　　教师讲述:1939年12月初,日本华北方面军召开情报主任会议,日本华北方面军参谋长笠原幸雄中将在会上指出:

　　材料九　中国共产党及其中共军队是今后华北治安之癌。要深刻认识到,只有打破这种立足于军、政、党、民有机结合之上的抗战组织,才是现阶段治安肃正的根本。

　　——胡德坤:《抗日战争时期敌后战场对正面战场的战略支持》,载《武汉大学学报(人文科学版)》,2015年第4期

　　教师设问:材料反映华北日军如何看待中共及其武装力量?(参考答案:日军认为中共及其军队是华北治安最大的敌人,八路军由于力量的壮大已被日本华北方面军视为主要对手)

　　教师讲述:日军为达到彻底摧毁华北各抗日根据地巩固其占领区的目的,进一步加强了对华北交通线的控制,同时整治河河,增设据点、碉堡、封锁沟、封锁墙,开始推行其"以铁路为柱,以公路为链,以碉堡为锁"的"囚笼政策"。在日军的"囚笼政策"蚕食下,华北抗日根

────────────

① 《朱德选集》,北京:人民出版社,1983年,第138—139页。

据地面临巨大困难。

1940年四五月间,欧洲战局急剧变化,纳粹德国在很短的时间内便席卷半个欧洲,大大刺激了日本帝国主义争夺亚洲、太平洋地区霸权的欲望。为迫使蒋介石屈服,尽早结束中国战事,日本帝国主义一面加紧对蒋介石进行政治诱降,一面加强对中国的封锁和军事压力。日军于6月12日攻占宜昌,这给重庆带来极大的威胁,从而使国民党内的悲观情绪与妥协倾向大大上升。

在这危机关头,1940年8月,八路军出动105个团的兵力,在华北地区与20多万日军激战100多天,作战2 170余次,歼灭日伪军50 000余人,还破坏了大量的铁路、公路、桥梁、火车站、隧道、煤矿等,史称"百团大战"。

材料十 ① 百团大战是一个主动的进攻战役,使日军在华北的主要铁路、公路受到广泛破坏,井陉煤矿被彻底破坏,沉重打击了日军的"囚笼政策""治安肃正""以战养战"等阴谋计划。日本华北方面军在其作战记录中也承认:"此次袭击,完全出乎我军意料之外,损失甚大,需要长时期和巨款方能恢复。"

——聂荣臻:《百团大战》,载《军事文摘》,2015年第6期

② 贵部发动百团大战,不惟予敌寇以致命打击,且予友军以精神上之鼓舞。

——第一战区司令长官卫立煌致朱德、彭德怀电,中国人民革命军事博物馆:《百团大战历史文献资料选编》,北京:解放军出版社,1991年,第13页

③ 华北我军出击之日,正是敌机170架狂炸我陪都,市区大火,精华悉付一炬之时,我军以胜利的出击回答日寇之残暴兽行,为被难同胞雪恨。坚定了全国的抗战意志,而使一般动摇妥协分子无从其逞。

——《力报》社评(1940年9月20日)

教师设问:上述材料从哪些角度来评析百团大战的积极影响?(参考答案:歼灭了大量日伪军,沉重打击了华北地区日军,巩固了华北抗日根据地;鼓舞了敌后军民,抑制了国民党妥协投降的逆流,增强了全国军民争取抗日战争胜利的信心)

教师讲述:"使一切悲观、失望、动摇、妥协心理的谬误,都被充分暴露出来,从此抗战必胜,更加不容有丝毫的怀疑。"①百团大战刚结束,国民党集团就悍然发动皖南事变。这两个重大的历史事件,使中间势力进一步认识到,国共两党的斗争,是抗战和妥协、团结和分裂、民主和专制的斗争。中间势力逐渐抛弃对蒋介石集团的幻想,而选择与中国共产党合作,抗日民族统一战线得到了进一步的发展和巩固。

百团大战是八路军各部在被分割的各大区域内和碉堡密布的情况下的统一行动,它显示了中国共产党及其武装力量惊人的战斗力。日军对八路军的特殊能力感到惴惴不安,1941年至1942年日军更加强调集中力量打击共产党,敌后抗日根据地进入最艰苦的岁月。为战胜敌人,中国共产党采取一系列措施如主力兵团地方化、地方武装群众化的作战方针,以及精兵简政、发展生产、减租减息等政策,顽强地对日军实行反"扫荡"、反"清乡"、反"蚕食"的斗争,敌后根据地面积、人口、军队等经过困难时期的缩减后,到1943年底1944年初都有所恢复和发展。

---

① 《国民公论》四卷三期,见索世晖:《百团大战应充分肯定》,载《近代史研究》,1980年第3期。

（**设计意图**）百团大战与皖南事变两件大事,让更多的人认识到国共两党谁是真抗日,谁是假团结,选择跟谁走才是光明的、胜利的前途,巩固了中国共产党在抗日民族统一战线中的领导地位,显示了中国共产党在抗战中的中流砥柱作用。主要指向时空观念素养水平2:认识事物发生的来龙去脉,理解空间和环境因素对认识历史的重要性;史料实证素养水平2:尝试运用史料作为论据论证自己的观点;历史解释素养水平2:在历史叙述中将史实描述与历史解释结合起来。

　　教师讲述:1944年,日本法西斯进入内外交困时期。在太平洋战场上美军的反击使日本节节败退,日本当局决定使用13个师团的庞大兵力,于4月至12月在中国战场发动大规模进攻,打通大陆交通线,以便支援其在太平洋战场与美英盟国进行长期战争,即豫湘桂战役。经过历时8个月的"一号作战"(即豫湘桂战役),日军打通了中国大陆的平汉、粤汉、湘桂铁路线,击溃了沿途的国民党军队。从表面看,日军战果赫赫,但从全局来看,是得不偿失。由于发动"一号作战",日本不得不减少对敌后战场作战的兵力。中共领导的敌后战场的反攻作战,使日军不得不退守"点"(大城镇)和"线"(重要交通线),使日军的原占领区面积急剧缩小。同时,因"一号作战"而扩大的日本占领区内,日军兵力严重不足,进入1945年后,不得不收缩战线,从广西、湖南、江西等省撤军,国民党军队乘机进行尾随作战,与敌后战场共同形成了对日军的里外夹击之势,加速了日本败降的步伐。

　　1945年,敌后战场不断扩大对日军反攻作战的规模,同时以一部主力向河南、湘粤赣边、苏浙皖边进军,开辟新区。经过1945年的春季、夏季大规模攻势作战,八路军、新四军和华南抗日武装共收复县城70余座,歼灭日伪军40余万人,基本上扫清了敌后根据地内的日伪军据点,把日伪军压缩到大中城市和主要交通线上。此时,侵华日军69％和伪军95％的兵力,仍为敌后解放区战场所抗击,而国民党正面战场所担负的不过是日军31％和伪军5％的兵力而已。

　　材料十一　①　八路军、新四军等中共部队以及它所领导的民兵游击队,已经代替国民党军而成长为抗战的主力了。事实上,这一时期的国民党军几乎退出了抗日阵线而主要从事反共,同时还相继出现了投降者。因此,日军的作战完全以消灭解放区和"扫荡"共产党军为目标了。

　　　　——[日]历史学会编:《太平洋战争史》下,北京:商务印书馆,1962年,第145页

　　②　中国抗战后期,蒋介石的权力仅限于西南一隅……长江以北连"中央政府"(即指国民党政府)的影子也没有。假如我们让日本人立即放下他们的武器,那么,整个中国就会被共产党夺过去。

　　　　——[美]杜鲁门:《杜鲁门回忆录》2,北京:生活·读书·新知三联书店,1974年,第72页

　　教师设问:两则材料如何看待这一时期的国共军队?(参考答案:国民党军消极抗日,退守西南;中共领导的抗日武装成为抗击日军的主力)

　　教师讲述:由于敌后解放区军民积极对日作战,至1945年春夏,根据地发展到19块,人口9 550余万人,八路军、新四军和华南抗日武装发展到91万余人,民兵发展到220余万人。毛泽东在中共七大上不无自豪地宣布:中国共产党领导的人民武装,"按其所抗击的日军和伪军的数量及其所担负的战场的广大说来,按其战斗力说来,按其有广大的人民配合作战说

来,按其政治质量及其内部统一团结等项情况说来,它已经成了中国抗日战争的主力军"①。

(设计意图)与国民党豫湘桂战役的再次溃败形成对比,中国共产党及其领导的敌后战场抓住时机进行反攻做战,沉重打击日军。中国共产党领导的人民武装力量不断发展壮大,并成为抗击日军的主要力量。主要指向时空观念素养水平3:把握相关史事的时间、空间联系;历史解释素养水平2:在历史叙述中将史实描述与历史解释结合起来。

教师讲述:1945年8月8日,苏联对日宣战并同时进军我国东北。9日,毛泽东发表《对日寇的最后一战》的声明,号召中国人民的一切抗日力量举行全国规模的反攻,配合苏军和其他盟军作战,彻底打败日本侵略者。八路军、新四军和华南抗日武装随即向华北、华中和华南日军占领的主要交通线及城镇据点展开猛烈攻击,发起了强大的战略反攻。1945年8月15日,日本宣布无条件投降,中国人民终于赢得了近代以来第一次反侵略战争的完全胜利。

教师总结:回顾抗日战争历程,可以看出:第一,中国共产党以民族利益为重,倡导、促成与维护国共合作与抗日民族统一战线,坚持和发展了全国团结抗战的局面,是全民族团结抗战的核心;第二,中国共产党领导抗日军民开辟了广阔的敌后战场,支援配合正面战场,粉碎日军速战速决灭亡中国的狂妄计划,推动抗战进入持久抗战的道路上来;第三,在国际形势恶化、国内出现投降危险之时,中共主动出击,坚定了中国人民抗战必胜的信心;第四,敌后抗日根据地艰苦抗战、不断发展壮大,牵制侵华日军大多数,敌后战场成为抗战主战场、中共领导的武装力量成长为抗战主力军,最终赢得了抗日战争的胜利。对比国共两党在抗战中发挥的作用及影响,可以看出中国共产党是坚持抗战的核心力量,是抗日战争的中流砥柱。

(设计意图)总结全课,从国共合作、抗日民族统一战线的倡导与巩固;中共及其领导的敌后战场的发展壮大并成为抗战主力等方面,认识中国共产党在抗战中的中流砥柱作用。主要指向家国情怀素养水平3、4:表现出对历史的反思,从历史中汲取经验教训,更全面、客观地认识历史和现实社会问题。

---

① 《论联合政府》,《毛泽东在七大的报告和讲话集》,北京:中央文献出版社,1995年,第32页。

第 25 课

人民解放战争

教学设计 1

昆山经济技术开发区高级中学　黄　珍

一、教材分析

本课是第八单元《中华民族的抗日战争和人民解放战争》中的第 3 课,包括争取和平民主的斗争、全面内战的爆发、国民党政权的统治危机、新民主主义革命的胜利四个子目。抗战胜利后,国际社会呼吁和平,人们普遍期待和平建国。中国共产党为争取和平、民主,作出了很大努力。但是,国民党坚持独裁统治,并于 1946 年发动了全面内战。共产党领导人民解放战争,粉碎国民党的全面进攻和重点进攻,展开战略反攻,发起三大战役及渡江战役,最终取得新民主主义革命的胜利,建立了新中国。中国从此走上了独立、民主、富强的道路。

二、学情分析

本课的授课对象是高一年级的学生,他们于初中阶段初步学习了重庆谈判、战略反攻、三大战役及解放南京等史实,具备一定的基础知识储备。但他们对解放战争发展脉络的整体感知能力不强,深入剖析解放战争前因后果的能力也不足。教师可以在这方面设计问题,培养学生能力,加深其对解放战争的理解。

三、教学目标

1. 掌握解放战争的基本进程,能够认识到,抗战胜利后中国政局的演进深受世界局势的影响。

2. 通过分析国民党政权在大陆统治灭亡的原因,探讨中国共产党领导人民取得新民主主义革命胜利的原因和意义,认识到只有共产党才能救中国,中国共产党领导地位的确立是历史的必然、人民的选择。

四、教学重难点

重点：解放战争与"二战"后世界局势的关联互动。

难点：国民党政权在大陆统治灭亡的原因；中国共产党执政地位的确立是历史的必然、人民的选择。

五、教学过程

【导入新课】

教师讲述： 抗日战争的胜利，是近代以来中国抗击外敌入侵所取得的第一次完全胜利，重新确立了中国在世界上的大国地位。面临民族复兴的绝好机遇，接踵而来的却是内战爆发，中国为何错失良机？

【学习新课】

（一）和谈之路——重庆谈判和政治协商会议

教师讲述：（学生观阅教科书中《毛泽东和蒋介石在重庆谈判期间的合影》）1945 年 8 月，蒋介石接连三次电邀毛泽东到重庆进行和平谈判。中共中央最终决定接受邀请，争取和平民主。8 月底，毛泽东、周恩来、王若飞等乘专机抵达重庆。

重庆谈判历时 43 天。10 月 10 日，国共双方代表签署《政府与中共代表会谈纪要》，即《双十协定》。协定规定：坚决避免内战，建立独立、自由和富强的新中国。

根据《双十协定》，1946 年 1 月 10 日，由国民党、共产党、民主同盟、青年党和无党派人士代表参加的政治协商会议在重庆召开，会议通过了和平建国纲领案等五项协议。

教师设问： 重庆谈判和政协会议是在什么情况下召开的？

材料一 早在 1943 年开罗会议上，罗斯福总统甚至直截了当地告诉蒋介石，你这种政府决不能代表现代民主，蒋"必须在战争还在继续进行的时候与延安方面握手，组织一个联合政府"[1]，因为美国将不会情愿陷入在中国发生的任何内战。

——杨奎松：《失去的机会：抗战前后国共谈判实录》，北京：新星出版社，2010 年，第 204 页

材料二 ……（斯大林——引者注）似乎没期望中国共产党立即起而夺取政权。他好像并不在意美国在中国的调停，实际上他建议毛与蒋达成某种协定。

——[美]徐中约：《中国近代史：1600—2000，中国的奋斗》，第 6 版，计秋枫、朱庆葆译，北京：世界图书出版公司北京公司，2008 年，第 502 页

教师设问： 美苏对中国抗战胜利后的时局有何相同看法？（参考答案：希望国共合作，

---

[1] [美]伊利奥·罗斯福著：《罗斯福见闻秘录》，李嘉译，广州：新群出版社，1947 年影印本，第 155 页。

和平建国,避免内战)

教师讲述:抗战胜利后,美苏两国为了维护各自的在华利益,都不希望中国打内战。从国内来看,中国是"二战"中参战时间最长的国家,抗日战争长达14年,在所有参战国家中付出的代价最大、牺牲最多,再加上近代以来历史积累的战争创伤,中国人民太需要休养生息,太需要和平了,和平民主已是大势所趋。在这种背景下,1945年8月25日,中共中央发表《对目前时局宣言》:

材料三　中国共产党认为在这个新的历史时期中,我全民族面前的重大任务是:巩固国内团结,保证国内和平,实现民主,改善民生,以便在和平、民主、团结的基础上,实现全国的统一,建设独立自由与富强的新中国……

——中央档案馆编:《中共中央文件选集》第十三册,北京:中共中央党校出版社,1987年,第135页

教师设问:共产党对时局有什么样的期待?(参考答案:希望在和平、民主、团结基础上,实现全国统一,建设新中国)

教师讲述:面对国内外对和平民主的期盼,作为国民党的领袖、抗战胜利后赢得无上地位的蒋介石,早已下定决心打内战,消灭共产党。那他为何还要三次电邀毛泽东赴重庆和谈呢? 蒋介石的谋士陶希圣说出了心里话:

材料四　……想用软的一套手法把共产党吃掉,谈何容易! 可是现在动大手术也不是时候,国内有厌战情绪,国际形势也不允许中国打内战,一打起来我们更被动,利用谈判拖一拖也好。共产党拒绝谈判,我们更有文章好做。

——中共重庆市委党史研究室等编:《重庆谈判纪实》,重庆:重庆出版社,1983年,第419页

教师设问:陶希圣认为有何文章可做?(参考答案:国民党迫于国内外要求和平的压力,一方面,毛泽东若去,可以利用谈判拖延时间,为内战做充分准备;另一方面,毛泽东若不去,就把破坏和平、挑起战争的罪名嫁祸于共产党)

教师讲述:鉴于和平民主已是大势所趋、民心所向,国民党蒋介石采取了"假和平、真内战"的策略,不得不做出和平建国的姿态。

当时国内国际形势,利于中国朝着和平的方向发展。然而,世界上最需要和平的民族在和平机遇最好的时代却与和平擦肩而过。

(设计意图)运用史料,分析重庆谈判和政协会议召开的背景。主要指向史料实证素养水平1:从所获得的材料中提取有关的信息;时空观念素养水平2:将史事定位在特定的时间和空间框架下;认识事物发展的来龙去脉,理解空间和环境因素对认识历史的重要性。

学生活动:在和平已成潮流的背景下,为什么没能避免战争?

材料五　美国政策的目标是避免中国内战,促进两党和谈,同时又要尽一切力量维持国民党的统治;而国民党的目标是武力灭共,美国正是其借助力量。美国的政策一开始就处于不可解决的悖论之中,结果在貌似公允之中步步偏袒国民党,从避战到助战到深深陷入,不能自拔。

1945年8月15日,苏联与国民党政府签订《中苏友好同盟条约》,正式确定了战后中苏关系的基调。苏联既然得到了自己想得到的利益,对于支持国民党政府就成为其义务。在

此背景下,苏联担心中共动作太大会引起美国的疑虑,会使美国指责苏联暗中支持中共,还担心美国会借此对中国进行武装干涉,从而影响苏联在亚太地区的利益。

——刘志青:《二战后格局对中国人民解放战争的影响》,载《军事历史研究》,2004 年第4 期

学生讨论:哪些重要因素推动中国由和平走向内战?(参考答案:美苏两国逐渐由战时的合作走向战后对立;国民党企图维系专制政权;美苏两国都希望借助国民党的力量维护其在华特权)

教师讲述:重庆谈判进行了,《双十协定》签订了,政协会议也召开了,内战依旧没有避免,蒋介石坚持独裁统治,单方面挑起内战是重要原因。

在国内外形势都朝着和平民主趋势发展的大环境下,如果国民党蒋介石不为一己私利,能够更多地关注国家民族利益,能够保持冷静与自制,那么这场浩劫就不会发生了。

(设计意图)在分析重庆谈判和政协会议召开背景的基础上,探究在战与和的十字路口,内战不能避免的原因及对今天的警示。主要指向历史解释素养水平 2:在历史叙述中将史实描述与历史解释结合起来。

(二)战争之路——全面内战

指导学生根据教材内容并结合地图,梳理战争过程,教师展示学生成果,归纳总结。

重大事件	时间	概况
内战爆发	1946 年 6 月	国民党军队大举进攻中原解放区,全面内战爆发
战略反攻	1947 年 6 月	刘伯承、邓小平率领晋冀鲁豫解放军主力渡过黄河,挺进大别山,揭开战略反攻的序幕
战略决战 (三大战役)	1948 年 9 月至 1949 年 1 月	辽沈、淮海、平津三大战役,歼灭或改编国民党军队 150 多万人,国民党军队的主力基本被消灭
渡江战役	1949 年 4 月	人民解放军横渡长江,4 月 23 日占领南京,国民党蒋介石集团在大陆的统治覆灭

(设计意图)简述内战的概况,掌握内战的基本进程。主要指向时空观念素养水平 2:利用历史年表、历史地图等方式对相关史事加以描述。

教师讲述:1945 年抗战刚刚胜利之时,国民党政权被看作是领导全国抗战胜利的功臣,蒋介石也被看成"民族英雄"。与此同时,美国支援的大量人力、物力源源不断地运往国民党统治区。国民党在威望上、实力上达到了前所未有的高度。

然而,不到四年时间,国民党就失掉大陆,是什么原因导致国民党统治的迅速覆亡?

材料六 自此我来到这里后,从来就没有一个战役的失利说是因为武器弹药的缺乏。依我来看,国民党军队的败北是因为糟糕透顶的指挥和其道德败坏的因素,把军队弄得毫无战斗意志。……在整个军界,到处是平平庸庸的高级军官,到处是贪污和欺诈。

——美军军事顾问团团长戴维·伯将军给华盛顿的报告(1948 年 11 月)

教师设问:戴维·伯认为国民党军事失败的关键原因是什么?(参考答案:腐败)

教师讲述：其实，国民党的腐败早在战前就已经显露。（出示教材中"当时报纸关于接收的报道"图片）抗战胜利后，国民政府派遣大批军政人员前往原日本占领区，共接收了日伪工厂 2 411 座，价值约 20 亿美元；还接收了日本侵占的大量物资、金银等，价值 10 亿美元以上。这些资产完全由国民党官僚资本集团控制。国民党接收大员们贪婪地掠夺财物，接收变成"劫收"。

"劫收"极大地刺激了国民党各级官员疯狂争夺财富和权力的强烈欲望，以及穷奢极欲的挥霍享受心理，这使得吏治更加腐败，军纪、党纪荡然无存，派系之间的争斗加剧，统治集团内部分崩离析。"劫收"还使光复区老百姓对国民政府的幻想化为泡影，正如歌谣所唱的："盼中央，望中央，中央来了更遭殃。"①

到了 20 世纪 40 年代晚期，腐败现象更是有增无减，各级政府官吏，上至中央，下至一般县长、连长，纷纷利用职权以合法或非法的途径拼命贪污搜刮、巧取豪夺，以致于人们听到关于腐败的事，早已经司空见惯，麻木了。比如在陕南，官员购买了武器，雇了保镖，像土匪那样向人们要钱。与土匪不同的是，中央政府授权他们进行土地征用和收取税款。他们滥用权力，为一己谋私，在有的地区，当地官员每个月甚至去农户家里二三十次，以种种借口让农户助捐，款项几乎全部落入了征收者的口袋。

腐败加速了国民党的灭亡。当时的美国驻华大使司徒雷登，作为蒋家王朝衰败的一个最直接的目击者，曾这样说：

材料七 战后，尤其是去年下半年，我们亲眼目睹了传统型中国政府体制的衰败和没落。国民党最初的宗旨是反对封建王朝——正如太平天国那样，但是，尽管它具有一种民主思想和现代革命精神，最终这些思想和精神还是丧失殆尽，并进而逆转，走向传统方式。至于蒋介石本人，他无疑为人正直，富有献身精神，但其观念手段仍是非民主的。政府也不乏正直自由人士，但体制上则滋生、培育着罪恶，并进而导致自身的毁灭。它变得如此腐败无能，如此不得人心，以至于哪怕任何自身的有序改革都少有希望，即使没有共产主义运动，恐怕也会爆发另一场革命。

——［美］肯尼斯·雷、约翰·布鲁尔编：《被遗忘的大使：司徒雷登驻华报告(1946—1949)》，尤存、牛军译，南京：江苏人民出版社，1990 年，第 196 页

教师设问：司徒雷登认为造成国民党腐败的原因是什么？（参考答案：国民党一党独裁专制休制）

教师讲述：1927 年，南京国民政府建立之初，蒋介石便歪曲三民主义，奉行独裁专制统治。他时常不顾正常的程序制度，以"手令"的形式干涉各部门的权力运行。蒋介石用人一看派系，二看对自己是否忠心。蒋介石依靠以黄埔门生集团为核心的嫡系，作为控制庞大权力系统的基本力量，黄埔系对蒋的忠诚和蒋对黄埔系的信赖与扶持相辅相成，黄埔出身的官员视负有不同法定责任的上下级关系为师生关系，呈报正式行政公文也常以"学生"二字签署；上行下效，各级官吏也结帮拉派，同乡关系、亲属关系、裙带关系、门生故吏关系、结义关系，充斥整个官僚体系，这样的官僚机构极易滋生腐败，再加上独裁统治下，往往缺乏必要的监督机制和权力制约机制，使得腐败更加难以制止。

---

① 千家驹：《一年以来中国经济的总结》，载《经济周报》4 卷 2 期第 23 页。

不仅如此,蒋介石的独裁专政、倒行逆施也使得国民党逐渐失去民心。抗战胜利后,和平民主是大势所趋,民心所向。重庆谈判和政协会议的召开,给饱受战乱之苦的中华民族带来和平民主的曙光,然而,1946年,国民党蒋介石公开撕毁政协协定,发动全面内战,充分暴露了其独裁专政的本质,民众大失所望。不止这些,在内战声中,蒋介石还不顾全国各界的反对,于1946年11月擅自召开由国民党一手包办的"国民大会",制定并通过了《中华民国宪法》。对于这部宪法,1947年1月31日的《新华日报》评论说"人民无权,独夫集权"。国民党逐渐将独裁统治推向极端,政治欺骗、军事镇压、特务暗杀等手段无所不用其极。宣布民盟为"非法团体"予以解散,制造"下关惨案""李闻惨案"等事件。国民党一党独裁与蒋介石的倒行逆施,不仅遭到一切要求和平、民主与自由的人们的强烈反对,也使国民党、蒋介石最终众叛亲离。

不止是腐败和独裁专政造成国民党统治危机,1946年6月国民党发动的内战也带来诸多社会问题,激化了社会矛盾。

材料八 现在一般农村之间之最大苦痛是征兵征粮,假如内战不停,征兵征粮能够停止吗?一般市民阶级最大的苦痛是币值低落,物价日涨假如内战不停,币值能稳定吗?物价能不涨吗?要改善一般社会的情形,就得增加生产,大规模地着手建设。但是在这烽火遍地的局势下,谈得上建设吗?……现在一切的毛病出在内战,一切困难出在内战。

——储安平:《评翁文灏内阁》,载《观察》(1948年6月15日)

教师设问:战争带来哪些社会问题?(参考答案:在农村,征兵征粮,农民困苦;在城市,通货膨胀严重,市民生活困难)

教师讲述:战争的恶劣影响,主要体现在两个方面。一方面不断的征粮,农村愈加穷困。除了政府收地租外,还以低于市场价强购粮食或以暂借的名义向农民征收粮食。对此,有些地方官员称,农民的负担已经到达了承受的极限。在一些地区,他们被迫以草根树皮为生。蒋介石的亲信、曾任江西省主席的王陵基说,他的很大任务就是征粮送到东北战场,不问丰歉,都征到九成以上,由于征粮任务重,省田粮处处长被他逼得在吉安跳水自杀。

另一个方面就是征兵。由于国民党的战略方针是以夺取重要城市和控制交通线为主,国民党要守护的摊子太大,战线拉得太长,就需要更多的士兵。战争年代,老百姓不愿当兵,国民党就到处抓壮丁。据当时的报道,全国各地出现了随意抓一定数量的男子凑充人数的现象;军队也经常未经允许就随意抓壮丁,也会捉路上的行人,有时候甚至官方规定免兵役的学生也被他们劫持,导致民怨沸腾,社会矛盾尖锐。

在城市,通货膨胀严重,市民生活困难。全面内战爆发后,国民政府的支出中65%—70%用于军事,为了维持战争的庞大开支,国民政府无限制地发行纸币,印钞机几乎成了政府主要的收入来源。1948年前八个月纸币的发行量已经是1937年全年发行量的47万倍。随之而来的是恶性通货膨胀、物价飞涨。比如,1948年5月,上海的物价已涨到战前的三百万倍,法币已如废纸。8月,政府实行币制改革,以金圆券代替旧法币,但很快金圆券也失败了。

严重的通货膨胀,再加上官僚资本的巧取豪夺,使工人、农民、城市小资产阶级受到残酷的压迫和剥削,民族资产阶级也受到排挤和打击,广大人民的生活水平不断下降,民不聊生。1947年5月,一场声势浩大的"反饥饿、反内战、反迫害"的学生运动在国统区爆发。(引导学生阅读教材图片：北平学生"反饥饿反内战大游行"队伍通过天安门广场）这场学潮以 1946 年冬爆发的"抗议美军暴行"运动为标志，随后，横扫国统区各大城市的高校和中学。学生运动受到社会各界爱国民主人士的支持和声援，国民党的信誉一落千丈。

（**设计意图**）运用史料，从国民党的腐败、蒋介石独裁专政和国共内战三个方面分析国民党政权在大陆失败的原因。主要指向史料实证素养水平 1：从所获得的材料中提取有关的信息；历史解释素养水平 2：选择、组织和运用相关材料并使用相关历史术语，对个别或系列史事提出自己的解释。

教师讲述：比之于国民党的腐败，中国共产党扎根人民群众，采取革命措施，最终赢得了革命的胜利。

材料九　淮海战役所需辎重装备、弹药粮秣等物资 80% 由支前民工以人背、肩挑、车推等方式实施完成。解放区老百姓们推着小推车，吃着自带的红高粱、红辣椒和红萝卜咸菜"三红"，带着蓑衣、竹竿、葫芦瓢支前"三件宝"，冒风雪，忍饥寒，翻山涉水，日夜奔走，勇往直前冲向战场。支前民工们车上装的是大米、白面，他们宁可自己挨饿，也不吃车上的小米白面，把省下的小米、白面供应部队。

淮海战役期间，后方人民群众用小推车这种落后的运输工具肩扛背驮，克服无数困难，将 300 多万吨弹药物资、9.7 亿斤粮食、156 万斤油盐、86 万斤猪肉及时送到前方，保证了战役的物资供给，为胜利打下坚实基础！

——汪勇：《党的群众路线与淮海战役人民支前的历史与经验》，载《临沂大学学报》，2019 年第 1 期

教师设问：根据上述材料，可得出什么结论？（参考答案：共产党深得民心，人民群众是解放战争的胜利之本）

教师讲述：事实上，抗战胜利不久，国民党在人民中具有较高的认可度。短短几年间，民心为什么会有如此大的转变？除了国民党的倒行逆施让民众大失所望外，关键是什么？

材料十　张庄各阶级占有土地变化表：

	解放前		解放后	
	人口比例（%）	人均亩数	人口比例（%）	人均亩数
地主	4	17.4	0.3	3
中农	40	6.4	76	6.2
贫农	46.8	3.0	59.9	5

——[美]韩丁：《翻身——中国一个村庄的革命纪实》，北京：北京出版社，1980 年，第 236—237 页

教师设问：该村在解放前后发生了怎样的变化？（参考答案：实行土地改革，农民获得土地）

材料十一　我们已经在北方约有一亿六千万人口的地区完成了土地改革，要肯定这个伟大的成就。我们的解放战争，主要就是靠这一亿六千万人民打胜的。有了土地改革这个

胜利,才有了打倒蒋介石的胜利。

——《毛泽东文集》第 6 卷,北京:人民出版社,2009 年,第 73 页

教师设问:解放区的土地改革与中国共产党取得革命胜利有什么关系?(参考答案:土地改革有力地推动了解放战争的胜利)

教师讲述:中国共产党取得革命胜利的原因有很多。但在农村实行的土地改革无疑是非常重要的原因。土地改革的实行,为共产党取得革命胜利奠定了群众基础和物质基础。1947 年,中共中央制定《中国土地法大纲》。同年 11 月起,一个以土地改革为中心的波澜壮阔的群众运动在解放区广泛展开。到 1948 年秋,约一亿人口的解放区已经完成土地改革。解放区农民得到了实惠,便用实际行动感谢共产党。他们积极响应"一切为了前线,一切为了胜利"的号召,一方面努力生产,支援前线。解放军打到哪里,人民群众就支援到哪里。在战争最激烈的山东解放区,据不完全统计,解放战争期间人民将 8.5 亿斤粮食送到前线,支援了 722 256 斤食用油,868 238 斤食盐和大量的蔬菜。另一方面踊跃参军或组织民兵,支援前线。解放战争中,有 148 万余名农民在晋冀鲁豫解放区参军;59 万余名青年先后在山东解放区参军。在 1946 年至 1949 年间,各解放区农民组织民兵 2 284 800 人,参加大小战斗 114 700 次,歼灭蒋军 204 700 人。

(设计意图)运用史料,分析中国共产党取得新民主主义革命胜利的重要原因,即民心所向和土地改革。主要指向史料实证素养水平 3:在探究特定历史问题时,对史料进行整理和辨析;利用不同类型的史料,对所探究的问题进行互证,形成对该问题更全面、丰富的解释。

教师总结:历史,承载着过去,连接着现在和未来。历史已经证明,国民党蒋介石集团独裁专政、腐败无能,不能解决中国社会的根本矛盾,不能应对中国社会的发展要求,不能代表广大民众的切身利益,从而失去民众的支持,丧失了在中国大陆的统治权。中国共产党能够顺应历史潮流,代表最广大人民的根本利益,得到了广大民众的支持,领导人民取得新民主主义革命的胜利,建立了新中国。得民心者得天下。只有中国共产党才能救中国,中国共产党执政地位的确立是历史的必然、人民的选择!

教学设计 2

江苏省昆山中学　徐永琴

一、教材分析

本课是第八单元《中华民族的抗日战争和人民解放战争》中的第 3 课,教材设置了争取和平民主的斗争、全面内战的爆发、国民党政权的统治危机、新民主主义革命的胜利四个子目。抗战胜利后,国民党为坚持独裁统治,实行假和平真内战的策略,最终导致全面内战的爆发。由于国民党的独裁统治、内战政策、党内腐败、战略失误等原因,再加上逐渐失去美国的援助,南京国民政府的统治最后走向崩溃。共产党领导人民解放战争,实施战略反攻,赢

得战略决战的胜利,最终建立了新中国。

二、学情分析

本课的授课对象为高一年级学生,他们在初中阶段已初步学习了相关内容。初中教材以两课的篇幅比较详细地介绍了重庆谈判、全面内战的爆发、解放区军民的自卫反击、解放区的土地改革、挺进大别山、三大战役和南京解放等内容,学生具有一定的知识储备。在此基础上,本课将着重分析国民党政权在大陆统治灭亡的原因,以及中国共产党取得人民解放战争胜利的原因。

三、教学目标

1. 通过阅读历史年表、战争地图及其他史料,概要描述人民解放战争的进程。
2. 结合美苏冷战的国际大背景,通过分析"为什么抗战后声望极盛的蒋介石,发动了一场自认为很有把握的战争,却很快就失败了"这一中心问题,认识中国共产党是真正代表广大人民利益的政党,中国共产党致力追求和平、民主、团结和祖国统一的方针、策略得到了人民真正拥护;只有共产党,才能救中国,从而提升爱党爱国之情。

四、教学重难点

重点:国民党在大陆统治灭亡、中国共产党取得人民解放战争胜利的原因。
难点:从冷战的角度视察国共两党的和与战。

五、教学过程

【导入新课】

教师讲述:抗日战争胜利后,蒋介石声望如日中天,但是,不到四年时间,就兵败如山倒,退守台湾。为什么声望极盛的蒋介石,发动了一场自认为很有把握的战争,却这么快就失败了呢?

【学习新课】

教师讲述:事情要从 1945 年 8 月 14 日说起,这一天,国民党总裁蒋介石给中共中央主席毛泽东发出一份电报:

材料一 倭寇投降,世界永久和平局面,可期实现,举凡国际国内各种重要问题,亟待解决。特请先生克日惠临陪都,共同商讨,事关国家大计,幸勿吝驾。临电不胜迫切悬盼之至。

——《中央日报》(1945 年 8 月 16 日)

教师设问：该电报是在什么背景下发出的？蒋介石邀请毛泽东到哪里去？去做什么？什么时候去？（参考答案：抗战胜利，和平可期。重庆。商讨国际国内重要问题。由毛泽东约定时间）

教师讲述：六天后，也就是8月20日，蒋介石发出了第二份电报：

材料二　大战方告终结，内争不容再有。深望足下体念国家之艰危，悯怀人民之疾苦，共同戮力，从事建设。如何以建国之功收抗战之果，甚有赖于先生之惠然一行，共定大计，则受益拜惠，岂仅个人而已哉！

——《中央日报》（1945年8月21日）

教师设问：

(1) 这份电报强调谈判的主要目的是什么？（参考答案：结束内争，和平建国）

(2) 这份电报没有直接发到毛泽东手中，而是公开发表于《中央日报》等报刊。这是为什么？（参考答案：告知舆论，抢占政治上的主动）

教师讲述：三天后（8月23日），蒋介石又发出了第三份电报：

材料三　承派周恩来先生来渝洽商，至为欣慰。惟目前各种重要问题，均待与先生面商，时机迫切，仍盼先生能与恩来先生惠然偕临，则重要问题方得迅速解决，国家前途实利赖之。兹已准备飞机迎迓，特再驰电速驾！

——《中央日报》（1945年8月25日）

教师设问：这份电报的主要意图是什么？（参考答案：催促毛泽东亲赴重庆）

教师讲述：但是，言犹在耳，就在三个月前，国民党六大结束后的第二天（5月22日），蒋介石对参加六大的军队代表讲话：

材料四　大家都知道：共产党的武力和国军比较起来是不可同日而语的。他现在号称有多少正规军，多少游击队，占领多少地区，其实都是乌合之众，不堪一击！

我常说共产党犹如"臭虫"，如果一不留心就要被它反噬，在夜间黑暗之中更要严防……大家经过剿匪时期那一番惨痛的教训，一定知道这件事乃是我们革命成败与国家安危之所关，而且亦是大家各人生死祸福之所系。必须时刻有准备，时刻要提防。

——金冲及：《二十世纪中国史纲》第2卷，北京：社会科学文献出版社，2009年，第545页

教师设问：这番讲话有何预示？（参考答案：蒋介石在向他的将领们作内战动员，预示着抗战胜利后他一定会挑起内战）

教师讲述：蒋介石一直倾向于军事解决中共问题，怎么才三个月，他的方针就变化了呢？对此，毛泽东做了解释。

1945年8月23日，中共召开政治局扩大会议，会上毛泽东强调，我们现在的口号是"和平、民主、团结"，和平是能够取得的，因为：

材料五　苏、英、美需要和平，不赞成中国内战；中国需要和平，过去是大敌当前，现在是疮痍满目；前方各解放区损失很大，人民需要和平，我们需要和平；国民党也不能下决心打内战，因摊子没摆好，兵力分散，内部有矛盾。

——杨天石：《蒋何以邀毛，毛何以应邀？——美苏两强与重庆谈判的关系》，载《江淮文史》，2014年第6期

教师设问：蒋介石邀请毛泽东赴重庆谈判的原因是什么？（参考答案：和平是国内外一致的呼声；蒋介石内战准备不充分）

教师介绍：1944 年 4 月至 12 月，日军在中国战场发动了最后的战略进攻，国民党军事力量在豫湘桂战场遭受重创，其主力转移到云贵川等地，还有一部分在胡宗南率领下包围着西北的陕甘宁边区，都距离日本占领的大城市和交通线很远。尽管美国已动用它的空军和海军，帮助远在西南地区的国民党军队迅速抢运到原来被日本人占领的华北和华东去，但毕竟还需要一段时间，蒋介石的内战准备尚未完成。

（设计意图）通过蒋介石邀请毛泽东赴重庆谈判的三份电报的解读，培养学生阅读材料并从材料中提取有关信息的能力；提供三个月前蒋介石的对共方针以及毛泽东的分析，引导学生对史料进行整理与辨析，通过不同类型史料的互证，使学生领会蒋介石"假和平、真内战"的意图。主要指向史料实证素养水平 3：在探究特定历史问题时，对史料进行整理与辨析；利用不同类型史料，对所探究的问题进行互证，形成对该问题更全面、更丰富的解释。

教师讲述：事实上，还有一个因素是毛泽东所不知道的。这是一个极为重要的国际因素，那就是 1945 年 8 月 14 日 "中苏条约" 的签订。斯大林在国民政府接受《雅尔塔协定》，确保外蒙古独立以及苏联在中国东北的权益后，表示支持国民政府：

材料六　中国政府要求军令、政令统一，极为允当，并表示此后援助中国一切武器及其他物资，均以中央政府为惟一对象，不供给武器于共党。

——肖如平：《蒋经国与 1945 年中苏条约谈判》，载《抗日战争研究》，2012 年第 1 期

教师设问：这使蒋介石看到了什么契机？（参考答案：政治解决中共问题的可能性）

教师讲述：蒋介石认为，有了美国、苏联两张国际牌，应该可以政治解决共产党：毛泽东如果来重庆谈判，可逼其就范，交出解放区的政权和人民军队，不战而屈人之兵；如果不来，就把内战的责任推给共产党。

（设计意图）通过补充材料，引导学生从国际视角思考蒋介石企图"政治解决"中共问题的原因。介绍斯大林支持国民政府军令、政令统一，也为重庆谈判的两大焦点问题做铺垫。主要指向历史解释素养水平 1：辨别教科书与教学中的历史解释；对所学内容中的历史解释加以分析。

教师设问：对于蒋介石的邀请，毛泽东是什么态度呢？

教师讲述：据毛泽东的秘书胡乔木回忆，毛泽东一生中有两个决定下得非常困难，一是去不去重庆谈判，二是要不要抗美援朝。当时，斯大林给毛泽东发来一份电报说：世界要和平，中国也要和平，尽管蒋介石挑衅想打内战消灭你们，但是蒋介石已再三邀请你去重庆协商国事，在此情况下，如果一味拒绝，国内、国际各方面就不能理解了；如果打起内战，战争的责任就由你来承担。更主要的是，毛泽东考虑到，中国的战乱已经很久了，人民需要和平，最终决定亲赴重庆谈判，真所谓"无非一念救苍生"①！

（设计意图）毛泽东赴重庆谈判有苏联方面的原因，但更为主要的是他要为人民争取和平，这有利于树立伟人在学生心目的高大形象。这也是学科教学中对学生价值观的引领。主要指向家国情怀素养水平 1、2：具有对家乡、民族、国家的认同感，具有对祖国和人民的深

① 毛泽东：《七律·忆重庆谈判》。

情大爱。

教师讲述： 9 月 28 日，中共代表毛泽东、周恩来、王若飞在国民党代表张治中和美国驻华大使赫尔利的陪同下飞抵重庆。

早在 1944 年抗战期间，赫尔利就自告奋勇调停国共矛盾，他到延安后，中共领导人提出了五点协定草案，其核心问题就是把国民政府改组为包括各党派在内的联合政府，并提出各党派享有平等地位。赫尔利觉得共产党的提议很公平，便欣然同意。可当赫尔利拿着协议，兴冲冲返回重庆时，却被蒋介石兜头泼了一盆凉水。蒋介石明确表示，国民党绝不可能与共产党相提并论，联合政府更是休想。

（设计意图） 介绍中共建立联合政府的设想，让学生了解中共追求民主的强烈愿望，也为后面学习"北平谈判"做好铺垫。主要指向历史解释素养水平 1：对所学内容中的历史解释加以分析；时空观念素养水平 3：把握相关史事的时间、空间联系，并用特定的时间和空间术语对较长时段的史事加以概括和说明。

教师讲述： 为了表达诚意，在去重庆谈判前，中共就在方案中有意隐去了"联合政府"的提法，只提出"参加政府"。毛泽东说，我们参加这样的政府，就是要进去给蒋介石"洗脸"，而不是"砍头"。这无疑是承认国民党在政府中的主导地位。当然，国民党邀请共产党前来谈判，也就承认共产党的合法地位。

但是，国共间的分歧还是比较大，斗争焦点也很明显，那就是人民军队和解放区的政权问题。蒋介石提出政令、军令的统一，是以对中共的军事收编并交出解放区政权作为中共在一定程度上政治参与的条件，与中共强调政治民主化，同时保持对己方军队和解放区控制权的要求形成对比。所以谈来谈去，仍是一个先统一军权，一个则先改组政府，分歧很大，最后只能暂时维持现状，并同意先将商谈结果以公报形式公告中外。

1945 年 10 月 10 日，双方签订了《政府与中共代表会谈纪要》。纪要在政权和军队问题上规定：

材料七 关于政治民主化问题，一致认为应迅速结束训政，实施宪政，并先采必要之步骤，由国民政府召开政治协商会议，邀集各党派代表及社会贤达协商国是，讨论和平建国方案及召开国民大会各项问题。

关于军队国家化问题，中共方面提出：政府应公平合理地整编全国军队，确定分期实施计划，并重划军区，确定征补制度，以谋军令之统一。……政府方面表示：全国整编计划正在进行，此次提出商谈之各项问题，果能全盘解决，则中共所领导的抗日军队缩编至二十个师的数目，可以考虑。

——《政府与中共代表会谈纪要》，王德锋、傅炳旭主编：《中国近现代史参考资料》，长春：吉林人民出版社，1993 年，第 445—446 页

教师讲述： 1946 年初，全国人民瞩目的政治协商会议在重庆开幕，出席会议的有国民党、共产党、民主同盟、青年党和无党派人士，会议通过了政府组织案、和平建国纲领等有利于人民的政协协议，毛泽东认为，"中国和平民主新阶段，即将从此开始"[1]。中间派人士和社会舆论也对和平建国抱有很大希望。可以这么说，此时的国统区，政治上荡漾着一种民主进

---

① 金冲及：《二十世纪中国史纲》第 2 卷，北京：社会科学文献出版社，2009 年，第 569 页。

步的氛围,政协协议成了国民党统治区内很多人衡量是非的重要尺度:谁能坚持政协路线,谁就得人心;谁要破坏政协协议,谁就不得人心,就把自己置于同广大民众对立的地位。

(设计意图)介绍重庆谈判和政协会议,旨在让学生体会抗战胜利后一度出现的和平、民主氛围,以及这种氛围下的人心向背。主要指向历史解释素养水平 1:辨别教科书与教学中的历史解释;对所学内容中的历史解释加以分析。

(过渡)恰恰蒋介石就成了这样的人! 1946 年 6 月,完成了准备工作的国民党军队向中原发动进攻,全面内战爆发。

教师讲述:国民党当时拥有正规军 86 个整编师,约 200 万人,加上非正规军、军事院校、后方机关等,共 430 万兵力。而人民解放军只有野战军 61 万人,地方部队和后方机关人员 66 万人,总兵力 127 万。武器装备更为悬殊,国民党约有四分之一是用美械、半美械装备起来的,又接收了侵华日军 100 万人的武器,拥有人民解放军所没有的坦克、重炮、作战飞机和海军舰艇等。国民党还控制着全国 76% 的土地和 71% 的人口,控制着几乎所有的大城市和主要交通线,控制着几乎全部的现代工业。而中国共产党控制的主要是农村的一些中小城市,优势仿佛都在国民党方面。蒋介石问需要多长时间来"消灭"共产党?他的两个主要将领何应钦和陈诚的估计略有不同:何应钦回答说两年;陈诚回答说半年就够了。不久,蒋介石免去何应钦参谋总长职务,改由陈诚担任。

国民党军队向苏中、皖北、山东、晋察冀、东北解放区(阅读教科书中的《抗日战争胜利后国内形势示意图》)大举进攻,10 月 11 日,国民党军队攻占晋察冀解放区首府张家口,当天蒋介石不失时机地给予共产党政治上的最后一击,单方面决定国民大会下月举行。正在奔走调停的中国民主同盟秘书长梁漱溟脱口向记者说了一句传诵一时的名言:"一觉醒来,和平已经死了。"[1]

对于 11 月 15 日至 12 月 25 日国民党一党包办的国民大会,周恩来召开记者招待会,发表《对国民党召开"国大"的严正声明》:

材料八　现在开幕的一党"国大",不但使中共及第三方最近在商谈中的协议成为不可能,而且最后破坏了政协以来的一切决议……这一党"国大"还要通过一个所谓宪法,把独裁"合法"化,把内战"合法"化,把分裂"合法"化,把出场国家与人民利益"合法"化。

——中共中央文献编辑委员会:《周恩来选集》上卷,北京:人民出版社,1980 年,第 244 页

教师设问:该"国大"的召开为何会有如此恶劣的影响?(参考答案:将中国共产党及民主党派排除在政治建设之外,从而使国民党得以为所欲为)

(设计意图)以阅读历史地图的形式了解国民党的全面进攻,培养学生的空间观念;提供中间派人士及周恩来的观点,以便学生更全面地理解历史、解释历史。主要指向时空观念素养水平 2:利用历史地图等方式对相关史事加以描述;史料实证素养水平 2:在对史事进行论述的过程中,尝试运用史料作为证据论证自己的观点。

(过渡)由于战线太广,兵力不足,1947 年春,国民党军队开始对陕北解放区和山东解放

---

[1] 罗隆基:《参加旧政协到参加南京和谈的一些回忆》,《文史资料选辑》第 20 辑,北京:中国文史出版社,1986 年,第 259 页。

区实行重点进攻。

教师讲述：陕北的延安是中共中央所在地。国民党军队决定突袭延安。负责突袭延安的是蒋介石黄埔一期的学生胡宗南，总兵力 15 万。但延安并无大军拱卫，临时组织以彭德怀为司令员的西北野战兵团 2 万余人。因此，中共中央没有固守延安，而是有序地退出延安。

既然是突袭，中共中央怎么会知道消息而提前转移呢？原来胡宗南的机要秘书熊向晖是中共秘密党员（1936 年考入清华大学，同年入党），这位后来成为新中国著名外交官的共产党员，在 1947 年胡宗南进攻延安时，给延安方面不断提供绝密情报，让"用兵如神"的毛主席神上加神，毛泽东曾说他一个人能顶几个师。像熊向晖这样的有志青年还有很多，如后面讲到的平津战役中，接受和平改编的北平国民党军总司令傅作义的女儿傅冬菊、秘书阎又文等。

对于撤出延安，当时延安的许多军民都想不通，从感情上也不能接受。毛泽东用通俗的语言做他们的工作：譬如有一个人，背个很重的包袱，包袱里尽是金银财宝，碰见了个拦路打劫的强盗，要抢他的财宝。这个人该怎么办呢？如果他舍不得暂时扔下包袱，他的手脚很不灵便，跟强盗对打起来，就不会打赢，要是被强盗打死，金银财宝也就丢了。反过来，如果他把包袱一扔，轻装上阵，那就动作灵活，能使出全身武艺和强盗对拼，不但能把强盗打退，还可能把强盗打死，最后也就保住了金银财宝。我们暂时放弃延安，就是把包袱让给敌人背上，使自己打起仗来更主动、更灵活，这样就能大量消灭敌人，到了一定的时机，再举行反攻，延安就会重新回到我们的手里。

这实际上也是中共的战争策略。那就是共产党以歼灭敌军有生力量为主要目标，不以保守或夺取地方为主要目标。占领延安，蒋介石和胡宗南都兴高采烈，以为取得了巨大胜利，大肆宣传。但是对中共中央和西北野战兵团转移到了哪里，他们一无所知，不知道下一步该怎么行动。西北野战兵团撤出延安后，兵力得以集中，机动性大为增强，又有陕北民众支持，能够严密封锁情报，便于隐蔽集结，在一个多月内接连取得青化砭、羊马河伏击战和蟠龙镇攻坚战三次胜利，稳定了陕北战局。胡宗南在寻找西北野战兵团决战的过程中，得不到任何消息，或者得到了一些假消息，到处扑空，疲惫不堪，又屡受打击，粮食供应困难，士气低落，一筹莫展。

对于这段历史，美国政府在 1949 年发表的白皮书中这样评述：国民党军攻占延安曾经宣扬为一个伟大的胜利，实则是一个既浪费又空虚、华而不实的胜利。

（设计意图）通过"撤离延安"的讲述，让学生理解战略战术问题也是解放战争中国共双方成败的一个关键问题。主要指向史料实证素养水平 2：在对史事进行论述的过程中，尝试运用史料作为证据论证自己的观点；历史解释素养水平 2：在历史叙述中将史实描述与历史解释结合起来。

（过渡）蒋介石重点进攻陕北和山东两个解放区，就像是伸出两个拳头打人，结果就把自己的胸膛暴露出来了。这个胸膛就是国民党守备力量薄弱的中原地区。国民党曾经以为可以靠"黄河天险"来保护自己，没想到，1947 年 6 月，刘伯承、邓小平率晋冀鲁豫解放军主力渡过黄泛区，千里跃进大别山，直插敌人胸膛，揭开了战略反攻的序幕，实现了打到外线去的目标。

教师讲述：方方面面的发展变化，都表明中国正在走向一个历史的转折点。1947 年底，毛泽东在《目前形势和我们的任务》中指出：

材料九　这是一个历史的转折点。这是蒋介石二十年反革命统治由发展到消灭的转折点。这是一百多年以来帝国主义在中国的统治由发展到消灭的转折点。

——《目前形势和我们的任务》标准本,解放社,1949 年,第 18 页

教师设问:

(1) 1948 年,历史发生了微妙的变化。苏联对中共的援助明显积极起来,请分析原因。(参考答案:苏联感到共产党实力的逐渐强大,且与美国冷战的加剧)

(2) 此时美国对国民党的援助却在不断减少,为什么?(参考答案:美苏冷战的重点在欧洲;美国对国民党的失望)

(设计意图)引导学生把解放战争置于美苏冷战的大背景下去理解,从重庆谈判到全面内战的爆发,对应世界上,正是美苏由战后同盟关系到冷战对峙的时期。主要指向时空观念素养水平 3:把握相关史事的时间、空间联系。

教师讲述:1948 年 4 月,美国国会以微弱优势通过向国民政府提供 10 多亿美元的援助。蒋介石表示,这个数目是不够的,他需要再得到 30 亿美元的援助。此时国民政府的财政赤字已达 900 万亿元,只能靠无限制地发行钞票来应付。以米价为例,1948 年 2 月每石 300 万元,1948 年 7 月则上涨为每石 3 000 万元。

黄炎培给国民政府的金融政策算了一笔账:

材料十　上海的一个文化机关,15 年前得到一笔 55 万银元的善款,约定存入 8 家银行,只用利息,不动本金。结果,法币政策实行了,55 万银元折合成了法币 55 万元……金圆券颁行了,法币 300 万元对金圆券 1 元,折合金圆券 4 毫 1 丝;等金圆券 2 元对银元 1 元时,折合成银元 2 毫零 5 息。于是,15 年间,绕了一大圈,50 万银元几乎等于零。

——转引自李异鸣编:《非常事》,哈尔滨:北方文艺出版社,2006 年,第 185—186 页

教师讲述:难怪美国人对蒋介石丧失了信心。当年 11 月,美国驻华大使馆宣布,南京等地的美军眷属全部回国,蒋介石安排夫人宋美龄再次访问华盛顿,杜鲁门总统对她说,美国不能保证无限期地支持一个无法支持的中国。

1948 年 8 月,国民党召集了一次秘密党政检讨会,曾任东北行辕主任职、现任总统府战略顾问委员会委员的熊式辉发言说:

材料十一　抗战胜利之后,国民党上上下下的官员口头虽然高喊"三民主义",实际抛弃了总理的"三民主义",保护、服务贵族豪门,只顾自己集团、自己派别的利益,不顾老百姓的死活,使数亿工人、农民成了这个社会最痛苦、最贫困的阶层。我们脱离了人民,搜刮盘剥广大百姓,人民就痛恨我们,拥护共产党,支持共产党及其军队打我们。

——转引自汪幸福:《国民党败退前的一次秘密检讨会》,载《政府法制》,2010 年第 9 期

教师设问:熊式辉指出当时国民党存在什么问题?(参考答案:抛弃三民主义;脱离群众,盘剥百姓)

教师讲述:比如抗战胜利后对原沦陷区的财产接收。政府官员、军事机关、特务机关贪婪地以"接收"名义进行搜刮,人们很快便把这种"接收"改称为"劫收"。国民党因为抗战胜利而得到的那笔堪称丰厚、至为珍贵的政治资本,就这样被突如其来的物质财富所吞噬。

与此相反,中共的土地改革得到了农民的广泛支持。以东北为例,当国民党在东北忙着接收城市的时候,共产党号召,所有的干部、官兵都要到最贫穷的农民家去,把土地分给农

民。所以,当农民在大牌子写着"张二狗二垧地"的时候,共产党就扎根了。土地的新主人想明白了,只有共产党能让他们过上拥有土地的好日子。

(设计意图)通过对比,再次显示国共两党的人心向背。主要指向史料实证素养水平3:对所探究的问题进行互证,形成对该问题更全面、丰富的解释;历史解释素养水平2:在历史叙述中将史实描述与历史解释结合起来。

(过渡)1948年秋,敌我力量发生了重大变化,中共认为战略决战的时机已经到来。从9月12日起,中国人民解放军在连续四个多月中先后发动了三次战略决战:辽沈战役、淮海战役、平津战役(阅读教科书地图)。这三大战役,使国民党军队的精锐部队基本消灭,大大加快了解放战争全国胜利的到来。

三大战役中,民心所向为战争胜利聚集起摧枯拉朽的力量。

材料十二　1948年10月,东北野战军十纵在黑山一线阻击廖耀湘兵团,3天之内战场周围的百姓不分男女老幼,冒着炮火往返阵地900多次,送上去的干粮达2000多斤,战后统计仅下湾村牺牲的百姓就有400多人,他们和那些牺牲在阵地上的解放军官兵葬在了一起。整个淮海战役,近60万作战官兵的身后是500万支前百姓,战场上的每一颗子弹、每一发炮弹、每一粒粮食都来自百姓日夜不断的运送;而所有的作战官兵都知道,一旦他们负伤乃至牺牲,百姓会将他们转运下战场,把自家的被子盖在他们身上。

——王树增:《人心向背决定中国命运——解放战争胜利的启示》,载《党建》,2017年第10期

教师讲述:此时的美国对蒋介石越来越失去信心,并策划促使蒋介石下野,支持副总统李宗仁上台与中共谈判。中共倡导和所要建立的是一个在共产党领导之下,有各民主党派、各人民团体和无党派代表参加的联合政府,并让南京政府中一部分人员参加政治协商会议和民主联合政府。而国民党要求,和谈后的政府仍然以国民党为主,有共产党参加,至少要和共产党建立对等的联合政府。

国民党的要求似乎就是三年前重庆谈判时共产党的要求,甚至还要激进,历史又回到了原点。然而,此时的共产党已不再给腐朽的国民党机会了。1949年4月21日,毛泽东主席、朱德总司令发布渡江战役的命令,23日,南京解放,统治22年的国民政府覆灭。9月21日,中国人民政治协商会议召开,经过各方面充分协商,形成了《共同纲领》,10月1日,中华人民共和国建立。

教师总结:抗战后的蒋介石如日中天,但不到四年时间就兵败如山倒,失掉大陆,原因到底是什么?(学生讨论总结。参考答案:人心向背;国际背景;战争策略等。)

(设计意图)与导入相呼应;引导学生对所学内容的历史结论加以分析,并选择、组织和运用相关材料,使用相关历史术语,对解放战争中蒋介石迅速败亡提出自己的解释。主要指向史料实证素养水平4:恰当地运用史料对所探究的问题进行论述;历史解释素养水平2:选择、组织和运用相关材料并使用相关历史术语,对个别或系列史事提出自己的解释。

第九单元

中华人民共和国成立
和社会主义革命与建设

第 26 课

中华人民共和国成立和向社会主义的过渡

教学设计 1

江苏省昆山中学　沈克学/南京师范大学、昆山市第二中学　张克州

一、教材分析

本课是第九单元《中华人民共和国成立和社会主义革命与建设》中的第 1 课,包括中华人民共和国的成立、人民政权的巩固、开创独立自主的和平外交和社会主义基本制度的建立四个子目。在本单元中,本课属于新中国新民主主义建设和社会主义建设的奠基时期,叙写了 20 世纪中国一次划时代的历史巨变。新中国成立后,在中国共产党领导下,承接新民主主义革命胜利成果,进行了卓有成效的新民主主义建设,并实现了从新民主主义到社会主义的历史性转变,全面确立社会主义基本制度,为当代中国的发展进步奠定了根本政治前提和制度基础。新中国的诞生,开创了一个全新的时代:中国的社会结构、政治经济文化状况和它的前途命运,在这以后同以前相比,发生了根本的变化。[①]

二、学情分析

本课的授课对象为高一年级学生,他们在初中阶段已初步学习了本课的基本史实内容,在此基础上,本课的设计将引导学生多角度认识中国共产党领导中国人民从新民主主义社会向社会主义社会过渡:以放大镜的视角检视中国共产党这一选择的宏大世界历史语境;以显微镜的视角审视中国共产党这一选择的各种微观细节语境;以多棱镜的视角透视并剖析这一时期政治、经济、外交等多重语境。在聚焦培育学生历史解释素养的同时,也浸润着中华民族伟大复兴的信念和情怀。

三、教学目标

1. 能够以不同时段的思想理论和革命、建设的实践为基础,结合国内外形势的发展、变

[①] 金冲及:《新中国诞生的划时代意义》,中共中央文献研究室科研管理部:《新中国 60 年研究文集》,北京:中央文献出版社,2009 年。

化,从政治、经济、外交等方面,理解从新民主主义向社会主义的过渡。

2. 能够充分认识新中国初期中共对发展道路所作的巨大贡献,并理解新中国历史上这次巨变的伟大意义,增强道路自信、制度自信、理论自信,关注社会现实,树立正确的人生观、价值观。

四、教学重难点

重点:新民主主义国家建设。
难点:理解从新民主主义向社会主义过渡的必要性。

五、教学过程

【导入新课】

教师讲述:美国学者费正清曾描述,在夺取政权的道路上经过 28 年的考验和曲折之后,中国共产党在着手创建新中国时已具有经验、远见和自信,因此能在 20 世纪 50 年代初再现了一个伟大的重建时代。

【新课学习】

教师讲述:1940 年,毛泽东在《新民主主义论》中就提出新民主主义的建国构想。

材料一 一是实行新民主主义政治纲领,在国体上建立各革命阶级联合专政;在政体上实行民主集中制;国家是建立新民主主义的共和国。二是实行新民主主义经济纲领,大银行、大工业、大商业归国家所有,由国家经营管理,国营经济是社会主义性质,是整个国家经济的领导力量;不禁止"不能操纵国民生计"的资本主义生产的发展;在农村没收地主的土地,分配给无地和少地的农民,实行孙中山先生"耕者有其田"的口号,把土地变为农民的私产。中国的经济,一定要走"节制资本"和"平均地权"的路,决不能是"少数人所得而私",决不能让少数资本家少数地主"操纵国民生计",决不能建立欧美式的资本主义社会,也决不能还是旧的半封建社会。

——毛泽东:《新民主主义论》,《毛泽东选集》合订本,北京:人民出版社,1964 年,第638—639 页

教师设问:在毛泽东的构想中,新民主主义社会有哪些特征? 这反映了什么? (参考答案:新民主主义政治,实行各革命阶级联合专政和民主集中制;新民主主义经济,实行"节制资本"和"平均地权",既有资本主义经济,也有社会主义经济。这反映了毛泽东根据中国基本国情,创造性地提出了新的建国构想,丰富和发展了马克思主义)

教师讲述:1945 年毛泽东在党的七大政治报告《论联合政府》中,再次重申了建立新民主主义社会的建国构想。针对国民党一党专政,他提出在中国建立一个联合一切民主阶级的统一战线的政治制度,政权组织实行民主集中制,由各级人民代表大会决定大政方针,选举政府,保障人民一切必要的民主活动。新民主主义经济必须由国家经营、私人经营和合作

社经营三者组成,允许有利于国计民生的私人资本主义经济自由发展,建立在无产阶级领导下而为一般平民所共有的新民主主义国家。此后,毛泽东在 1949 年 3 月党的七届二中全会报告和同年 6 月的《论人民民主专政》中又进一步阐述了他的建国构想。可见,中华人民共和国成立前,毛泽东的建国构想是建立新民主主义社会,而不是社会主义社会。

以马克思主义为指导的中国共产党,自成立之日就把实现社会主义视为当然使命。新中国成立初期,中共领导人清醒地认识到,从新民主主义社会向社会主义社会转变,需要各种各样的条件。"没有一个新民主主义的联合统一的国家,没有新民主主义的国家经济的发展,没有私人资本主义经济和合作社经济的发展,没有民族的科学的大众的文化即新民主主义文化的发展,没有几万万人民的个性的解放和个性的发展,一句话,没有一个由共产党领导的新式的资产阶级性质的彻底的民主革命,要想在殖民地半殖民地半封建的废墟上建立起社会主义社会来,那只是完全的空想。"①可见,新民主主义社会内部政治、经济、文化等各方面社会主义因素的成长壮大,是转向社会主义必不可少的条件。

材料二　各民主党派,各人民团体,各社会贤达迅速召开政治协商会议,讨论并实现召集人民代表大会,成立民主联合政府!

——《中国共产党中央委员会发布五一劳动节口号》,《晋察冀日报》(1948 年 5 月 1 日)

教师设问:"五一口号"勾画出怎样的建国路线图?(参考答案:"两步走":第一步,邀请各民主党派、各人民团体、各社会贤达的代表在解放区召开政治协商会议,商讨如何召集人民代表大会;第二步在民主协商的基础上召集人民代表大会,选举产生民主联合政府)

教师讲述:解放战争胜利前夕,"五一口号"号召召开新政协,讨论召集人民代表大会,成立民主联合政府,得到各民主党派的积极响应,各民主党派参加了中国共产党领导的统一战线。1949 年 6 月 15 日至 19 日新政协筹备会第一次全体会议在北京召开;9 月 21 日至 30 日,中国人民政治协商会议第一次全体会议在北京隆重召开。在 662 名代表中,民主党派成员约占 30%,工农与各界无党派代表占 26%,共产党员占约 44%。②具有空前的广泛性和代表性。会议通过的《共同纲领》是非常成功的文献之一,对新中国的各项工作,起到了规范和指导作用。

材料三　"中华人民共和国为新民主主义即人民民主主义的国家,实行工人阶级领导的、以工农联盟为基础的、团结各民主阶级和国内各民族的人民民主专政。""中华人民共和国的国家政权属于人民。人民行使国家政权的机关为各级人民代表大会和各级人民政府。各级人民代表大会由人民用普选的方法产生之。"

"经济建设的根本方针,是以公私兼顾、劳资两利、城乡互助、内外交流的政策,达到发展生产、繁荣经济之目的。国家应在经营范围、原料供给、销售市场、劳动条件、技术设备、财政政策、金融政策等方面,调剂国营经济、合作社经济、农民和手工业者的个体经济、私人资本主义经济和国家资本主义经济,使各种社会经济成分在国营经济领导之下,分工合作,各得其所,以促进整个社会经济的发展。"

——《中国人民政治协商会议共同纲领》,载《人民日报》(1949 年 9 月 30 日)

---

① 《论联合政府》(1945 年 4 月 24 日),《毛泽东选集》第 3 卷,北京:人民出版社,1991 年,第 1060 页。
② 童小鹏:《风雨四十年》第二部,北京:中央文献出版社,1996 年,第 35 页。

教师设问：有学者认为，《共同纲领》处于"新民主主义与社会主义之间"的临界状态。[1]请结合史实加以说明。（参考答案：新民主主义：团结各民主阶级联合专政，多种经济形式并存、允许私有制经济存在和发展；社会主义：确立工人阶级领导、确定人民代表大会制度，强调国营经济的领导地位、合作社经济为半社会主义性质的经济）

教师讲述：根据《共同纲领》的规定，中国实行"人民民主专政"，而不是像苏联那样的"无产阶级专政"；实行的是几个阶级联合执政，创立中国共产党领导下的多党合作和政治协商制度，也不同于苏联的政治制度，这是中国当代政治民主制度的重大创新。《共同纲领》明确规定，建立一个由各个阶层共同组成的联合政府，包括四大阶级：工人阶级、农民阶级、小资产阶级以及民族资产阶级，以工农联盟为基础，以工人阶级为领导。经济上实行混合经济，而不是单一的公有制：无产阶级和社会主义性质的国营经济居于领导地位，同时存在着广大的农民及其他小资产阶级的小商品经济，存在着民族资产阶级的私人资本主义经济，它们在很长时间内可以并存和共同发展。《共同纲领》描绘了一幅新民主主义社会完整的蓝图，是当时政党共识的体现、政党关系的真实写照，该文献是新中国的建国纲领，具有临时宪法的作用，是"共和国的出生证"。

1949年10月成立的第一届中央人民政府的组成人员如下：毛泽东担任主席，6位副主席中党外人士3人；4名副总理中，党外人士2人；15名政务委员中，党外人士9人，占60％；在政务院所辖34个部门中，担任正职的党外人士14人，占41％。这从政治上落实了新民主主义的建国纲领。

上述这些表明，《共同纲领》基本是新民主主义性质的，但同时也把社会主义方向确定下来。毛泽东指出"新民主主义的政治、经济、文化，由于其都是无产阶级领导的缘故，就都具有社会主义的因素，并且不是普通的因素，而是起决定作用的因素"[2]。周恩来说："新民主主义也还不是社会主义。在中国现阶段上，中国人民的任务还是肃清封建残余，取消帝国主义在中国的特权，建设工业化的中国，这并没有超出资产阶级民主主义革命的范畴。但是，中国人民民主统一战线及其政权是以工人阶级及中国共产党为领导，是以工农联盟为基础的人民民主专政，其工业化的领导部分又掌握在这样一个国家的手里，故它的巩固和发展，又将为社会主义在中国的实现准备前提。"[3]

1949年10月1日下午3时，在天安门广场举行了盛大的开国大典，宣告了新中国的成立。"这一开天辟地的大事变，深刻改变了近代以后中华民族发展的方向和进程，深刻改变了中国人民和中华民族的前途和命运，深刻改变了世界发展的趋势和格局。"[4]从短期来看，《共同纲领》及新中国的成立，为共和国的发展奠定了一个团结一致、天下归心的政治局面，为新民主主义建设开了好局。

（设计意图）通过新民主主义建设理论基本脉络的梳理，认识其来龙去脉，理解新民主主

① 肖存良：《新民主主义与社会主义之间——重读〈中国人民政治协商会议共同纲领〉》，载《中共党史研究》，2019年第5期。

② 《毛泽东选集》第2卷，北京：人民出版社，1991年，第704—705页。

③ 《〈新民主主义的共同纲领〉草案初稿》，《建国以来周恩来文稿》第1册，北京：中央文献出版社，2008年，第295—296页。

④ 习近平：《在庆祝中国共产党成立95周年大会上的讲话》（2016年7月1日），载《人民日报》，2016-07-02。

义社会的基本特征。主要指向时空观念素养水平 2：将某一史事定位在特定的时间和空间框架下；认识事物发生的来龙去脉，理解空间和环境因素对认识历史与现实的重要性；唯物史观素养水平 3、4：将唯物史观运用于历史学习、探究中，并将其作为认识和解决现实问题的指导思想。具体来讲，能够从生产力与生产关系、经济基础和上层建筑的辩证关系来理解历史上的发展。

（过渡）新中国成立初期，毛泽东和中共中央面临着国民经济严重衰退和全面萎缩的严峻形势：农业减产，工厂倒闭，交通梗阻，物资奇缺，物价飞涨，失业众多。这是我们党从推翻国民党政府到掌握全国政权过程中所面临的新课题，也是对中国共产党执政能力的一次考验。

材料四　从 10 月 15 日开始，以上海、天津为先导，华中、西北跟进，首先是进口工业原料如五金、化工等价格节节上升，接着纱布、粮食价格大幅度跳升，推动整个物价猛涨，每天上涨 10％到 30％，人民币币值狂跌。以 7 月物价为基础，到 12 月 10 日，上海、天津、汉口、西安 4 大城市的物价平均上涨 3.2 倍，11 月 24 日达到物价波动的最高点，为 7 月底的 3.7 倍。

——贺水金：《试论建国初期的通货膨胀及其成功治理》，载《史林》，2008 年第 4 期

教师设问：导致物价飞涨的因素有哪些？（参考答案：长期战争对生产的冲击；国民党统治后期的金融掠夺；解放战争时期军队数量大；不法商人的投机活动等）

教师讲述：中华人民共和国成立初期，承国民党统治后期恶性通货膨胀之余波，以及解放全中国、恢复和发展国民经济等，开支浩大，通货膨胀十分严重，涨风不断，物价剧烈波动，投机活动猖獗，给战后经济重建、社会安定、人民生活带来了极大的困难。当时主持中央财经工作、战斗在反通货膨胀第一线的陈云注意到，上海投机者主要囤积纱布，华北投机势力集中冲击粮食。他首先集中精力应对北方的粮价问题，从 11 月 15 日起每日由东北运粮 1 000—1 200 万斤入关，供应京津地区。同时逮捕和严惩了 16 家投机粮商。这些手段震慑了投机者，安定了民心。

从京津腾出手来之后，陈云开始全力抑制上海的物价涨势。起初由上海国营贸易单位在市场大量抛售物资。接着全国各大城市统一行动，集中抛售。除了大量调运、抛售物资外，还配合税收、信贷等多种手段，在中央的统一指挥下，持续了 50 天的物价涨风终于得到制止。这就是著名的"米棉之战"。

值得一提的是，此前新政府还采用同样的方法，打赢了上海解放后金融投机分子掀起的银元涨价风潮——"银元之战"。这样，党和人民政府通过经济手段、行政干预，双管齐下，至1950 年 3 月基本制止了连续十多年通货膨胀的局面。特别是，为了从根本上稳定物价，政务院通过采取统一全国财政收支管理、物资管理、现金管理等措施，实现了国家财政经济的统一。这些手段的成功运用，既积累了经验，也为后来向社会主义过渡创造了条件。

当然，新中国成立初期，还进行了土地改革和抗美援朝。土地改革为国家财政经济状况的根本好转和大规模的农业社会主义改造，实现由新民主主义到社会主义的伟大转变，创造了极为重要的条件。抗美援朝在提高新中国国际地位的同时，造就了国内前所未有的团结统一和社会稳定。总之，土地改革、稳定物价、抗美援朝，是新中国初期巩固人民政权紧迫而又必要的措施，为国家向社会主义转变、实现工业化准备了条件。

（**过渡**）中华人民共和国成立后,渴望已久的国家独立和统一使中国以一个崭新的面貌出现在国际舞台上。新中国进行积极的外交活动,为国家建设创造了有利的国际环境。

材料五　中华人民共和国外交政策的原则,为保障本国独立、自由和领土主权的完整,拥护国际的持久和平和各国人民间的友好合作,反对帝国主义的侵略政策和战争政策。

——《中国人民政治协商会议共同纲领》,《人民日报》,1949-09-30

教师设问：我国外交的原则、目标是什么?（参考答案：独立自主、和平）

教师讲述：为新中国制定外交方针和政策的工作大体是在1949年上半年进行的。1月到3月,中共中央在西柏坡召开了两次重要会议,一次是1月的政治局会议,另一次是3月的七届二中全会;在两次会议之间是斯大林特使米高扬的访问。在这三个月里,毛泽东先后提出"另起炉灶"和"打扫干净屋子再请客"两条方针,并明确地说,"我们和苏联应该站在一条战线上,是盟友"[①],这实际是把"一边倒"的方针也提了出来。这三条方针,构成了新中国外交政策的基本框架。[②]

教师设问：学生阅读教科书第159页"历史纵横"并思考：三项外交方针中最重要、最核心的方针是什么? 这体现了新中国成立初期外交的什么特点?（参考答案：一边倒。意识形态色彩浓厚,但并不意味着中国政府绝不同资本主义国家来往）

教师讲述：1949年6月30日毛泽东在《论人民民主专政》一文中公开宣布"一边倒",它的提出有着复杂而深刻的历史和现实原因。冷战把世界分裂成互相隔绝的两个部分,并使中国对外政策的回旋余地受到极大限制。基于中国革命的历史经验和现实考虑,新中国选择站在苏联一边。另外还有一些急需解决的具体问题,包括：得到国际承认,争取经济援助,保障新生国家的安全等。它完全是一条政治路线,其实质就是中国人民反对帝国主义的严正立场,既不意味着中国政府绝不同英、美等资本主义国家来往,也不意味着中国政府放弃独立自主,无原则地倒向苏联一边。

在"一边倒"的格局下,中国政府所寻求的主要外交目标都达到了：不仅同苏联和其他社会主义国家迅速建交,还通过谈判,先后与十几个民族独立国家和资本主义国家建交。1950年初,中国与苏联签订《中苏友好同盟互助条约》,解决了国家安全和外来经济援助问题。取消帝国主义在华特权和肃清帝国主义残余势力的工作也很快完成。此后,中国取得了抗美援朝战争的胜利,并以大国姿态登上国际舞台。1954年出席日内瓦会议,充分展现了新中国外交爱好和平、反对帝国主义和殖民主义、支持被压迫民族争取独立解放的鲜明特点。在两极格局下维护了中国国家安全和利益,保证了战后经济的恢复和发展,保证了第一个五年计划的顺利实施。

"一边倒"外交策略作为建国初这一特定历史条件下的产物,在肯定其积极作用的同时,也应看到其自身有难以克服的局限性,如使新中国事实上形成了在外交、外贸和技术援助上倚重苏联的局面和高度集中统一的体制,也在一定程度上制约了新中国在对西方资本主义国家外交和其他相关问题上的自主性。因此,"一边倒"只能作为特定历史条件下的对外策略,不具有处理国家之间关系的普遍的适用性。20世纪50年代中期,我国的对外政策就经

---

① 毛泽东1949年3月13日在中共七届二中全会上的总结讲话。

② 章百家：《从"一边倒"到"全方位"——对50年来中国外交格局演进的思考》,载《中共党史研究》,2000年第1期。

历了从"一边倒"到"和平共处五项原则"重大而深刻的调整。

(设计意图) 通过建国初期新民主主义建设主要史事的分析,认识建国初期中共对社会发展做出的重要贡献,理解新民主主义时期的建设对于后来向社会主义过渡的铺垫作用。主要指向历史解释素养水平3:能够分辨不同的历史解释。

(过渡) 新民主主义社会既不是资本主义社会,也不是社会主义社会,而是经济落后的中国在民主革命胜利之后走向社会主义的一个必经的历史阶段,其前途是社会主义。

教师讲述: 民主主义革命与社会主义革命是"两篇文章,上篇与下篇,只有上篇做好,下篇才能做好。坚决地领导民主革命,是争取社会主义胜利的条件"[①]。两个革命阶段中,第一个为第二个准备条件,而两个阶段必须衔接,不容许横插一个资产阶级专政的阶段。1949年政协会议期间,党外人士问什么时候到社会主义,毛泽东答道:大概二三十年吧![②] 这说明,在筹备建国阶段,对于中国从新民主主义过渡到社会主义这个发展方向,中共领导人的态度是明确的,而在过渡条件的准备和过渡时机的选择上,又是十分慎重和冷静的。其实,早在抗战时期,毛泽东就指出:

材料六　没有一个新民主主义的联合统一的国家,没有新民主主义的国家经济的发展,没有私人资本主义经济和合作社经济的发展,没有民族的科学的大众的文化即新民主主义文化的发展,没有几万万人民的个性的解放和个性的发展,一句话,没有一个由共产党领导的新式的资产阶级性质的彻底的民主革命,要想在殖民地半殖民地半封建的废墟上建立起社会主义社会来,那只是完全的空想。

　　——《论联合政府》(1945年4月24日),《毛泽东选集》第3卷,北京:人民出版社,1991年,第1060页

教师设问: 抗战时期,毛泽东认为向社会主义过渡的条件是什么?(参考答案:新民主主义革命的彻底完成:国家联合统一,经济和文化发展,人民解放)

教师讲述: 为此,中国共产党的任务,就在于"完成中国资产阶级民主主义的革命(新民主主义的革命),并准备在一切必要条件具备的时候把它转变到社会主义革命的阶段上去"[③]。但是,这将是一个较长时间的过程。在中国革命第一阶段的任务完成之后,应集中精力建设新民主主义的政治、经济和文化,促进新民主主义社会中社会主义因素的成长,积极创造向社会主义社会转变的条件。应该说,中国革命胜利之后,用10到15年或20年的时间发展新民主主义,发展生产力,为社会主义准备一定的物质基础,然后转变为社会主义,这是建国前后毛泽东和中共中央领导一致的意见,并写入《共同纲领》。

可是,建国后刚过三年,毛泽东就放弃了新民主主义理论,1952年9月开始酝酿过渡时期总路线,次年8月确立,随后为全党所接受。毛泽东就提出从现在起就要用10年到15年时间,基本上完成到社会主义的过渡,而且,从正式提出过渡时期总路线到完成"三大改造",实际只用了三年时间。究竟出现了什么新的情况,会使中国共产党的决策发生如此大的变化呢?

材料七　到1952年底,全国工农业总产值、主要产品的产量都已经超过了新中国成立

---

① 《为争取千百万群众进入抗日民族统一战线而斗争》(1937年5月8日),《毛泽东选集》第1卷,北京:人民出版社,1991年,第276页。

② 石仲泉:《毛泽东的艰辛开拓》,北京:中共党史资料出版社,1990年,第128页。

③ 《中国革命和中国共产党》(1939年12月),《毛泽东选集》第2卷,北京:人民出版社,1991年,第651页。

前的最高水平。经济结构也发生了深刻的变化，国营经济日益强大并迅速发展，国营工业产值在全国现代工业总产值中的比重增加到56％，国营批发商业的营业额占全国批发商业营业总额的60％。

——李正华：《论中国共产党在新中国头七年的历史贡献》，载《毛泽东邓小平理论研究》，2010年第10期

教师设问： 材料说明了什么问题？（参考答案：国民经济基本恢复，国营经济力量得到加强）

教师讲述： 新中国社会发展形势出人预料。到1952年底，国民经济基本恢复，人民政权得到巩固，国营经济力量得到加强，1949年为34.2％，1952年上升到56％。在这种情况下，党的认识必须跟上形势的发展和变化。

中国在50年代选择优先发展重工业为特征的工业化道路是有其国际背景和理论来源的。当时苏联经典《政治经济学教科书》（修订第3版）对选择什么样的社会主义工业化道路做出了权威性的解释，对中国产生重要影响。

材料八 "斯大林同志的这一著作是对共产主义建设的科学宝库的新的伟大贡献，是马克思列宁主义发展的更高阶段，是马克思列宁主义经济学说的天才的继续和发展。""斯大林同志在其新著《苏联社会主义经济问题》中天才地分析了社会主义社会的经济法则，社会主义制度下物质资料的社会生产和分配的法则，确立了社会主义经济发展的科学基础，指出了由社会主义逐渐过渡到共产主义的道路。"

——苏联《共产党人》社论（1952年）

教师设问： 依照现在建设社会主义的观点，你如何看待材料的评价？（参考答案：斯大林模式被神话）

教师讲述： 该书指出，在资本主义国家中，工业化历来从发展轻工业开始，只是过了很长时间，重工业才发展起来。社会主义工业化是从扩大重工业开始的，这就可以大大地赢得时间，可以解决在最短时间内在高度技术基础上改造整个国民经济的问题。在大工业中起决定作用的是生产生产资料的部门。因此，社会主义工业化就是首先发展重工业及其心脏——机器制造业。《政治经济学教科书》把优先发展重工业还是轻工业作为区分社会主义或资本主义工业化的说法是十分片面的，也是十分教条的，但是却对中国领导人产生了极为重要的影响。中国工业化初始的选择被锁定在"苏联模式"的路径依赖之中。尤其是毛泽东在1950年访问苏联时，十分注意考察和学习苏联的经验，这给他的影响相当强烈。1953年毛泽东很快改变了关于新民主主义的经济纲领，提出了过渡时期总路线。正如毛泽东后来所说："在全国解放初期，我们全没有管理苏联模式的经验，所以第一个五年计划期间，只能照抄苏联的办法。"①

此外，党对国内阶级矛盾的认识是加快过渡的一大原因。随着民主革命遗留任务的完成和国民经济的恢复发展，特别是私人资本主义经济和社会主义国营经济之间出现了一系

---

① 毛泽东：《关于〈政治经济学教科书〉的笔记（1960—1962）》，见胡鞍钢：《从中华人民共和国成立初期到向社会主义转变（1949—1956年）》二，载《国情报告（第七卷2004年）》上，2012年。

列矛盾和冲突,在"三反""五反"①运动中被当做一场大规模的阶级斗争,中共主要领导过重地估计了整个资产阶级的动向,使新民主主义社会中工人阶级同资产阶级的矛盾被突出。从1952年下半年开始,中共重新强调在打倒地主阶级和官僚资产阶级以后,工人阶级与资产阶级的矛盾是中国内部的主要矛盾,这对党的整个工作部署产生了严重影响。之后立即开始向社会主义过渡,进行社会主义改造,最终解决社会主义和资本主义谁胜谁负的问题。

尤其是,1950年爆发的朝鲜战争,直接改变了中国领导人对工业化道路的战略选择,很快就形成了优先发展重工业的战略。为应对战争和长期发展的需要,加速建立了强大的统一的中央政府机构,立即实行了全国财经工作的统一领导,中央财经各部也相应地成立了计划部门。薄一波后来评价说,全国财经统一领导"奠定了以集中统一为基础的财政经济管理体制的雏形"。

材料九　决定提前向社会主义过渡,一方面是为了适应优先发展重工业的需要,另一方面则是为了回应苏联对中国优先发展重工业的援助。如果没有苏联的实际援助,中国不可能选择优先发展重工业的工业化发展战略,也就不可能决定向社会主义提前过渡,而只能按照既定方针,继续走新民主主义工业化的道路。

　　——朱佳木:《由新民主主义向社会主义的提前过渡与优先发展重工业的战略抉择》,载《当代中国史研究》,2004年第5期

教师设问:材料对于决定提前向社会主义过渡又提出怎样的解释?(参考答案:适应优先发展重工业的需要,回应苏联的援助)

教师讲述:上述学者认为,向社会主义提前过渡的根本出发点,在于使国内生产关系和经济体制尽快适应优先发展重工业战略的需要,以抓住朝鲜战局缓和以及苏联答应援助中国"一五"计划建设的有利时机,加快工业化建设速度。

正是基于上述几方面原因,经过半年多的充分酝酿准备,毛泽东在1953年6月15日中央政治局会议上宣布了党在过渡时期的总路线和总任务:从中华人民共和国成立,到社会主义改造基本完成,这是一个过渡时期。党在过渡时期的总路线和总任务是,在十年到十五年或者更多一些时间内,基本上完成国家工业化和对农业、手工业、资本主义工商业的社会主义改造。根据这条总路线,在参考苏联的建议下,我国制订了第一个五计划,确定了优先发展重工业的战略方针。当时对这条总路线的内容,有过一种通俗的解释,说它好比是"一鸟两翼":国家工业化是鸟的主体,对农业、手工业和对资本主义工商业的改造是鸟的两翼。这里的意思是说,主要的任务是实现国家工业化,而为了实现国家工业化就必须进行社会主义改造。进行改造,鸟的两翼丰满了,鸟的主体才能腾飞起来。党提出进行社会主义改造这个任务,是基于实现国家工业化这个任务的实际需要。

(**设计意图**)从不同角度分析从新民主主社会向社会主义社会过渡的原因,认识其必然性。主要指向历史解释素养水平4:在尽可能占有史料的基础上,尝试验证以往的说法或提出新的解释;家国情怀素养水平3、4:表现出对历史的反思,从历史中汲取经验教训,更全面、客观地认识历史问题。

----

① 1951年底到1952年10月,中央人民政府在党政机关工作人员中开展"反贪污、反浪费、反官僚主义",在私营工商业者中开展"反行贿、反偷税漏税、反盗骗国家财产、反偷工减料、反盗窃国家经济情报"。

材料十　为了完成国家工业化和农业技术改造所需要的大量资金,其中有一个相当大的部分是要从农业方面积累起来的。这除了直接的农业税以外,就是发展为农民所需要的大量生活资料的轻工业的生产,拿这些东西去同农民的商品粮食和轻工业原料相交换,既满足了农民和国家两方面的物资需要,又为国家积累了资金。而轻工业的大规模的发展不但需要重工业的发展,也需要农业的发展。因为大规模的轻工业的发展,不是在小农经济的基础上所能实现的,它有待于大规模的农业,而在我国就是社会主义的合作化的农业。

——《毛泽东文集》第6卷,北京:人民出版社,1999年,第78页

教师设问：材料反映了怎样的事实?(参考答案：通过农业合作化为国家工业化积累资金)

教师讲述：1949年12月,中华人民共和国成立不久,美国政府即宣布"不应给共产党中国以官方的经济援助,也不应鼓励私人在共产党中国投资"。并将中国列入了"巴统"①管制的国家之中。朝鲜战争爆发后,美国操纵联合国,全面升级对华经济封锁。为了不再重演国家和民族落后挨打的惨痛历史,借鉴苏联在第二次世界大战前后的成功经验,中国在"一五"计划中,进一步明确了优先发展重工业的内容。受国际环境制约,建设重工业所需的大量资金主要来自内部积累,为了集中物力、财力、人力实施这一方针,1953年开始实施的第一个五年计划确立了"一化三改"方针,即优先发展重工业的工业化建设与对个体农业、手工业和资本主义工商业的社会主义改造。通过"三大改造",政府以低成本获取农产品与劳动力,实现初期积累,解决工业化最困难的资本匮乏问题,建立了国家工业化基础体系,保证了工业化方针的实施。而对农业、手工业和资本主义工商业的社会主义改造之所以提前完成,根本上也是为了适应由于实行优先发展重工业战略而给农业和轻工业造成的巨大压力。

新中国优先发展重工业的工业化战略,来自一百年来中国追求近代化、现代化的足迹。中国的工业化进程是19世纪六七十年代才开始的,但直至20世纪40年代末,中国的工业仍未形成规模和体系。为了早日实现中华民族的伟大复兴,中国选择了苏联创造的优先发展重工业的社会主义工业化道路,与此相适应,在制度变迁上也开始了向单一公有制和计划经济的社会主义过渡。

1953年提出过渡时期总路线,要求在10年到15年的时间基本上完成向社会主义的过渡。在实际操作上更急,结果不到4年时间就完成了这个过渡。但这恰恰是出于加快工业化步伐的考虑。朝鲜停战后,国际上出现和平局面。毛泽东希望利用这段"休战"时间,加速建设,提早完成工业化。"正是优先发展重工业的战略抉择和向社会主义的提前过渡,使中国抓住了当时的历史机遇,大大加快了中国工业化的进程。"②

材料十一　在全面进行社会主义改造期间,即1953—1956年,全国工业总产值平均每年递增19.6%,农业总产值每年递增4.8%。1956年的农业受了灾,但仍然增产粮食176亿斤,这年公私合营企业的总产值也比上年增加32%。

---

① "二战"后,为遏制苏联等社会主义国家,美国和西欧国家(日本后来加入)于1949年11月联合成立多边出口控制协调委员会,即巴黎统筹委员会(简称"巴统"),限制成员国向社会主义国家出口高技术和战略物资。"巴统"成立之初,中国并不是管制对象,1950年7月管制范围扩大到中国。

② 朱佳木：《由新民主主义向社会主义的提前过渡与优先发展重工业的战略抉择》,载《当代中国史研究》,2004年第5期。

——李捷：《毛泽东对新中国建立与发展的历史贡献》，载《当代中国史研究》，2009 年第 6 期

教师设问： 你能得到什么认识？（参考答案：生产力获得解放；以毛泽东为代表的中国共产党人成功地探索出一条具有中国特色的社会主义过渡的成功道路）

教师讲述： 社会主义改造是生产关系方面由私有制到公有制的一场伟大变革。衡量生产关系的变革是否正确和必要，应当看这种变革对生产力的发展起促进作用还是阻碍作用、破坏作用。随着"一五"计划的胜利完成，一批为国家工业化所必需而过去没有或非常薄弱的基础工业建立了起来，中国开始改变工业落后的面貌，为社会主义工业化奠定了初步的基础。社会主义改造的胜利，使中国从一个半殖民地半封建社会，越过漫长的资本主义发展的历史阶段，进入到社会主义新时代，这是 20 世纪中国一次划时代的历史巨变，为中国全面进行社会主义建设开辟了道路，为中国尔后的一切进步和发展奠定了基础。

"整个说来，在一个几亿人口的大国中比较顺利地实现了如此复杂、困难和深刻的社会变革，促进了工农业和整个国民经济的发展，这的确是伟大的历史性胜利。"[1]《关于建国以来党的若干历史问题的决议》也明确指出，"历史证明，党提出的过渡时期总路线是完全正确的"[2]。

随着经济基础的变化，国家政治上层建筑也进行了调整。

材料十二　国家领导人变化

一届全国政协（1949 年）		一届全国人大（1954 年）	
主席	副主席	国家主席	副主席
毛泽东	朱德　刘少奇　宋庆龄* 李济深*　张澜*　高岗	毛泽东	朱德
总理	副总理	总理	副总理
周恩来 （政务院总理）	董必武　陈云　郭沫若* 黄炎培*　邓小平（1952）	周恩来	陈云　林彪　彭德怀 邓小平　邓子恢 贺龙　陈毅　乌兰夫 李富春　李先念

注：＊系为党外人士。

——胡鞍钢：《从中华人民共和国成立初期到向社会主义转变（1949—1956 年）》（一），载《国情报告第七卷　2004 年）》上，2012 年，第 387 页

教师设问： 从一届全国政协到一届全国人大，国家领导人的变化本质上反映了什么？（参考答案：中国社会性质发生了根本变化）

教师讲述： 根据《共同纲领》，政治协商会议暂时代表全国人民代表大会职权。《共同纲领》明确规定，政府是一个由各个阶层共同组成的联合政府，但是这一制度安排是临时性的、过渡性的、策略性的，到 1954 年第一届全国人大第一次会议时已经发生了很大的变化。国

---

[1] 中共中央文献研究室编：《十一届三中全会以来党的历次全国代表大会中央全会重要文件选编》上，北京：中央文献出版社，1997 年，第 170 页。

[2] 沙健孙：《社会主义：中国的历史性选择》，载《马克思主义研究》，1999 年第 5 期。

家副主席只有朱德一人,没有党外人士;国务院副总理全部为党内人士,也没有党外人士;全国人大委员会副委员长 16 人中,党外人士为 7 人。

《共同纲领》是新民主主义建国纲领,它要在新中国建立一个新民主主义社会。随着社会主义改造的基本完成,以公有制为主体的社会主义基本经济制度的建立,1954 年 9 月第一届全国人大第一次会议通过的《中华人民共和国宪法》就不是新民主主义类型的宪法,而是我国第一部社会主义类型的宪法。人民代表大会制度、中国共产党领导的多党合作和政治协商制度、民族区域自治制度,也通过这部宪法正式确立下来。

(过渡) 过渡时期总路线提出后,为适应国际国内形势的变化,周恩来指出:"我们政策的基本点是敢于在制度不同的国家间实行和平共处和和平竞赛。"①

教师讲述: 朝鲜战争后,特别是从 50 年代中期开始,随着客观历史条件的深刻变化,"一边倒"赖以存在的基础受到动摇,调整对外政策已势在必行。

材料十三 一方面,国际局势的深刻变化,突出地表现为两大阵营由严重对峙逐步演变为冷战共处;另一方面,国内形势的发展,突出地表现为党和国家中心工作由以暴风骤雨的阶级斗争为主转向以经济建设为主。随着民主革命任务的完成,帝国主义和封建残余势力的基本肃清,一则,我们进入了以实现社会主义工业化为中心的第一个五年计划建设时期,新中国百废待兴的经济文化建设迫切需要更多的朋友,需要更长时间的和平环境;二则,我们的"房子"此时也已逐步打扫干净,完全可以请一些客人进来了。

——摘编自陈理:《从"一边倒"到"和平共处五项原则"——试析建国初期我国对外政策的调整》,载《党的文献》,1998 年第 6 期

教师设问: 结合相关史实,对"两大阵营由严重对峙逐步演变为冷战共处"予以说明。(参考答案:美国杜勒斯提出的"和平演变"战略;苏联赫鲁晓夫对西方提出"缓和"战略)

教师讲述: 随着过渡时期总路线的提出,特别是朝鲜战争后国际形势的缓和,从 1953 年至 1955 年,周恩来几经酝酿提出了著名的和平共处五项原则,即:互相尊重领土和主权完整、互不侵犯、互不干涉内政、平等互利、和平共处。和平共处五项原则从国家主权原则出发,超越了社会制度、意识形态和发展道路的异同来处理国际关系,使新中国外交突破了冷战格局的束缚,确立了一条既被国际社会普遍接受,又直接指导外交、处理对外关系的基本方针。

教师提问: 学生阅教科书第 159 页最后两段文字和史料阅读并思考:和平共处五项原则内容的表达发生了怎样的变化,亚非会议上"求同存异"方针与之有什么关系?(参考答案:略。具体运用和发展。)

教师讲述: 和平共处五项原则是在中国和印度处理双边关系中产生的,它也是当时国际形势的需要。在 1955 年 4 月举行的亚非会议上,和平共处五项原则得以发扬光大。会议通过的关于促进世界和平和合作的宣言,列举了各国和平相处、友好合作的十项原则。结果,万隆会议通过的"十项原则",虽然措词与五项原则不完全相同,但包括了五项原则的内涵。可以说,这十项原则实际上是和平共处五项原则的引申和发展。

总之,从新民主主义向社会主义过渡的历史过程来看,中国领导人的初期选择并非一开

---

① 中华人民共和国外交部、中共中央文献研究室编:《周恩来外交文选》,北京:中央文献出版社,1999 年,第 61—62 页。

始就是主观任意的,也不是固定不变的,而是一个主观与客观之间、理论与实践之间的调整和结合的过程。中国人口众多、经济落后、发展不平衡的国情制约因素的现实性,与领导人发展目标与战略的主观性之间的矛盾,也影响和决定他们对中国工业化模式的初始选择和不断调整,其主题一直是探索适合中国国情的、旨在摆脱贫困落后、追赶发达国家、但又不同于资本主义的社会主义现代化之路。

教师总结: 从中华人民共和国成立,到 1956 年基本完成对生产资料私有制的社会主义改造,是由新民主主义向社会主义转变的过渡时期。中华人民共和国成立前,中国经济正处在严重的崩溃中,物价暴涨,城市凋敝,民不聊生。然而在短短的七年间,中国迅速恢复了国民经济,有计划地开展了经济建设,抗美援朝、保家卫国,在农村开展了土地改革,发动社会主义合作化运动,在城市大规模开展了国有化运动,成功地发动了国家工业化,初步建立了社会主义经济制度和政治制度。"这是中华人民共和国成立以来最好的时期之一。"[1]

总之,一个社会主义制度,一个社会主义现代化事业,一个人民当家作主的社会主义民主,一个党的执政地位以及东方大国的国际地位,这些都是以毛泽东为首的中国共产党人为新中国的建立与发展作出的历史性贡献。这些贡献集中到一点,就是为实现中华民族的伟大复兴筚路蓝缕、开基立业。

(设计意图) 以过渡时期总路线为引领,从政治、经济、外交等方面认识社会主义改造和建设,理解 20 世纪中期我国社会发生的根本改变,深刻领悟社会主义基本制度的确立,为当代中国一切发展进步奠定了根本政治前提和制度基础。同时促进学生正确人生观和价值观的形成。主要指向家国情怀素养水平 3、4:对历史进行反思,从中汲取经验教训,更全面、客观地认识历史和现实社会问题。

教学设计 2

江苏省昆山中学　沈为慧／昆山市葛江中学　赵海明

一、教材分析

本课是第九单元《中华人民共和国成立和社会主义革命与建设》中的第 1 课,包括中华人民共和国的成立、人民政权的巩固、开创独立自主的和平外交、社会主义制度的建立四个子目。从 1949 年 10 月中华人民共和国成立到 1956 年基本完成社会主义改造,在中国共产党的领导下,我国相继实现了从半殖民地半封建社会到民族独立、人民当家作主的新社会,从新民主主义到社会主义的两个历史性转变的历史。从新民主主义革命的胜利到社会主义基本制度的建立,这两个历史性转变为当代中国一切发展进步奠定了根本政治前提和制度基础。

---

[1] 薄一波:《若干重大决策与事件的回顾》上卷,北京:中共中央党校出版社,1991 年,第 565 页。

二、学情分析

学生在初中阶段已经学过这一课中的主要内容,对一些基本史实有一定了解。高中阶段的学习在着重分析有典型意义的史实,并在此基础上提升学生的历史认识。本课着重从国内外形势的演变来突出新的政治制度、经济政策、外交政策等,帮助学生提升历史认识,深刻理解新中国成立的伟大意义。尤其是通过揭示新中国社会发展中重大事件的关联,整体描绘新中国成立初期的社会气象。

三、教学目标

1. 运用唯物史观的基本原理,分析新中国成立、土地改革和社会主义改造等历史事件的重大意义与内在关联。
2. 了解抗美援朝,认识抗美援朝的伟大意义,形成正确的历史观、价值观。
3. 认识新中国初期社会形态的变迁,以及社会主义基本制度在中国确立的深远意义,增强道路认同,涵养情怀。

四、教学重难点

重点:中华人民共和国成立的伟大意义;新中国为民主政治建设和向社会主义过渡所做出的努力。
难点:认识新中国初期社会形态的变迁。

五、教学过程

【导入新课】

教师讲述:1949 年 3 月,七届二中全会上,展望未来,毛泽东充满自信地宣示:"我们不但善于破坏一个旧世界,我们还将善于建设一个新世界。"①在解放战争的胜利进军中,中国共产党为建设一个"新世界",团结各民主党派和进步力量,带领全国人民进行了不懈探索。

【学习新课】

教师讲述:1949 年 9 月 21 日至 30 日,中国人民政治协商会议在北平召开。会议代表包括中国共产党、各民主党派、无党派人士、各区域代表和人民解放军代表,大会特别邀请了自辛亥革命以来不同历史时期有影响的代表人物,包括孙中山夫人宋庆龄,以及从反动营垒里分化出来的前国民党政府官员、国民党军队起义将领等。从中可以看出,这实际上确立了

---

① 《毛泽东选集》第 4 卷,北京:人民出版社,1991 年,第 1439 页。

一种新型的政党制度。对于这种建立在合作基础上的政党制度,原中国民主建国会中央委员会主席成思危指出:

材料一 西方的政党制度是"打橄榄球",一定要把对方压倒。我们的政党制度是"唱大合唱"……要大合唱,就要有指挥,这个指挥无论从历史还是现实来看,都只有中国共产党才能胜任。

——《成思危谈政党制度:中国民主党派不是政治花瓶》,载《人民日报(海外版)》,2006 - 09 - 20

教师设问:(1)欧美主要国家实行怎样的政党制度?(参考答案:两党制或多党制)

(2)中国实行怎样的政党制度?(参考答案:中国共产党领导的多党合作与政治协商制度)

教师讲述:历史上,中国曾试图学习西方的政党制度,通过竞选,一党上台执政,其他党派作为反对党。然而,党派纷争给中国带来了极大的政治混乱。抗战胜利后,为了进行和平民主建国,中国尝试实行多党派政治协商的办法,取得了一定的效果。在新中国成立前夕,政治协商制度成为中国历史的选择。新政协会议"把社会各方面的人士聚集在一起,把社会各方面的意见和智慧聚合在一起,为经济建设同时也为其他各项建设提供了政治保障与智力支持,促进了经济建设和其他各项建设的发展"①。

(设计意图)让学生认识到,中国特色的政党制度是特定历史条件下形成的,而且具有一定的政治优势。主要指向时空观念素养水平 2:将某一史事定位在特定的时间和空间框架下,认识事物发生的来龙去脉,理解空间和环境因素的重要性。

(过渡)1949 年 10 月 1 日 22 点,结束了开国大典活动的毛泽东回到中南海,他对身边卫士说:

材料二 我们用了 28 年办了一件大事,把三座大山搬掉了,也就是头上的问题解决了,下一步要解决脚下的问题了。解决脚下的问题任务还很重,建设我们这样大的国家要花大的力气。

——转引自张家康:《毛泽东在建国后的九十二天》,载《党史纵横》,2014 年第 7 期

教师设问:"脚下的问题任务"主要有哪些?(参考答案:巩固新生的人民政权;恢复和发展经济等)

教师讲述:新中国成立初期,面临许许多多的困难。在这些困难中,又以市场动荡、物价飞涨问题最为急切、严重。因为这不仅关系民生,还影响经济的恢复,甚至政权的稳定等。为此,新生的人民政权"花大的力气"开展了"银元之战""米棉之战"。

(过渡)学生阅读教科书第 157 页"历史纵横":"银元之战""米棉之战"。

材料三 ① 国民党特务叫嚣:只要控制了"两白(米、棉)一黑(煤)",就能置上海于死地。

——中共中央党史研究室编:《中国共产党的九十年》,北京:中共党史出版社,2016 年,第 371—372 页

② 在投机商人的操纵下,上海从 6 月 21 日至 7 月 21 日,米价上涨 4 倍,纱价上涨 1 倍。从 10 月下旬到 11 月下旬,米价上涨 3 倍,纱价上涨 3.8 倍,煤油、火柴上涨 2 倍。

---

① 杨冬权:《1949 年毛泽东对新中国经济建设的几个奠基性贡献》,载《毛泽东邓小平理论研究》,2019 年第 2 期。

——上海科学院编：《上海解放前后物价资料汇编》，上海：上海人民出版社，1958 年，第362 页

教师设问：

（1）"两白一黑"为何如此重要？（参考答案：三者既是保障人民生活的重要物资，也是恢复工业生产必不可少的原料或能源）

（2）上海物价迅速上涨的主要原因是什么？（参考答案：敌对势力的干预；不法商人的操纵；多年战争造成的物资相对匮乏等）

教师讲述：国际上反华势力认为，"共产党只会搞政治，只会打仗，就是管不了经济，管不了上海这样的大城市"，"上海是冒险家的乐园，共产党在这里维持不了三个月"，"上海是个大染缸，共产党红的进来，白的出去"。[1]

为了平抑物价，中央采取统一财经的措施，并从全国调集大批物资运往上海。这不仅使新生政权取得了"米棉之战"的胜利，还赢得了民众的信任。正因如此，毛主席指出，平抑物价、统一财经，其意义"不下于淮海战役"[2]。甚至有西方经济学家指出，制止通货膨胀、稳定物价，中国最有经验，有很成功的经验。[3]

（设计意图）让学生认识到，"米棉之战"不仅是一场经济斗争，还是一场军事斗争，更是一场政治斗争；"米棉之战"中，中央政府不仅平抑了物价，还统一了财经，成为后来计划经济体制建立的背景之一。主要指向时空观念素养水平 2：将某一史事定位在特定的时间和空间框架下，认识事物发生的来龙去脉，理解空间和环境因素的重要性。

（过渡）在与城市不法商人斗争的过程中，中央人民政府还在农村进行着一场更为复杂的斗争，这就是土地改革。

材料四 这是中国人民民主革命继军事斗争以后的第二场决战。因为这次土地改革工作是在与资产阶级合作的条件下进行的，同以前在战争期间与资产阶级隔绝的情况下进行是不同的。

——《毛泽东文集》第 6 卷，北京：人民出版社，1996 年，第 25 页

教师设问："第二场决战"与以往军事斗争的不同之处是什么？（参考答案：须与资产阶级合作，并争取他们的理解、配合与支持）

教师讲述：土地改革不仅要消灭地主阶级和农村的剥削制度，还要兼顾工商业者的利益。不同地区情形也有所不同，如在华东地区特别是沪杭地区，地主兼营工商业和工商业者出租土地的人较多。在华南地区，华侨还占有很多土地。这些决定了土地改革的复杂性。

材料五 "没收地主的土地、耕畜、家具、多余的粮食及其在农村中多余的房屋。但地主的其他财产不予没收。""保护富农所有自耕和雇人耕种的土地及其他财产，不得侵犯。""保护中农（包括富裕中农在内）的土地及其他财产，不得侵犯。""所有没收和征收得来的土地和其他生产资料，除本法规定收归国家所有者外，均由乡农民协会接收，统一地、公平合理地分配给无地少地及缺乏其他生产资料的贫苦农民所有。对地主亦分给同样的一份，使地主也

---

① 《解放日报》，1979 - 05 - 22。

② 薄一波：《若干重大决策与事件的回顾》，北京：中共党史出版社，2008 年，第 64 页。

③ 中国人民大学复印资料：《毛泽东思想研究》，1991 年第 3 期，第 79 页。

能依靠自己的劳动维持生活,并在劳动中改造自己。"

——《中华人民共和国土地改革法》(1950 年 6 月 30 日公布实施)

教师设问:结合上述材料的相关内容,谈谈你对土地改革的看法。(参考答案:略)

教师讲述:这次土地改革要消灭的是作为剥削阶级的地主,而非地主其人,并分配土地给地主,以维护其正常生活;在满足贫农生产、生活需要的同时,又要保护富农、中农的土地与财产。

毛泽东曾这样评价土地改革:"这场战争是很激烈的,是历史上没有过的。"①经过这场激烈的战争,农村的生产关系发生了重大变化,剥削制度被消灭,进而促进了农业的恢复与发展,并为工业的恢复与发展奠定了基础。另外,过去彼此分散、犹如一盘散沙的广大农民组织了起来,土改中涌现出来的积极分子大批担任乡、村基层组织的干部,农民成了农村的主人。

(设计意图)让学生通过阅读文献材料,大致了解土地改革法的主要内容,并对个别内容进行较深入的思考,从而认识土地改革的深远意义。主要指向唯物史观素养水平 3、4:将唯物史观运用于历史学习中;历史解释素养水平 2:选择、组织和运用相关材料并使用相关历史术语,对个别史事提出自己的解释。

(过渡)国内的政治、经济建设需要一个相对安定的国际环境。然而,朝鲜半岛爆发了战争,美国等进行武力干涉,并将战火烧到中国境内。1950 年 10 月至 1953 年 7 月,中国被迫进行抗美援朝。

材料六　① 从此,帝国主义再也不敢轻易地作出以武力侵略新中国的尝试,保证中国的经济建设和社会改革得到了一个长时间内相对稳定的和平环境。

——金冲及:《二十世纪中国史纲(简本)》下册,北京:社会科学文献出版社,2012 年,第

512 页

② "中国人民同朝鲜人民一道取得抗美援朝战争的胜利,不仅支援了朝鲜人民,抗击了美国侵略者,保卫了国家安全,为维护亚洲和世界和平作出了重要贡献,而且对改变地区和世界战略格局都有重要意义和深远影响。""这场现代化条件下的局部战争,在中国人民解放军军史上积累了现代作战特点最充分、以劣势装备打败优势装备之敌最典型的战争经验。""中国人民在这场严酷的战争中,谱写了气吞山河的英雄壮歌,创造了伟大的抗美援朝精神,积累了宝贵的精神财富。""这场为和平正义而战的战争,打出了新中国的国威和军威,充分体现了中国人民不畏强权、维护和平的决心和力量,展示了中华民族的浩然正气,极大地提高了中国的国际地位,赢得了世界人民的尊敬,加重了中国在处理亚洲和国际事务中的分量。""抗美援朝战争造就了中国前所未有的团结统一和社会稳定,赢得了国家长期进行经济建设和社会变革的和平环境。"

——刘国新:《如何认识抗美援朝战争》,载《前线》,2019 年第 5 期

③ 抗美援朝战争的节节胜利,还极大地激发了中国人民的爱国热忱,极大地增强了中华民族的自信心和自豪感,同时也进一步消除了部分国人中的崇美、恐美心理。……这种宝贵的精神力量,……对促进国内政治经济建设也发挥了十分巨大的作用。全国人民……政

---

① 《毛泽东文集》第 6 卷,北京:人民出版社,1996 年,第 74 页。

治觉悟和生产积极性空前高涨,国民生产总收入几乎是成倍地增长,促进了国民经济的恢复。

——李慎明:《"抗美援朝"为新中国的站立、发展和壮大奠定了坚实基础》,载《红旗文稿》,2014年第13期

④ 朝鲜战争是中国自近代以来第一次凭借一己之力,去对抗以世界上最强大的国家——美国——为首、包括世界上主要的工业化国家的国际帝国主义国家联盟。中国与之至少打了个平手。这对于中国人民以及国际势力对中国地位和形象的看法,都是极为重要的。中国共产党因而也能够理直气壮地告诉中国人民和整个国际社会:新中国已作为一个无论是其朋友或敌人都必须承认的真正强国在世界舞台上崛起。

——摘编自陈兼:《六十年后再思考——朝鲜战争的起源与历史影响》,载《文史参考》,2010年第12期

教师设问:以上关于中国抗美援朝的评价,你同意哪些观点?请说明自己的理由。(参考答案:略)

(设计意图)让学生阅读有明显分歧的论述,并按照自己对抗美援朝战争的理解,做出自己的评价。主要指向历史解释素养水平1:发现这些历史解释与以往所知历史解释的异同,并对所学的历史结论加以分析;家国情怀素养水平3、4:对历史进行反思,从中汲取经验教训。

(过渡)作为新生的政权,如何处理与周边国家以及国际社会的关系,成为摆在中国共产党人和中央人民政府面前的一个重要问题。况且在抗美援朝战争中,新中国与美国为首的"联合国军"进行抗衡。受美国的影响,西方国家普遍对新中国采取敌视的态度。这势必增加了新中国外交的困难。那么,新中国是如何在困境中处理复杂国际关系的呢?

教师讲述:1949年10月1日,中央人民政府发布公告:"凡愿遵守平等、互利及互相尊重领土主权等项原则的任何外国政府,本政府均愿与之建立外交关系。"①可以说,新中国从建立的第一天起,就确立了独立自主的和平外交政策。其中,"一边倒"是毛泽东在建国前夕对新中国在外交上坚决站在以苏联为首的社会主义阵营一边、反对以美国为首的帝国主义阵营的立场的形象表达,它同"另起炉灶""打扫干净屋子再请客"一起,构成了建国初期的三大外交方针。

材料七 我们在国际上是属于以苏联为首的反帝国主义战线一方面的,真正的友谊的援助只能向这一方面去找,而不能向帝国主义战线一方面去找。

——毛泽东:《论人民民主专政》(1949年6月30日)

教师设问:毛泽东为什么说只能向苏联寻找"真正的友谊的援助"?(参考答案:学生可从即将成立的新中国政权性质、与苏联的历史关系、当时的世界形势、解放战争的实际等方面予以作答)

教师讲述:1949年6月27日,刘少奇率领的中共代表团到达苏联访问。斯大林同意,通过低息贷款、军事援助、派遣专家等方式,给予中国共产党以大力支持。这对新政权的建立与巩固将起到非常关键的作用,所以毛泽东于7月1日刊文宣布实行"一边倒",倒向苏联为首的社会主义阵营。可以说,"一边倒"的抉择首先是中国共产党对美国自抗日战争末期以来日益顽固地坚持"扶蒋反共"政策所作出的必然反应。

---

① 《毛泽东文集》第6卷,北京:人民出版社,1999年,第2页。

正是由于确立了"一边倒"的方针,新中国成立后的第二天,苏联就同中国建立了外交关系。随后的三个月内,保加利亚、罗马尼亚、朝鲜、捷克斯洛伐克、蒙古、波兰、越南等10个社会主义国家与新中国建交,从而使新中国在国际上站住了脚,在艰难的条件下,赢得了一个相对有利的国际环境。1950年2月14日,《中苏友好同盟互助条约》签署。中苏结盟对于反击美国的冷战攻势,以及为新中国建设争取必要的财力、物力支持起到了积极作用,同时新中国也收回了相当部分的苏联在华、特别是在东北的权益。通过这一行动,新中国得以改善自己的外部环境,取得了恢复和发展经济、巩固社会主义制度的有利条件,并有利于抗美援朝战争的胜利。

材料八　"一边倒"方针也有其自身难以克服的局限性。它包含了一种基于意识形态差异先入为主的倾向性,不利于中国开展同世界各国的普遍交往;使中国共产党的对外政策在一定程度上受到苏联的影响和制约;造就了中国内政过分倚重苏联的局面,当苏联背信弃义、撤回专家时,给中国经济带来了严重的负面影响。

——摘编自张旭东:《1950年代中共和平外交政策的演变及评价》,载《党史研究与教学》,2008年第2期

教师设问:你是否赞成该材料的观点,并说出理由。(参考答案:略)

教师讲述:"一边倒"方针的形成反映了中共领导人对当时世界政治力量的分野和发展趋势的看法,它包含着与苏联结盟和对帝国主义国家"不承认"两个方面,另一方面展示了处于形成期的新中国外交的革命性。冷战中两大阵营的划分,是以不同的意识形态和社会制度为基础的,虽然这一基础同"一边倒"抉择本身并无直接联系,但中国共产党宣布"一边倒"后,实际上接受了这一基础。这样,"一边倒"作为一项外交方针,本身就包含了一种基于意识形态差异的先入为主的倾向性。[①]　不久,中国共产党开始根据国内尤其是国际形势,逐渐调整"一边倒"的外交方针。

(设计意图)让学生认识到,"一边倒"方针是特定历史条件的产物,并非长久之策,并能够作出理性的评价。主要指向时空观念水平2:将某一史事定位在特定的时间和空间框架下,认识事物发生的来龙去脉,理解空间和环境因素的重要性;历史解释素养水平2:选择、组织和运用相关材料并使用相关历史术语,对个别史事提出自己的解释。

(过渡)斯大林去世后,苏联和社会主义阵营逐步谋求与西方国家和平共处;而朝鲜半岛停战与印度支那战争结束,使东西方和平共处有了可能。"二战"后新独立的约30个亚非拉国家形成了东西方两大阵营之外的"中间地带"。同时新中国也开始大规模的社会主义改造和建设,需要有一个和平友好的国际环境。受这些国内外因素的影响,新中国开始调整外交方针,大力倡导各国人民在五项原则的基础上实现和平共处。

教师讲述:朝鲜停战为中国改变"一边倒"方针提供了契机。中国在朝鲜战争基本停下来以后,开始把调整与亚洲国家的关系作为自己外交中的一项主要工作,以打破美国对中国的遏制。鉴于印度与中国尚存在着若干重大悬而未决的问题,以及印度在亚非国家中的重要性,中国从1953年6月起首先着手发展与印度的关系。周恩来在12月会见来访的印度代表团时,提出以和平共处五项原则来处理中印之间的分歧。

---

① 郑晓国:《"一边倒"外交方针的产生和转变》,载《中共党史研究》,1991年第1期。

材料九 新中国成立后就确立了处理中印两国关系的原则,那就是互相尊重领土主权、互不侵犯、互不干涉内政、平等互惠和和平共处的原则[①]。

——周恩来(1953年12月31日),《周恩来外交文选》,北京:中央文献出版社,1990年,第63页

教师设问: 与"一边倒"相比,和平共处五项原则体现了中国外交怎样的发展变化?(参考答案:从重视社会制度和意识形态的革命外交向较为成熟的国家外交转变,在重视与社会主义国家交往的同时,也开始重视与非社会主义国家发展外交关系)

教师讲述: 早在1950年,中国就先后同印度、印度尼西亚、瑞典、丹麦、缅甸、列支敦士登、瑞士、芬兰等八个资本主义国家建立了外交关系。虽然这说明新中国初期外交并没有完全局限于"一边倒",但由于受到"两个阵营"理论[②]的影响,新中国初期根据社会制度异同来指导外交政策的做法,在实践中还是较为明显的。朝鲜战争中一些新兴民族独立国家所表现出来的不同于西方阵营的立场,让中国领导人开始重新审视这些国家。1953年底印度政府代表团来北京谈判时,我国提出以和平共处五项原则来处理中印之间分歧的立场。

材料十 ① 我们尊重各国人民的选择和维护他们自己的生活方式和国家制度而不受外来干涉的权利;同时,我们也要求其他国家用同样的态度对待我们。只要世界各国都遵守这些原则,我们认为,在不同的社会制度下的世界各国是可以和平共处的。

——周恩来在日内瓦会议上的发言(1954年4月28日),《周恩来外交文选》,北京:中央文献出版社,1990年,第70页

② 中国人民同美国人民是友好的。中国人民不要同美国打仗。中国政府愿意同美国政府坐下来谈判,讨论和缓远东紧张局势的问题,特别是和缓台湾地区紧张局势的问题。

——周恩来在万隆会议上的发言(1955年4月23日),《周恩来外交文选》,北京:中央文献出版社,1990年,第134页

教师设问: 五项原则提出后有何发展?(参考答案:五项原则的适用范围不断扩大,逐渐成为处理国与国关系的普遍准则)

教师讲述: 在日内瓦会议和万隆会议上,周恩来进一步阐述了和平共处五项原则,指出五项原则适用于处理世界各国之间的一切相互关系,"求同存异"就是该原则的重要表现。有人说:"和平共处五项原则,开始时是作为处理不同社会制度国家之间的关系准则。但后来的事实表明,这五项原则同样适用于社会制度相同的国家。"[③]五项原则虽然首先是为处理中国与亚非民族独立国家的关系而提出的,但它一经提出就被中国领导人作为一项长期方针,并很快成为处理国与国关系的普遍准则,包括不同社会制度的国家之间以及社会主义国家之间。20世纪八九十年代,中国又提出以和平共处五项原则为基础建立国际新秩序的主张。可以说,和平共处五项原则的提出为中国的对外关系开创了一个新时代。

国家主席习近平指出:"和平共处五项原则中包含四个'互'字、一个'共'字,既代表了亚

---

① 五项原则的措词后来稍有改变。在中印、中缅联合声明中平等互惠改为平等互利。在亚非会议上周恩来总理的发言中,把"互相尊重领土主权"改为"互相尊重主权和领土完整"。
② 1947年9月成立的共产党情报局提出,世界分裂成为以苏联为首的民主阵营和以美国为首的帝国主义阵营。
③ 《积极倡导和平共处五项原则》,载《人民日报》,1989-09-20。

洲国家对国际关系的新期待,也体现了各国权利、义务、责任相统一的国际法治精神。"①这一论述包含了五项原则的精髓,如:国家不分大小,一律平等;在国际交往中,要充分尊重他国的核心权益;国际关系应以法律为基础,不因执政党或领导人的更替而变化。

(设计意图) 让学生认识到,五项原则的内涵与适用范围在实践中是不断发展的。主要指向时空观念素养水平3:把握相关史事的时间、空间联系,并用特定的时间和空间术语对较长时段的史事加以概括和说明。

(过渡) 1952年8月,毛泽东在一次会议上说:"过去我们想,国民经济是否三年可以恢复。经过两年半的奋斗,现在国民经济已经恢复,而且已经开始有计划的建设了。"②随着恢复国民经济的任务顺利完成,新中国进入大规模建设时期,其目标就是把中国建设成为一个社会主义国家。为此,中央政府制定了过渡时期总路线。

材料十一 从中华人民共和国成立,到社会主义改造基本完成,这是一个过渡时期。党在这个过渡时期的总路线和总任务,要在一个相当长的历史时期内,逐步实现国家的社会主义工业化,并逐步实现国家对农业、手工业和资本主义工商业的社会主义改造。

——毛泽东在中央政治局会议上的讲话(1953年6月),《建国以来重要文献选编》第4册,北京:中央文献出版社,1993年,第700—701页

教师设问: 当时的中国共产党是怎样理解社会主义的?(参考答案:工业化加上公有制,就是社会主义)

教师讲述: 对社会主义的这种理解带有明显的时代印记,直到改革开放进程中,对社会主义的本质才逐步有了清晰的认识。虽然在执行总路线的过程中,中国出现了过急、过快的现象,但总路线的实行,实现了我国由新民主主义革命向社会主义社会的顺利过渡,建立起了比较完整的社会主义工业体系,开辟出了一条具有中国特色的社会主义改造道路。

(设计意图) 让学生认识到,中国共产党在国家建设的初期,就已把马克思主义基本原理,同中国具体国情相结合,试图探索一条具有中国特色的社会主义建设道路。主要指向时空观念素养水平2:将某一史事定位在特定的时间和空间框架下,认识事物发生的来龙去脉,理解空间和环境因素的重要性;家国情怀素养水平3、4:全面、客观地认识,并认同中国特色社会主义建设道路。

(过渡) 随着大规模经济建设时期的到来,社会主义政治建设也提上了日程。

材料十二 ……1953年召开由人民普选方法产生的乡、县、省(市)各级人民代表大会,并在此基础上接着召开全国人民代表大会。在这次全国人民代表大会上,将制定宪法,批准国家五年建设计划纲要和选举新的中央人民政府。

——《建国以来重要文献选编》第4册,北京:中央文献出版社,1993年,第16—17页

教师设问: 人民代表大会制度与当时欧美主要国家的议会制有何不同?(参考答案:实行普选制和民主集中制)

教师讲述: 当时的欧美主要国家并未实行普选制,选民受到财产、种族等条件限制;而

---

① 习近平:《弘扬和平共处五项原则 建设合作共赢美好世界——在和平共处五项原则发表60周年纪念大会上的讲话》(2014年6月28日),载《光明日报》,2014-06-29。
② 毛泽东:《团结起来,划清敌我界限》(1952年8月4日),《毛泽东选集》第五卷,北京:人民出版社,1977年,第69页。

中国从 1953 年起,年满 18 周岁即享有选举权与被选举权。欧美主要国家实行两院制,而中国的全国人大为最高权力机关,拥有立法、司法以及产生中央人民政府等权力。为什么中国选择与西方不同的政治制度呢?

材料十三 我们采用民主集中制,而不采用资产阶级议会制。议会制,袁世凯、曹锟都搞过,已经臭了。在中国采取民主集中制是很合适的。我们提出开人民代表大会……不必搞资产阶级的议会制和三权鼎立等。

——《毛泽东文集》第 5 卷,北京:人民出版社,1996 年,第 136 页

教师设问:为什么说"在中国采取民主集中制是很合适的"?(参考答案:中国人难以接受议会制,照搬西方道路行不通;中国共产党有召开代表大会的成功经验)

教师讲述:土地革命时期,中国共产党就在南方建立了苏维埃政权;抗日战争时期,又在陕甘宁边区成立了抗日民主政权。为什么不沿用原来的名称呢?毛泽东指出:"过去我们叫苏维埃代表大会制度,苏维埃就是代表会议,我们又叫'苏维埃',又叫'代表大会','苏维埃代表大会'就成了'代表大会代表大会'。这是死搬外国名词。现在我们就用'人民代表会议'这一名词。"①

人民代表大会制度成为我国保证人民当家作主、保证政府接受人民监督的一项重要政治制度,同时也调动和发挥了人民群众的积极性与创造性,激发了广大劳动者建设激情。因此,应坚持和完善人民代表大会制度。

(设计意图)让学生认识到,人民代表大会制度是基于国情与历史而确立的具有中国特色的政治制度。主要指向时空观念素养水平 2:将某一史事定位在特定的时间和空间框架下,认识事物发生的来龙去脉,理解空间和环境因素的重要性;家国情怀素养水平 3、4:全面、客观地认识,并认同中国特色社会主义道路。

教师总结:回顾历史,中国共产党在打破旧世界之后,努力探索出一条符合中国国情的建设新世界的道路。"中国特色社会主义制度和国家治理体系经过长期实践检验,来之不易,必须倍加珍惜;完善和发展我国国家制度和治理体系,必须坚持从国情出发、从实际出发,既把握长期形成的历史传承,又把握党和人民在我国国家制度建设和国家治理方面走过的道路、积累的经验、形成的原则,不能照抄照搬他国制度模式,既不走封闭僵化的老路,也不走改旗易帜的邪路,坚定不移走中国特色社会主义道路。"②

---

① 《毛泽东文集》第 5 卷,北京:人民出版社,1996 年,第 136 页。
② 《中国共产党第十九届中央委员会第四次全体会议公报》,新华网,http://www.xinhuanet.com/politics/2019-10/31/c_1125178024.htm。

第 27 课

社会主义建设在探索中曲折发展

教学设计 1

江苏省昆山中学　庞　玲

一、教材分析

本课是第九单元《中华人民共和国的成立和社会主义革命与建设》中的第 2 课,包括全面建设社会主义、"文化大革命"、伟大的建设成就三个子目。新中国成立后,以毛泽东为核心的党的第一代领导集体开始了将马克思主义与中国实际相结合的新的探索,在成功开创具有中国特色的社会主义改造理论及道路的基础上,开启了走自己的路、开辟适合中国国情的社会主义建设道路的伟大探索。这一时期的艰辛探索,有成功的经验,也有探索中的失误;有伟大的成就,也有惨痛的教训,先辈们的努力为新时期成功开创中国特色社会主义道路奠定了物质基础,提供了必要的经验积累和理论准备。

二、学情分析

经过初中历史的学习,高中生基本了解成功的探索、严重的失误与伟大的建设成就相关的基础知识,如中共八大、"大跃进"、人民公社化运动、"文化大革命"、中美关系正常化等,困惑的是这些事件之间的内在联系,以及如何为新时期开创中国特色社会主义道路提供"物质基础、宝贵经验和理论准备"的。

三、教学目标

1. 通过《论十大关系》及中共八大、《关于正确处理人民内部矛盾的问题》《读苏联〈政治经济学教科书〉的谈话》等内容的学习,理解全面建设社会主义时期以毛泽东为核心的党的第一代领导集体,将马克思主义与中国实际相结合进行的艰辛探索。

2. 通过分析这些开创性的探索形成的具体背景、基本主张及实践结果,认识其对改革开放后中国特色社会主义建设道路的奠基作用,并深刻理解这一探索过程中取得的经验、教训,增强坚定不移地走中国特色社会主义道路的自觉性。

四、教学重难点

重点：全面建设社会主义时期的成功探索。

难点：探索中出现失误的原因及给后人留下的教训。

五、教学过程

【导入新课】

教师讲述：随着三大改造的顺利进行、社会主义制度的基本建立，在中国这样一个人口众多、情况复杂、经济文化落后的大国，如何从自己的实际出发建设和发展社会主义，是摆在中国共产党和中国人民面前的一个崭新的重大历史课题。毛泽东是努力探索和回答这一重大历史课题的拓荒者和奠基人。

【学习新课】

教师讲述：1956 年 1 月中旬，毛泽东从外地回京，从薄一波那里听说刘少奇为了起草中共八大政治报告正在召集国务院多个部门的主要负责人座谈，详细询问和了解各个部门、各个行业的情况。毛泽东表现出极大的兴趣。他对薄一波说："这很好，我也想听听。你能不能替我也组织一些部门汇报？"①从 2 月 14 日至 4 月 24 日，毛泽东共听取了工业、农业、运输业、商业、财政等 34 个经济部门的工作汇报。这是毛泽东在新中国成立后规模最大、时间最长、周密而系统的经济工作调查。在毛泽东听取汇报的过程中，周恩来、刘少奇、邓小平、陈云等多次参加，这实际上成为中央主要领导成员参加的规模较大的一次集体调研活动。

2 月 24 日深夜，苏联共产党的第二十次代表大会上，赫鲁晓夫做了秘密报告，披露了苏联、苏共、斯大林在社会主义建设中的一些缺点和错误，为破除苏联建设社会主义经验的迷信提供了有利条件。

材料一 最近苏联方面暴露了他们在建设社会主义过程中的一些缺点和错误，他们走过的弯路，你还想走？过去我们就是鉴于他们的经验教训，少走了一些弯路，现在当然更要引以为戒。

——《毛泽东文集》第 7 卷，北京：人民出版社，1999 年，第 23 页

教师设问：毛泽东提出了什么？（参考答案：主张以苏为戒，探索适合中国情况的社会主义建设道路）

4 月 4 日，在中共中央书记处会议上讨论《关于无产阶级专政的历史经验》一文时，毛泽东指出：

材料二 我认为最重要的教训是独立自主，调查研究，摸清本国国情，把马克思列宁主义的基本原理同我国革命和建设的具体实际结合起来，制定我们的路线、方针、政策。民主

① 薄一波：《若干重大决策与事件的回顾》上，北京：中共中央党校出版社，1991 年，第 466 页。

革命时期,我们走过一段弯路,吃了大亏之后才成功地实现了这种结合,取得革命的胜利。现在是社会主义革命和建设时期,我们要进行第二次结合,找出在中国进行社会主义革命和建设的正确道路。

——吴冷西:《十年论战》,北京:中央文献出版社,1999年,第23—24页

教师设问:材料提出了什么主张?提出这种主张的历史依据是什么?(参考答案:把马克思列宁主义同我国实际"进行第二次结合"的思想原则。民主革命时期正是把马克思主义与我国国情相结合才取得了革命的胜利)

教师讲述:新中国成立初期,由于没有管理全国经济的经验,第一个五年计划的建设在一些方面特别是工业建设方面,不得不照抄苏联的办法。"这在当时是完全必要的,同时又是一个缺点,缺乏创造性,缺乏独立自主的能力。这当然不应当是长久之计。"[①]第一个五年计划的建设取得了巨大成效,但对这种"基本照抄"的办法,毛泽东"总觉得不满意,心情不舒畅"[②]。现在,经过执行第一个五年计划的实践,我们已经积累了进行大规模建设的初步经验。这就为中国共产党从实际出发探索中国自己的发展道路提供了又一重要条件。

(设计意图)在调查研究的基础上、在对苏联社会主义建设的反思中、结合我们自己建设社会主义的经验教训、毛泽东为首的第一代领导集体开始了对中国社会主义建设道路的探索。主要指向时空观念素养水平2:将某一史事定位在特定的时间和空间框架下;史料实证素养水平2:明了史料在历史叙述中的基础作用;历史解释素养水平1:辨别教科书和教学中的历史解释。

教师讲述:为了"我们要调动一切直接的和间接的力量,为把我国建设成为一个强大的社会主义国家而奋斗"[③]。1956年4月25日毛泽东在中央政治局扩大会议上作了《论十大关系》的讲话:

材料三　"他们片面地注重重工业,忽视农业和轻工业。……在处理重工业和轻工业、农业的关系上,我们没有犯原则性的错误。我们比苏联和一些东欧国家做得好些。……我们如今的问题,就是还要适当地调整重工业和农业、轻工业的投资比例,更多地发展农业、轻工业。这样,重工业是不是不为主了?它还是为主,还是投资的重点。但是,农业、轻工业投资的比例要加重一点。"

"苏联的办法把农民挖得很苦。他们采取所谓义务交售制等项目办法,把农民生产的东西拿走太多,给的代价又极低。……鉴于苏联在这个问题上犯了严重错误,我们必须更多地注意处理好国家同农民的关系。"

"我们不能像苏联那样,把什么都集中到中央,把地方卡得死死的,一点机动也没有。……把什么东西统统都集中在中央或省市,不给工厂一点权力,一点机动的余地,一点利益,恐怕不妥。"

"在苏联,俄罗斯民族同少数民族的关系很不正常,我们应当接受这个教训。"

"究竟是一个党好,还是几个党好?现在看来,恐怕是几个党好。不但过去如此,而且将

---

① 《毛泽东文集》第8卷,北京:人民出版社,1999年,第305页。
② 《毛泽东文集》第8卷,北京:人民出版社,1999年,第117页。
③ 《毛泽东文集》第7卷,北京:人民出版社,1999年,第24页。

来也可以如此,就是长期共存,互相监督。……在这一点上,我们和苏联不同。"

"……我们提出向外国学习的口号,我想是提得对的。现在有些国家的领导人就不愿意提,甚至不敢提这个口号。……外国资产阶级的一切腐败制度和思想作风,我们要坚决抵制和批判。但是,这并不妨碍我们去学习资本主义国家的先进科学技术和企业管理方法中合乎科学的方面。"

——中共中央文献编辑委员会编:《毛泽东著作选读》下册,北京:人民出版社,1986年,第720—744页

教师设问:依据材料指出,毛泽东提出了哪些主张?(参考答案:要适当地调整重工业和农业、轻工业的投资比例,更多地发展农业、轻工业;处理好国家同农民的关系,重视保护农民利益;要处理好民族关系、中国共产党与民主党派的关系;学习外国先进的科学技术和管理方法等)

教师讲述:报告从中国的实际出发,对比苏联模式的做法,阐述了社会主义建设中的十个关系,即重工业和轻工业、农业的关系,沿海工业和内地工业的关系,经济建设和国防建设的关系,国家、生产单位和生产者个人的关系,中央和地方的关系,汉族和少数民族的关系,党和非党的关系,革命和反革命的关系,是非关系,中国和外国的关系。毛泽东讲这十个关系的目的,就是为了寻找一条适合中国国情的建设社会主义的道路。

(设计意图)《论十大关系》的主要内容贯穿着"以苏为戒"的指导思想,凸显了将马克思列宁主义与我国实际相结合、探索适合我国国情的社会主义建设道路的宝贵尝试。主要指向史料实证素养水平2:明了史料在历史叙述中的基础作用;历史解释素养水平2:在历史叙述中将史实描述与历史解释结合起来。

教师讲述:"1956年4月的《论十大关系》,开始提出我们自己的建设路线,原则和苏联相同,但方法有所不同,有我们自己的一套内容。"[1]《论十大关系》标志着毛泽东对中国特色的社会主义建设道路已开始形成一个初步的而又是比较系统的、通俗的而又是高屋建瓴的、简单的而又十分具有前瞻性的思路。在1960年6月的中央政治局扩大会议上,毛泽东总结新中国成立以后社会主义建设的历史经验时,明确把它看作是一次社会主义建设模式的重大转折。他认为:"头八年照抄外国的经验。但从一九五六年提出十大关系起,开始找到自己的一条适合中国的路线,开始反映中国客观经济规律。"[2]从马克思主义中国化视域来看,《论十大关系》是马克思主义基本原理与中华人民共和国成立后中国革命和建设的具体实际第二次结合的伟大开端,也是唯一一篇在中共十一届三中全会公报中被提到的毛泽东论著。邓小平指出:"这篇东西太重要了,对当前和今后都有很大的针对性和理论指导意义。"[3]

(过渡)《论十大关系》标志着"中国共产党比较系统地探索中国自己的建设社会主义道路的开始"[4],它为随后召开的中共八大提供了理论指南。刘少奇在主持中共八大政治报告起草工作的过程中,对起草组多次修改的报告稿始终不满意,直到听了《论十大关系》后,他才高兴地说:"主席作了调查,讲了十大关系,十大关系应当成为起草八大政治报告的纲",八

---

[1] 《毛泽东文集》第7卷,北京:人民出版社,1999年,第369—370页。
[2] 中央文献研究室编:《关于建国以来党的若干历史问题的决议(注释本)》,北京:人民出版社,1985年,第246页。
[3] 薄一波:《若干重大决策与事件的回顾》上,北京:中共党史出版社,2008年,第346页。
[4] 《中国共产党历史(1949—1978)》第二卷上册,北京:中共党史出版社,2011年,第380页。

大的政治报告"就是根据毛泽东同志关于处理十大关系的方针政策而提出的"①。

教师讲述： 1956 年 9 月中共八大隆重召开,毛泽东在八大开幕词中提出:"团结全党,团结国内外一切可能团结的力量,为了建设一个伟大的社会主义的中国而奋斗。"②9 月 27 日,八大通过了毛泽东亲自主持反复讨论和修改的《关于政治报告的决议》:

材料四　我们的一切任务能否胜利地完成,归根结底,是决定于……能否将马克思列宁主义的普遍真理同中国革命的实践密切结合起来。

　　　　　　——《建国以来重要文献选编》第 9 册,北京:中央文献出版社,1994 年,第 353 页

教师设问： 八大决议提出了什么核心思想? 这与《论十大关系》是什么关系,产生什么影响?(参考答案:继承了《论十大关系》的核心思想,强调了关于马克思列宁主义同中国实际相结合的原则。为中国共产党和中国人民探索适合中国情况的社会主义建设道路提供了基本的指导,指明了正确的方向)

教师讲述： 经济方面,八大通过的《关于政治报告的决议》中规定:

材料五　"……以国家市场为主体,同时附有在一定范围内的国家领导下的自由市场,作为国家市场的补充。……"

"社会主义经济的主体是实行集中经营的,但是也需要有一定范围的分散经营作为补充。……全国工农业产品的主要部分都将列入国家计划,由生产单位按照计划进行生产。……有一部分产品将不列入国家计划……作为计划生产的补充"……

　　　　　　——《建国以来重要文献选编》第 9 册,北京:中央文献出版社,1994 年第 344、346 页

教师设问： 结合苏联高度集中的计划经济模式的特点,指出并分析中共八大提出的主张。(参考答案:允许自由市场作为国家市场的补充;集中经营外也需要有一定范围的分散经营;一部分生产不列入国家计划。这表明,我国决定突破单一的社会主义公有制和高度集中的计划经济模式)

教师讲述： 这份毛泽东亲自主持反复讨论和修改的《关于政治报告的决议》,最突出的贡献是,它指出:由于中国新民主主义革命的胜利和社会主义改造的基本完成,我国社会的主要矛盾发生了变化;决议在正确分析这一主要矛盾的基础上,提出了党和全国人民的主要任务。

材料六　我们国内的主要矛盾已经是人民对于建立先进的工业国的要求同落后的农业国的现实之间的矛盾,已经是人民对于经济文化迅速发展的需要同当前经济文化不能满足人民需要的状况之间的矛盾……党和全国人民的当前的主要任务,就是要集中力量来解决这个矛盾,把我国尽快地从落后的农业国变为先进的工业国。

　　　　　　——《建国以来重要文献选编》第 9 册,北京:中央文献出版社,1994 年,第 341 页

教师设问： 八大关于我国社会主要矛盾和主要任务的分析,对于党和国家今后的工作有什么指导意义?(参考答案:明确今后的工作重心是社会主义经济建设,为党和国家工作重心的转移提供了依据)

(设计意图) 对我国社会主要矛盾和主要任务的分析是八大最突出的贡献,也是毛泽东

---

① 逄先知、金冲及:《毛泽东传(1949—1976)》上,北京:中央文献出版社,2003 年,第 511 页。

② 《建国以来毛泽东文稿》第 6 册,北京:中央文献出版社,1992 年,第 201 页。

为核心的第一代领导集体对探索中国社会主义建设道路作出的突出贡献之一。后来党的"左"倾错误的出现重要原因就是背离和改变了这一正确判断。1978年十一届三中全会做出党与国家工作重心的转移,是对中共八大的正确探索的继承与发展。主要指向史料实证素养水平2:尝试运用史料作为论据论证自己的观点;历史解释素养水平2:在历史叙述中将史实描述与历史解释结合起来。

(过渡)1956年下半年,社会主义改造的快速完成,经济建设方面的急躁冒进,出现了生产资料和生活资料供应紧张的情况,国内出现了一些新的社会矛盾。毛泽东指出:"随着敌我矛盾在国内基本解决,人民内部的矛盾开始比过去显露了。但是至今还有许多同志对这种形势不很清楚,还用过去一些老的办法对待新问题。"又说,"现在我们有些同志,对待人民内部问题动不动就想'武力解决',这是非常危险的,必须坚决纠正的"①。

如果用处理敌我矛盾的解决方法来处理人民内部矛盾,只能导致矛盾进一步激化,十分不利于党内团结和党同人民群众的团结。怎样处理社会主义社会的敌我矛盾和人民内部矛盾,这是一门学问,值得好好研究。1957年2月,毛泽东在最高国务会议上作了《关于正确处理人民内部矛盾的问题》讲话。其中指出:

材料七 现在的情况是:革命时期的大规模的急风暴雨式的群众阶级斗争基本结束,但是阶级斗争还没有完全结束……团结全国各族人民进行一场新的战争——向自然界开战,发展我们的经济,发展我们的文化,使全体人民比较顺利地走过目前的过渡时期,巩固我们的新制度,建设我们的新国家……

——《毛泽东文集》第7卷,北京:人民出版社,1999年,第216页

教师设问:关于社会主要矛盾,毛泽东做了怎样的补充?材料提出正确处理人民内部矛盾的目的何在?(参考答案:敌我矛盾已经基本解决,阶级斗争已经基本结束。调动一切积极因素进行社会主义建设)

材料八 在现阶段,在建设社会主义的时期,一切赞成、拥护和参加社会主义建设事业的阶级、阶层和社会集团,都属于人民的范围;一切反抗社会主义革命和敌视、破坏社会主义建设的社会势力反动集团,都是人民的敌人。

——《关于正确处理人民内部矛盾的问题》,《毛泽东文集》第7卷,北京:人民出版社,1999年,第205页

教师设问:判断敌我的标准是什么?(参考答案:是否赞成、拥护和参加社会主义建设事业)

教师讲述:毛泽东还指出:敌我之间的矛盾是对抗性的矛盾,人民内部的矛盾在劳动人民之间是非对抗性的;敌我矛盾用专政的方法去解决,人民内部矛盾要用民主的方法去解决。他把解决人民内部矛盾的方法概括成"团结—批评—团结"的公式,并提出了正确处理人民内部矛盾的方针和政策。但也应看到,在处理人民内部矛盾的具体方略上,毛泽东较少选择"法治"而是更倾向于"人治",长期忽视法制和制度在解决人民内部矛盾工作的应用。另外,随着国内外形势的急剧变化,毛泽东无限放大了阶级斗争形势,并运用阶级斗争解决相关问题。过分依赖阶级斗争和政治斗争解决已经主要表现为经济矛盾的人民内部矛盾问

---

① 薄一波:《若干重大决策与事件的回顾(修订本)》下册,北京:人民出版社,1997年,第591页。

题,这是后来阶级斗争扩大化的重要原因。①

(设计意图)《关于正确处理人民内部矛盾的问题》在我国生产资料私有制的社会主义改造已经基本完成的情况下,指出革命时期的大规模的急风暴雨式的群众阶级斗争基本结束,把正确处理人民内部矛盾作为我国政治生活的主题提了出来,具有重要的理论和实践意义,是中共八大将党和国家工作重心转移到社会主义的经济建设上来这一思想的继续和发展。主要指向时空观念素养水平 2:认识事物发生的来龙去脉,理解空间和环境因素对认识历史的重要性;史料实证素养水平 2:尝试运用史料作为论据论证自己的观点;历史解释素养水平 2:在历史叙述中将史实描述与历史解释结合起来。

(过渡)为教育全党学会正确处理人民内部矛盾,1957 年开展了整风运动,后转向反右斗争并犯了严重扩大化的错误。加上当时在国际上由于赫鲁晓夫在苏共二十大上全盘否定斯大林而引起的对于社会主义、共产党的冲击波,使毛泽东对形势作出了过分严重的错误估计,逐步背离了八大以来关于我国社会主要矛盾的正确论断,形成和发展出了"以阶级斗争为纲"的"左"倾思想。党的八大二次会议通过"多快好省地建设社会主义"的总路线,并在全国开展"大跃进"和人民公社化运动,"左"倾错误日益泛滥,我国经济建设遭受巨大挫折,社会主义探索出现严重失误。

教师讲述:出现这样的失误,首先就是社会主义社会基本矛盾论中"左"的缺陷扩大和加深导致的。在社会主义社会基本矛盾论中,毛泽东正确地指出了社会主义社会的矛盾不同于资本主义社会的矛盾之处,在于它可以通过社会主义制度不断地加以解决。解决的办法就是解决生产关系、上层建筑中同生产力的发展不相适应的"不完善的方面""某些环节上的缺陷"。应该说,这是一个为社会主义社会的改革奠定理论基础的重要论断。后来在"左"的思想影响下,被扩大和加深成为一系列"兴无灭资"的方针政策,以后更发展成进行"一个阶级推翻另一个阶级"的"文化大革命"。②

其次是毛泽东提出的单纯依靠政治动员、群众性阶级斗争等一系列方针政策,混淆了民主革命与社会主义革命和建设的不同情况,用群众性阶级斗争的办法去发展生产力,导致适得其反的结果。探索中国的社会主义建设道路的过程中,毛泽东一直想调动一切积极因素,加快建设速度,但用群众性阶级斗争的办法去发展生产力,导致了以 1958 年的"大跃进"为标志的错误。

再次,把有些积极的思想成果搁置起来,不公开、不登报。如毛泽东 1956 年《论十大关系》讲话,是一篇被他本人认为"开始找到自己的一条适合中国的路线""开始反映中国客观经济规律""开始提出自己的建设路线"的重要文献,但直到邓小平在 1975 年 7 月把这个讲话的整理稿送交给他,请他早日定稿后公开发表,并作为全国学理论的重要文献时,他仍批示说暂时不要公开、不登报,以致在长时期内未能得到贯彻执行。③

(设计意图)1957 年反右斗争扩大化、1958 年"总路线"、"大跃进"、人民公社化运动及 1959 年"反右倾"斗争为代表的"左"的错误,是探索社会主义建设道路上的重大失误。为什

① 王新刚、郝思佳:《试论毛泽东正确处理人民内部矛盾思想与当代启示》,载《中共历史与理论研究》,2017 年第 2 期。
② 徐崇温:《毛泽东对适合中国国情的社会主义建设道路的探索》,载《马克思主义与现实》,2010 年第 3 期。
③ 中央文献研究室编:《关于建国以来党的若干历史问题的决议注释本》,北京:人民出版社,1985 年,第 245—246 页。

么在良好的探索开局下会出现这些失误,原因是复杂的。不向学生交待这些失误,必然导致历史的割裂,也不利于学生更好地理解探索之艰难。主要指向时空观念素养水平3:把握相关史事的时间、空间联系;历史解释素养水平1:对所学内容中的历史结论加以分析。

(过渡) 在一些人的印象中,毛泽东对适合中国国情的社会主义道路的探索,是到1957年发表《关于正确处理人民内部矛盾的问题》一文为止。1957年反右斗争扩大化以后,毛泽东就一路沿着"以阶级斗争为纲"的思路发展下去,直至发动"文化大革命"。事实并非如此。

教师讲述: 1958年全国掀起"大跃进"和人民公社化运动的高潮,"左"倾盲目冒进的"共产风"造成国民经济比例的严重失调,我国经济建设遭受巨大挫折。再加上三年自然灾害的影响,毛泽东逐步认识到"左"倾错误带来的危害,开始寻求理论的指导。1959年12月至1960年2月,他带领一部分理论工作者认真研读苏联《政治经济学教科书》,发表了一系列意见,比较系统地总结了社会主义改造和社会主义建设的历史经验。毛泽东在这次读书期间的谈话,后来被整理成为《读苏联〈政治经济学教科书〉的谈话》。由于经济建设上急躁冒进的指导思想未能彻底纠正,反映到这次总结上,难免有局限,甚至得出一些错误的结论。但就总体来说,仍然提出了不少正确的思想:

材料九 社会主义这个阶段,又可能分为两个阶段,第一个阶段是不发达的社会主义,第二个阶段是比较发达的社会主义。后一阶段可能比前一阶段需要更长的时间。

——《毛泽东文集》第8卷,北京:人民出版社,1999年,第116页

教师设问: 在社会主义社会的发展阶段上,毛泽东提出什么主张?结合所学知识指出邓小平在社会主义发展阶段上提出了什么理论。二者之间有何联系?(参考答案:"不发达的社会主义"阶段说。社会主义初级阶段理论。后者是对前者的继承与发展)

教师讲述: 1958年底,毛泽东在发现"大跃进"和人民公社化运动中存在的否定商品生产和商品交换以及"共产风"等问题后,在认真思考和研究的基础上指出:

材料十 "……只要存在两种所有制,商品生产和商品交换就是极其必要、极其有用的。"

"……商品生产,要看它是同什么经济制度相联系,同资本主义制度相联系就是资本主义的商品生产,同社会主义制度相联系就是社会主义的商品生产。"

——《毛泽东文集》第7卷,北京:人民出版社,1999年,第440、439页

材料十一 价值法则……是一个伟大的学校,只有利用它,才有可能教会我们的几千万干部和几万万人民,才有可能建设我们的社会主义和共产主义。否则一切都不可能。

——《毛泽东文集》第8卷,北京:人民出版社,1999年,第34页

教师设问: 关于社会主义社会的商品生产、商品交换和价值规律,毛泽东提出什么主张?(参考答案:社会主义社会也有商品生产、商品交换,要重视价值规律的作用)

教师讲述: 在如何对待社会主义改造基本完成后新出现的非公有制经济成分的问题上,针对社会主义改造后期上海出现"地下工厂"的情况,毛泽东在1956年12月7日同中国民主建国会和中华全国工商业联合会负责人的谈话中指出:

材料十二 上海出现地下工厂……因为社会有需要,就发展起来。要使它成为地上,合法化,可以雇工……还可以考虑,只要社会需要,地下工厂还可以增加。可以开私营大厂,订个协议,十年、二十年不没收。华侨投资的,二十年、一百年不要没收。可又开投资公司,还

本付息。可以搞国营,也可以搞私营。可以消灭了资本主义,又搞资本主义。

——《毛泽东文集》第7卷,北京:人民出版社,1999年,第170页

教师设问:针对非公有制经济成分问题,毛泽东提出什么主张?(参考答案:社会主义社会也要允许非公经济发展)

(设计意图)了解毛泽东在全面建设社会主义阶段后期的探索,有利于形成对"探索"的完整认识,特别是这一时期出现的许多宝贵思想,对后来中国特色社会主义理论影响至巨。如此分析有利于学生更好地理解改革开放前的探索与改革开放后的探索成功之间的关系。主要指向时空观念素养水平2:将某一史事定位在特定的时间和空间框架下;史料实证素养水平2:尝试运用史料作为论据论证自己的观点;历史解释素养水平2:在历史叙述中将史实描述与历史解释结合起来。

教师讲述:遗憾的是,这些宝贵的积极思想成果有的被置于废弃、否定的状态,有的停留在口头宣示,而在实践中采取与此相反的行动。如关于社会主义发展阶段问题,在发现和纠正人民公社化运动中生产关系被拔高、超越阶段的错误后,毛泽东谈到社会主义可能分为不发达和比较发达两个阶段,意思是说我国还处在不发达的社会主义阶段。但是这个闪光的思想不仅没有成为我们党据以制定方针政策的指导思想,而且在实践中还在继续奉行着"左"的错误。

(设计意图)全面建设社会主义后期,毛泽东的探索仍有许多宝贵的思想,只是由于历史、时代、个人等多方面的原因,这些宝贵的思想未能变为实践,但这些宝贵的思想为后来者所继承并发展,利于马克思主义基本原理和中国具体国情的成功结合。主要指向历史解释素养水平2:能够尝试从历史的角度解释现实问题。

(过渡)毛泽东在探索中出现的失误,也为他的后来人提供了宝贵的借鉴;在探索中留下的许多经验教训和思想财富,为今天的社会主义现代化建设提供了可贵的营养和借鉴。

材料十三　从许多方面来说,现在我们还是把毛泽东同志已经提出、但是没有做的事情做起来,把他反对错了的改正过来,把他没有做好的事情做好。今后相当长的时期,还是做这件事。当然,我们也有发展,而且还要继续发展。

——中共中央文献编辑委员会编:《邓小平文选》第2卷,北京:人民出版社,1989年,第300页

教师设问:邓小平为核心的第二代领导集体,继承了毛泽东为核心的第一代领导集体哪些宝贵的探索成果并继续发展?(参考答案:马克思主义基本原理要与中国国情相结合,探索符合国情的社会主义建设道路;社会主义社会的主要矛盾、主要任务;社会主义制度下计划、市场、非公经济等问题)

材料十四　我们现在的路线、方针、政策是在总结了成功时期的经验、失败时期的经验和遭受挫折时期的经验后制定的。历史上成功的经验是宝贵财富,错误的经验、失败的经验也是宝贵财富。

——中共中央文献编辑委员会编:《邓小平文选》第3卷,北京:人民出版社,1989年,第234—235页

教师设问:结合所学,思考毛泽东留给后人的"宝贵财富"有哪些?(参考答案:实事求是,一切从实际出发;马克思主义基本原理要与中国国情相结合;理论联系实践;等等)

(设计意图)毛泽东是今天中国特色社会主义伟大事业的奠基者,他的宝贵探索与探索中的失误为1978年后马克思主义基本原理与中国国情第二次结合、找到符合国情的中国特色社会主义建设道路提供了经验与教训。主要指向历史解释素养水平2:尝试从历史的角度解释现实问题;家国情怀素养水平3、4:表现出对历史的反思,从历史中汲取经验教训,更全面更客观地认识历史和现实问题。

教师总结:纵观毛泽东一生探索马克思主义中国化的基本历程,他的伟大功绩不仅在于他实现了马克思主义中国化的第一次历史性飞跃,走出了一条具有中国特色的革命道路,建立了新中国,还体现在他晚年仍毅力非凡地高举马克思主义中国化的伟大旗帜,积极探索中国特色的社会主义建设道路,从而为第二次历史性飞跃的成功突破打下了坚实的基础。回望他的这段探索历程,我们可以深切地感到,他既是探索中国特色社会主义建设道路的拓荒者,又是今天中国特色社会主义伟大事业的奠基者。

教学设计 2

江苏省沙溪高级中学　李建设

一、教材分析

本课是第九单元《中华人民共和国的成立和社会主义建设》第27课。教材设置了全面建设社会主义、"文化大革命"、伟大的建设成就三个子目,主要介绍1956年社会主义改造基本完成,社会主义制度基本确立后,中国共产党带领全国人民进行社会主义道路的探索。在探索过程中由于缺乏社会主义建设的经验,加之受到风云变幻的国际、国内政治局势影响,出现过严重的失误。但是,在全党全国人民的共同努力下,战胜各种困难,在探索适合中国国情的社会主义道路上也取得了重要成果。

二、学情分析

本课的授课对象为高一年级学生。他们通过初中阶段的历史学习,有了一定的知识储备,对于本课涉及的概念,例如中共八大、"大跃进"和人民公社化运动、"文化大革命"等有所了解,为学生进一步学习奠定了基础。限于教材内容,学生在理解历史背景,厘清历史事件内在关联,分析历史影响方面存在一定的障碍,需要精选史料,创设历史情境,引导学生进行思考和深入学习。

三、教学目标

1. 梳理社会主义道路的探索过程,区分探索中成功与失误的相关史实。

2. 利用不同类型史料,通过对"大跃进""文化大革命"等重大事件历史背景的分析,从所获得的材料中提取有效信息,对这两个历史问题形成全面、丰富的解释。

3. 通过对社会主义探索时期伟大建设成就的概括、总结,形成对这一时期全面、客观、理性的认识。

4. 借助对相关历史事件原因的检讨,社会主义探索中失误的反思,从历史中汲取一定的经验与教训。

四、教学重难点

重点:社会主义建设道路探索中的曲折及其历史教训的总结。

难点:社会主义建设道路探索中出现曲折的原因。

五、教学过程

【导入新课】

教师讲述: 1956 年,对于苏联、新中国乃至国际共产主义运动来说,注定是不平凡的一年。这一年的 2 月 14 日至 25 日苏共二十大召开,会上赫鲁晓夫所作的秘密报告,揭开了斯大林时期政治、经济等诸多问题的盖子,引发了国际共产主义运动的大动荡。与此同时,也正是这种揭开盖子所起的破除迷信、解放思想的积极作用,开启了中国共产党人对自己的建设道路的思考和探索。正如毛泽东所说:"我认为最重要的教训是独立自主,调查研究,摸清本国国情,把马克思列宁主义的基本原理同我国革命和建设的具体实际结合起来,制定我们的路线、方针、政策。"[①]9 月 15 至 27 日召开的中共八大拉开了社会主义探索的大幕。

【学习新课】

教师讲述: 1957 年 10 月 9 日,毛泽东在中共八届三中全会上做了题为《做革命的促进派》的讲话。他严肃地提出:

材料一　现在的主要矛盾是什么呢? 现在是社会主义革命……概括地说,就是社会主义和资本主义两条道路的矛盾。"八大"的决议没有提这个问题。"八大"决议上有那么一段,讲主要矛盾是先进的社会主义制度同落后的社会生产力之间的矛盾。这种提法是不对的。
　　——中共中央文献研究室编:《建国以来重要文献选编》第十册,北京:中央文献出版社,1993 年,第 607 页

教师设问: 结合中共八大会议内容,指出毛泽东关于社会主要矛盾的认识发生了怎样的变化。(参考答案:由以建设为中心,开始关注革命主题)

教师讲述: 中共八大标志着全面建设时代的开始与革命时代的结束。以经济建设为中

---

① 吴冷西:《十年论战》上册,北京:中央文献出版社,1999 年,第 23 页。

心的思想,通过八大凝聚为全党的共识。然而短短的一年时间,毛泽东的目光何以由建设转向革命?

教师讲述:1957年7月在青岛召开省市委书记会议,其间印发了毛泽东一篇题为《一九五七年夏季的形势》的文章。毛泽东在文章中指出:

材料二 单有一九五六年在经济战线上(在生产资料所有制上)的社会主义革命,是不够的,并且是不巩固的。匈牙利事件就是证明,必须还有一个政治战线上和一个思想战线上的彻底的社会主义革命。

——中共中央文献研究室编:《建国以来重要文献选编》第十册,北京:中央文献出版社,1993年,第489页

教师设问:你从毛泽东的文章中看到了什么?(参考答案:"匈牙利事件"促使毛泽东关注政治和思想的革命)

教师讲述:1956年苏共二十大后,匈牙利国内掀起了反对斯大林政策和苏联干预的运动。10月23日,匈牙利首都布达佩斯近20万名大学生和群众举行示威游行,游行者推倒了市内的斯大林铸像,同军队发生武装冲突。11月1日,匈牙利宣布退出华约组织。11月4日,苏联军队开进布达佩斯,匈牙利新政府垮台。

国际形势的变化,引起毛泽东的高度重视,在这种情况下,发起了反右派斗争。

设计意图:帮助学生认识社会主义道路的探索并非一帆风顺,不时会受到"革命情结"和思想惯性的影响,且与国际形势的变化有着千丝万缕的关联。主要指向史料实证素养水平3:利用史料,对所探讨的问题形成更全面、更丰富的解释。

(过渡)外在形势的急剧变化,社会主要矛盾认识的偏移,使得国内政治和思想斗争的形势发生变化,在社会主义建设道路的探索上走了弯路。

教师讲述:邓小平说:"'大跃进'是不正确的。这个责任不仅仅是毛主席一个人,我们这些人脑子都发热了。完全违背客观规律,企图一下子把经济搞上去。主观愿望违背客观规律,肯定要受损失。"[①]当时为什么很多人头脑"都发热了"?除此之外,还有哪些因素助推"大跃进"的发生呢?

材料三 由于对社会主义建设经验不足,对经济发展规律和中国经济基本情况认识不足,更由于毛泽东同志、中央和地方不少领导同志在胜利面前滋长了骄傲自满情绪,急于求成,夸大了主观意志和主观努力的作用,没有经过认真的调查研究和试点,就在总路线提出后轻率地发动了"大跃进"运动和农村人民公社化运动。

——中国共产党中央委员会:《关于建国以来党的若干历史问题的决议》,载《人民日报》,1981-10-07

材料四 超过英国,不是十五年,也不是七年,只需要两年到三年,两年是可能的。这里主要是钢。只要1959年达到2500万吨,我们就钢的产量上超过英国了。

——中共中央文献研究室编:《建国以来毛泽东文稿》第七册,北京:中央文献出版社,1992年,第278页

材料五 几亿劳动群众,工人农民,他们现在感觉得心里通畅,搞大跃进。这就是整风

---

① 转引自金冲及:《生死关头——中国共产党的道路抉择》,北京:生活·读书·新知三联书店,2016年,第346页。

反右的结果。

——中共中央文献研究室编：《建国以来毛泽东文稿》第七册，北京：中央文献出版社，1992年，第379页

教师设问：根据以上三则材料，分析、概括"大跃进"和人民公社化运动出现的历史原因。（参考答案：缺乏社会主义建设经验；骄傲自满，急于求成，夸大主观意志；赶超英美资本主义国家的发展目标；整风运动和反右派斗争）

教师讲述：近代以来国家民族之悲惨遭遇，使"落后就要挨打"的意识，深深扎根于人们的心底。希望能够尽快改变中国经济文化落后的面貌，把我们的经济文化发展搞上去，成为一种普遍的民族心理。

解放战争三年就取得了胜利，国民经济的恢复也是三年，社会主义改造还是三年。在一次次的事实之后，人的主观能动性被夸大了，形成了特定历史条件下的特定的思维方式和心态。

另外，在反右派斗争中，大多数能看出问题、敢于提出不同意见的人，被划为右派分子，被剥夺了发言权。那些没有被划为右派的知识分子和干部，有鉴于别人的遭遇，当然不敢再多说一句话。所以可以说"大跃进"是反右派斗争的直接结果。

（设计意图）通过补充材料，引导学生从国内、国外两个视角思考"大跃进"和人民公社化运动出现的原因。补充介绍了赶超英美资本主义国家的发展目标、整风运动和反右派斗争等在"大跃进"和人民公社化运动中推波助澜的作用。帮助学生梳理前后历史事件的内在逻辑关联。主要指向史料实证素养水平1：在解答某一历史问题时，从所获得的材料中提取有关的信息；历史解释素养水平1：辨别教科书与教学中的历史解释；对所学内容中的历史解释加以分析。

教师讲述：苏联外交部远东司司长齐米亚宁1959年9月15日报告：

材料六　在中国的经济中出现了一些部门之间比例失衡的现象，开始感到工业原料的不足，许多产品的质量都降低了。允许加快小型冶金工业的发展导致了物力和人力的分散，导致了日用品生产的急剧减少。能够充分说明这一点的是，在1958年下半年建设了90多万个小型冶金企业，吸纳了8 000万—9 000万农民。如此多的农民在农忙期间不参加农活，导致了一些地区的庄稼没能完全收获。

——沈志华编：《俄罗斯解密档案选编：中苏关系》第八卷，上海：东方出版中心，2015年，第399页

教师设问：从齐米亚宁的上述报告中可以看出，"大跃进"运动的开展产生了哪些影响？（参考答案：国民经济比例失衡；工业产品质量下降；影响人民的生活水平；破坏农业生产；出现粮荒并造成严重的经济困难）

教师讲述："大跃进"和人民公社化运动的开展，加之自然灾害的影响，导致出现1959—1961年三年严重的经济困难时期，给党和国家带来深重的灾难。这是一个历史悲剧，也是一个惨痛的教训，今天依然需要我们不断反思和总结。

（设计意图）"大跃进"和人民公社化运动导致国民经济遭受沉重打击，人民的生命财产遭受巨大损失。惨痛的教训引发深刻的省思，避免这种人间悲剧再次发生。主要指向家国情怀素养水平3、4：表现出对历史的反思，从历史中汲取经验教训，更全面、客观地认识历史

和现实社会问题。

教师设问：面对如此严重的经济困难，国家又采取怎样的措施以扭转局面呢？（参考答案：中共中央对国民经济实行"调整、巩固、充实、提高"的方针；对政治、文化、教育、科研、民族、知识分子等方面的政策进行重要调整）

教师讲述："大跃进"与人民公社化运动的开展，以及自然灾害的发生，导致 1959—1961 年国家出现了三年严重的经济困难时期，给党和国家带来深重的灾难。为了克服困难，中共中央努力纠正"左"倾思想的影响，对国民经济实行调整，取得一定的成果。

教师设问：从上述社会主义建设的探索历程中，你能得到哪些经验教训？（参考答案：以经济建设为中心，减少政治运动的干扰；国民经济要均衡发展；关注民生）

（设计意图）通过总结性问题的设置，使学生在体悟历史中总结，在反思历史中操练思维，涵育学生的人文情怀，使学生的思考延续下去。主要指向家国情怀素养水平 3、4 中：表现出对历史的反思，从历史中汲取经验教训，进而全面、客观地认识历史和现实社会问题。

（过渡）当国民经济调整初见成效，经济发展趋于好转之际，社会主义建设的探索为何又会偏离正轨，出现"文化大革命"这样重大转向呢？

材料七　陈正人（农业机械部的部长）：我这一次到洛阳拖拉机厂去蹲点，知道了许多以前从来不知道的事情，现在有很多老干部在我们取得政治地位以后，就利用特权为所欲为，这样发展下去社会主义的企业就可能会变成资本主义的企业。

薄一波（国家经济委员会主任）：这是个问题，它所以成为问题，主要是由于我们多年来没有抓或者是很少抓阶级斗争的缘故。

毛泽东：同意这种意见，官僚主义者阶级与工人阶级和贫下中农是两个尖锐对立的阶级。这种状况不改变，那就一辈子会同工人阶级处于尖锐的阶级斗争中，最后必然要被工人阶级把他们当作资本主义打倒。

——摘编自金冲及：《生死关头——中国共产党的道路抉择》，北京：生活·读书·新知三联书店，2017 年，第 355 页

教师设问：上述历史事件反映出毛泽东发动"文化大革命"的原因是什么？（参考答案：防范官僚主义作风；避免资本主义复辟；保证党和国家的纯洁性）

教师讲述：毛泽东说："思想和政治又是统帅，又是灵魂，只要我们的思想和政治工作稍微一放松，经济工作和技术工作就一定会走到邪路上去。"①然而脱离事实，将思想和政治置于一切工作的中心，同样会将国家引入歧途。

在中苏关系不断恶化，美国敌对中国政策尚未改变的时代大背景下，毛泽东更加重视思想和政治工作的现实意义。但是，他对中国的实际情况做出了错误的估计，希望通过发动"文化大革命"，让年轻人保持思想与政治的纯净，避免离开社会主义的道路，结果却背离了初衷。"文化大革命"不是任何意义上的革命或社会进步。

（设计意图）关于"文化大革命"爆发原因的解释，向来争论不断，难有定论。教学中的设计意在为学生提供一个思维历练的契机。以鲜活而生动的历史小事件入手，可以帮助学生更具体的分析、理解"文化大革命"的缘起。主要指向史料实证素养水平 2：明了史料在历史

---

① 转引自李泽厚：《中国现代思想史论》，北京：生活·读书·新知三联书店，2008 年，第 198 页。

叙述中的基础作用;历史解释素养水平 2:选择、组织和运用相关材料并使用相关历史术语,对个别史事提出自己的解释。

(过渡)社会主义建设的探索时期,尽管中国走了很多弯路,经历了许多坎坷与磨难,但是,凭借着人们的拼搏精神和奉献精神,社会主义建设也取得了一些成就。

材料八

	1949 年(单位:万吨)		1976 年(单位:万吨)	
	中国	印度	中国	印度
原煤	0.32(亿吨)	0.32(亿吨)	4.83(亿吨)	1.04(亿吨)
原油	12	25	8 716	866
发电量	43(亿度)	49(亿度)	2 031(亿度)	956(亿度)
钢	15.8	137	2 046	931
生铁	25	164	2 233	1 000
水泥	66	186	4 570	1 870

——摘编自汪海波主编:《新中国工业经济史》,北京:经济管理出版社,1986 年,第 20、26 页;国家统计局编:《奋进的四十年》,北京:中国统计出版社,1989 年,第 375、382 页

材料九 1952 年,全民所有制单位自然科学技术人员的人数只有 42.5 万人,1957 年,科研支出总额仅占财政支出的 1.7%。1978 年全民所有制单位科学技术人员的人数已达 434.5 万人;1976 年科研支出总额占财政支出的 4.9%。

——摘编自国家统计局编:《奋进的四十年》,北京:中国统计出版社,1989 年,第 442 页;国家统计局科技统计司编:《中国科学技术四十年》,北京:中国统计出版社,1990 年,第 191、202 页

材料十 1949 年,中等学校的在校学生为 126.8 万人,1976 年上升至 5 905.5 万人;1949 年,小学在校学生为 2 439.1 万人,1976 年上升至 15 005.5 万人。

——国家统计局编:《奋进的四十年》,北京:中国统计出版社,1989 年,第 435—436 页

教师设问:结合课本和材料,概括指出中共领导人民在社会主义改造和全面建设社会主义时期取得的成就。(参考答案:工业体系初步建立;科技基础的初步奠定;大众教育的发展;中国外交新局面的开创;国防实力迅速提升;等等)

教师讲述:1956—1976 年,中国为了实现宏伟的目标而进行了极为艰辛的努力和奋斗。但是,由于在选择与决策上出现了重大的失误,致使中国的发展走了许多弯路,并为此付出了沉重的代价。客观地看,中国在这一时期也取得了许多重大的进展,形成了许多至今看来对于中国的现代化建设仍然具有重要价值的成果。

(设计意图)通过工业体系建立、科技的发展、大众教育进步三方面材料的引入,帮助学生加深对社会主义探索时期所取得成就的了解,使学生能够形成全面的认识,作出相对客观公正的评价。主要指向史料实证素养水平 3:利用不同类型史料,对所探究的问题进行互证,形成对该问题更全面、丰富的解释。

教师总结：在中国特色社会主义道路的探索过程中，既有伟大的成就，也有惨痛的教训。正是基于对现实的深切关怀，才推动着我们回望历史，努力厘清其间的成功与失误，以便照亮前行的道路。

第十单元

改革开放与社会主义
现代化建设新时期

第 28 课

中国特色社会主义道路的开辟与发展

教学设计 1

江苏省昆山中学　庞　玲

一、教材分析

本课是第十单元《改革开放与社会主义现代化建设新时期》中的第 1 课,包括伟大的历史转折、改革开放进程、"一国两制"与祖国统一大业三个子目。十一届三中全会将党和国家的工作重心转移到经济建设上来,实现了新中国历史上伟大的转折;以邓小平为核心的党的新一代领导集体将马克思主义与中国实际相结合,成功开创了中国特色社会主义建设道路并形成一个较为完善的理论体系,指引中国人民改革开放取得举世瞩目的伟大建设成就,也为"一国两制"解决祖国统一问题的成功实践奠定了坚实的基础。

二、学情分析

经过初中历史的学习,高中生基本了解农村改革、城市经济体制改革、对外开放的主要内容、成就。但对于在新时期社会主义建设过程中,中国共产党如何艰难探索、逐渐突破传统马克思主义理论单一公有制和计划经济的束缚,形成建设中国特色社会主义理论的具体过程,缺乏较全面的理解。

三、教学目标

1. 梳理十一届三中全会以来在探索中国特色社会主义道路历程中的所有制变革:以恢复和发展个体经济为突破口,所有制改革成为推动经济增长的重要力量——从个体经济、乡镇企业到民营经济的发展,逐渐在体制外形成一个有效竞争的市场环境,倒逼体制内国有企业加快改革,最终形成国企、民企、外企多元竞争的市场经济格局。

2. 借助这一过程中的人和事,重温那些纠结与摸索、争论与突破、徘徊与前进的不同时空节点,增强坚定走中国特色社会主义道路的信心。

四、教学重难点

重点：新时期所有制的变革。

难点：新时期所有制变革与思想解放的互动。

五、教学过程

【导入新课】

教师讲述： 1978年11月27日，中国科学院计算所34岁的工程技术员柳传志按时上班，走进办公室前他先到传达室拎了一把热水瓶，跟老保安开了几句玩笑，然后从写着自己名字的信格里取出了当日的《人民日报》，一般来说他整个上午都将在读报中度过。20多年后，他回忆说：

材料一 记得1978年，我第一次在《人民日报》上看到一篇关于如何养牛的文章，让我激动不已。自打"文化大革命"以来，报纸一登就全是革命，全是斗争，全是社论。在当时养鸡、种菜全被看成是资本主义尾巴，是要被割掉的，而《人民日报》竟然登载养牛的文章，气候真是要变了！

——转引自吴晓波：《激荡三十年——中国企业1978—2008》上，北京：中信出版社，2007年，第1页

教师设问： 柳传志为什么觉得"气候真是要变了"？（参考答案：报纸内容出现了新变化，从全是革命、斗争、社论到登载养牛的文章）

教师补充： 由于"左"倾思想的干扰，个体手工业、私营商业多年来一直被视为资本主义性质的势力予以清除，特别是"文革"期间，个体经济被当作"资本主义尾巴"大批特批。1983年之前，政府明令不允许私人买汽车跑运输，一个今天已经消失的名词——"投机倒把"在当时是一个很严重的罪名。1992年前后，商业银行对私营企业的贷款不得超过5万元，否则就算是"违纪"。整个20世纪80年代，在很多城市，到民营工厂上班是一件很丢脸的事情，而自己开一间店铺做一点小生意，就会被蔑称为"个体户"，意思是一个没有组织的人，一个不受保护的体制外的流浪汉。

教师讲述： 从现在查阅的资料看，日后创办了赫赫有名的联想集团的柳传志可能有点记忆上的差失。因为在已经泛黄的1978年的《人民日报》中，并没有如何养牛的文章，而有一篇科学养猪的新闻。不过，是养牛还是养猪似乎并不重要，重要的是，确有一批像柳传志那样的人"春江水暖鸭先知"，他们在这个寒意料峭的早冬，感觉到了季节和时代的变迁。

（设计意图） 由联想集团创始人柳传志的回忆细节，引出当时对个体和私营经济的态度，并进一步引出改革开放和现代化建设大转折的时代背景。主要指向时空观念素养水平2：将某一史事定位在特定的时间和空间框架下。

【学习新课】

教师讲述：在中国现代史上，1978 年是一个关键性的年代。3 月邓小平复出并主持召开"全国科学大会"，提出了"科学技术是生产力""知识分子是工人阶级的一部分"等观点。5月，真理标准问题的大讨论彻底摧毁了"两个凡是"的政治原则，影响了中国改革的整个进程。同时，中国领导人改变了长期不出国的惯例，全国掀起了一股出国考察热潮，更多的领导人直观地感受到了中国与世界的差距。这一年年底，具有历史转折意义的中国共产党第十一届三中全会在北京召开。全会决定将党的工作重点转移到社会主义建设上来，并实行对内改革、对外开放。这次会议明确提出，要"正确改革同生产力迅速发展不相适应的生产关系和上层建筑"①，改变一切不适应的管理方式、活动方式和思想方式。此后两年中，中共中央为在"文革"中蒙受冤屈的许多人平反并召开追悼会，拨乱反正的历史任务基本完成，中国的发展主轴自此全面转变。

1978 年 11 月 24 日晚，在安徽省凤阳县偏僻、贫穷的小岗村的一间破草屋里，18 个衣衫老旧、面色饥黄的农民，借助一盏昏暗的煤油灯，在一张契约上按下血红的指印，并人人发誓：宁愿坐牢杀头，也要分田到户搞包干。

1978 年的中国企业是一幅怎样的景象呢？一位外国记者不知道通过怎样的程序，被破天荒地允许参观桂林的一家国营工厂，他在这篇中国工厂观察记中写到：

材料二 同中国大多数工厂的情况一样，桂林丝厂的工人看来并不是干劲十足的。就业保障、退休金保证以及其他一些好处促使中学毕业生拼命挤进工厂去工作。因此，许多人都挤进了本来就已经过多的工人行列。生产线上工人过多使工人长时间地闲着。当我走进一个车间的时候，有三名女工正在同旁边桌上的另外三名女工聊天。我一进去，她们就很快回到了自己的座位上，然后交叉着双手坐在那里，好奇地朝我张望。在我逗留的几分钟里，只有一个女工干了活，而没有一个女工说得清楚她们的生产定额是多少。

中国工人把他们的工作看成是一种权利，而不是一种机会。工厂管理人员对于工人阶级中的成员不敢压制。在这种企业里，工人的身份是可以世袭的，当一名工人退休时，他或她可以送一个子女到这家工厂工作。桂林丝厂有 2 500 多名工人，从来没有解雇过一个人。

——［美］杰伊·马修斯：《尽管宣布要对工厂进行改革，工作仍然松松垮垮》，《华盛顿邮报》，1978 - 07 - 28

教师设问：当时的国营工厂存在什么问题？（参考答案：工人没有生产积极性、工厂生产效率低，工人铁饭碗，企业负担重）

（设计意图）由一位外国记者的工厂观察，分析当时中国国有企业存在的问题，引出十一届三中全会后国有企业改革的第一步——扩权让利，从而形成完整的城市经济体制改革历程。主要指向时空观念素养水平 2：将某一史事定位在特定的时间和空间框架下；史料实证素养水平 2：明了史料在历史叙述中的基础作用。

教师讲述：当时的中国百废待兴，党和政府面临的问题很多，但迫在眉睫的是解决劳动就业问题。1979 年 2 月，760 万上山下乡的知青大军如潮水般地返回他们当年出发的城市，

---

① 中共中央文献研究室编：《三中全会以来重要文献选编》上册，北京：人民出版社，1982 年，第 11 页。

他们要吃饭、要工作、要生存,就业问题顿时成为中国第一个亟待解决的燃眉之急。打破原有的劳动就业体制,拓宽就业渠道,发展多种就业形式已经成为解决这一社会问题的必然选择。

1978年12月,党的十一届三中全会通过的《中共中央关于加快农业发展若干问题的决定(草案)》中明确指出:"社队的多种经营是社会主义经济,社员自留地、家庭副业和农村集市贸易是社会主义经济的正当补充;决不允许把它们当作资本主义经济来批判和取缔。""社员自留地、家庭副业和农村集市贸易,是社会主义经济的必要补充部分,不能当作所谓资本主义尾巴去批判。相反地,在巩固和发展集体经济的同时,应当鼓励和辅助农民经营家庭副业,增加个人收入,活跃农村经济。"从1978年底开始,个体经济包括个体商业、个体服务业及个体手工业先后在农村和城镇得以恢复。

1979年2月,国家工商行政管理局召开了"文革"结束后的第一次工商行政管理局长会议,提出并经党中央、国务院批转的报告:

材料三 各地可以根据当地市场需要,在取得有关业务主管部门同意后,批准一些有正式户口的闲散劳动力从事修理、服务和手工业等个体劳动,但不准雇工。

——王世勇:《新时期非公有制经济政策的历史考察(1978—2003)》中共中央党校博士学位论文,2004年,第69页

教师设问:这一报告做了什么规定?(参考答案:可以从事个体劳动经营,但不准雇工)

教师讲述:这是粉碎"四人帮"以后,党中央、国务院批转的第一个有关个体经济的报告。此前,党中央有几个文件鼓励多渠道自谋职业,但无明文规定可以搞个体经济。尽管这个规定还设有限制,尤其是规定不准雇工,但它毕竟为个体经济的发展开了绿灯。全国的第一张个体户执照据说发给了温州的一个小商贩。到这一年底,全国批准开业的个体工商户约十万。

(设计意图)十一届三中全会以后,党和政府首先从恢复和发展个体经济开始,在所有制问题上初步打破了以往那种拘泥于传统社会主义观念的认识和理论误区。主要指向时空观念素养水平2:将某一史事定位在特定的时间和空间框架下;史料实证素养水平2:明了史料在历史叙述中的基础作用;历史解释素养水平1:辨别教科书和教学中的历史解释。

(过渡)经过将近三年的改革,中国在政治上完成了一次"洗礼",改革成为舞台上的主流。在农村,承包责任制开始大面积普及,农民的生产积极性被极大地调动起来。改革成效初显,不过也引发了许多争议。1981年5至9月,《人民日报》连续四个月组织专版讨论一位广东农民雇工经营鱼塘问题,引起了极大的反响。

教师讲述:陈志雄是广东省高要县的农民。1979年承包8亩鱼塘,第二年扩大到105亩,并开始雇工,计有长工一人,还雇用了几百天短工,净收入一万多元。第三年扩大到357亩,雇工的规模也随之扩大,除了常年的5名固定工外,全年需请2 300天短工,净收入预计近4万元。有人提出陈志雄雇工超过8个,是不是就不算普通的个体经济而是资本主义经济?是不是剥削?《人民日报》就怎样看待陈志雄承包鱼塘和雇工问题,在报纸上展开了专题讨论。就在讨论开始不久,广东省社会科学院有两个人专程到陈志雄所在的沙浦公社作调查,用"左"的观点写了篇调查报告,结论是:"陈式承包以雇佣劳动为基础,脱离集体统一

经营,已不属集体经济内部责任制的性质,而成为资本主义经营,弊多利少,应予限制。"①这篇调查报告引起了极大的关注,一位中央领导专门给广东省委书记任仲夷写信:

材料四　附上材料一份,不知确实如何,如果属实,不知省委是怎样看法? 我个人认为,按这个材料所说,就离开了社会主义制度,需要作出明确规定,予以制止和纠正,并在全省通报。事关农村社会制度的大局,故提请省委考虑。

——转引自季音:《只惟实不惟上　平息"鱼塘风波"》,载《炎黄春秋》,1997 年第 7 期

教师设问:这位中央领导如何看待陈志雄雇工问题? 提出如何处理这一事件? (参考答案:背离了社会主义制度。限制或取消)

教师讲述:这封信在广东下发后,顿时掀起了轩然大波,党中央领导的意见岂能轻视? 于是由省到地,由地到县,一层层讨论。省委责成农委组成调查组,再赴陈志雄所在地进行调查,地委、县委也纷纷派出专人,前往查明真相,当地生产队干部与陈志雄本人,一时几乎应接不暇。省农委调查组很快写出了一份《高要县承包大户陈志雄的情况调查》,肯定了陈志雄在全公社首开专业承包的先例,认为他经营得法,效果显著,从而使人们看到承包制的作用和生产的潜力,对落实农业生产责任制起了积极的作用,尤其是陈志雄在承包中摸索出的"芡实(鸡头米)—水稻—鱼苗"轮作法,对当地调整生产布局也值得借鉴。

调查报告还认为:

材料五　陈志雄这种以雇佣劳动为主的大面积承包……带有一些资本主义因素,但不能和资本主义经营方式完全划等号,因为在陈的经营收入中,大部分作为包金交给了集体,这种经营方式就其经济效果来说,比原来吃"大锅饭",要先进得多。

——转引自季音:《只惟实不惟上　平息"鱼塘风波"》,载《炎黄春秋》,1997 年第 7 期

教师设问:广东省农委的调查报告对于陈志雄雇工的态度是什么? 最后决定怎么处理陈志雄? 意味着什么? 你认为对当地经济发展可能会带来什么影响? (参考答案:基本肯定和认同;认为应该从政策上加以引导或限制,不宜通报批评。意味着广东省不同意中央领导提出的"予以制止和纠正,并在全省通报"的决定。有利于鼓励更多的人从事个体经济发展生产)

教师讲述:当时组织这场讨论的人民日报社农村部主任季音后来回忆说:

材料六　围绕着陈志雄事件而掀起的这阵风浪里,我看到了一个非常可喜的现象,即许多干部吸取自 50 年代后期以来的沉痛历史教训,他们不再一味地盲目"唯上",而是着重从实际情况出发,进行实事求是的分析和判断。特别是陈志雄所在的公社、大队干部,他们最了解底细。陈志雄是全公社第一个冲出"左"的藩篱的"出头鸟",他承包鱼塘的实践促进了渔业生产的发展,即使承包中出现一些问题,也只能分别情况,逐个解决,决不能枪打"出头鸟",把陈志雄整垮,否则就会带来严重后果。

——季音:《只惟实不惟上　平息"鱼塘风波"》,载《炎黄春秋》,1997 年第 7 期

教师设问:讨论的组织者如何看待这场讨论? 反映了什么问题? (参考答案:认为讨论反映了许多干部,特别是基层干部不再一味地盲目"唯上",而是着重从实际情况出发,进行实事求是的分析和判断。改革开放以来人们逐渐挣脱了"左"的思想束缚)

---

① 季音:《只惟实不惟上　平息"鱼塘风波"》,载《炎黄春秋》,1997 年 7 期。

教师讲述：对雇工数量的限制，直到 1987 年的中共中央 5 号文件才删去，而在那时，私营业主雇用大量劳动力的现象已经比比皆是，在舆论上也已经没有任何争议了。

（设计意图）通过陈志雄雇工事件的争论可以看到个体经济在改革之初发展之艰难，也可以看到改革的探索与思想解放互相促进。主要指向唯物史观素养水平 2：将唯物史观运用于历史学习中；历史解释素养水平 1：辨别教科书和教学中的历史解释。

（过渡）农村个体经济的发展受益于七十年代末八十年代初广大农村推广的生产责任制，同时，随着个体经济的发展，又推动农村进一步变革——许多农民手中积累了一定的资金，越来越多的农民从土地的束缚中解放出来。在土地严重缺乏而观念较为领先的东南沿海地带，大量闲散人口开始离开土地，他们很自然地转而进入工业制造领域寻找生存的机会，这群人的出现直接地诱发了私人工厂、村办企业、乡镇企业等的"意外崛起"。

教师讲述：上海《文汇报》的记者沈吉庆听说，浙江有个叫义乌的地方，一种新颖小商品或新技术只要在国内的城市商场一出现，没过多久，人们就可以在那里的市场上找到。沈吉庆饶有兴致地赶到了义乌，后来他写了一篇《小山沟里的大市场》报道义乌。沈吉庆看到，在小商品市场周围活跃着上万名商贩和 2 000 多个家庭工厂，这些个体工商户的技术都是商贩们从全国各地带来的——塑料加工是从广州学来的，针织工艺是从绍兴、嘉兴引进的，童鞋制作是从温州移植过来的。他还讲了一个很生动的故事：

材料七　（1984 年——引者注）年初，有位商贩听说在城市里太阳帽的生意非常好，就特地赶到杭州买了一顶回来，钻研了三天，就仿制出了一模一样的太阳帽，价格还比城里的低了一半。半年后，在义乌市场上加工经营太阳帽的商户就达到 3 000 人，成了全国最大的太阳帽产销中心。

——转引自吴晓波：《激荡三十年——中国企业 1978—2008》上，北京：中信出版社，2007 年，第 112 页

教师设问：义乌太阳帽产销迅猛发展的优势是什么？（参考答案：价格低廉）

教师讲述：义乌的发展模式，几乎是 80 年代中国民营经济成长的标本：一个专业市场的出现，构筑出一张辐射农村及中小城镇的商品网络，在物流需求的诱发下，周边冒出数以千计的家庭工厂，最终形成"前店后厂""双轮驱动"的初级产业格局。在中国改革的前十多年，任何产业基础、政策扶持、人文素养乃至地理区位等方面的客观条件，都无法与当地的改革创新意识相匹敌，一地观念的解放与否是它有没有可能发展起来的唯一条件。那些工业基础雄厚、地理位置优越的城市地区，如东北、华北及上海等地，由于计划经济色彩浓厚，政府管治能力健全，民众对体制的依赖程度较高，民营资本难有萌芽的机会，倒是天偏地远、国有经济薄弱的边穷地区，如珠江三角洲、闽南和浙江中南部一带，却意外地具备了自谋生路的勇气和可能。

（设计意图）通过义乌的崛起及太阳帽制作所体现的、个体经济所具有的灵活机动特点，探索私营经济发展的原因。主要指向时空观念素养水平 2：将某一史事定位在特定的时间和空间框架下；史料实证素养水平 2：明了史料在历史叙述中的基础作用；历史解释素养水平 1：对所学内容中的历史结论加以分析。

教师讲述：在十一届三中全会上，中央认为："我国经济管理体制的一个严重缺点是权力过于集中，应该有领导地大胆下放，让地方和工农业企业在国家统一计划的指导下有更多

的经营管理自主权。"①正是基于这一共识,扩大企业自主权成为国有企业改革的始发站。②1984 年 10 月,中共十二届三中全会通过的《中共中央关于经济体制改革的决定》,被看做是全面进行经济体制改革的纲领性文献。《决定》突破了把计划经济同商品经济对立起来的传统观点,确认我国社会主义经济是公有制基础上的有计划的商品经济;在论述国有经济改革时,要求国有企业从过多的行政干预中摆脱出来,成为自主生产经营、独立核算、自负盈亏的经济实体;同进也强调了个体经济的作用,指出:"我国现在的个体经济是和社会主义公有制相联系的,不同于和资本主义私有制相联系的个体经济,它对于发展社会生产,方便人民生活,扩大劳动就业,具有不可替代的作用,是社会主义经济必要的有益的补充,是从属于社会主义的。"③加上这一年对外开放进一步扩大,在原有经济特区的基础上增开十四个对外开放港口,社会充满了一股强大的商业力量,"创业""下海"成为热词。

1984 年被称为中国现代公司的元年,在许多企业发展史上是标志性的时间节点:柳传志创办了联想公司,张瑞敏创办了海尔公司,王石创办了万科公司,李经纬创办了健力宝公司,等等。这些公司不仅成为私营企业的引领者,同时为中国经济的增长注入了强大力量,其中的部分公司已经成为某个行业的巨擘。

1984 年,乡镇企业的崛起已经成为一个不争的事实。有关资料显示,作为私营经济的大军,当年中国的乡镇企业实际已发展到 165 万家,拥有劳动力 3 848 万人。两年后的 1986 年底,乡镇企业的总数已经发展到 1 515 万家,劳动力近 8 000 万,向国家缴纳税金 170 亿元,实现总产值 3 300 亿元,占全国总产值的 20%,"五分天下有其一"的格局悄然出现。

最让人惊奇的地方是,它们是怎么从几乎空白的状态中突然发展起来的? 在那些农村,没有工业化的基础,没有原材料,没有技术,没有熟练的工人,甚至连销售的渠道也没有。这些一无所有的农民是怎么占有市场,并击败装备精良(至少有设备、有工人,还有国家政策上的支持)的国营企业的? 唯一可能的答案便是,他们所有的生产要素都是从国营企业那里"借"来的。他们的很多设备是国营企业淘汰下来的,他们的技术是城市里的工程师在周末偷偷下乡传授的,他们的工人有不少在国营企业里受过最基础的培训,而他们的市场往往是国营企业不屑做的。这就是"创世纪"的状态,乡镇企业唯一可倚重的是,那些农民创业者比城市里的厂长更热爱他们的企业,他们认为这是自己的"事业"。④

(过渡)在个体经济、乡镇企业等私营经济迅猛发展的这几年中,国营企业在市场竞争方面面临巨大压力。

教师讲述:跟乡镇企业的方兴未艾相比,国营企业在市场上的竞争乏力,已经日渐成为一个很难逆转的事实。《中华工商时报》刊登了一篇新闻:北京的袜子、手套等日用小商品严重积压,东城区就有数百家这样的国营中小企业,东城区工商局为了让区内的国营企业多一些销售的机会,就主动安排它们进入集贸市场,并用行政手段让它们占据最好的摊位,结果却是事与愿违,数以百计的积压厂家只有 17 家前来登记申请,最后只有六七家到市场里

① 《中国共产党第十一届中央委员会第三次全体会议公报》(一九七八年十二月二十二日通过),中国网,http://guoqing. china. com. cn/2012-09/10/content_26747598. htm。
② 贺耀敏:《扩权让利:国有企业改革的突破口——访袁宝华同志》,载《百年潮》,2003 年第 8 期。
③ 中共中央文献研究室编:《十二大以来重要文献选编》中,北京:人民出版社,1986 年,第 580 页。
④ 吴晓波:《激荡三十年——中国企业 1978—2008》上,北京:中信出版社,2007 年,第 173 页。

设了摊。记者在北京最大的和平里综合集贸市场上看到的景象是：

材料八 国营、个体的摊位泾渭分明，前者的守摊人缩着脖子，躲在柜台后面，一幅十足官商作风，个体练摊的则又是叫卖，又是拿着样品比画，热热闹闹地吸引绝大部分的顾客。在刺骨寒风中，个体练摊的照旧天亮出，天黑收，而国营的推销员却按部就班，实行8小时工作日，若要延长营业时间，就涉及奖金、加班费，牵一发而动全身。

——转引自吴晓波：《激荡三十年——中国企业1978—2008》上，北京：中信出版社，2007年，260—261页

教师设问： 材料认为国营摊位与个体摊位相比有何明显不同？试结合材料及所学知识分析造成这种不同的原因？（参考答案：服务态度差、营业时间短。经营管理体制、分配制度等束缚着国营企业的积极性，个体摊位归私人所有，多劳多得，摊主积极性高）

教师讲述： 这些国营摊位的销量不及私营摊位的四分之一，而且很快就被淘汰出了市场。记者最后无奈地说："虽然使国营企业在场地、产品、流通环节等硬件上与个体形似，但是在利益机制、市场机制上的神合却难以达到。"[1]1984年起，国营企业改革措施年年出新，从利改税、承包制、政企分开，到优化组合、股份制、租赁制，药方开出了一帖又一帖，成效却总是难以持久。即便是在诸多"倾斜""保护"以及创纪录的大批信贷资源源源注入之后，国营企业的表现依旧让人们无法轻松起来：生产回升缓慢、效益下降、亏损翻番。中国工商银行抚顺市分行一位基层负责人认为：

材料九 目前企业内部自有资金较少，企业的主要债权人是国家与银行，而不是企业自己。企业亏损了，有政府"输血"、"供奶"、补贴，企业里每一个人并没有受多大损失。如果长期不能扭亏，厂长顶多被免职，职工也不会倾家荡产。没有行之有效的经济链条把企业与个人的命运维系在一起，使企业整体长期缺乏危机意识与主人翁的责任感，也是导致企业走向破产末路的重要原因。

——转引自吴显果：《国有企业：破产惊雷大震荡》，载《经济问题探索》，1993年第7期

教师设问： 材料认为国有企业亏损的重要原因是什么？（参考答案：企业吃国家大锅饭，职工吃企业大锅饭，没有行之有效的经济链条把企业、厂长与职工三者的经济利益等紧密相联，企业长期缺乏危机意识，职工缺乏主人翁的责任感）

（设计意图） 通过国营摊位和个体摊位的对比，以及国营企业亏损原因的分析，引导学生理解私营经济的发展对国营企业形成的冲击，同时认识到要在市场中生存，国营企业必须进行深层次改革。主要指向时空观念素养水平2：将某一史事定位在特定的时间和空间框架下；史料实证素养水平2：明了史料在历史叙述中的基础作用；历史解释素养水平1：辨别教科书和教学中的历史解释。

教师讲述： 农业部提供的数据表明，1990年，乡村集体企业实现利润265.3亿元，首次超过国营企业的246亿元；前者的销售利润率为5.6%，相当于后者2.6%的两倍多。在私营经济的冲击下，国营企业要生存就必须深化改革。

1991年，在山东潍坊，一个刚刚上任的年轻市长走得更远。时年35岁的陈光刚刚由潍坊市团委书记调任下属诸城市当市长，就任后的第一次调研，就让他手脚发麻：市属全部

---

[1] 吴晓波：《激荡三十年：中国企业1978—2008》上，北京：中信出版社，2007年，第261页。

150 家独立核算的国营企业,有 103 家明亏或暗亏。究其原因,无非还是老问题:企业是国家的,亏损不亏损与厂长、与职工没有紧密的利害关系。怎么办?陈光在新公布的中央文件中找到了一句话"国有小型企业有些可以出租或出售给集体或个人经营",由此,他决定把这些企业统统卖掉。

第一家被选作试点的是总资产 270 万元、职工 277 人的诸城电机厂。市政府最初拿出的改革方案是国家控股 51%,职工买断 49%。但陈光提出要改就由职工全部买断,最终定下来的方案是,九个厂领导每人出 4 万元,20 多个中层干部每人出资 2 万元,普通职工每人出资 6 000 元。在新公司的成立会上,被誉为"国有企业产权制度改革第一人"的陈光说:

材料十　十年改革,改来改去企业还是躺在政府的怀抱里。从今天开始,咱两家的关系变了,变成你注册我登记,你赚钱我收税,你发财我高兴,你违法我查处,你破产我同情。

——转引自吴晓波:《激荡三十年——中国企业 1978—2008》上,北京:中信出版社,2007 年,第 268 页

教师设问:陈光如何看待改革后的企业与政府关系?(参考答案:企业是独立经营、自负赢亏的生产者、经营者,政府只是管理者)

教师讲述:在之后的两年多里,陈光通过股份制、股改合作制、无偿转让产权、破产等七种形式,将全市 272 家乡镇以上国营或集体企业都出售给了个人,陈光因此得下一个绰号——"陈卖光"。

"陈卖光"的胆大妄为,理所当然地引出一些人的攻击。国务院派出联合调查组赴诸城调查,最后的结论是:县属企业改革探索阻力大,困难多,诸城市在这种情况下取得成绩,是难能可贵的,为"放活国有小企业"创造了经验。中国经济体制改革研究会顾问、原国家体改委副主任高尚全回忆,时任山东省委书记和省长请他去给省领导和厅局级干部讲国有企业改革,有人当场提问:诸城的改革是姓"资"还是姓"社"? 高尚全回答:

材料十一　一个对 300 个诸城青年职工的问卷调查,问卷的题目是:"假如有人偷公家的东西,你怎么办?"答案有三个选择:(1)与小偷作斗争;(2)装作看不见的;(3)你偷我也偷。问卷回收的结果:选择与小偷作斗争的只有 14 人;选择装作看不见的 220 人;选择你偷我也偷的 66 人。这说明,这种企业财产的组织形式,职工并不关心,所以有人说:"国外有一个加拿大,中国有个大家拿。"当时,对企业亏损并不在乎,"亏损好,亏损好,评比检查不来了,工资奖金少不了"。改革就是要改变这种情况。

——高尚全:《从诸城看国企改革》,载《中国经贸导刊》,2016 年 12 月下

教师设问:高尚全如何看待国有企业产权改革?(参考答案:国有企业的财产组织形式不利于调动企业、职工的生产积极性,必须改革所有制)

教师讲述:20 世纪 80 年代初开始的国有企业改革是以改善政府部门和企业间的关系为主,从放权改革到承包制,各地政府和经营者尝试了无数种改革的模式和方法,但却始终没有触及最致命也是最敏感的产权制度。国有企业改革一开始对"产权"这个词是不接受的,因为它来自西方,改革产权就意味着改变所有制,而国企改革是不能改变所有制的。只能改革经营方式,不能触及产权问题,这是理论禁区。而中国改革史的一个特点是,人民的实践有时候会走在中央政策的前面,一切的改革和突破尽管会阶段性地受到意识形态的影响和干扰,但是并不能真正地阻挡它前行的脚步。

(设计意图) 由"陈卖光"引起的争论,引导学生思考中国改革在实践中摸索前行的艰难。主要指向时空观念素养水平2:将某一史事定位在特定的时间和空间框架下;史料实证素养水平2:明了史料在历史叙述中的基础作用;历史解释素养水平1:辨别教科书和教学中的历史解释。

(过渡) 在中国改革史上,邓小平"南方谈话"是一个重大事件,被认为是一个历史性转折点。1978年改革开放以来,中国的发展主轴已经向经济成长转移,然而围绕经济领域中出现的种种新现象,仍然有不少人以意识形态的标尺去丈量,特别是每当宏观经济出现波动的时候,便立刻会有批评与批责的思潮出现。这已经成为阻碍中国经济持续增长的最大的思想屏障。邓小平"南方谈话",是进一步解放思想、实事求是的宣言书,犹如强劲的东风,吹遍了特区,吹遍了全国,吹散了人们头脑中的种种疑虑和禁忌,极大地解放了人们的思想。邓小平讲话中"三个有利于"的科学论断,为包括个体、私营经济在内的非公有制经济健康发展扫除了理论上和思想上的障碍,也为中共十四大确立社会主义市场经济体制的目标奠定了思想基础。中国出现了又一轮经商潮、下海潮。

教师讲述: 1992年后,在新一轮的经济发展浪潮中,人们发现:个体经济发展了、民营经济发展了,唯独国营经济仍然举步维艰,相当困难。私营企业的数量和规模创下了新的纪录,于是有了新的担忧:私营经济迅猛发展是否会威胁公有制经济的主体地位? 国有企业实行"抓大放小"的方针:股份制、合作制、租赁、承包、拍卖,有人说这是产权明晰,是保存乃至增值公有资产的办法;有人说这是私有化,至少也在造成公有资产的流失。这样,在1997年前后围绕着国有企业所有制改革问题出现了新一轮争论:什么是社会主义公有制? 怎样发展社会主义公有制? 有人把这场争论概括为是姓"公"还是姓"私"之争。围绕"公""私"之争,理论交锋不断。要进一步发展社会主义市场经济,必须对这个问题作出明确的解释。

1997年,十五大指出:

材料十二 公有制为主体、多种所有制经济共同发展,是我国社会义初级阶段的一项基本经济制度……非公有制经济是我国社会主义市场经济的重要组成部分。……对个体、私营等非公有制经济要继续鼓励、引导,使之健康发展。

——《十五大以来重要文献选编》上,北京:中央文献出版社,2011年,第18—19页

教师设问: 中共十五大如何论断社会主义市场经济体制下的所有制? 简要分析这一论断。(参考答案:实行公有制为主体、多种所有制经济共同发展,包括个体、私营在内的非公有制经济是我国社会主义市场经济的重要组成部分。这一论断使非公有制经济的地位得到极大提升)

教师讲述: 1997年十五大的这一论断是对传统所有制理论的一个重大突破,传统理论认为非公有制经济可以在社会主义社会存在,但不能成为社会主义经济的组成部分,而只能是社会主义经济的补充,把它看成社会主义经济以外的经济力量,难以把非公有制经济的发展摆到正确的位置上。党的十五大把个体、私营等非公有制经济确立为社会主义市场经济的重要组成部分,从根本上解除了个体、私营经济大发展的思想障碍和政策障碍,非公有制经济的地位得到极大提升,极大地促进了我国民营经济及民营企业的发展。同时,这也是党中央在正式的文件中第一次对我国所有制理论做出重大修正,进而第一次将经济改革的方向指向所有制。

(设计意图) "南方谈话"和中共十四大以后,就姓"公"姓"私"的问题,党的历史上又出现

了一次重要的争论,最终突破了传统所有制观念,也为私营经济的大发展和国有企业深化改革奠定基础。主要指向时空观念素养水平2:将某一史事定位在特定的时间和空间框架下;史料实证素养水平2:明了史料在历史叙述中的基础作用;历史解释素养水平1:辨别教科书和教学中的历史解释。

教师讲述:此后,党中央、国务院通过一系列政策,鼓励、支持个体、私营等各种形式的非公有制经济的发展。如2002年中共十六大再次明确个体、私营等各种形式的非公有制经济是社会主义市场经济的重要组成部分,必须毫不动摇地鼓励、支持和引导;2003年十六届三中全会指出,必须大力发展和积极引导个体、私营等非公有制经济;2005年国务院通过并颁布《关于鼓励支持和引导个体私营等非公有制经济发展的若干意见》等,为个体、私营经济的发展创造出了前所未有的环境。国有企业改革逐步深化,彻底冲破了"产权制度改革"禁区。

党的十六届三中全会通过的《中共中央关于完善社会主义市场经济体制若干问题的决定》强调,"大力发展国有资本、集体资本和非公有资本等参股的混合所有制经济","使股份制成为公有制的主要实现形式";放宽市场准入,清理限制非公有制经济发展的法律法规、政策,"大力发展和积极引导非公有制经济";建立健全现代产权制度,在"维护公有财产权"的同时"保护私有财产权","保障所有市场主体的平等法律地位和发展权利"。[①]

材料十三 要提高企业的核心竞争力,要有我们自己的知识产权,一定要振兴民族经济,民族经济不仅指国有企业,国家控股企业,也包括民营企业在内,民营企业是民族经济的重要组成部分,所以我现在讲振兴民族经济,不仅包括老工业基地改造,新工业基地建设,国有企业发展,也包括民营企业,民营企业就是我们民族经济的重要组成部分。

——厉以宁:《谈民营经济的发展》,载《知识就是力量》,2004年第1期

材料十四 民营经济是社会主义市场经济发展的重要成果,是推动社会主义市场经济发展的重要力量,是推进供给侧结构性改革、推动高质量发展、建设现代化经济体系的重要主体,也是我们党长期执政、团结带领全国人民实现"两个一百年"奋斗目标和中华民族伟大复兴中国梦的重要力量。

——习近平:《在民营企业代表座谈会上的讲话》,载《人民日报》,2018-11-02

材料十五 进一步放开民营企业市场准入;实施公平统一的市场监管制度;破除招投标隐性壁垒;进一步减轻企业税费负担;健全银行业金融机构服务民营企业体系;健全执法司法对民营企业的平等保护机制;保护民营企业和企业家合法财产;支持民营企业加强创新;完善民营企业参与国家重大战略实施机制。

——摘编自《中共中央 国务院关于营造更好发展环境支持民营企业改革发展的意见》(2019年12月4日),中国政府网,http://www.gov.cn/zhengce/2019—12/22/content_5463137.htm

教师设问:根据材料,关于民营经济、国有企业、民族经济,可以得出哪些认识?(参考答案:国有企业、国家控股企业、民营企业都是民族经济的重要组成部分,都是建设现代化的主体力量,都是实现中华民族伟大复兴的重要力量)

教师讲述:经过几十年的改革、探索,党已经形成了新时代中国特色社会主义所有制理

---

① 《十六大以来重要文献选编》上,北京:中央文献出版社,2011年,第466—467页。

论,公有、民营平等互利、共同发展。民营企业结构由过去流通型、服务型向生产加工型、科技型、外向型和产、供、销、科、工、贸一体化方向发展;领域不断拓宽,由传统的第三产业向第一、二产业发展且具备一定竞争力;个体户向私营、联营发展;在深化企业改革中通过兼并、租赁、承包、购买等形式与公有制经济相互融合,形成了优势互补的混合经济形式。而国有企业则主要集中在资金和技术门槛很高、外溢效应很大的瓶颈型、资源型、科技主导型的资本密集型产业。

(设计意图) 改革开放四十年来,在所有制问题上,党不仅突破传统的束缚,而且从中国实际出发,在社会主义建设道路的实践中形成了中国特色社会主义所有制理论。了解当前的所有制结构特点,有利于形成完整的改革开放以来所有制变迁历程,也有利于坚定中国特色社会主义道路的信心。主要指向时空观念素养水平3:把握相关史事的时间、空间联系;历史解释素养水平2:尝试从历史的角度解释现实问题。

教师总结: 回顾四十年的改革开放,党领导人民从中国实际出发,在先易后难的基础上,通过发展个体经济、乡镇企业等,培植市场经济主体,推动市场主体的形成和市场机制的发育,然后倒逼体制内国有企业加快改革,最终形成国企、民企、外企多元化竞争的市场经济格局。不断解放思想、在实践中摸索前行,这一过程伴随着纠结与痛苦、争论与突破、成就与荣光,在中国特色的社会主义理论指引下取得巨大成就。

教学设计 2

吴县中学　燕　鹏

一、教材分析

本课是第十单元《中国特色社会主义道路的开辟与发展》中的第1课,包括伟大的历史转折、改革开放进程、"一国两制"与祖国统一大业三个子目的内容,主要讲述1978年以来中国特色社会主义道路的开辟与发展历程。1978年掀起的真理标准大讨论,批判和否定了"两个凡是"的错误方针,重新确立解放思想、实事求是的思想路线。随后召开的十一届三中全会,结束了粉碎"四人帮"之后两年中党的工作在徘徊中前进的局面,实现了建国以来党的历史的伟大转折,揭开了改革开放的序幕。改革从农村到城市,从试点到推广,从经济领域到其他各个领域,从对内搞活到对外开放,从部分地区和领域的对外开放到全方位、多层次、宽领域的对外开放,中国创造了人类发展史上的奇迹。邓小平创造性的提出"一国两制"伟大构想,开创了国家统一的和平方式与国家治理的崭新模式,并在香港、澳门得到成功实践,并推动了海峡两岸关系的发展。

二、学情分析

本课的授课对象为高一年级学生,其认知能力和思维能力较之初中时期有所提高,原有认知和生活体验,加上互联网、电视等信息渠道,使他们对十一届三中全会、改革开放等都有所了解。本课通过提供材料、设置情境、层层设问,以加深学生对中国特色社会主义道路的开辟过程及其伟大意义的深刻体悟,更加自觉地增强道路自信,激发民族自信心和自豪感。

三、教学目标

1. 认识真理标准问题讨论和十一届三中全会的历史意义,认识中国经济体制改革的历程,理解"一国两制"的由来、发展以及实践意义。

2. 深入领会中国共产党在开辟中国特色社会主义道路过程中,把马克思主义基本原理同中国的具体实际相结合,不断解放思想、与时俱进的创新精神。

3. 深刻理解改革开放对于中国命运走向和开辟中国特色社会主义道路所具有的伟大意义。

四、教学重难点

重点:十一届三中全会召开的背景和影响;农村和城市经济体制改革进程;对外开放格局的形成过程。

难点:领会社会主义市场经济的内涵,正确理解中国特色社会主义道路。

五、教学过程

【导入新课】

教师讲述:"古今中外的历史都告诉我们,世界上没有一个民族能够亦步亦趋走别人的道路实现自己的发展振兴,也没有一种一成不变的道路可以引导所有民族实现发展振兴;一切成功发展振兴的民族,都是找到了适合自己实际的道路的民族。"[1]道路关乎党的命脉,关乎国家前途、民族命运、人民幸福,是关系党的事业兴衰成败第一位的问题。习近平总书记指出,"我们能够创造出人类历史上前无古人的发展成就,走出了正确道路是根本原因"[2]。这是怎样的一条道路? 这条道路又是如何探索出来的?

【学习新课】

教师讲述:习近平总书记指出,解放思想是"解放和发展社会生产力、解放和增强社会活力的总开关"[3]。没有思想大解放,就不会有改革大突破。

---

[1] 习近平:《在纪念孙中山先生诞辰 150 周年大会上的讲话》(2016 年 11 月 11 日),人民网: http://politics. people. com. cn/n1/2016/1111/c1024-28854797. html。

[2]《习近平:最大优势是中国共产党领导》,中国网, https://www. sogou. com/link? url = DSOYnZeCC_rz88Xns-EirCdQRoztLvNXhxXYOXilQj2lkf-BvZwoQfSLlwxMLUJLSPkJ9NpnLGIOrEvhIVJ6R6gmjzc-n5e7。

[3] 习近平:《切实把思想统一到党的十八届三中全会精神上来》,载《求是》,2014 年第 1 期。

1977年2月7日,《人民日报》《解放军报》以及《红旗》杂志联合发表社论《学好文件抓住纲》,提出"两个凡是"。中国再一次徘徊在十字路口,两种倾向、两种命运摆在人们的面前:一种是继续"左"的错误理论与实践倾向,照此走下去,只会使中国社会主义事业进入死胡同,最终葬送社会主义;另一种是从根本上纠正"文化大革命"的错误,从危难中重新奋起,追赶时代潮流的要求和愿望。中国前路将何去何从?

时间定格在1978年5月,中国上百台印刷机转动,不同的报头之下,出现了同一个标题——《实践是检验真理的唯一标准》。随后,校园的阅报栏前挤满年轻的面孔,无数学子闻风而至,阅读这篇文章。千百人重新铺展稿纸,千百支笔重新抖落尘埃,准备书写同一个主题。中国掀起一场关于真理标准的大讨论。

材料一 关于真理标准问题,《光明日报》登了一篇文章,一下子引起那么大的反应,说是"砍旗",这倒进一步引起我的兴趣和注意。……思想路线不是小问题,这是确定政治路线的基础。正确的政治路线能不能贯彻实行,关键是思想路线对不对头。所以,不要小看实践是检验真理的唯一标准的争论。这场争论的意义太大了,它的实质就在于是不是坚持马列主义、毛泽东思想。

——《邓小平文选》第二卷,北京:人民出版社,2008年,第190—191页

教师设问:

(1)"砍旗"说明什么问题?(参考答案:"左"倾错误思想亟待消除,正确的思想路线还未确立)

(2)这场讨论的实质是什么,有何重要意义?(参考答案:一场深刻的思想解放运动。为党的十一届三中全会的召开奠定了思想基础,成为拨乱反正和改革开放的思想先导)

材料二 没有"文化大革命"的教训,就不可能制定十一届三中全会以来的思想、政治、组织路线和一系列政策。

——邓小平与捷克斯洛伐克总统胡萨克的谈话(1988年9月),《邓小平文选》第3卷,北京:人民出版社,1993年,第272页

教师设问:

(1)十年"文革"给党和人民带来哪些深刻的教训?(参考答案:"以阶级斗争为纲"只能破坏社会主义事业;如果没有监督、制衡的民主机制,个人崇拜、个人专断的后果就必然是全党、全局性的错误;必须从理论和实践上搞清什么是社会主义,如何建设社会主义这个根本问题。要始终坚持一切从实际出发,解放思想,实事求是,在实践中检验和发展真理)

(2)邓小平为什么说实行改革开放政策要归"功"于十年"文革"?(参考答案:"文革"十年内乱给党、国家和人民带来严重灾难,促使中国共产党在反思"文革"的基础上,寻求改革新路)

(设计意图)引导学生认识中国特色社会主义道路开辟的源头动力是解放思想,通过开展真理标准讨论,冲破了"两个凡是"的束缚。引导学生对史料进行辨析,使学生准确把握文革与改革开放的关系。主要指向史料实证素养水平1:从所获得的材料中提取有关的信息;历史解释素养水平2:选择、组织和运用相关材料并使用历史术语,对个别史事提出自己的解释。

教师讲述:"文革"结束后,国家百废待兴,干部群众企盼拨乱反正、平反冤假错案。当

时一些领导,却在平反冤假错案问题上顾虑重重,担心会带来社会的不稳定,给平反冤假错案设置了障碍和禁区。

教师讲述: 1978 年,时任中共中央组织部部长的胡耀邦在全国信访工作会议上公开提出"两个不管",对于平反冤假错案,起到巨大的推动作用。

材料三　经过对实际情况的调查核实,分析研究,凡是不实之词,凡是不正确的结论和处理,不管是什么时候,什么情况下搞的,不管是哪一级组织,什么人定的、批的,都要实事求是地改正过来。

　　　　　　——胡耀邦:《落实干部政策,关键在于实事求是》(1978 年 9 月 25 日)

教师设问: "两个不管"体现出哪些可贵精神?(参考答案:尊重客观事实,实事求是;反对教条主义,有错必纠)

材料四　随着这些冤案的平反昭雪以及干部政策的不断落实,这些蒙冤者的积极性被充分调动起来,他们坚信:当"伤痕"慢慢收敛,未来必定是一个崭新的时代。……胡耀邦的秘书在接受采访时说:"平反冤假错案就是为了顺民心,就是为改革开放奠定了和谐的社会基础。"

　　　　　　——乐楚:《中兴伟业　人心为上:胡耀邦与平反冤假错案》,载《文史博览》,2015 年第 6 期

教师设问: 为什么说平反冤假错案"为改革开放奠定了和谐的社会基础"?(参考答案:顺应民心,促进了安定团结局面的形成,调动了社会各方的积极性,为实现党和国家的工作重点向经济建设转移创造良好的政治环境)

(设计意图) 引导学生全面认识十一届三中全会后的拨乱反正成就。主要指向历史解释素养水平 2:选择、组织和运用相关材料并使用相关历史术语,对个别史事提出自己的解释。

教师讲述: 1978 年 12 月,十一届三中全会果断停止使用"以阶级斗争为纲"的口号,作出了把党和国家工作中心转移到经济建设上来、实行改革开放的历史性决策。改革需要创造力,而人民群众蕴藏着极大的改革动力和创新智慧。

材料五　事实上农民远非如许多人想象的那样是一个制度的被动接受者,他们有着自己的期望、思想和要求。他们一直有着"反道而行"的"对应"行为,从而以不易察觉的方式改变、修正,或是消解着上级的政策和制度。这种政府与农民间的"互动",一直贯穿了整个过程,到今天仍在继续。

　　　　　　——高王凌:《人民公社时期中国农民"反行为"调查》,北京:中共党史出版社,2006 年,第 192 页

教师设问: 人民公社时期中国农民在"反行为"方面有什么典型事例?(参考答案:包产到户的农业生产责任制萌发,或安徽凤阳小岗村包干到户)

材料六　1978 年,小岗生产队是凤阳县梨园公社最穷的一个生产队。……是个典型的吃粮靠返销、生活靠救济、生产靠贷款的"三靠"队。……开始,这 20 户农家划为 4 个作业组,但搞不好,又划成 8 个组,还是搞不好。以后,他们就背着公社、大队,偷偷摸摸地搞起了包干到户。他们还秘密议定:如果队长因为我们搞包干到户犯法坐班房,他家的农活我们全队包下来,小孩由全队养到 18 岁。群众表现出破釜沉舟的决心和勇气。

　　　　　　——江鲲池:《潮头从这里卷起——我国农业家庭联产承包责任制诞生记》,载《党史纵

览》,2008 年第 11 期

教师设问：

(1) 小岗生产队穷困的根本原因是什么？(参考答案：人民公社化运动压制了农民生产积极性,阻碍了农村生产力的发展)

(2) 为什么小岗人觉得分田到户会面临杀头坐牢的危险？(参考答案：包产到户与人民公社体制相悖,被认为是反社会主义的行为,长期遭到批判)

教师讲述：同样的担忧,在其他地方也存在。改革开放前的深圳(当时叫宝安),判断什么是资本主义有一个简单的办法：养鸡超过六只就是资本主义！如果长途贩运几十只鸡,那就是贩卖资本主义,是要坐牢的。

教师设问：两种担忧反映出当时人们对什么问题的理解有偏差？(参考答案：什么是社会主义,或社会主义与资本主义的本质区别)

教师讲述：穷则思变,求变才能求生。小岗人甘冒风险,走出了一条"完成国家的,留足集体的,剩下都是自己的"新路子,冲破了两个"不许"(不许分田单干,不许包产到户)的束缚。可是,随着包产到户的推广,对它的指责、议论也纷至沓来,有人说包产到户是"复辟倒退",犯了"方向错误"。还有人感叹"辛辛苦苦几十年,一夜回到解放前"。一时间人心惶惶,有人甚至谈"包"色变。大潮初起的农村改革面临着夭折的危险。

1980 年 9 月,中央下发《关于进一步加强和完善农业生产责任制的几个问题》,指出："在生产队领导下实行的包产到户是依存于社会主义经济,而不会脱离社会主义轨道的,没有什么复辟资本主义的危险"①,肯定了包产到户。1982 年 1 月 1 日,中国共产党历史上第一个关于"三农问题"的一号文件正式出台,明确指出包产到户、包干到户都是社会主义集体经济的生产责任制。此后,家庭联产承包责任制在全国各地迅速推广开来,彻底打破"政社合一""一大二公"的人民公社体制,农业生产取得从未有过的连年增产。

材料七 1974 年彭立成家的春联是："过年只有两升米,押岁并无一分钱";横批："我也过年"。

1980 年彭立成家从生产队分到现金 1 150 元,家庭副业收人 670 元。这一年他家的春联是："过年储米十余担,押岁存款上千元";横批："欢渡春节。"

1983 年彭立成家农副业收入达到 7 000 多元,又添了一栋九柱三间砖瓦房。这一年他家的春联是："人有勤劳致富两只手,家有吃穿住用四不愁";横批："永跟党走。"

——陈丕显：《"大包干"——农村改革的突破》,载《党史天地》,1998 年第 4 期

教师设问：比较三年春联的内容,可以得到哪些信息？(参考答案：反映了改革前后农业生产和农民生活的巨大变化,反映了农民群众对"大包干"的热烈赞扬,以及党在新时期政策的衷心拥护)

教师讲述：粮食增产以后所需要市场、销售渠道等与城市尚存的原来那套体制格格不入,农业生产所需要的生产资料也难以获得,城市经济体制的改革迫在眉睫。

(设计意图)通过小岗村农民的创举,引导学生认识人民是历史的创造者,是推动社会变

---

① 《中共中央印发〈关于进一步加强和完善农业生产责任制的几个问题〉的通知》(1980 年 9 月 27 日),中国经济网,http://www.ce.cn/xwzx/gnsz/szyw/200706/13/t20070613_11735658.shtml。

革的决定力量。主要指向历史解释素养水平 2：在历史叙述中将史实描述与历史解释结合起来。

教师讲述：中国经济体制改革研究会会长彭森回忆说，在 1978 年改革开放的那一年，92% 农产品的价格，100% 的生产资料价格，以及 97% 的日用商品的价格都是由政府定价。大到重工业产品、煤电油气运，小到我们生活中衣食住行。举个例子，一辆 100 多元的自行车、一块几十元的普通手表，甚至说一斤盐几角几分，都需要国家来定价。

政府主导定价导致了商品价格脱离整个社会和市场的供求关系，价格跟不上市场和人们收入的变化。到了改革开放的第六个年头，国有企业困于计划经济体制的"五花大绑"之中，弊端越来越凸显。

材料八　我们要这些权力，绝不是为了以权谋私，只是想在目前条件下，给企业松松绑，使我们能够在搞活企业，落实责任制，克服"大锅饭"方面有所突破，从而实现提高经济效益的目的。为福建能在四化建设中走在全国前头作出努力。

——《五十五名厂长、经理呼吁：请给我们"松绑"》，载《新闻记者》，1985 年第 6 期

教师介绍：这是 1984 年春，福建省 55 位厂长、经理联名发出的呼吁信《请给我们"松绑"》。《福建日报》在一版头条将此信全文公布，立即在政企界引起强烈反响。这则新闻后来被评为当年中国新闻特等奖，"松绑放权"也成为我国企业改革发展史上的一个标志性事件。

教师设问：福建省 55 位厂长经理要求"松绑"，说明当时企业面临哪些问题？（参考答案：企业没有生产经营的自主权，缺乏活力；分配中平均主义严重，无法调动职工生产积极性）

教师讲述：1984 年 10 月，十二届三中全会通过《中共中央关于经济体制改革的决定》，指出增强企业活力，特别是国有大、中型企业的活力是经济体制改革的中心环节。

教师设问：国家可以从哪几个方面入手去增强企业活力？（参考答案：政企职责分开；扩大企业自主权，使企业真正成为相对独立的经济实体；建立合理的价格体系；调整分配方式，实行按劳分配）

（设计意图）通过中国经济体制改革研究会会长彭森的回忆，和福建省 55 位厂长经理要求"松绑"的新闻，使学生更好地理解计划经济的弊端以及城市经济体制改革的紧迫性。主要指向历史解释素养水平 2：选择、组织和运用相关材料并使用历史术语，对个别史事提出自己的解释。

材料九　1976 年 11 月 16 日，《人民日报》发表文章批判"四人帮"关于引进外国技术设备是"爬行主义""洋奴哲学"的观点，肯定引进技术和设备的必要性，"那种认为凡是引进先进技术就是'洋奴哲学'，就是'爬行主义'，实际上是主张'闭关自守'，这是对人类文明史的愚妄无知，是对独立自主、自力更生方针的恶意歪曲"。

——张旭东：《1976—1978：中共对外引进政策的恢复与突破》，载《党史研究与教学》，2007 年第 2 期

教师设问：批判"爬行主义""洋奴哲学"有何进步意义？（参考答案：冲破"左"倾思想的束缚，有利于引进外国技术设备，促进经济恢复和发展，推动了对外开放政策的出台）

教师讲述：改革是逼出来的，活力是放出来的，开放是试出来的。"努力采用世界先进技术和先进设备"被正式写进十一届三中全会公报，利用外资的政策得以确立。1979 年 1

月,一份关于香港厂商要求回广州开设工厂的来信引起了邓小平的高度重视。他敏锐地意识到这是利用外资的一个很好的时机,于是他当即在这份来信摘报上批示:"这件事,我看广东可以放手干。"

教师设问:广东在利用外资方面有何优势条件?(参考答案:地理位置优越,有利于对外贸易;毗邻港澳,华侨众多,便于吸引外资;交通便利,物产丰富)

教师讲述:1979 年 4 月在北京召开中央工作会议,时任广东省委第一书记的习仲勋说:"我们省委讨论过,这次来开会,希望中央给点权,让广东先走一步,放手干。"①习仲勋向中央"要权",得到邓小平等中央领导人的高度重视和大力支持,使广东"先走一步"这个历史性决策豁然诞生。1980 年 5 月,中央决定在深圳、珠海、汕头、厦门设立经济特区。

教师设问:为什么先建经济特区?(参考答案:把经济特区建成我国改革开放和现代化建设的排头兵和试验场,为之后的进一步开放积累经验)

教师讲述:深圳建设初期泥沙俱下,一直饱受特区姓"社"还是姓"资"的争论和是不是"新租界"的非议。特区这个决策对不对? 特区还要不要办下去? 1984 年春节前夕,邓小平决定带着问号南下视察找答案。在深圳视察过程中,看到特区一片热火朝天、兴旺发达的景象,听到特区建设一日千里、突飞猛进的介绍,邓小平露出欣慰的笑容。他登上深圳国际商业大厦 22 层顶楼天台,凝望夕阳映照下的深圳新城区,对深圳市负责人意味深长地说,"都看清楚了"。2 月 1 日,他经过慎重考虑挥毫泼墨,为特区的争论一锤定音:"深圳的发展和经验证明,我们建立经济特区的政策是正确的。"②

教师设问:邓小平的题词有何重要意义?(参考答案:充分肯定了特区的建设成就和方向;为有关特区的争论做了肯定式的总结)

材料十 我们建立经济特区,实行开放政策,有个指导思想要明确,就是不是收,而是放。……除现在的特区之外,可以考虑再开放几个港口城市,如大连、青岛。这些地方不叫特区,但可以实行特区的某些政策。我们还要开发海南岛,如果能把海南岛的经济迅速发展起来,那就是很大的胜利。

——《办好经济特区,增加对外开放城市》(1984 年 2 月 24 日),《邓小平文选》第 3 卷,北京:人民出版社,1993 年,第 51—52 页

教师设问:这是邓小平回京后,对几位中央负责同志说的话。他此次视察与我国对外开放事业有怎样的联系?(参考答案:更加坚定了中国走对外开放道路的信心,进一步推动了中国的对外开放,1984 年中央决定开放 14 个沿海港口城市)

(设计意图)学生通过了解经济特区设立的历史,认识到对外开放是试出来的,证明了我国社会主义市场经济的成功。主要指向历史解释素养水平 1:对所学内容中的历史结论加以分析。

教师讲述:改革开放锋芒突破了计划经济体制后,并非一路坦途。上世纪 80 年代末 90年代初,寄望于一步到位的价格闯关受挫,东欧剧变,苏联解体。在国内外复杂形势下,一些人把计划和市场的问题同社会制度联系起来,认为市场经济就是资本主义,"市场化"就是资

---

① 《习仲勋传》编委会:《习仲勋传》下卷,北京:中央文献出版社,2013 年,第 452 页。
② 吴跃农:《春天的交响——1984 年邓小平视察经济特区》,载《党史纵横》,2018 年第 4 期。

本主义化。在一片责难声中,市场经济的主张在报刊上销声匿迹。

材料十一 一旦社会占有了生产资料,商品生产就将被消除,而产品对生产者的统治也将随之消除。社会生产内部的无政府状态将为有计划的自觉的组织所代替。

——《马克思恩格斯选集》第3卷,北京:人民出版社,2012年,第671页

教师设问:如果按照马克思主义经典理论,社会主义制度建立后应实行什么经济体制?(参考答案:高度集中的计划经济体制)

教师讲述:长期以来,在计划与市场关系的认识上,占统治地位的观点是计划调节、计划经济是社会主义本质的经济特征,市场调节、市场经济则是资本主义特有的经济特征,计划与市场是相互排斥、相互对立的。但事实证明,高度集中的计划经济体制存在诸多弊端。因此,从高度集中的计划经济体制向充满活力的社会主义市场经济的转变,是历史的必然。1992年1月,邓小平踏上历时35天、行程6 000多公里的南方之旅。视察途中,他指出计划多一点还是市场多一点,不是社会主义与资本主义的本质区别,计划和市场都是经济手段。他还强调,社会主义的本质,是解放生产力,发展生产力,消灭剥削,消除两极分化,最终达到共同富裕。

教师设问:邓小平"南方谈话"的核心是什么?(参考答案:什么是社会主义,怎样建设社会主义)

教师讲述:1992年10月,中国共产党第十四次全国代表大会召开,十四大报告明确提出,经济体制改革的目标是建立社会主义市场经济体制。

材料十二 社会主义市场经济这一概念的提出是一项伟大的理论创新,其实质可简单地归纳为:"用市场经济手段来提高效率,用社会主义制度来保障公平。"即一方面要发挥市场在资源配置上的基础性作用,来提高经济发展的效率,努力增加单位时间内及单位投入下的产出;另一方面要坚持社会主义制度,保障社会的公平和公正,特别要注意保障弱势群体的合法权益。这两个方面是相辅相成的。

——成思危:《论中国社会主义市场经济制度下的发展计划》,载《公共管理学报》,2004年第2期

教师设问:社会主义市场经济是不是否定了马克思主义政治经济学的计划经济理论?(参考答案:不是否定而是发展,是立足我国国情和我国发展实践的新理论成果)

教师分析:市场经济本质上是市场决定资源配置的经济体制,但在不同社会形态下,市场经济体制会因经济基础和发展目的不同而有质的差异。我国是社会主义国家,建立健全社会主义市场经济体制是走中国特色社会主义道路的必然选择,而更好发挥政府作用则是社会主义制度优越性的重要体现。

教师讲述:十四大后,我国围绕社会主义市场经济体制的建立加快了经济改革步伐。1993年11月,中共十四届三中全会通过了《中共中央关于建立社会主义市场经济体制若干问题的决定》,明确指出,我国国有企业的改革方向是建立"适应市场经济要求,产权清晰、权责明确、政企分开和管理科学的现代企业制度"[①]。要求通过建立现代企业制度,使企业成为

---

① 《中共中央关于建立社会主义市场经济体制若干问题的决定》(中国共产党第十四届中央委员会第三次全体会议1993年11月14日通过),中国网,http://www.china.com.cn/chinese/archive/131747.htm。

自主经营、自负盈亏、自我发展、自我约束的法人实体和市场竞争主体。

材料十三 在中国社会主义改革开放以前，市场经济只有与私有制相连接的一种形式，即只有资本主义市场经济这样一种类型。中国将公有制与市场经济相连接的实践，开创了市场经济的另一种形式，即社会主义市场经济。从根本上来说，社会主义市场经济不仅仅是一种经济体制，更重要的是一种发展道路，一种通过社会主义市场经济走向发达工业社会的发展道路，一种不同于西方式发展道路的中国式发展道路。

——严立贤：《中国由计划经济向社会主义市场经济过渡的历史过程》，载《近代中国研究》，2005 年第 9 期

教师设问：

（1）中国式市场经济和发展道路给我们什么启示？（参考答案：人类社会的发展道路是多样的，不能照搬别国的发展模式）

（2）我国改革开放成功的经验有哪些？（参考答案：坚持中国共产党的领导；尊重"人民首创"与加强"顶层设计"统筹兼顾；敢闯敢干、大胆探索，先行试点、慎重决策，循序渐进地向前推进；立足于实际，探索适合本地区发展的路子；解放思想，实事求是；坚持走中国特色社会主义道路，不断坚持和发展中国特色社会主义）

教师总结： 改革开放 40 年，中国在思想僵化、体制固化的重围中"杀出一条血路"。改革开放的很多举措和探索，都曾遇到这样那样的质疑。面对困惑，中国共产党正确处理理论与实践的关系，以我国改革开放和现代化建设的实际问题为中心，开辟出一条中国特色社会主义道路。改革开放的伟大成就证明，中国特色社会主义是深深植根于中国大地、符合中国国情、具有强大生命力的社会主义。中国特色社会主义道路，是实现我国社会主义现代化的必由之路，是创造人民美好生活的必由之路。

（设计意图） 社会主义市场经济是本课的重点，也是中国特色社会主义道路的主要内容。通过姓"社"姓"资"问题的争论和邓小平"南方谈话"，指出争论出现的原因，帮助学生理清社会主义和市场的关系。说明照搬别国发展模式的危害，增强学生对中国特色社会主义道路的认同感，认识到要以与时俱进的态度对待马克思主义。主要指向家国情怀素养水平 3、4：表现出对历史的反思，从历史中汲取经验教训，更全面、客观地认识历史和现实问题。

第 29 课

改革开放以来的巨大成就

教学设计 1

江苏省昆山中学　李　灿

一、教材分析

本课是第十单元《改革开放与中国特色社会主义道路》中的第 2 课,是前一课《中国特色社会主义道路的开辟与发展》的延续与深化,包含中国特色社会主义理论体系的形成与发展、综合国力不断提升、国际影响力不断扩大三个子目。时间跨度从 1978 年到现在,内容很多,有极强的理论性与时代感。第一子目"中国特色社会主义理论体系的形成与发展",属于理论建设成就。第二和第三子目是从实践层面介绍中国改革开放的成果和影响,让学生感受改革开放以来中国在各个领域取得的巨大成就。如何在有限的时间内将这段历史呈现给学生,引导学生理解中国的改革开放历程、感悟改革开放的巨大成就,并在教学中尝试渗透历史核心素养,是本设计的关键所在。

二、学情分析

2018 年部编版八年级历史下册第 10 课《建设中国特色社会主义》对邓小平理论、"三个代表"重要思想、科学发展观和习近平新时代中国特色社会主义思想有较为详细的阐述。所以高一学生在初中阶段对本课"中国特色社会主义理论体系形成与发展"子目的内容有过系统学习,但由于他们知识储备和认知水平有限,还没有形成成熟的思维方式和辨析能力,因此,本课充分考虑了学生的理解能力和知识储备,通过与我们生活息息相关的成就,运用深入浅出、生动形象的方法因势利导,不断启发、点拨,开展教学。

三、教学目标

1. 从深圳、中国铁路和华为公司的发展历程——这三个存在内在关联的生动案例,来审视中国改革开放的进程,展示改革开放以来的巨大成就,形成对改革开放及其成就的准确理解。

2. 在具体案例的展示过程中,刻画那些埋藏在字里行间的生动细节,感悟人们在历史创造中的悲愤、喜悦与激情。

3. 领会改革开放是坚持和发展中国特色社会主义、实现中华民族伟大复兴的必由之路,形成对历史和现实全面、正确的解释,增强历史使命感和道路认同感。

四、教学重难点

重点:改革开放的巨大成就和影响。

难点:改革开放取得巨大成就的原因;改革开放是中华民族复兴的必由之路。

五、教学过程

【导入新课】

教师讲述:国家主席习近平在博鳌亚洲论坛 2018 年年会上指出,"改革开放这场中国的第二次革命,不仅深刻改变了中国,也深刻影响了世界!"①还有人说,"中国的改革开放无疑是全球化神话的标本"②。

【学习新课】

案例一:从"大逃港"到"深圳奇迹"

教师讲述:英国《经济学人》杂志评价道:"改革开放近 40 年,中国最引人瞩目的实践是经济特区。全世界超过 4 000 个经济特区,头号成功典范莫过于'深圳奇迹'。"③今天的深圳,是何等繁华的一座城市。但是,在上个世纪 70 年代,深圳还只是跟香港毗邻的广东省宝安县的一个小镇。在这个南国边陲的宝安县,却发生了骇人听闻的逃港风潮。

材料一 上世纪 50 年代至 80 年代,有将近 100 万名内地居民,由深圳越境逃往香港。这被研究者认为是冷战时期历时最长、人数最多的群体性逃亡事件,史称"大逃港"。

——《习仲勋:口号再漂亮,抵不过人民用脚投票》,载《党课》,2013 年第 2 期

材料二 由于逃港风实在太盛,深圳的潮汐时间表变成了一级军事秘密。结果,很多逃港者由于不熟悉当地的地质水文情况,溺死者不计其数。但是,即便如此,依旧有众多的逃港者铤而走险,一些人甚至特意选择在刮台风的时候出逃。

——广东电视台新闻频道《解密档案》栏目编:《解密档案·广东 30 年闯关路》,广州:广东人民出版社,2008 年,第 21 页

教师设问:为什么会有这么多人抛弃家园,踏上一条生死未卜的逃亡之路? 当时的大陆处于什么状态?

---

① 习近平:《开放共创繁荣创新引领未来——在博鳌亚洲论坛 2018 年年会开幕式的主旨演讲》(2018 年 4 月 10 日),人民网,http://cpc.people.com.cn/BIG5/n1/2018/0411/c64094-29918031.html.

② 吴晓波:《激荡十年,大鱼大水——中国企业 2008—2018》,北京:中信出版社,2018 年,第 43 页。

③ 转引自应琛:《深圳:创新之城》,载《新民周刊》,2018 年第 40 期。

材料三 从领导者到匹夫百姓,一开始都显得茫然无助,外援无助,内资困乏,僵硬的体制捆住了所有人的手脚。

——吴晓波:《激荡三十年——中国企业 1978—2008》下,北京:中信出版社,2017 年,第 419 页

材料四 高度集中的经济列车在运行了 20 多年后,终于在 20 世纪 70 年代末陷入了空前的泥潭。从 1958 年到 1978 年,20 年间中国城镇居民人均收入增长不到 4 元,农民则不到 2.6 元,全社会的物资全面紧缺,企业活力荡然无存。

——吴晓波:《激荡三十年——中国企业 1978—2008》上,北京:中信出版社,2017 年,第 35 页

教师讲述:建国初期,我国的计划经济体制取得了很大成效,"从宏观上看,由于高度集中和动员资源的强大能量,在很短的时间内建立了较完善的现代工业和城市经济体系,这无论从其发展速度和规模来看,都是令人骄傲的成就"[1]。但越往后,计划经济在初期具备的那些作用就逐渐减弱,问题突出表现为社会物资严重短缺,人民群众的生活极度贫困。

"枯藤绕老树,白发唱黄鸡。青壮逃港去,禾稻无人收。"[2]这是 70 年代的宝安留给人们的印象。当时,宝安一个农民劳动日的收入为 0.70 到 1.20 元,而香港农民劳动一日收入 60—70 港币,两者差距悬殊近 100 倍。在一些地区,普遍流传着"辛辛苦苦干一年,不如人家 8 分钱"(指让亲属汇款,邮资 8 分钱),"内地劳动一个月,不如香港干一天"的说法,这也诱使许多人逃往香港。[3]

据深圳市委办公厅史志办公室的詹延钦解释,他们当时一种最大的心态,想求生。这是人的一种本能,也是可以理解的,说白了就是一种生活困难,经济困难,老百姓要吃饭。[4]

教师设问:"大逃港"是如何解决的,它跟深圳经济特区的设立有何关联?(参考答案:推动了深圳经济特区的建立)

教师讲述:1977 年 11 月,邓小平把广东作为复出后视察的第一站。11 月 17 日下午,广东省委负责人向邓小平汇报,港澳边境地区偷渡风猖撅、边防部队防不胜防。据王全国(时任广东省委书记)回忆,邓小平没有批评广东省委,而是说了一段出乎所有人意料的话:"主要是我们经济没有搞好,你搞好了,老百姓有事干,有饭吃,他跑什么呀?"[5]长期的反偷渡斗争,使中央及广东的领导人认识到,光靠严防死守是不可能有效遏制偷渡的,必须另辟蹊径。屡禁不止的"逃港"事件直接催生了经济特区。

1979 年 7 月 15 日,中共中央、国务院正式批准了广东和福建两个省委的报告,同意两省在对外经济活动中实行特殊政策和灵活措施。1980 年 8 月 26 日,经济特区在"逃港风"最严重的宝安县率先建立,由此拉开了旨在让中国人民富起来的改革开放的序幕。

---

[1] 杨江:《建国以来十大经济热点》,北京:中国经济出版社,1995 年,第 71 页。
[2] 转引自江风:《陶铸的女儿陶斯亮曰:我父亲在广东有七分功三分过》,载《红广角》,2010 年第 7 期。
[3] 刘火雄:《用生命作赌注偷渡香港 曾震动中央的"大逃港"风潮》,载《文史参考》,2010 年第 13 期。
[4] 转引自广东电视台新闻频道《解密档案》栏目编:《解密档案·广东 30 年闯关路》,广州:广东人民出版社,2008 年,第 10 页。
[5] 转引自广东电视台新闻频道《解密档案》栏目编:《解密档案·广东 30 年闯关路》,广州:广东人民出版社,2008 年,第 21—22 页。

深圳特区的诞生,使广大民众看到了希望,也使"逃港风"骤然停止。当年曾参与特区筹建工作的原广东省委书记吴南生回忆说:"最令人感到高兴和意外的是,在特区条例公布后的几天,最困扰着深圳——其实也是最困扰着社会主义中国的偷渡外逃现象,突然消失了!确确实实,那成千上万藏在梧桐山的大石后、树林中准备外逃的人群完全消失了!"①

20世纪中国的改革开放从某种意义上说,是被"逼"出来的!内地民众此起彼伏大规模的"逃港"风潮,改变了许多人的命运,也为中国改革开放最为重要的决策之一——深圳等经济特区的设立,做了深刻而令人心酸的铺陈。

(设计意图)以"大逃港"事件为切入点,引导学生理解当时的情况,便于学生体会改革开放的必然性。了解设立经济特区的决策过程,激发国家富强、人民幸福的情感,以及对国家的高度认同感、归属感、责任感和使命感。主要指向时空观念素养水平2:将某一史事定位在特定的时间和空间框架下;家国情怀素养水平3、4:表现出对历史的反思,从历史中汲取经验教训,更全面、客观地认识历史问题。

(过渡)然而,深圳的改革开放之路并非坦途。在事关深圳前途命运的每个关键时刻,中央都给予关怀和嘱托。

材料五 在此前(1984年——引者注)的一年多里,对深圳的各种非议指责正沸沸扬扬,北方一家党报发表了一篇题为《历史租界的由来》的长文,影射深圳特区是新的"租界",其后又有文章提醒,要警惕中国出现新买办和李鸿章式的人物。很多来深圳参观的老干部视特区为异端,惊呼"深圳除了五星红旗还在,社会主义已经看不见了","特区姓'资'不姓'社'了"。

——吴晓波:《激荡三十年——中国企业1978—2008》上,北京:中信出版社,2017年,第158—159页

教师讲述:1984年1月24日,邓小平抵达深圳,党委书记梁湘指着挂在墙上的深圳地图,介绍了特区开发建设的情况,称1983年的工农业总产值比上一年翻了一番,比办特区前的1979年增长了10倍。备受压力的梁湘很想得到邓小平明确的支持态度,便说:"办特区是您老人家倡议的,是党中央的决策,深圳人民早就盼望您来看看,好让您放心,希望得到您的指示和支持。"但邓小平没有发表意见。

其后数日,邓小平走遍特区,一路上他不表态,参观时也不露声色。在蛇口工业区,工业区管理委员会负责人袁庚汇报说,他们提出"时间就是金钱,效率就是生命"作为整个工业区的口号。机灵的袁庚用自问自答的语气说:"不知道这个口号犯不犯忌?我们冒的风险也不知道是否正确?我们不要求小平同志当场表态,只要求允许我们继续实践试验。"此言一出,全场大笑。邓小平在深圳的表现,可谓意味深长,他用行动表明了自己支持的态度,却又在言辞上留下空白。27日,他离开深圳前往另一个特区珠海,在这里他一反在深圳的沉默态度,写下"珠海经济特区好"的题词,算是给特区经济下了结论。2月1日,已经回到广州的邓小平,在广东省和深圳领导的再三恳请下,写下"深圳的发展和经验证明,我们建立经济特区的政策是正确的",并在最后的落款上,特意把时间写为"1984年1月26日",表明还在深圳时已经有这个评价。

---

① 转引自刘火雄:《用生命作赌注偷渡香港 曾震动中央的"大逃港"风潮》,载《文史参考》,2010年第13期。

邓小平的南方视察,通过报纸、广播等媒介很快传遍全国,关于特区的争论至此告一段落。在他离开广东后的第二个月,中央做出重大决定,开放 14 个沿海城市。中国的对外开放逐步由点到线。1988 年海南改制为省并划定为经济特区,1990 年宣布开放开发上海浦东,星罗棋布的一座座城市、一个个特区,勾勒出中国改革开放的大棋局。①

客观地说,邓小平奠定了中国改革开放的思想基础,并在十多年的时间里主导着整场变革的节奏。法国思想家、1927 年诺贝尔文学奖获得者伯格森曾指出:"说社会的进步是由于历史某个时期的社会思想条件自然而然发生的,这简直是无稽之谈。它实际只是在这个社会已经下定决心进行实验之后才一蹴而就的。这就是说,这个社会必须要自信,或无论怎样要允许自己受到震撼,而这种震撼始终是由某个人来赋予的。"②在历史的重要关头,是邓小平等领导人把握住了改革的节奏。正是有了邓小平等人的正确决策,才坚持了正确的道路,所以在国际形势风云变幻下,中国才能保持强劲的生命力。

(过渡)改革开放这场新的伟大革命的深入发展是几代共产党人不断努力和创新的结果。改革开放 40 年,解放思想和改革开放相互激荡,观念创新和实践探索相互促进,充分显示了思想引领的强大力量。思想的大解放,带来改革开放实践的大发展,带来中国特色社会主义大发展。③

教师设问:继邓小平之后,中国特色社会主义理论有何发展?(参考答案:"三个代表"重要思想、科学发展观、习近平新时代中国特色社会主义思想先后形成)

教师讲述:习近平总书记指出:"改革开放是我们党的历史上一次伟大觉醒,正是这个伟大觉醒孕育了新时期从理论到实践的伟大创造。"④改革开放推进了马克思主义中国化的历史进程,使党的理论创新步伐不断加快。改革开放的生动实践,为党的理论创新提供了广阔舞台,也提出了迫切需要。从邓小平理论、"三个代表"重要思想、科学发展观,到习近平新时代中国特色社会主义思想,其形成、创立和将其确立为党的指导思想、行动指南,马克思主义中国化的步伐大大加快。党的十八大以来,以习近平同志为核心的党中央,勇于变革、勇于创新,从理论和实践结合上系统回答新时代坚持和发展什么样的中国特色社会主义、怎样坚持和发展中国特色社会主义的重大时代课题,推动中国特色社会主义进入了新时代,中国特色社会主义展现出更加强大的生命力。⑤ 实践证明,改革开放最主要的成果是开创和发展了中国特色社会主义。我们党在改革开放中开创了马克思主义新境界,把马克思主义推进到一个又一个新的发展阶段。

(设计意图)理解中国特色社会主义是改革开放以来党的理论和实践的主题,是党和人民历尽千辛万苦、付出巨大代价取得的根本成就;认同走中国特色社会主义道路是历史的必然,树立中国特色社会主义道路自信、理论自信、制度自信和文化自信。主要指向家国情怀素养水平 3、4:表现出对历史的反思,从历史中汲取经验教训,更全面、客观地认识历史问题。

(过渡)中国特色社会主义理论体系形成和发展于改革开放的伟大实践之中,又指导改

---

① 吴晓波:《激荡三十年——中国企业 1978—2008》上,北京:中信出版社,2017 年,第 158—160 页。

② 转引自许知远:《我们是世界的一部分》,海口:海南出版社,2007 年,第 54 页。

③ 渠长根:《伟大的历程,辉煌的成就:纪念改革开放三十周年》,杭州:浙江大学出版社,2009 年,第 147 页。

④ 习近平:《在庆祝改革开放 40 周年大会上的讲话》(2018 年 12 月 18 日),载《光明日报》,2018 - 12 - 19。

⑤ 颜晓峰:《改革开放开辟了一条人间正道》,载《求是》,2018 年第 10 期。

革开放的伟大实践。深圳速度、深圳奇迹的背后,浓缩的是中国改革开放40年的成就。没有改革开放的精神,没有敢闯敢试的勇气,没有冲破体制的创新,不可能解放和发展生产力,就没有今天的深圳,中国也不会成为世界第二大经济体。

材料六 深圳GDP从1979年的1.97亿元上升到去年(2017年)的2.24万亿元,仅次于北京、上海,已与曾经差距无比巨大的香港相当。与当年的"逃港潮"形成对比的是,越来越多的香港人如今选择在深圳创业定居。

——新华社记者(徐金鹏等):《从追赶时代到引领时代——从深圳发展奇迹看中国改革开放40年》,载《深圳特区报》,2018-05-21

材料七 (2019年——引者注)2月18日,中共中央、国务院印发了《粤港澳大湾区发展规划纲要》。这一纲要是指导粤港澳大湾区当前和今后一个时期合作发展的纲领性文件,规划近期至2022年,远期展望到2035年。

——沈述红:《粤港澳大湾区启程》,载《宁波经济(财经视点)》,2019年第3期

教师设问:今天的深圳较40年前发生了翻天覆地的变化。你如何看待"深圳奇迹"?(参考答案:"深圳奇迹"得益于改革开放这一伟大的实践,得益于中国特色社会主义理论体系这一伟大的理论。同时,"深圳奇迹"为整个中国的建设和中国特色社会主义理论体系的完善,提供了实践依据)

教师讲述:斗转星移,40年前,那个仅30万人的为外逃困扰着的小县,如今已经变成拥有2 000万人具有国际影响力的全国经济中心城市、科技创新中心、区域金融中心。在如今科技创新全球化的背景下,深圳正致力于在多个领域站在浪潮之巅。

提到深圳,许多人就会想到华为、腾讯、中兴、比亚迪这些杰出的民营企业。深圳确实是民营企业的热土,华为公司创始人任正非这样解释当初为何选择深圳:1987年这里出台的文件明晰了民营企业产权,没有这个文件就不会有华为。任正非说,华为总部基地永远在深圳。在他看来,国家会更加开放,企业能够在国际化的环境中公平竞争,坚持法治化、市场化的道路,就能托起企业的理想和梦想。

2019年2月,《粤港澳大湾区发展规划纲要》正式公布,标志着这项由习近平总书记亲自谋划、亲自部署、亲自推动的国家战略进入全面实施阶段。粤港澳大湾区指的是由香港、澳门和深圳、珠海、广州等9市形成的城市群。它是继美国纽约湾区、美国旧金山湾区、日本东京湾区之后世界第四大湾区,是国家建设世界级城市群和参与全球竞争的重要载体。

(设计意图)描述深圳发生的巨大变化,揭示其表象背后的深层次关系。理解历史上所有的改革无疑都充满着艰巨性,改革的道路总是坎坷曲折。所有改革无一例外都会跟陈旧观念发生猛烈冲突,因而改革者需要有大无畏的勇气战胜困难,不断解放思想与时俱进,才能完成改革大业。主要指向史料实证素养水平2:在对史事进行论述的过程中,尝试运用史料作为论据论证自己的观点;家国情怀素养水平3、4:表现出对历史的反思,从历史中汲取经验教训,更全面、客观地认识历史问题。

(过渡)广深港高速铁路香港段将香港与中国内地高速铁路网络连接,便利了香港与中国内地之间的交通。现在,香港西九龙站至深圳福田站仅需14分钟,至北京仅需9小时。

案例二:"高铁速度"点亮中国精彩

教师讲述:改革开放40余年,全国经济迅猛发展离不开铁路的支持。铁路修建到哪

里,哪里就会呈现勃勃生机,哪里就会出现各种各样的奇迹。铁路的迅速发展是我国改革开放 40 年的又一个缩影。

材料八　中国铁路西安局集团有限公司退休职工董振帮:过去(70 年代)那个蒸汽机车,整个冬天的取暖,都要提前预热四十分钟,因为预热不好就会导致列车晚点,预热调教不好,一晚就晚几个小时。

——《改革开放 40 年:从车型变化看中国铁路的发展与变迁》,载《央视财经》,2018 - 10 - 01

材料九　1985 年,客车超员,车厢内热水供应不上,为此济南分局组织分局机关、济南站机关干部,轮流到济南站给过往旅客列车送水,同志们提着开水壶通过车窗给旅客送水。

——《中国铁路济南局集团公司举办庆祝改革开放 40 周年大型展演活动》,央广网,http://www.cnr.cn/sd/sdyx/20181214/t20181214_524450117.shtml

材料十　改革开放以前,我国铁路装备制造工业技术落后,运输装备保有量低。

20 世纪 90 年代:成功研发东风 4D、东风 11、韶山 8、韶山 9 等主力机车和 25T、25K 型提速客车。

2004 年:研发出"和谐号"CRH1、CRH2、CRH5 三类动车组车型。(CRH 列车可以用 380 公里的速度跑完全程而无须减速,石家庄和太原之间的客专更是用一个隧道穿过了整座太行山。相比之下,日本的"东海线"有许多转弯,列车必须减速才能通过,它的真实速度只有中国高铁的一半。)

2017 年:具有完全自主知识产权的中国标准动车组"复兴号"正式投入运营。

——摘编自张雨涵:《推动铁路高质量发展　决胜全面建成小康社会》,载《中国交通报》,2019 - 01 - 08

教师设问:40 余年中,中国铁路发生了怎样的变化? 为何能取得这么多的成就?

教师讲述:40 年沧海桑田,火车从慢到快,高铁从无到有,再到领先世界,彰显了改革开放的伟大成就。改革开放是高铁发展的必然要求,从当时外部形势看:形成节约能源资源的产业结构,建设环境友好型社会,需要加快发展铁路;促进区域协调发展,推进工业化、城镇化需要加快发展铁路;解决好"三农"问题,扩大内需释放居民消费潜能,需要加快铁路发展;加快发展铁路有利于促进国家创新驱动发展战略。从当时内部发展看:铁路运输不能完全满足经济社会发展需要仍是铁路发展的主要矛盾;运输市场竞争日趋激烈,铁路在综合运输体系中的相对优势、市场份额总体呈下降态势。因此,通过改革开放,建设高速铁路,加快铁路发展,重塑铁路辉煌,已是大势所趋。

教师设问:铁路变迁给中国带来什么影响?(参考答案:改变人们生活方式,促进经济发展)

教师讲述:改革开放 40 年,列车速度的变化,悄然改变着百姓的生活,拉近了城市间的距离,让"出远门儿"变为"串个门儿",也拉近了亲情间的距离,让常回家看看变得更加简单。

铁路作为交通强国的先行兵,更是在打破地域局限,拉动经济发展方面发挥着不可替代的作用。改革开放 40 年来,中国铁路砥砺前行,交出了令人满意的答卷。截至 2019 年年底,中国拥有 3.5 万公里的高铁运营里程,超过世界高铁总里程的 60%,居世界第一位。四通八达的铁路连片成网,路网结构更加优化,骨干作用更加显著。同时,高达 350 千米的运营时速,使中国拥有了全世界速度最快的铁路系统,跑出了令世界为之侧目的"中国速度"。"中国速度"在强势带动经济发展之余,更深刻改变了人们的生活方式,演绎着别样的中国精彩。

材料十一 "(2018 年——引者注)9 月 23 日早上 7 时,第一班由香港西九龙站开往深圳北的高铁缓缓开车了。至此,广深港高铁香港段正式投入运营,也标志着广深港高铁全线正式开通。""从香港西九龙站至广州南站通勤时间最快可达 47 分钟,到深圳福田与深圳北站最快只需 14 分钟与 19 分钟。"

——张燕:《香港圆了"高铁梦"》,载《中国经济周刊》,2018 年第 39 期

材料十二 狮子洋隧道是广深港高铁穿越狮子洋海域的关键工程,被誉为"中国世纪铁路隧道"。工程面临行车速度快、掘进距离长、地层复杂多变、盾构地中对接、水压力大、安全标准高等 6 大世界级技术挑战。通过系统创新,成功解决了多项难题,总体达到国际领先水平。

——《广深港高铁狮子洋隧道科技创新与应用》,载《城乡建设》,2018 年第 2 期

教师设问: 广深港线路不长,但是复杂程度前所未有,其建设过程,被业内人士称为"写满难题试卷"。你知道广深港高铁建设过程中,遇到过哪些重难点工程吗?(参考答案:中国首座珠江口水底高速铁路隧道——狮子洋隧道,首座城市中心全地下高铁车站——深圳福田站,深圳福田站综合交通枢纽等)

教师讲述: 狮子洋隧道的列车通过时速设计 350 公里,是目前世界上通行速度最快的水下铁路隧道。自 2007 年 11 月 9 日狮子洋隧道第一台盾构机开始掘进,设计、建设和科研部门联合展开攻关,先后攻克了"高水压、强渗透"地质条件下,掘进机水中带压更换刀具等多项世界性的技术难题,成功穿越深水、淤泥和超浅埋地段,实现了盾构机的水下精确对接。在软硬交错的特殊复杂地质条件下,采用盾构机技术一次掘进的长度超过 5 公里,而且是在 60 米的水下进行盾构机的对接,在世界隧道建设史上没有先例。

负责隧道设计的中国铁建铁四院副院长谢海林介绍,在安全设计上,隧道可满足"抗震抗火抗暴抗洪"要求。可抗 7 级强震;抗爆可抵御 5 公斤炸药的冲击;可以满足 300 年一遇洪水水位下,河道的冲刷变形对隧道的影响;采用了双道密封条,可以防渗防漏,满足 100 年耐久性要求。此外,隧道内设计的 19 条逃生横通道,可以有效应对火灾、火车意外撞击等事故发生时人员的安全撤离。

作为中国最繁忙的铁路交通地区,广深港高铁的广铁和港铁要在高速运行和复杂环境条件下,建设一条绝对安全、可靠、高效的现代化客运铁路,因此,广深港铁路又面临着前所未有的通信系统新挑战。

针对广深港高铁的具体情况,华为公司提供了基于 GSM-R 的运营通信解决方案。同时,广深港高铁无线调度系统,开创性地突破了系统级通信冗余技术和复杂区段覆盖技术,进一步提升了铁路通信装备技术的现代化,为香港和大陆的铁路通信技术标准体系的进一步发展奠定基础。[①] 在华为 GSM-R 通信解决方案的帮助下,广深港高铁克服了多隧道、多

---

① 《广深港高铁的铁路运营通信难题如何解决?》,华为网,https://e. huawei. com/cn/case-studies/cn/2015/201502101422。

干扰等众多不利因素,通信能力大幅提升。

在 2019 年 9 月 3 日上午举行的广深港高铁 5G 覆盖工程启动活动上,广东移动联合广铁集团、华为公司共同宣布,将在 2020 年春节前实现广深港高铁内地段全线 5G 覆盖,助力粤港澳大湾区发展提速。

教师设问:你如何看待中国在高速铁路建设方面的技术能力?(参考答案:既展现了改革开放的成果和科技进步,又体现了综合国力的不断提升,国际影响力的不断扩大)

教师讲述:与祖国共成长,与祖国共奋进,铁路在国家改革开放的进程中,不断发出时代的最强音。中国在高速铁路建设上的经验和技术能力,是综合国力的体现,也彰显了中国的自信和风采。

(设计意图)从不同侧面管窥中国改革开放在不同领域的巨大成就。主要指向史料实证素养水平 2:在对史事进行论述的过程中,尝试运用史料作为论据论证自己的观点。

(过渡)人民网的"强国社区"论坛曾有一个讨论,标题为"华为是改革开放的标志性成果,任正非是中国企业家的榜样"①。从华为的历程中,我们能体会到改革开放 40 年,中国科技力量的突飞猛进和中国企业的日益强大。那么,改革开放 40 年中,中国的企业走了一条怎样的成长道路?

案例三:华为书写时代传奇

教师讲述:1978 年 7 月 28 日的《华盛顿邮报》上,刊登了记者杰伊·马修斯发表的一篇中国工厂观察记。其中写道:

材料十三　同中国大多数工厂的情况一样,桂林丝厂的工人看来并不是干劲十足的。就业保障、退休金保证以及其他一些好处促使中学毕业生拼命挤进工厂去工作。因此,许多人都挤进了本来就已经过多的工人行列。生产线上工人过多使工人长时间地闲着。当我走进一个车间的时候,有三名女工正在同旁边桌上的另外一名女工聊天。我一进去,她们就很快回到了自己的座位上,然后交叉着双手坐在那里,好奇地朝我张望。在我逗留的几分钟里,只有一个女工干了活,而没有一个女工说得清楚她们的生产定额是多少。"这种松松垮垮的工作态度,仍然是妨碍这个世界上人口最多的国家实现现代化的一个主要障碍"。

——转引自吴晓波:《激荡三十年——中国企业 1978—2008》上,北京:中信出版社,2017 年,第 12—13 页

教师设问:改革开放前中国企业为何出现如此困境?(参考答案:体制僵化;计划经济体制的弊端)

教师讲述:改革开放之初,城市这个庞大体系却越来越陷入运转困难的境地,突出地表现在国民经济结构严重失衡、资源配置不合理和使用效率低下,自我积累和发展动力不足等方面。② 发展经济,企业自然是主力军。但直到 1978 年,中国没有一个民营企业,没有一家私人所有的经济组织,所有的企业都为国营或集体所有制企业。这些企业的产权制度、组织形式和管理水平都极不完善,以至于当时一位日本经济学家来中国考察时说,中国没有

---

① 人民网,http://bbs1.people.com.cn/post/1/1/2/172057658.html。
② 杨江:《建国以来十大经济热点》,北京:中国经济出版社,1995 年,第 71 页。

企业。

材料十四 1987 年,他(任正非)已经 43 岁,患上了严重的糖尿病,心脏也不太好,但是仍然一事无成。秋天,为了糊口养家,他和五个朋友一起合股组建了华为公司,注册资本为 2.1 万元,业务为代理进口香港康力公司的模拟交换机。

——吴晓波:《激荡三十年——中国企业 1978—2008》上,北京:中信出版社,2017 年,第 239 页

材料十五 事实上,华为是四十年企业史上最成功的民营企业。在 2012 年,华为取代爱立信,成为世界上最大的通信设备生产者。2014 年,华为的国际专利申请件数超过多年盘踞第一的美国高通,跃居全球公司之首。在 2017 年的世界 500 强榜单中,华为以 785.1 亿美元营业收入名列中国民营公司第一名,全球第 83 名。

——吴晓波:《任正非的"怀疑型人格"》,载《企业研究》,2017 年第 12 期

教师设问:华为为何能在激烈竞争中脱颖而出,创造如此奇迹?(参考答案:改革开放大环境的推动;企业家的危机感和拼搏精神;制度创新)

教师讲述:华为创始人任正非出生在一个贫穷的家庭,直到高中毕业还没穿过衬衣,家中两三个人合用一条被盖,而且破旧的被单下面铺的是稻草。跟那个年代的所有创业者一样,任正非有着一个十分卑微的开始。十多年的荒芜岁月,让一代人不再风华正茂,他们被岁月嘲弄,被苦难打磨,在底层社会的滚打历练和理想幻灭,让他们对生活有着近乎残酷的清醒,他们具备起了"狼"一样的素质,如果命运给了一次翻身的机遇,他们会把所有一切都用上,豪情一搏。

任正非回忆说:"我一生最大的荣幸就是赶上了改革开放的历史机遇,是小平同志的思想引导中国走上了初步的市场经济,我也赶上了一个好时代,有幸搭上了这条船,于 1987 年自谋出路,才创办了华为公司,随着主流到今天。"[①]

华为公司每年拿出营业收入的 10% 投入科研,这在中国著名企业中是一个无人可及、无人敢及的高比例。这一制度坚持了 20 多年,使得华为成为中国乃至全球最具研发冲击力的科技公司。2015 年,华为的研发经费为 596 亿元,这个数字超过了全国 25 个省市的研发投入。正是这些投入使得默默无闻的华为蜕变成一家前程远大的中国公司。

华为正是因改革开放而生,因改革开放而强,并走向世界。40 多年过去了,改革开放、实事求是的理念已经渗透于企业成长发展的血液中,正引领着中国企业和中国企业家,将改革开放的精神在实践中传承。

材料十六 "缺芯少魂"是中国信息产业发展的一大难题,中兴公司、华为公司接连遭遇美国芯片"断供"事件把这一难题进一步凸显出来,引起全国和国际社会的广泛关注。

——《"中国芯"突围要发挥综合优势——专访中国工程院院士倪光南》,载《人民日报(海外版)》,2019-06-12

教师设问:芯片事件说明了什么?(参考答案:中国发展迅猛,成为了美国的"高度重视对象")

教师讲述:这其中,是改革开放 40 年中国力量的崛起,也是某些国家对中国力量的忌

---

① 麦婉华:《任正非:华为服务全球 1/3 人口》,载《小康》,2018 年第 35 期。

惮。毋庸赘言,科技力量是一个国家实力的核心,改革开放40年,中国的科技力量突飞猛进。科技研发总量世界第一,研发经费世界第二,尤其是高科技领域成就斐然:"神舟"飞船、"辽宁号"航空母舰、港珠澳大桥、超算系统"神威"等,华为更是世界上唯一能够和高通在5G核心技术上相抗衡的公司。

核心技术是国之重器。国家主席习近平指出:"只有把核心技术掌握在自己手中,才能真正掌握竞争和发展的主动权,才能从根本上保障国家经济安全、国防安全和其他安全。"[①]而解决问题的办法,则是进一步改革开放。

(设计意图)以华为公司为例,来看改革开放前后中国企业的变迁,体会改革开放的必然、过程的艰难和成就的巨大;从华为成功的原因中认识到改革和创新的重要性。主要指向时空观念素养水平2:认识事物发生的来龙去脉,理解空间和环境因素对认识历史与现实的重要性;家国情怀素养水平3、4:表现出对历史的反思,从历史中汲取经验教训,更全面、客观地认识历史和现实社会问题。

教学设计2

江苏省昆山中学　沈克学/首都师范大学附属中学　刘芳芳

一、教材分析

本课是第十单元《改革开放与中国特色社会主义道路》中的第2课,包括中国特色社会主义理论体系的形成与发展、综合国力不断提升、国际影响力不断扩大三个子目。"中国特色社会主义理论体系形成与发展"高度概括,理论性较强,"综合国力不断提升""国际影响力不断扩大"呈现的均是重大事实。从社会主义建设的实际看,"中国特色社会主义理论体系的形成与发展"与"综合国力不断提升""国际影响力不断扩大"之间存在着鲜明的互动关系:改革开放对推进马克思主义中国化产生了巨大作用,马克思主义中国化的理论成果正确指导了改革开放的伟大实践。改革开放的历史进程与新时期马克思主义中国化的历史进程基本同步,二者是有机统一的,呈现出鲜明的互动关系。作为"巨大成就",它是本单元第28课"中国特色社会主义道路的开辟与发展"的成果,体现出新时期以来中国逐渐由富到强的历史变迁。

二、学情分析

本课的授课对象为高一年级学生,他们在初中阶段已初步学习了本课所涉及的基本史实,但多出于表象的结论认知。本课以改革开放和马克思主义中国化的契合互动关系为主

---

① 《习近平在两院院士大会上的讲话》,载《人民日报》,2014-06-10。

轴,结合典型事例,作出解读,以增强历史和现实感悟。

三、教学目标

1. 通过新中国建设历史上典型伟大工程的事例,结合不同时空背景下的建设事迹,领悟新时期社会主义建设的伟大成就。

2. 通过马克思主义中国化的重大理论成果,理解马克思主义中国化的阶段性,认识社会主义建设和马克思主义中国化是实践和理论的统一。

3. 形成对中国特色社会主义道路、理论体系的意义的认识,加强道路自信、理论自信、制度自信,激发学生的认同感。

四、教学重难点

重点:重大工程建设的社会环境和时代特征。
难点:马克思主义中国化的时代背景、内涵以及重大意义。

五、教学过程

【导入新课】

教师讲述:在长江上建桥,跨越长江天堑,一直是中国人的梦想。1913 年,北洋军阀政府曾请法国桥梁专家到南京进行建桥的勘测设计,未有结果。孙中山先生在其《建国方略》中,就曾提出在南京与浦口之间修建过江隧道。可惜革命尚未成功,孙中山即已去世,这一宏图未能实现。1930 年,当时的国民政府铁道部曾以 10 万美元重金,聘请外国桥梁专家到南京,经过几个月的实地勘察后,该专家得出"水深流急,不宜建桥"的结论。在 1936 年、1946 年又两度动议建造跨越长江南北的大桥,终因水文、地质情况复杂而未能如愿。

(设计意图)设置历史情境,形成历史勾连。通过民国时期长江上建桥梦想的追忆,既体现"历史的传承",也为新中国在困难时期建成南京长江大桥提供"烘托"。

(过渡)1958 年 9 月,中国政府决定兴建南京长江大桥。1960 年 1 月,南京长江大桥动工兴建。按照建造武汉长江大桥的速度和经验,铁道部要求两年半建成。[1] 但最后建造花了八年的时间,而且是在极其艰难的条件下进行的。

【学习新课】

材料一 当年的技术员李连新回忆:"记得有时工作到深夜 1 点多钟,肚子饿得咕咕叫,实在没有什么东西可以充饥,主管工程师苏源仙就把葱洗净切好,加上酱油冲上两碗汤,我们一边喝,一边继续商量第二天的工作安排。"

---

[1] 吴雪晴:《南京长江大桥的建设历程》,载《纵横》,1998 年第 11 期。

——刘智勇：《"天堑飞虹"壮志酬——中国首座自行设计建造的长江大桥》，载《传承》，2009年第21期

教师设问：建设开始时物质条件为何如此艰苦？（参考答案：时值国内三年经济困难）

教师讲述：1960年，南京长江大桥正式开始建设时，正值中国三年经济困难时期，大桥建设资金缺乏，建筑材料供应紧张。特别是，建造南京长江大桥确实是向当时中国的技术极限挑战。

材料二　由于南京长江大桥的钢梁跨度大，长达160米，且又是铁路、公路两用桥，要求大部分钢材的屈服强度必须达到35公斤/平方毫米。这样的高强度合金钢我国当时不能生产，便向苏联订购。20世纪60年代初，苏联供应的钢材一部分不符合质量要求，只能报废，给大桥建设造成严重困难。中国政府决定自力更生，自己研制生产。

——吴水金、史平：《南京长江大桥建设纪实》，载《世纪风采》，2018年第8期

教师设问：我国为何要自己研制生产大桥所需的特种钢材？南京长江大桥建设反映了怎样的时代精神？（参考答案：苏联钢材不符合质量要求，加上中苏关系恶化，苏联撤走专家，中断钢梁供应；西方经济技术封锁。自力更生、艰苦奋斗）

教师讲述：由于中苏关系恶化，原定由苏联提供的钢梁现在必须由中国人自己生产。1961年下半年，国务院决定自主研发国产同等性能钢材替代苏联钢材，并由鞍山钢铁公司进行试制。为争这口气，承接生产任务的鞍山钢铁公司集中技术力量加紧攻关，卯足劲搞开发研究，1962年，鞍钢自主研发并最终生产出建桥所需的16锰钢，替代了苏联的A3钢。不仅如此，大桥主桥的九个桥墩分别采用了沉井式、灌注式等四种施工方法，技术人员反复研究，终于攻下了当时世界一流的施工工艺。就连潜水员也潜到水下80米进行深测，而这个深度那时在国际上都属于"禁区"。

南京长江大桥是新中国举全国之力耗费八年时间建成，从此时起，中国终于摆脱渡江的艰难。2.8亿元的投资和数十万工人八年的努力，这对于60年代贫瘠的中国来说，已经是最大的超级工程。这座在三年困难时期开工、于1968年"文革"期间完成的大桥，成了当时中国的标志性建筑，彰显了中华民族的尊严和中国人民大无畏的英雄气概。它的建成是中华民族自力更生、艰苦奋斗精神的真实写照，在当时被称为"争气桥"。此后，南京长江大桥获得国家科技进步特等奖，并与"两弹一星"一同列入新中国的重要成就项目。

不仅如此，南京长江大桥以其独特雄伟的建筑外貌蜚声海内外，是展示我国经济建设伟大成就的"窗口"和联结世界各国人民友谊的"纽带"。大桥先后接待了许多国家和地区的国家元首、政府首脑及代表团，成为一张新中国向世界展示巨大建设成就的名片。

（设计意图）对比于新时期，建设南京长江大桥是"历史的话语"，体现了20世纪60年代中国的特有风貌，为"解释"新时期建设成就提供历史参照。主要指向时空观念素养水平2：将某一史事定位在特定的时间和空间框架下。

（过渡）实践是理论之源，实践进程决定思想进程。从新中国成立到改革开放之前，我国独立自主的社会主义建设是在毛泽东思想的指引下不断前进的。但是由于对"什么是社会主义、怎样建设社会主义"这个根本性问题认识还不是十分清晰[①]，特别是"左"的错误，使得

[①]　参见《十一届三中全会以来党的历次全国代表大会中央全会重要文件选编》下，北京：中央文献出版社，1997年，第417页。

我国社会主义建设在探索中遇到困难。党的十一届三中全会的召开,使中国进入了改革开放的新时期。四十年来,中国共产党人继往开来,不断地开创马克思主义中国化的新境界,最终形成了自己的旗帜、道路和理论体系。

材料三 "一个党,一个国家,一个民族,如果一切从本本出发,思想僵化,迷信盛行,那它就不能前进,它的生机就停止了,就要亡党亡国。""如果现在再不实行改革,我们的现代化事业和社会主义事业就会被葬送。"

——《邓小平文选》第2卷,北京:人民出版社,1994年,第143、150页

教师设问:材料反映了哪些思想?有何重大影响?(参考答案:解放思想、实行改革。为新时期开辟中国特色社会主义建设道路扫清了思想障碍)

教师讲述:这些掷地有声的发言,最终促进十一届三中全会实现了历史性转折。此后党的十二大的胜利召开,中国正式驶入建设有中国特色社会主义的正确轨道。1987年8月邓小平会见外国友人时指出,中国的社会主义还处在初级阶段。随后十三大又进行了系统阐述:中国已经是社会主义,必须坚持社会主义制度,不能离开社会主义的发展;中国的社会主义还处在不完善、不发达的初级阶段,研究问题、解决矛盾必须从这个实际情况出发。①

20世纪八九十年代我国的改革处在一个重要历史关节点上。一方面,改革遭遇到前所未有的瓶颈;另一方面,东欧剧变、苏联解体,社会主义在世界范围内转入低潮,关于改革的争论愈发激烈。国内一些人对中国社会主义的前途缺乏信心,对改革开放提出疑问。中国特色社会主义面临向何处去的重大历史关口。为此,邓小平在"南方谈话"中郑重地说:"不要惊慌失措,不要以为马克思主义消失了,没用了,失败了。哪有这回事!""我坚信,世界上赞成马克思主义的人会多起来,因为马克思主义是科学。"②他在增强人们对马克思主义和社会主义的信心的同时,也深刻指出:

材料四 计划经济不等于社会主义,资本主义也有计划;市场经济不等于资本主义,社会主义也有市场。计划和市场都是经济手段。

——《邓小平文选》第3卷,北京:人民出版社,1993年,第373页

材料五 社会主义本质是解放生产力、发展生产力、消灭剥削、消除两极分化,最终达到共同富裕。

——《邓小平文选》第3卷,北京:人民出版社,1993年,第373页

教师设问:邓小平在"南方谈话"中又提出哪些宝贵思想?对改革开放产生怎样的作用?(参考答案:社会主义市场经济论;社会主义本质论。推动改革开放走出困惑徘徊局面而进入新阶段)

教师讲述:如何探索社会主义发展模式,以往社会主义建设是诉诸单一的计划经济体制,并把它同社会主义基本制度相联系,实践证明是失败的。而这些论断切中要害,从根本上解除计划经济与市场经济姓"社"姓"资"问题上的思想枷锁,"摆脱了长期以来拘泥于具体模式而忽略社会主义本质的错误倾向,排除了一系列错误观点,使社会主义在中国的发展方

①《沿着有中国特色的社会主义道路前进——在中国共产党第十三次全国代表大会上的报告》(一九八七年十月二十五日),中国经济网,http://www.ce.cn/xwzx/gnsz/szyw/200705/31/t20070531_11559806.shtml。
②《邓小平文选》第3卷,北京:人民出版社,1993年,第383页。

向、任务和道路更加明确"①。自此,中国走上了社会主义市场经济的道路,改革开放由一度迷茫到重燃生机。在邓小平"南方谈话"思想的指引下,党的十四大正式提出建立社会主义市场经济体制的目标,中国改革开放走出了困惑徘徊的局面,步入了发展的快车道。

新时期以来,对"什么是社会主义、怎样建设社会主义"这个根本性问题,邓小平作出了一系列基本理论的回答,如改革开放论、社会主义初级阶段论、社会主义市场经济论、社会主义本质论和"一国两制"论。可以说,"坚持和发展中国特色社会主义是一篇大文章,邓小平同志为它确定了基本思路和基本原则"②。

进入 21 世纪,国内外形势又有了新的变化。

材料六 从 20 世纪 80 年代末开始,东欧执政的共产党和工人党由于内部和外部的原因,在经济上和政治上都面临着严重的困难,党内出现了反对派。80 年代初的波兰,产生了以瓦文萨为首的反对派——团结工会,团结工会得到西方国家的大力支持,并在 1989 年的大选中获胜。1989 年,民主德国统一社会党、罗马尼亚共产党被反对党取代。此后,阿尔巴尼亚、保加利亚、匈牙利、捷克斯洛伐克等国家的共产党和工人党也在 1990 年失去了执政地位。特别是 1991 年,一个有着将近 2 000 万党员的苏联共产党,在执政 74 年之后丢掉了执政地位。

——摘编自辛向阳:《重大突发事件与改革开放新时期马克思主义中国化理论创新》,载《马克思主义研究》,2009 年第 7 期

材料七 随着中国社会主义市场经济的不断发展,中国新一轮的改革开放面临新的更为严峻的考验。其中,最重要的是生产力中新的活跃因素的涌现引发了中国共产党执政环境的变化。这种变化主要体现在两点:一是随着中国社会主义市场经济的发展,出现了权力腐败、贫富分化等一系列社会问题和矛盾;二是随着中国社会主义市场经济的快速发展,民营企业、外资企业以及股份制企业如雨后春笋般发展起来,新的社会阶层不断涌现。

——赵剑英:《中国化马克思主义哲学引领改革开放的伟大历史进程》,载《社会科学战线》,2018 年第 11 期

教师设问: 时代新变化凸显了社会主义建设理论中哪一方面创新的迫切要求?(参考答案:执政党建设)

教师讲述: 对于东欧剧变、苏联解体,尽管个中的原因很复杂,但人心向背的变化是其中很重要的　个原因。世纪之交的中国共产党人,在深刻认识和把握新的历史条件下变化了的世情、国情和党情下,江泽民同志集中全党智慧,创立"三个代表"重要思想:"始终代表中国先进生产力的发展要求,始终代表中国先进文化的前进方向,始终代表最广大人民的根本利益",在进一步回答"什么是社会主义、怎样建设社会主义"问题的同时,又创造性地回答了"建设什么样的党、怎样建设党"的问题。"三个代表"重要思想是对共产党执政理论的重大创新,改革开放新时期,中国共产党要真正担负起带领中国人民实现现代化和中华民族伟大复兴的历史使命,就不仅要代表工人阶级的利益,还必须代表中国人民和中华民族的利益,这就扩大了党的群众基础,更加有利于形成建设有中国特色社会主义的强大合力,从而

① 王国敏、王增智:《改革开放 30 年与马克思主义中国化的历史发展》,载《理论学刊》,2008 年第 11 期。
② 中共中央文献研究室编:《十八大以来重要文献选编》上,北京:中央文献出版社,2014 年,第 114 页。

全面深刻地回答了时代给我们党提出的课题,丰富和发展了马克思主义党建学说与邓小平的社会主义本质论。

材料八 党的十六大以来,随着我国社会主义市场经济的高速发展,出现了一系列新的突出问题,如片面追求经济效益,忽视了人的发展,带来了严重的环境和资源问题,人与自然的关系被破坏,贫富差距、城乡差别、区域发展差距加大以及经济与社会发展不协调更加突出等问题。一些人、一些做法在对物质利益的追逐中失去了方向。随着市场化、全球化、信息化、网络化的不断深化,当代社会形态发生深刻变革,人们的利益分化、思想分化日益严重。

——赵剑英:《中国化马克思主义哲学引领改革开放的伟大历史进程》,载《社会科学战线》,2018 年第 11 期

教师设问: "一系列新的突出问题"凸显了发展中的哪一客观要求?(参考答案:科学发展)

教师讲述: 十六大以来,中国改革开放和现代化建设步伐不断加快,经济取得了举世瞩目的成就,但同时又带来了发展的诸多问题,特别是 2003 年"非典"疫情的爆发,凸显了科学发展的紧迫性。在立足国情和现实实际,总结我国发展实践,借鉴国外发展经验,以适应新的发展要求基础上,以胡锦涛为总书记的党中央审时度势,紧紧抓住"实现什么样的发展、怎样发展"这个进一步推进改革开放必须回答的关键问题,提出了以人为本,全面、协调、可持续的科学发展观,丰富和发展了中国特色社会主义理论体系。科学发展观作为马克思主义中国化第三大理论创新成果,深深扎根于中国特色社会主义的实际,实现了对传统发展观的历史性超越,开拓了新的发展思路,是建设中国特色社会主义事业必须长期坚持的指导思想。

(过渡) 经过长期努力,在新中国成立特别是改革开放以来我国发展取得重大成就基础上,党和国家事业发生历史性变革,特别是党的十八大以来,中国特色社会主义进入一个新的发展阶段,我国发展站到了新的历史起点上。十九大报告指出:"经过长期努力,中国特色社会主义进入了新时代,这是我国发展新的历史方位。"①

材料九 现在,我国是世界第二大经济体、制造业第一大国、货物贸易第一大国、商品消费第二大国、外资流入第二大国,我国外汇储备连续多年位居世界第一,对世界经济贡献率超过 30%。这与过去"落后的社会生产"已不可同日而语。随着我国生产力的发展,人民生活水平也显著提高。我国稳定解决了十几亿人的温饱问题,总体上实现小康,不久将全面建成小康社会,人民美好生活需要日益广泛,不仅对物质文化生活提出了更高要求,而且在民主、法治、公平、正义、安全、环境等方面的要求日益增长,不再局限于过去"物质文化需要"的层面。今天更加突出的问题是发展不平衡不充分,这已经成为满足人民日益增长的美好生活需要的主要制约因素。

——陈理:《深刻理解新时代的依据、内涵和意义》,载《党的文献》,2019 年第 3 期

教师设问: 据材料回答,中国特色社会主义进入新时代的主要依据是什么?这体现了怎样的史观?(参考答案:社会主要矛盾。唯物史观)

教师讲述: 在马克思主义看来,人类社会是在矛盾运动中向前发展的,社会基本矛盾是

---

① 习近平:《决胜全面建成小康社会夺取新时代中国特色社会主义伟大胜利——在中国共产党第十九次全国代表大会上的报告》(2017 年 10 月 18 日),光明网,http://politics.gmw.cn/2017-10/27/content_26628091.htm。

社会发展的根本动力。毛泽东指出，"社会的变化，主要地是由于社会内部矛盾的发展，即生产力和生产关系的矛盾，阶级之间的矛盾，新旧之间的矛盾，由于这些矛盾的发展，推动了社会的前进，推动了新旧社会的代谢"①。说到底，中国特色社会主义进入新时代，是我国社会矛盾运动变化特别是社会主要矛盾变化的结果。

我国社会主要矛盾的变化，是我国社会发展、特别是生产力发展的必然结果，是中国基本国情的集中体现，也是中国特色社会主义进入新时代的重要依据。以习近平为核心的党中央，根据改革开放以来特别是十八大以来党和国家事业的发展，根据我国社会主要矛盾发生的新变化，根据十八大以来国内外形势的深刻变化，根据决胜全面建成小康社会、开启全面建设社会主义现代化国家新征程的要求，作出中国特色社会主义进入新时代的重大论断，"从理论和实践结合上系统回答新时代坚持和发展什么样的中国特色社会主义、怎样坚持和发展中国特色社会主义"②这一重大时代课题，形成了习近平新时代中国特色社会主义思想。党的十八大以来，党和国家各项事业之所以能开新局、谱新篇，根本的就在于有习近平新时代中国特色社会主义思想的科学指引。③

改革开放 40 年来，中国共产党立足社会主义初级阶段的基本国情，正确把握和平与发展的时代主题和中国社会主要矛盾的转化，创造性地回答了"什么是社会主义、怎样建设社会主义""建设什么样的党、怎样建设党""实现什么样的发展、怎样发展""新时代坚持和发展什么样的中国特色社会主义、怎样坚持和发展中国特色社会主义"等一系列重大理论和实践问题。改革开放推进了马克思主义中国化，马克思主义中国化的理论成果正确指导了改革开放的伟大实践，指引国家建设不断取得新成就。

（设计意图）通过对马克思主义中国化的理论成果的介绍和分析，理解马克思主义中国化成果的时代背景、内涵和重大意义，认识改革开放和马克思主义中国化存在着鲜明的互动关系。改革开放与马克思主义中国化的互动，是以建设和发展中国特色社会主义为主题、以接力方式在党的主导下进行的。以此增强学生的道路认同、理论认同。主要指向唯物史观素养水平 3、4：能够将唯物史观运用于学习中；历史解释素养水平 1：能够辨别教科书和教学中的历史解释，并发现这些解释与以往所知历史解释的异同；家国情怀素养水平 3、4：有助于形成正确的世界观、人生观、价值观和历史观。

（过渡）港珠澳大桥，这个被誉为世界桥梁建设史上的"王冠"，作为世界级超级工程，在世界公路建设史上港珠澳大桥实现了"六个最"：总体跨度最长、钢结构桥体最长、海底沉管隧道最长、技术最复杂、施工难度最大、工程规模最庞大。它的建设，充分体现出新时期社会主义建设取得的巨大成就。

材料十　虽然港珠澳大桥的前身伶仃洋大桥，最早由香港商人提出，但实际上当时的港英政府认为内地和香港的差距太大，香港并不太需要这个项目，因而并不积极。……直到1997 年香港回归以及亚洲金融风暴发生之后，才有了变化。香港特区政府认识到要保持香港的繁荣稳定，需要与内地尤其是广东加强合作，扩大经济腹地。同时他们希望开发珠江西

① 《毛泽东选集》第 1 卷，北京：人民出版社，1991 年，第 302 页。
② 《中国共产党第十九次全国代表大会文件汇编》，北京：人民出版社，2017 年，第 15 页。
③ 刘云山：《深入学习贯彻习近平新时代中国特色社会主义思想》，载《人民日报》，2017－11－06。

岸,一定程度上避开与深圳的直接竞争,因此开始积极跟国家发改委沟通,并于 2003 年向中央政府提出了修建港珠澳大桥的建议。

——杨海霞:《超级工程背后的那些事》,载《中国投资》,2017 年第 12 期

教师设问:香港对港珠澳大桥的态度为何前后不同?(参考答案:内地和香港的社会经济发展)

教师讲述:港珠澳大桥是在"一国两制"条件下跨越粤港澳三地、国内外具有空前影响力的跨海通道工程,特别是史无前例的改革开放,让珠海这个经济特区独占地理优势,捷足先登地享有世界第一大桥。试想,如果没有对外改革开放带来的生机与活力,建设这样的大桥或许只会是梦想。① 这一全长 50 多公里、耗资千亿元的跨海大桥,跨过珠海,连接澳门半岛,通向香港大屿山。正式通车后,香港与珠海、澳门之间 4 个小时陆路车程将缩短为 30 分钟,港珠澳大桥将成为连接粤港澳大湾区东西两岸的重要枢纽,香港、珠海、澳门将首次实现陆路对接,形成"一小时交通圈",这极大促进粤港澳大湾区经济社会发展的互联互通,共同迎来开放、联动、合作、共享的大发展。

英国《卫报》将港珠澳大桥评为"新世界七大奇迹"之一,作为世界首例集桥梁、隧道和人工岛于一体的超级工程,港珠澳大桥创下了多项"世界之最"。除了整体工程,一些细节上"黑科技"的使用也让这座大桥更加酷炫。

材料十一 由举世瞩目的港珠澳大桥成功应用"激光法沉管测量定位"技术,该技术根据激光的准直性原理,消除大水深测量塔挠度变形影响,实现对沉管的精确定位,系世界首创。

——《建筑》,2016 年第 24 期

材料十二 夜晚港珠澳大桥亮起的灯光美轮美奂,殊不知这些灯光的背后是一个功能强大的 BIM(建筑信息模型)系统。这是世界上首次将 BIM 系统应用在高速公路行业。这套系统可以让大桥任意监控点的实时视频随时显现,任何一点发生火灾等事故,监控视频都将随时捕捉,几秒之内就会发出警报。

——《港珠澳大桥:科技托起桥梁界"珠峰"》,载《创新与发明》,2018 年第 2 期

教师设问:你知道港珠澳大桥建设中使用的高科技还有哪些? 这些科技成果的使用从根本上反映了什么?(参考答案:如钢箱梁预制工厂引进焊接机器人,通过自动化控制,成倍提升焊接效率的同时有效保证焊接质量②;在世界范围内首次使用深插式钢圆筒快速成岛技术③;等等。我国经济和科技发展取得巨大成就)

教师讲述:港珠澳大桥建设在关键技术、关键装备、关键材料领域取得全面突破。港珠澳大桥的使用期限是 120 年,能抗 16 级台风、8 级地震。与目前国际上已建成的跨海桥隧交通集群工程相比,港珠澳大桥的工程规模和建设难度是最大的,大桥项目曾经面临的难题是,世界上没有先例,没有技术规范和质量标准。工程建设者就是凭着永不回头的创新精神,克服重重险阻,解决道道世界级难题,创造了数以百计的世界建桥纪录,取得了举世瞩目的成果。尤其是,它还把"中国标准"带向了世界。港珠澳大桥的建成足以载入史册,它不仅

---

① 田建民:《伟大的创举 历史的丰碑——热烈祝贺港珠澳大桥海底隧道胜利贯通》,载《珠海特区报》,2017 - 07 - 07。

② 张泉:《尖端工程科技打造世界桥梁奇迹——港珠澳大桥科技攻关记》,载《河南科技》,2017 年第 12 期。

③ 蔡丽君:《细数港珠澳大桥的"世界之最"》,载《中国经济报告》,2018 年第 2 期。

是世界桥隧史上新的旗帜,也进一步巩固了中国在国际桥隧建筑领域的领先地位。据交通运输部数据,目前世界排名前 10 位的跨海长桥中,中国占据六座,世界排名前 10 位的斜拉桥,中国占据七座;世界排名前 10 位的悬索桥中,中国占据六座……放眼未来,一批与港珠澳大桥规模相当的通道工程正在建设或规划。它们书写下的新纪录,代表着中国已经走在世界前列,成为名副其实的大国强国。

为之惊叹的同时,也有很多人在追问:中国为什么能?

材料十三　……为了港珠澳大桥沉管顺利安装,有关部门协调七家采砂企业、两百多艘船为之停工,这放在许多国家还不知道要费多少周章。正如著名经济学家诺斯所言,有效率的经济组织是经济增长的关键。在这样的全面统筹下,共识得以最大程度地凝聚,干成大事也是水到渠成。如果说制度是沃土,那成就硕果的少不了耕耘天地间的那群人。……尽管立足的领域不同,但深沉的家国情怀与火热的赤子之心是他们共同的品质。正是基于此,我们的制度优势得以充分发挥,释放出了惊人的发展动能。

——范荣:《中国奇迹背后的制度优势和家国情怀》,载《北京日报》,2017 - 10 - 13

教师设问:中国取得巨大成就的原因是什么?(参考答案:制度优势,科技建设者的赤子情怀)

教师讲述:原因或许复杂多样,但制度优势是关键一条。自 2003 年起,全国先后有 200 多家科研单位、上千名科技工作者为这项工程开展了 300 多项科研攻关。社会主义制度让我们可以在有限时间内集中调配资源,将其投入到最紧迫、最重要的大事中去。靠着这个法宝,我们在新中国成立之初,"勒紧裤腰带"建立起了比较完备的基础工业体系和工业门类。今天,也还是靠着这个法宝,一个个超级工程拔地而起。

党的十八大以来,以习近平同志为核心的党中央高瞻远瞩战略谋划,创新发展理念,"中国号"巨轮乘风破浪。从运行时速高达 350 公里的中国第一列标准动车组复兴号到全球规模最大、最先进的上海洋山港自动化码头;从世界上最大规模的移动互联网到南水北调、西气东输、西电东送等,一个个超级工程,一项项世界之最,无不向世人证明了我国基础设施建设已经步入新的阶段。可以说,这些"超级工程"是中华民族伟大复兴中的一座又一座丰硕的里程碑。就像党的十九届四中全会所明确的:坚持和完善社会主义基本经济制度,推动经济高质量发展。这些"超级工程"也是高质量发展的典范。

(设计意图)通过对港珠澳大桥等建设成就的介绍和分析,认识改革开放和马克思主义中国化存在着鲜明的互动关系。同时以此促进学生对新时期巨大成就的理解和对新时代的领悟,增强制度自信、道路自信,涵养家国情怀。主要指向时空观念素养水平 4:选择恰当的时空尺度对其进行分析、综合、比较,在此基础上作出合理的论述;历史解释素养水平 2:选择、组织和运用相关史料并使用历史术语,对个别或系列史事提出自己的解释;家国情怀素养水平 1、2:对祖国和人民的深情大爱。

活动课

活动课

家国情怀与统一多民族国家的演进

教学设计

江苏省昆山中学　霍建山

一、活动简介

本课是《中外历史纲要（上）》的活动课。在此之前，学生已经完成了中国史的学习，对于中国历史的文明演进、制度变迁和经济的发展已经有了一定的知识储备，本活动以此为基础展开。古代史上，今天中国的疆域内曾经"万国林立"，后来以黄河流域为中心聚合扩散，各民族交汇融合，逐步形成了统一的多民族国家，其疆域基本上在清朝嘉庆年间确定。近代以来，受到外国资本主义的侵略和蚕食，中国边疆部分被列强割占，但各族人民在共同反侵略的过程中，凝聚力进一步增强，中华民族这个整体的大民族得到了普遍的认同。新中国成立以来，中华民族统一大业不断推进，香港、澳门相继回归，大陆和台湾的联系不断增强，统一多民族国家得到了进一步的巩固。

活动的主要目的，不是知识的简单重复，而是按照时序，在"演进"中涵养学生的家国情怀。其内容包括：对统一多民族国家的认同，对作为中国人所应该抱有的自豪感，对民族尊严和国家统一的自觉维护，开放包容的心态，对促进和维护多民族国家统一的仁人志士的敬意和缅怀之情，以及把个人前途与中华民族伟大复兴紧密联系起来的爱国之情，等等。

活动以学生为主体，以教师为主导，通过生生互动、师生互动的模式开展。活动将自主学习和合作探究结合起来，分为收集整理资料准备环节、课上阅读分析环节、感想分享环节等。在活动过程中，学生要动手、动脑、动嘴，更要动情。

二、活动目标

1. 通过对统一多民族国家演进过程的梳理，了解和把握中国历史发展的总趋势，进一步认识统一多民族国家的发展是中华民族历史发展的主流和必然趋势。

2. 认识国家统一、民族团结是中国发展的重要基石，形成对祖国、对中华民族的认同感和正确的国家观、民族观，增强维护国家统一、促进各民族奋斗和团结繁荣发展的意识。

三、活动过程

教师精选素材,以历史发展的时间顺序排列,设计问题。课堂上分析与分享,学生自由交流与表达;课后,学生进一步深入自主学习,分小组开展活动,收集、整理素材,展示学习研究成果。

(一)部族时代

材料一 大约到距今一万年前农业起源以后,中华文明早期历史的面貌变得相对清晰起来。十分丰富的新石器考古发现揭示出中国境内文明起源呈现满天星斗、八方雄起、方邦林立、天下万国的壮观场面,东西南北各地域文化色彩斑斓,风格各异,互有短长。至此,中华文明多中心起源的论点终于得到了学界多数人的认同。

——王家范、张耕华、陈江编著:《大学中国史》,北京:高等教育出版社,2011年,第4页

教师设问:材料中对中华文明的起源持什么论点,依据是什么?(参考答案:多中心起源。考古发现)

材料二 古代的部族,是很多的。史称黄帝置左右大监,监于万国(《史记·五帝本纪》);夏禹会诸侯于涂山,执玉帛者万国;商汤受命,号称三千(《尚书·大传》);周武王观兵孟津,还余八百国(《史记·周本纪》)。这里所谓八百,三千,万国云云,当不是实在数目。但可暗示古代部族的众多,并可暗示诸部族因相互战争而逐渐归并,数目逐渐减少。

——周谷城:《中国通史》上,上海:上海人民出版社,1957年,第52页

教师介绍:商周以前部族众多,又有众多考古遗址的发掘作为佐证。但是,商周以前的时代相隔久远,口耳相传,难免以讹传讹,书中夹杂着一些传说。

教师设问:后来部族数目逐渐减少,只是因为相互战争造成的吗?是否还有其他原因?(参考答案:战争是造成部族数目减少,促成民族融合的重要手段。但也有可能包含如下原因:为了繁衍优质后代,部族间通婚;部族间主动合并抵御自然灾害;产品交换,互通有无,促进合作;小部族主动投奔大部族,寻求保护;融合聚居能够提高相关部族的生活质量;等等)

材料三 将各种地方文化吸纳入中原文化,使"天下"的文化多元而渐变,共存而不排他。这样一个核心,加上其放射的影响力,终于形成了后世的"中国"。于是,即使在古代各地的居民原来可能是有不同基因的族群,经过如此布局,实际上所谓的"中原"居民,已经是来源复杂的混合体。"中原"向四周扩散,又不断混合,终于熔铸为一个人数众多的文化、经济、政治共同体。

——许倬云:《说中国》,桂林:广西师范大学出版社,2015年,第47页

教师设问:

(1)依据材料概括,中原文化是怎样形成的?(参考答案:族群的融合与扩散)

(2)中原地区为什么具有"吸引力"?(参考答案:中原地区气候宜人,资源丰富,适宜农耕;具有开放包容的历史传统;地形地势平坦,易于迁徙流动和交流等)

(3)中原文化的形成对后世"中国"的形成有什么影响?(参考答案:以中原为中心,向

四周辐射,形成后世的"中国")

（设计意图）了解中华文明的起源,激发学生对中华文明起源的兴趣,同时激发学生的想象和推理,毕竟一万年以前的人类生活面貌还比较模糊,期待有更多的考古成就或史料发现填补历史的空白。了解中原文明在早期多民族聚合过程中所扮演的特殊角色,理解从分散到统一不是一蹴而就,手段和方式也是多种多样的。主要指向历史解释素养水平 2:选择、组织和运用相关材料并使用相关历史术语,对个别或系列史事提出自己的解释;家国情怀素养水平 3、4:把握中华民族多元一体的发展趋势。

（二）夏商周时期

材料四　① 根据于省吾《释中国》一文的论证,"中国"一词至迟出现于西周初年。目前所见最早的证据,是 1963 年在陕西宝鸡贾村出土的"何尊"上的铭文:"惟武王既克大邑商,则廷告于上天曰:'余其宅兹中国,自之辟民。'"（大意为:周武王在攻克了商的王都一带后,举行一个隆重的仪式禀告上天:"我现在已经将中国作为自己的统治地,亲自治理那里的百姓。"）由于此前的铭文还提到"惟王初迁,宅于成周,复禀武王礼"（王刚完成了迁移,以成周作为居住的地方,恢复武王时的制度和礼仪）则可以断定此文是周成王时的记录。

……

《诗经·大雅·劳民》有"惠此中国,以绥四方";"惠此京师,以绥四国"（将恩德赐给中国,周边四方都能得到安宁。将恩德赐给京师,周围四国都能得到安宁）的诗句,很明确地显示,"中国"是对"四方"而言的,"中国"的四周才能称"四方";"中国"即指京师及其附近区域,四周的国自然不属于"中国"。

西周初的中国只指周王所在的丰（今陕西长安西南沣河以西）和镐（今西安西北丰镐村一带）及其周围地区。灭商后,依据周人的习惯,将原商的京师（殷,今河南安阳市）一带也称为"中国"。周成王时,周公旦主持扩建洛邑（今河南洛阳市东北白马寺一带）,称成周,迁商遗民居住于此。又在附近筑王城（今洛阳市王城公园一带）,将周人迁来,作为周的陪都,用以控制东方。洛邑有陪都地位,又位于"天下之中"的交通枢纽,也被称为"中国"。至此,"中国"的概念已由唯一的政治中心扩大到几个政治中心,也扩大到了以政治中心为主的地理中心。

——葛剑雄:《古今之变》,北京:九州出版社,2018 年,第 14—17 页

② ……东迁的周天子名存实亡,而几个周王近支宗室的诸侯和地理位置居于中心的诸侯国迅速崛起。它们通过吞并周围小国,成为拥有十几个至几十个城邑的大国。这些大诸侯国实际已取得与周天子平起平坐的地位,它们的国也成了"中国"。到春秋时,"中国"已扩大到周天子的直属区和晋、郑、宋、鲁、卫诸国,大致相当于今河南大部、山西南部、山东西部的黄河下游地区。

——葛剑雄:《古今之变》,北京:九州出版社,2018 年,第 17 页

③ 到战国时,主要的诸侯国只剩下秦、楚、齐、燕、韩、赵、魏七国,它们不仅都以"中国"自居,相互间也已承认为"中国"。随着这些诸侯国疆域的扩展,"中国"的范围也越来越大。例如秦国灭了巴、蜀,疆域扩大到今四川盆地,还向那里大量移民。巴蜀既成为秦国的一部分,又有来自秦国的移民,就取得了与秦国同样的"中国"地位。到战国后期,"中国"的范围

向南已到达长江中下游,往北已接近阴山、燕山山脉,西面延伸到陇山、四川盆地的西缘。

——葛剑雄:《古今之变》,北京:九州出版社,2018年,第18页

教师设问:依据材料概括,西周初年到战国时期"中国"的演变。(参考答案:西周时期:京师及其附近区域,包括丰、镐、殷、洛邑等。春秋时期:一些较大的诸侯国也取得"中国"地位,它们主要分布在黄河下游地区。战国时期:七国所管辖的范围都属"中国","中国"的范围向南、北、西三个方向继续扩展)

材料五 周王国靠了封建制,团结天下为一家,外族的势力不容易侵进来,延长她的寿命到八百多年,这不能不说是当初的政治计划的成功。但也因他们有了封建制,权力无法集中,疆土愈割愈小,终于在这不生不死的状态之下渐渐地消沉下去,到油干灯尽而后已,这也该是当初创业的武王、周公所没有料到的。然而话又说回来,倘使没有武王、周公的封建,为全中国的统一开了先路,又哪会有秦始皇的成功。

——顾颉刚:《国史讲话·上古》,上海:上海人民出版社,2015年,第120页

教师设问:依据材料指出,周朝的分封与秦的统一是什么关系?(参考答案:周的分封扩大了疆域,促进了各地的往来与交流,为秦的统一奠定了基础)

教师讲述:夏商周时期,中国的历史进入到王朝的时代,有了中央和地方的区分,中央还没有实现对地方的直接有效的控制,各个方国、诸侯国之间的关系还是比较松散的联盟。但在方国、诸侯国之上有了"号令天下"的王,各个方国、诸侯国也都尊奉夏后、商王或周王为最高统治者。"普天之下,莫非王土;率土之滨,莫非王臣",人们的心中已经有了天下一家、家国一体的观念。即使在春秋战国这样的大分裂时代,人们的心理依然是渴望统一的,并最终由秦国完成了这个统一的事业。

(设计意图)通过阅读材料,借助时序思维,以及由学者提供的历史解释,追溯"中国"的演变,逐步体会和认识夏商周时期是中国从分散走向统一的重要阶段,在这个阶段,由分散到统一的历程是渐进的、漫长的、水到渠成的。中国和中国人在那个阶段被塑形,以后无论怎样演变,都脱不了在那个阶段所附着的底色。主要指向时空观念素养水平3:把握相关史事的时间、空间联系,并用特定的时间和空间术语对较长时段的史事加以概括和说明;历史解释素养水平2:在历史叙述中将史实描述与历史解释结合起来;家国情怀素养水平1、2:具有对家乡、民族、国家的认同感。

(三)从秦到清

1. 秦汉时期

材料六 及至始皇,奋六世之余烈,振长策而御宇内,吞二周而亡诸侯,履至尊而制六合,执敲扑以鞭笞天下,威振四海。南取百越之地,以为桂林、象郡;百越之君,俯首系颈,委命下吏。乃使蒙恬北筑长城而守藩篱,却匈奴七百余里。胡人不敢南下而牧马,士不敢弯弓而报怨。于是废先王之道,燔百家之言,以愚黔首;堕名城,杀豪俊,收天下之兵聚之咸阳,销锋镝,铸以为金人十二,以弱天下之民。然后践华为城,因河为池,据亿丈之城、临不测之溪以固。良将劲弩,守要害之处;信臣精卒,陈利兵而谁何。

——(汉)贾谊:《过秦论》

教师设问:概括本段材料的主旨。(参考答案:材料叙述了秦始皇统一六国,建立并巩

固第一个统一多民族国家的丰功伟绩）

材料七　两端争胜，而徒为无益之论者，辨封建者是也。郡县之制，垂二千年而弗能改矣，合古今上下皆安之，势之所趋，岂非理而能然哉？天之使人必有君也，莫之为而为之。故其始也，各推其德之长人，功之及人者而奉之，因而尤有所推以为天子。人非不欲自贵，而必有奉以为尊，人之公也。安于其位者习于其道，因而有世及之理，虽愚且暴，犹贤于草野之罔据者。如是者数千年而安之矣。强弱相嗫而尽失其故，至于战国，仅存者无几，岂能役九州而听命于此数诸侯王哉？于是分国而为郡县，择人以尹之。郡县之法，已在秦先。秦之所灭者，六国耳，非尽灭三代之所封也。则分之为郡，分之为县，俾才可长民者皆居民上以尽其才，而治民之纪，亦何为而非天下之公乎？

——（清）王夫之：《读通鉴论》上册，北京：中华书局，1975 年，第 1 页

教师设问：此段文字的中心论点是什么？从材料中找出相关依据并加以概括。（参考答案：郡县制的施行相对于分封制是历史的进步，有利于国家统治。符合历史发展的趋势，有利于选拔优秀人才参与国家管理，稳定社会秩序，减少动乱和战争）

材料八　西汉政府在奠定我国的疆域的事业中，在中国历史上创造了一页空前辉煌的纪录。两千年来，中国历史家，都把这种辉煌的伟业，归功于汉武帝个人的成就，所谓"雄才大略"者是也。一直到现在，汉武帝这个名字，成为中国传奇中的英雄之典型。诚然汉武帝的主观的创造作用，是不可否认的。但是如果没有推动这个事业的客观形势和要求，没有广大劳动人民的牺牲，则汉武帝即使有雄才大略，结果也只能停止在愿望的阶段。具体的史实指示出来，西汉对经略边疆地区的发动，胜利地进军，这决不仅依于汉武帝个人才能之发挥，而是当时中国社会经济的活力之历史的要求。换言之，不是汉武帝勤远略的意图，推动了当时的大远征；而是社会经济的发展，要求发动这个大远征，汉武帝的活动不过是体现了当时的社会经济发展的要求。

——翦伯赞著，张传玺整理：《秦汉史十五讲》，北京：中华书局，2015 年，第 81 页

教师设问：概括指出，哪些因素推动了汉朝经营疆域？（参考答案：社会经济的发展；汉武帝的勤政治国和远大抱负；广大劳动人民的牺牲精神）

材料九　华夏族发展、转化为汉民族的标志是，汉族名称的确定。华夏族统一的秦皇朝，其族称曾被称为"秦人"，西域各族就有称华夏民族为"秦"的习惯。但是秦朝国祚短，"秦人"的称呼很快为"汉"的称呼所取代。汉皇朝从西汉到东汉，前后长达四百多年，国势强盛，影响深远。在对外交往中，汉朝的使者被称"汉使"，汉朝的人为"汉人"，汉朝的军队为"汉兵"。于是，在汉朝通西域，伐匈奴，平西羌，征朝鲜，服西南夷，收闽粤、南粤，以及与周边少数民族进行空前频繁的各种交往中，特别是与南海诸国以及中亚、西亚、东亚各国友好交往中，声名远播，"汉"之名遂被他族他国称呼为族名。……汉朝灭亡之后，经三国鼎立，十六国的割据和南北朝的分裂，历数百年，到唐才有稳定的统一局面。唐在与少数民族的交往中仍称"汉人"，如唐与吐蕃交往，称"蕃汉两家"，唐以后也是如此。由此可见，汉族的族称，虽源于汉皇朝，却早已不是朝号，这表明了汉族族称的确定性和稳定性。

——白寿彝总主编，白寿彝、高敏、安作璋主编：《中国通史（第四卷）·秦汉时期（上册）》，第 2 版，上海：上海人民出版社，2015 年，第 105 页

教师设问：依据材料，简要说明"汉族"和"汉人"名称的由来。（参考答案：汉朝延续的

时间长,有四百多年。在对外交往中,汉朝的使者被称为"汉使",汉朝的人被称为"汉人",汉朝的军队被称为"汉兵",那时的人们基本承认了"汉族"这个繁荣兴旺的民族。即使到了唐朝,唐朝人在与少数民族的交往中,仍被称为"汉人")

2. 三国、两晋南北朝

材料十 经过两汉四百年的统一,"大一统"思想已经根植于人们的内心深处,成为牢固不可动摇的信念。东汉后期,豪强并起,地方割据,但仍然保持着精神上的统一。三国鼎立,自王侯至庶民都明确意识到国家处于分裂状态。人们认识到分裂,恰恰就说明了在人们的意识中、在人们的心灵深处,仍保持着统一。分裂是暂时的、非常的,而统一是永恒的、正常的。意识到此刻的分裂,便渴望将来的统一。曹魏"挟天子以令诸侯",蜀汉以汉室皇胄相号召,孙吴则固守江东而待机。无论扯着什么旗帜,他们都抱定着"统一天下"这个共同的最终目的而进行着不懈的努力。正是这种"大一统"思想和三国各自实际上完成的局部统一,奠定了以后西晋的统一。

——刘正寅:《"大一统"思想与中国古代疆域的形成》,载《中国边疆史地研究》,2010年第2期

教师设问: 依据材料概括,西汉"大一统思想"是怎样形成的?三国分裂和以后的西晋统一之间是什么关系?(参考答案:西汉长期统一,使"大一统"思想成为人们心中牢固不可动摇的信念。三国表面上是分裂,但相对东汉末年群雄割据,三国各自完成了局部的统一,为西晋的统一奠定了基础)

材料十一 在中国历史上,三国、两晋、南北朝继春秋、战国之后,又兴起一波民族融合的高潮。南迁中原的匈奴、鲜卑、氐、羯、羌等北方"胡族"与汉族长期混居杂处、接触交流,逐渐认同并接受了汉族文化。与此同时,北方游牧民族勇猛强悍的民族性格也对中原农耕民族深有触动,胡文化中的优秀部分被汉文化广泛吸收。畜牧业生产技能和经验的输入推动了中原经济的多样化发展,胡族的生活习俗、歌舞器乐等,皆对汉族产生深远影响。李唐王朝前期极富开拓进取的精神,即凭借了300多年"胡汉融合"的历史底蕴。

——王家范、张耕华、陈江编著:《大学中国史》,北京:高等教育出版社,2011年,第242页

教师设问: 根据材料,列举魏晋南北朝300年"胡汉融合"的体现,并简要说明魏晋南北朝时期的"胡汉融合"与李唐王朝前期的开拓进取之间的关系。(参考答案:少数民族的畜牧业生产技能和经验传入中原,少数民族的生活习俗、歌舞器乐被汉族学习,胡汉通婚,语言文字相互学习,少数民族的饮食传入中原,被汉族人民接受和喜爱,汉族的生产技术也传入少数民族地区。魏晋南北朝时期胡汉之间相互交流学习,促进了经济文化的发展,尤其是少数民族的进取精神和尚武的习俗被李唐王朝继承和发展,使李唐王朝前期积极开拓进取)

3. 隋唐时期

材料十二 隋的统一是历史发展的必然趋势。西晋以后,分裂局面的出现,是由匈奴、鲜卑、羯、氐、羌等游牧民族进入中原的结果。所以,东晋、十六国、南北朝的对立,包含着民族矛盾的内容。在历史前进的过程中,落后的民族征服先进的民族以后,在先进民族社会生活的影响下,必然要与先进的民族组合在一起。西晋灭亡以后的北方游牧民族,逐步接受了中原地区汉族人民的先进生产方式,由氏族社会末期或奴隶社会很快地进入封建社会。在

这种封建化的过程中,各游牧民族的经济生活,文化语言,生活习惯等方面,都逐步与汉族接近而一致。这样一来,民族的界限渐渐消失,民族矛盾也就随之而不存在了。

在民族矛盾突出的时候,南方人民支持南朝政权包含着反对民族压迫的意义。随着民族矛盾的消失,南朝政权又日益腐败,阶级矛盾逐步激化,致使南方人民不再支持南朝政权。这就意味着广大人民要求统一。

——白寿彝总主编,史念海主编:《中国通史(第六卷)·隋唐时期(上册)》,第2版,2015年,第276页

教师设问:依据材料指出,哪些因素促进了隋的统一?(参考答案:经过民族大融合,北方各少数民族在社会制度、经济生活、文化语言、生活习惯等方面与汉族渐趋一致,民族界线渐渐消失,民族矛盾也随之不存在了。南方的南朝政权统治腐败,阶级矛盾激化,广大人民要求南北方统一)

材料十三　历代汉族君王皆强调"夷夏之别",而唐太宗却主张"夷夏一家"。他曾说:"自古皆贵中华,贱夷狄,朕独爱之如一。"又说:"夷狄亦人耳,其情与中夏不殊。人主患德泽不加,不必猜忌异类。盖德泽洽,则四夷可使如一家;猜忌多,则骨肉不免为仇敌。"因此,他既重视加强国防,平息边患,又能以宽容、开放、温和、克制的态度处理民族事务,致力于民族关系的改善。贞观年间,除因东突厥南下侵扰而出兵征服外,中央政府一般不主动发起大规模的讨伐战争。对于入居中原的各族人士,唐太宗皆一视同仁,真诚相待,凡有文才武略的,还予以信任重用。上述政策与举措为唐王朝维持与各民族的友好关系奠定了良好基础,边地各族慕风向化,纷纷归附。

……

对归附的边地民族,唐朝还创造性地实施宽松怀柔的"羁縻"政策。中央政府遵循"全其部落,顺其土俗"的原则,在内附各族部落中设置一种不同于内地的特殊行政区划,分为羁縻都护府、都督府、州、县四级,习惯上总称"羁縻州"。羁縻州的长官多由原先的部落首领担任,可以世袭,朝廷则颁发印信予以确认。部落首领保持其原有的称号与权力,统领原先的部众,自理内部事务,依照本族习俗生活,中央政府不加干预。太宗至玄宗时,羁縻州的设置尤为盛行。此外,唐朝还通过册封、和亲、互市等方式维系民族间的友好关系。

——王家范、张耕华、陈江编著:《大学中国史》,北京:高等教育出版社,2011年,第244—245页

教师设问:依据材料概述,唐朝是如何处理民族关系的?(参考答案:唐太宗在加强国防,平息边患的同时,对少数民族开放、包容,一视同仁,平等相待,致力于改善民族关系,并对少数民族中的杰出人士委以重任。唐朝政府尊重少数民族的传统和习俗,管理宽松怀柔,由其本民族的人管理本民族事务,中央政府不加干预。唐政府还采取册封、和亲、互市等方式维系民族间的友好关系)

4. 辽宋夏金元

材料十四　辽人在自称"中国"的同时,并不反对宋人称"中国",主要表现在以下几个方面。第一,辽人自称炎黄子孙,并不否认宋人也是炎黄子孙。第二,辽人自称"北朝",称北宋为"南朝",认为"南朝""北朝"是一家,具有"南朝"和"北朝"都是"中国"的思想认识。第三,袭用"中原"即"中国""九州"即"中国"的理念,以为自己部分进入中原地区且在"九州"中国

之内,应该属于中国,同时,也承认宋朝在"九州"之内,也是"中国"。

金人进入中原以后,即援引"中原即中国""懂礼即中国"等汉儒学说和理论,自称中国,但金人并没有将宋人排除于中国之外。作为分立对峙政权,金人承认金、宋分别是各自独立的不同政权,各有自己的国号,互为外国,但作为"中国",他们又认为金、宋都是"中国"。这就是中国古代比较宽泛的"中国"意识,或称"大中国"意识,也就是我们常说的"中国多元一体"意识。

——摘编自赵永春:《"中国多元一体"与辽金史研究》,载《中央民族大学学报(哲学社会科学版)》,2011年第3期

教师设问:依据材料回答,为什么辽、金等少数民族也认为自己是"中国"?(参考答案:辽人自称是炎黄子孙,自己身处北方,建立"北朝",与北宋的"南朝"同是中国的一部分,更何况辽占据了部分的中原地区。金人更是占据了包括中原在内的整个黄河中下游地区,采用汉族的文化礼节,金、南宋是中国之内并立的不同政权,都是"中国")

材料十五　元朝在鲜卑、女真等少数民族政权之后入主中原,实现了南北大统一,又展开了政治统一后进一步的民族融合。元朝时期,女真人、契丹人、唐兀人及部分蒙古人,相继融入了汉人族群,汉人族群的成分更为兼容多样。与此同时,数量众多的西域人,随蒙古征服进入中原和江南。……据不完全统计,元朝时期东来中土的西域人有上百万之众,在规模数量上远远超过了魏晋南北朝和隋唐。西域人、蒙古人和汉人、南人间的文化互动影响,也是前所未有的。回族,就是元代西域人大规模东来的聚合物,即元朝及以前东来的西域人等,以伊斯兰教为纽带且操汉语而汇聚成的特殊民族共同体。

——李治安:《元史十八讲》,北京:中华书局,2014年,第2—3页

教师设问:依据材料,指出元朝时民族融合的表现。(参考答案:元朝时,南北统一,各少数民族融入汉族,汉族成分更加兼容多样;西域人东迁、南迁,各少数民族之间文化经济交流频繁;在民族交融互动的过程中,形成了一个新的民族——回族)

5. 明清时期

材料十六　经过康熙、雍正、乾隆、嘉庆祖孙四代的开拓,中国疆域达到了内在发展的极致。同时,中国按照自身发展的轨道滑行,国力达到了全盛。……在此条件下,清朝于北方遏制了沙俄的继续南下,且运用外交手段划定了边界;于南方,运用朝贡贸易体制把欧洲列强的权利锁定在规程所允许范围内。……这使得前中期的清朝对其疆域的最终奠定,能够从容地从学理与法理上自我确认。另一方面,无论是沙俄,还是西欧列强,皆是清朝以前中国历代王朝从未经历过的强劲敌手,在此情况下,外来的欧洲式的领土、主权与国际法的概念,即作为各国相互关系准则的对于领土、主权与国际法的界定,帮助清朝确立了中国领土管辖范围的明确界限,而清朝以前的中国传统王朝对于那些鞭长莫及的疆土,一直满足于模糊不清的分界线,始终处于想象之中。

——于逢春:《论中国疆域最终奠定的时空坐标》,载《中国边疆史地研究》,2006年第1期

教师设问:依据材料回答,清朝的疆域是如何确立的?(参考答案:在北方,中俄之间通过外交手段签订了《尼布楚条约》,划定了中国在北方的边界;在南方,通过闭关锁国限制欧洲列强的权利,规定了中国在南方的边界。另外,欧洲国家的领土、主权与国际法的概念也被中国接受)

教师讲述：统一多民族国家自秦朝正式形成以后，越来越多的民族被融合进来，多元一体不断演进，到清朝中期，形成稳定的、被国际社会所认可的国家疆域。即使是看似分裂的阶段，其中也蕴含着重新统一的因素。一旦再次统一，新的王朝就表现出勃勃生机。

（设计意图）通过了解秦朝的统一业绩和汉朝开疆拓土、开通丝路等举措，认识统一多民族国家的建立及巩固在中国历史上的意义；通过了解三国两晋南北朝分裂中孕育新的统一因素，到隋唐时期更加生气蓬勃的大一统多民族国家的重建，以及辽宋金元诸政权的建立，认识少数民族政权在统一多民族国家发展中的重要作用，并从中汲取历史的智慧；通过了解清代中国疆域的最终确定，认识这一时期统一多民族国家版图奠定的重要意义。主要指向时空观念素养水平2：认识事物发展的来龙去脉，理解空间因素和环境因素对认识历史的重要性；历史解释素养水平2：选择、组织和运用相关材料并使用相关历史术语，对史事提出自己的解释；家国情怀素养水平3、4：把握中华民族多元一体的发展趋势。

（四）近现代时期

材料十七　在考察西方民族与国家（国民）关系的基础上，梁启超提出两种民族主义，汉族对于国内他族是小民族主义，而合国内诸族以对于国外诸族是大民族主义，"吾中国言民族者，当于小民族主义之外，更提倡大民族主义"。"我中华民族之有海思想者厥惟齐，故于其间产生两种观念焉，一曰国家观，二曰世界观。"此项对照可知，在国家观的观照下，小民族主义以文化为标尺区分国内的各个族裔；在世界观的观照下，大民族主义以国家为枢纽以中华民族统合各族裔而成一主权国家。"现今之中华民族自始本非一族，实由多数民族混合而成。"

　　——唐勇：《论中国"多民族国家"的历史传统》，载《民族论坛》，2017年第4期

教师设问：梁启超是在什么历史背景下提出"中华民族"和"大民族主义"概念的？这两个概念的提出有何意义？（参考答案：近代以来，中国遭受列强侵略，民族危机不断加深。鼓舞中国人团结一致，奋起抗争，自强不息）

材料十八　近代以来，中华民族凝聚力得到极大加强，并发挥了十分重要的作用，这是不言而喻、有目共睹的。那么，造成这种情况的原因又是什么呢？与会学者谈了许多，比较集中的一点是，西方国家对中国的侵略，激发了中国人民的爱国热忱，增强了中华民族凝聚力。王桧林认为，当外来国家、民族进行侵略，被侵略民族奋起抵抗的时候，民族凝聚力会得到发扬，以至极高度的发扬。我国的民族凝聚力在近代以来得到加强与外族入侵分不开。在抗日战争时期，民族凝聚力的发扬达到高峰。王晓秋、马勇也认为，随着近代中国民族危机的加深，作为一个民族的内在向心力和凝聚力日趋加强，爱国主义、民族主义的呼声不仅是中国一致对外的价值坐标，而且是团结中华民族内部各民族、各阶层，使中国人化解与弥合内部冲突的最有效的工具。在这个意义上说，民族共同体的生存意识和生存危机，便构成了中华民族凝聚力在近代中国日趋加强的轴心。

　　——谢维：《近代中国与民族凝聚力学术讨论会综述》，载《近代史研究》，1994年第5期

教师设问：根据材料指出，是什么因素增强了中华民族的凝聚力？（参考答案：西方列强的侵略，大大激发了中国人民的爱国热忱，增强了中华民族的凝聚力。尤其是在抗日战争时期，中华民族的凝聚力得到空前的强化）

材料十九 （1982年——引者注）9月24日,人民大会堂福建厅。邓小平就解决香港问题向撒切尔夫人摊牌。

邓小平坦诚地对撒切尔夫人说,香港"主权问题不是一个可以讨论的问题。现在时机已经成熟了,应该明确肯定:1997年中国将收回香港"。"如果中国在1997年,也就是中华人民共和国成立48年后还不把香港收回,任何一个中国领导人和政府都不能向中国人民交代,甚至也不能向世界人民交代。"并说:"不迟于一两年的时间,中国就要正式宣布收回香港这个决策。"

撒切尔夫人对此并不意外,但试图反击,她认为,如果中国收回香港,将"带来灾难性的影响"。

邓小平平静地回答,如果真是这样,"我们要勇敢地面对这个灾难,作出决策"。

——李颖编著:《共和国历史的细节》,北京:人民出版社,2009年,第316页

教师设问:

(1) 依据材料指出,中国能够收回香港的主要因素有哪些?（参考答案:国家综合实力的提高,以及中国领导人对收回香港主权的坚强决心）

(2) 据你所知,还有哪些因素推动香港的回归?（参考答案:中国军事实力的增强;"一国两制"的提出;广大香港同胞的支持;全中国人民对香港回归的热切期盼;内地经济的快速发展;民主法治进程的不断推进）

材料二十 我们坚决维护国家主权和领土完整,绝不容忍国家分裂的历史悲剧重演。一切分裂祖国的活动都必将遭到全体中国人坚决反对。我们有坚定的意志、充分的信心、足够的能力挫败任何形式的"台独"分裂图谋。我们绝不允许任何人、任何组织、任何政党、在任何时候、以任何形式、把任何一块中国领土从中国分裂出去!

——习近平:《决胜全面建成小康社会　夺取新时代中国特色社会主义伟大胜利——在中国共产党第十九次全国代表大会上的报告》(2017年10月18日),光明网,http://politics.gmw.cn/2017-10/27/content_26628091.htm

教师设问:实现祖国统一,是海峡两岸同胞的共同愿望。结合所学知识,列举海峡两岸为促进祖国统一所做出的努力。（参考答案:1979年元旦,全国人大常委会发表《告台湾同胞书》,宣布采用和平方式统一祖国的方针;20世纪80年代初,邓小平提出了"一国两制"的构想;1987年,台湾当局允许台湾居民赴大陆探亲;1992年,大陆海协会、台湾海基会达成"海峡两岸均坚持一个中国原则"的重要共识;2005年,中国国民党主席连战率"和平之旅"访问团访问祖国大陆;2015年,两岸领导人习近平、马英九在新加坡会面）

教师讲述:近代以来,统一多民族国家的演进经历了阵痛,东西方的列强凌驾于中华民族之上。但是,面对侵略,中国各族人民团结一心,抵御外辱,在这个过程中,中华民族作为中国境内各民族的总称得到了普遍的认同,各族人民的凝聚力得到了加强。新中国成立以来,随着综合国力的增强,中华民族的统一大业不断推进。

(设计意图)通过了解近代以来面对外敌入侵,中国人民在反侵略的过程中凝聚力更加增强,统一多民族国家得到进一步加强和巩固,以及在当代中华民族伟大复兴的时刻,中国人民继续为维护国家统一不懈努力,认识到国家统一,中华民族伟大复兴的历史意义。主要指向历史解释素养水平2:选择、组织和运用相关材料并使用相关历史术语,对个别或系列

史事提出自己的解释;家国情怀素养水平 3、4:将历史学习所得与家乡、民族和国家的发展繁荣结合起来,立志为新时代中国特色社会主义建设、中华民族伟大复兴作出自己的贡献。

课后活动:

小组一:图文并茂地绘制海报,主题是"统一多民族国家的演进",回顾和梳理中国从古代、近代到现代统一多民族国家是如何演变发展的。

小组二:列举中国古代、近代、现代三个不同历史时期为维护国家统一、推动统一多民族国家发展作出重要贡献的历史人物,以故事的形式撰写他们的主要事迹。

小组三:寻找当地或家乡的爱国人物,收集整理他们的主要爱国事迹,描写和叙述他们的爱国故事;或者探寻自己家族的历史,选择其中一位具有家国情怀的代表性的家族成员,并以书面形式对其事迹进行介绍。

小组四:搜集中国历史上具有家国情怀的名言名句,如陆游的"位卑未敢忘忧国",文天祥的"人生自古谁无死,留取丹心照汗青",林则徐的"苟利国家生死以,岂因祸福避趋之",了解与此相关的历史事迹。

小组五:在前四个小组收集和整理素材的基础上,筹备一场主题为"家国情怀与统一多民族国家的演进"的展览和演讲活动。

后　记

　　本书是教育部基础教育课程教材发展中心、教育部课程教材研究所何成刚研究员主持编写的"新课标高中历史教学设计丛书"中的一册。

　　何成刚、沈为慧(江苏省昆山中学)共同确定了本书的写作思路,并参与了本书的修改完善和统稿定稿工作。徐永琴(江苏省昆山中学)、沈克学(江苏省昆山中学)参与了书稿审读和资料审核工作,庞玲(江苏省昆山中学)、霍建山(江苏省昆山中学)、张克州(南京师范大学、昆山市第二中学)和刘芳芳(首都师范大学附属中学)参与了书稿审读和修改工作。西安市第十一中学何崇宪参与了本书的审核和校对工作。

　　本书是江苏省教育科学规划课题"史学阅读与微课设计研究"(主持人:沈为慧、徐永琴)、"素养背景下中学生史学阅读的实践研究"(主持人:徐永琴、沙夕岗)的部分成果。感谢复旦大学出版社朱建宝、关春巧编辑为本书出版付出的劳动。

图书在版编目（CIP）数据

新课标高中历史教学设计. 中国近现代史/何成刚总主编；徐永琴，沈克学，沈为慧本册主编.
—上海：复旦大学出版社，2020.4（2021.7 重印）
ISBN 978-7-309-14840-4

Ⅰ.①新… Ⅱ.①何… ②徐… ③沈… ④沈… Ⅲ.①中国史课-教学设计-高中
Ⅳ.①G633.512

中国版本图书馆 CIP 数据核字（2020）第 013785 号

新课标高中历史教学设计·中国近现代史
何成刚　总主编
徐永琴　沈克学　沈为慧　本册主编
责任编辑/朱建宝

复旦大学出版社有限公司出版发行
上海市国权路 579 号　邮编：200433
网址：fupnet@ fudanpress. com　http://www.fudanpress. com
门市零售：86-21-65102580　团体订购：86-21-65104505
出版部电话：86-21-65642845
上海华业装潢印刷厂有限公司

开本 787×1092　1/16　印张 19　字数 428 千
2021 年 7 月第 1 版第 2 次印刷

ISBN 978-7-309-14840-4/G·2074
定价：52.00 元